教育部人文社会科学重点研究基地
兰州大学敦煌学研究所

国家社科基金冷门绝学研究专项学术团队项目
《敦煌河西碑铭与河西史研究》
（项目编号：21VJXT002）

教育部人文社会科学重点研究基地重大项目
《敦煌通史》（项目编号：16JJD770024）

《敦煌通史》学术顾问

郝春文　荣新江　张涌泉

敦煌通史

隋及唐前期卷

吴炯炯　著

主　编　郑炳林
副主编　魏迎春　李　军

『十四五』国家重点图书出版规划项目
国家出版基金项目
NATIONAL PUBLICATION FOUNDATION

读者出版传媒股份有限公司
甘肃教育出版社

图书在版编目（CIP）数据

敦煌通史. 隋及唐前期卷 / 郑炳林主编 ; 魏迎春，李军副主编 ; 吴炯炯著. -- 兰州 : 甘肃教育出版社，2023.7 (2024.3重印)
ISBN 978-7-5423-5567-6

Ⅰ. ①敦… Ⅱ. ①郑… ②魏… ③李… ④吴… Ⅲ. ①敦煌－地方史－隋唐时代Ⅳ. ①K294.24

中国国家版本馆CIP数据核字(2023)第020402号

敦煌通史 隋及唐前期卷

郑炳林 主 编
魏迎春 李 军 副主编
吴炯炯 著

策　　划 薛英昭 孙宝岩
项目负责 刘正东 董宏强
责任编辑 伏文东 吴洁琼
封面设计 石 璞

出　版 甘肃教育出版社
社　址 兰州市读者大道568号 730030
电　话 0931-8436489(编辑部) 0931-8773056(发行部)
传　真 0931-8435009

发　行 甘肃教育出版社 印 刷 山东新华印务有限公司
开　本 787毫米×1092毫米 1/16 印 张 32 插 页 6 字 数 417千
版　次 2023年7月第1版
印　次 2024年3月第2次印刷
书　号 ISBN 978-7-5423-5567-6 定 价 128.00元

总　序

《敦煌通史》这套书从酝酿到完成已经有十多个年头了。2007年我与林甘泉先生在京西宾馆参加首批国家社科基金重大招标项目评审，评审间隙林先生问我，兰州大学敦煌学研究所能不能出面组织完成一部《敦煌通史》，作为国家社科基金重大项目选题。虽然当时有关于敦煌历史的小册子，但是都不足以呈现敦煌的历史。于是，我从此就将完成《敦煌通史》作为我们的工作计划，并一直在做这方面的准备工作。李军在读博士期间，原来准备让他撰写张氏归义军的历史作为博士学位论文，尽管最后他的学位论文研究的不是这个阶段的敦煌史，但也为撰写这个阶段敦煌的历史做了准备。陈继宏、杜海、陈光文入校攻博之后，我给他们选定的博士学位论文方向分别是吐蕃时期敦煌史研究、曹氏归义军史研究、西夏元明清敦煌史研究。到兰州大学敦煌学研究所制定“十三五”规划时，又将《敦煌通史》列为基地重大规划项目。2022年12月，我主持的2021年度国家社科基金冷门绝学研究专项学术团队项目《河西碑铭与河西史研究》开题，根据专家的建议将河西史研究部分改为敦煌史研究，以避开西北师范大学简牍研究院田澍团队的研究方向错位发展。这样一来，《敦煌通史》就成为两个项目共同完成的课题研究。经过十余年持续不断的研究，在甘肃教育出版社的努力下，《敦煌通史》即将完成并得到国家出版基金的资助。

对于敦煌历史开始的时间，我们都会想到汉武帝元狩二年（前121）匈奴浑邪王杀休屠王后投降汉朝，自金城河西西至盐泽空无匈奴，西汉政府在河西敦煌驻军屯田；元鼎六年（前111）又置敦煌郡，并移民实边。实际上敦煌的历史要比这早很多，敦煌与中原王朝的交往应当始于西周穆王（穆天子）时期，根据《穆天子传》的记载，周穆王即位十五年来到今敦煌和罗布泊一带。《山海经》记载敦薨之山出敦薨之水，敦薨之水西流进入盐泽，盐泽即罗布泊。这些都是关于敦煌最早的记载，就是说敦煌在先秦已经被中原王朝所了解和认识。关于敦煌名称的来源，有多种说法，一直争论不休，莫衷一是，有认为是外来语言的音译，也有认为敦煌和武威、张掖一样，名称来自西汉政府的美好愿望。总而言之，关于敦煌的历史还有很多谜团需要我们去研究。因此我们将《敦煌通史》的上限确定在西汉，兼及先秦敦煌历史；下限以清末为界，部分内容兼及近代。民国及当代的敦煌历史，敦煌研究院的历史已经将其囊括其中，等将来有专家撰写敦煌研究院的院史时一定会做详细的论述。

敦煌的历史实际上就是中国西北史的缩影，也是中原王朝与西域的关系史。因为从西汉开始到唐代，中原王朝经营西域的基地就是敦煌，敦煌的历史与中原王朝对西域的经营关系密切。西汉敦煌郡有西域都护的军备物资存储仓库——居卢訾仓城，西域诸城邦入贡皆经由敦煌进入中原，中原派遣到西域的官吏驻军也都经由敦煌送往迎来，因此东汉敦煌有华戎所交之都会之称。曹魏时期有仓慈、皇甫隆等担任敦煌太守，发展敦煌郡并维护陆上丝绸之路的畅通。十六国时西凉建都敦煌，后北凉消灭西凉占据敦煌。北魏灭北凉后，设敦煌镇。隋代的敦煌依旧是通使西域的咽喉之地，有三条道路从敦煌出发前往鄯善、高昌和伊吾。唐代前期以敦煌作为经略西域的基地，安史之乱爆发后，河西精兵东调，吐蕃趁机进攻，河西节度使在吐蕃的打击之下，从凉州迁徙到敦煌，最后在敦煌以“勿徙他境”为条件被迫投降。大中二年（848）张议潮起兵赶走盘踞敦煌六十余年的吐蕃官吏，敦煌进入了张氏归义军时期，敦煌在脱离中原王朝管辖六十余年后再次归附唐朝，成为唐朝管辖的一部分。后梁乾化四年（914）曹议金代替西汉金山白衣帝张承奉成为归义军节度使，敦煌进入了曹氏归义军时期。敦煌文献中保存了大量归义军时期的档案资料，使这个时期敦煌的精彩历史展现在世人面前。宋景祐三年（1036）西夏占领敦煌，敦煌进入西夏统治时期，此后又经历了元明清时期，这个时期相关文献资料记载都比较少，也是敦煌历史研究的空白。敦煌从西汉到清代经历将近两千年的风风雨雨，最繁荣的时期又尤以西汉、十六国、归义军时期最为精彩。其他时段如曹魏、隋、唐前期和吐蕃时期的敦煌历史也呈现出风云变幻、波澜壮阔的画面，牵动着当时整个西北历史的发展。我们力图用自己的研究将各个时段敦煌历史的面貌重现出来，这就是撰写《敦煌通史》的目的。

根据敦煌历史发展的实际情况，我们将敦煌的历史划分为两汉、魏晋北朝、隋及唐前期、吐蕃占领时期、张氏归义军时期、曹氏归义军时期、西夏元明清等七个阶段，分七卷撰写。具体分工为：郑炳林、司豪强承担两汉卷，杜海承担魏晋北朝卷和曹氏归义军即五代宋初归义军卷两卷，吴炯炯承担隋及唐前期卷，陈继宏承担吐蕃时期敦煌史卷，李军承担张氏归义军即晚唐归义军卷，陈光文承担西夏元明清卷。《敦煌通史》没有将敦煌艺术史纳入其中。我们知道敦煌石窟艺术是敦煌史的重要组成部分，因其内容非常丰富，自成体系，用有限的文字根本无法将其论述清楚，加之我们团队的张景峰教授主持国家社科艺术基金重大项目

《丝绸之路艺术史》，故在《敦煌通史》中不再叙述。

我从事敦煌学研究已经有四十多年了，但是将敦煌的历史从先秦讲授到明清根本做不到，就是汉唐敦煌的历史也很难讲清楚，我最熟悉的部分也就归义军时期的敦煌历史而已，我多年讲授的也是敦煌归义军的历史。不仅我是这样，其实整个敦煌学界很难有人可以将两千年的敦煌历史弄清楚，将两千年的敦煌历史讲清楚。我们完成这部书就是给从事敦煌学研究的学者提供一个参考，同时也为初入敦煌学领域的研究者提供了解敦煌的路径。至于我们是否达到目的，还得由敦煌学界去评判。

《敦煌通史》各卷的完成人主要是我和我的学生，他们中除了李军任职西北大学历史学院、司豪强还在攻读博士学位之外，其他人都在兰州大学敦煌学研究所工作。兰州大学敦煌学研究起步于20世纪80年代，研究机构从1979年的敦煌学研究小组，到1982年的敦煌学研究室，又发展到1999年教育部人文社会科学重点研究基地兰州大学敦煌学研究所。2017年以敦煌学为牵头学科组建的“敦煌丝路文明与西北民族社会”学科群入选兰州大学“双一流”建设名单，2019年成立敦煌与西域文明研究院。学科建设从1983年的敦煌学硕士授权点，一路发展到1998年的敦煌学博士学位授权点，2003年的博士后科研流动站，2007年的国家重点（培育）学科，2011年的中国史一级学科博士学位授权点、敦煌学二级学科博士学位授权点。现在研究所有历史文献学、敦煌学两个专业招收攻读博士、硕士的研究生。截至2022年底，研究所毕业硕士三百余人，博士一百七十余人。毕业的博士中有六十余人晋升教授，七十余人晋升副教授，二十余人被遴选为博士生指导教师，八人获全国百篇和省级优秀博士学位论文奖。他们分布在全国各个高校和科研单位，逐渐成为敦煌学研究的中坚力量。研究所现有科研人员二十四人，其中有教授十四人，副教授五人，讲师五人；有长江学者特聘教授一人，青年长江学者一人，“国家特殊人才支持计划”青年拔尖人才一人，国务院学位委员会中国史学科评议组成员一人，甘肃省领军人才第一层次人选一人，甘肃省宣传文化系统“四个一批”人才一人，甘肃省优秀青年文化人才一人。研究所完成学术著作百余部，丛书十七种，共五百余册。获省部级优秀成果奖二十余项，国家和省级图书奖十余项。研究所创办的CSSCI来源期刊《敦煌学辑刊》是本学科研究成果的重要刊布平台。研究所承担科技部国家科技支撑计划国家文化创新项目、国家社科基金重大项目、国家社科基金冷门绝学专项学术团队项目、国家社科基金重点项目和一般项目、教育部重大攻关项目、国家文物局重大委托项目、甘肃省社科基金重点项目等省部级项目一百六十余项，获项目经费三千余万元。特别是兰州大学敦煌学研究所自1999年与敦煌研究院联合共建以来，优势互补，珠联璧合，在各方面都有很大发展。在敦煌学、胡语文献、石窟艺术等领域研究优势显著。敦煌研究院的专家参与兰州大学敦煌学人才培养和合作研究，对兰州大学敦煌学人才培养水平的提升起了很大的作用。

郑炳林

2023年3月

目 录

第一章 隋及唐前期敦煌的政区沿革

第一节　隋及唐前期敦煌的政区沿革

一、隋代敦煌政区沿革

北周大象二年（580）五月，北周的太上皇宣帝宇文赟突然病逝。在郑译、刘昉等人的支持下，杨坚假称受遗诏辅政年幼的静帝，并于第二年（581）代周称帝，改国号为隋，定都长安，改年号为开皇。开皇九年（589），隋朝一举消灭了偏安江南一隅的陈朝。自西晋末年以来形成的分裂割据局面终于结束，隋朝从而成为又一个大一统的中央王朝。

图1　隋文帝杨坚（采自阎立本《历代帝王图》，中国古代书画鉴定组编《中国绘画全集》第1册，北京：文物出版社，1997年，图版129）

隋朝建立之初，地方沿袭了北朝以来的州、郡、县三级制。但南北朝以来，由于大量侨置郡县的存在，郡县的设置既多又滥，甚至出现了很多同时受两个州郡或多个州郡管辖的双头郡县或多头郡县。开皇三年（583），河南道行台兵部尚书杨尚希看到当时天下州郡过多，以至于“当今郡县，倍多于古，或地无百里，数县并置，或户不满千，二郡分领”。为了改变这种民少官多、十羊九牧的情况，杨尚希上表文帝，希望能够改革地方政区，从而做到“存要去闲，并小为大”[①]。隋文帝采纳杨尚希的建议，废除了郡一级的行政建制，将州、郡、县三级制改为州县两级制。到了大业三年（607），隋炀帝在地方政区二级制的基础上，又改州为郡。

图2　隋炀帝杨广（采自阎立本《历代帝王图》，中国古代书画鉴定组编《中国绘画全集》第1册，图版130）

隋代的敦煌地区[②]，在隋文帝开皇三年（583）以前，延续北周的政区划分，置瓜州，领敦煌、常乐、永兴三郡。《隋书·地理志上》载：

---

① ［唐］魏徵等撰《隋书》卷46《杨尚希传》，北京：中华书局，1973年，第1253页。

② 有关隋代敦煌地区政区沿革的研究，可参见施和金《中国行政区划通史·隋代卷》，上海：复旦大学出版社，2017年，第163—164页。

敦煌郡旧置瓜州。统县三，户七千七百七十九。敦煌旧置敦煌郡，后周并效谷、寿皇二郡入焉。又并敦煌、鸣沙、平康、效谷、东乡、龙勒六县为鸣沙县。开皇初郡废。大业置敦煌郡，改鸣沙为敦煌。有神沙山、三危山，有流沙。常乐后魏置常乐郡。后周并凉兴、大至、冥安、闰泉，合为凉兴县。开皇初郡废，改县为常乐。有关官。玉门后魏置会稽郡。后周废郡，并会稽、新乡、延兴为会稽县。开皇中改为玉门，并得后魏玉门郡地。①

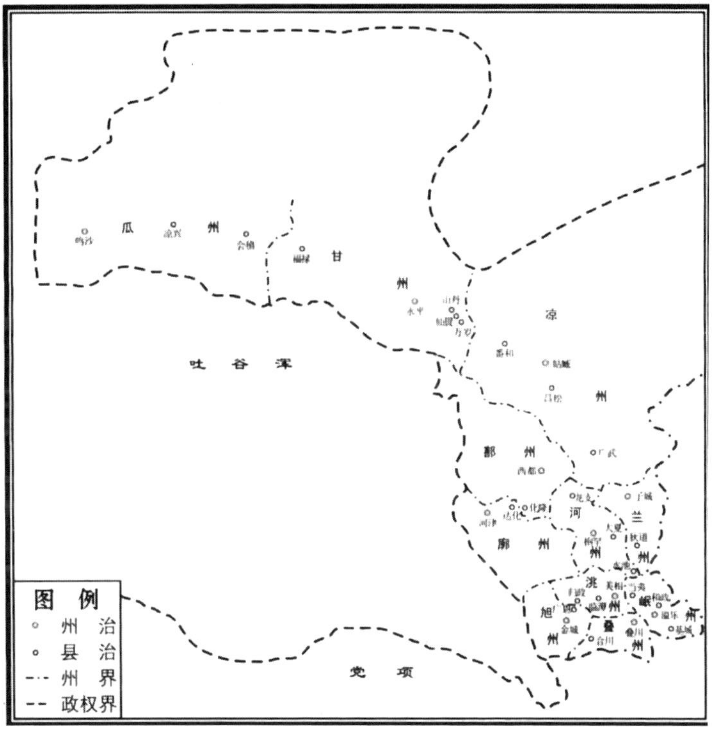

图3　开皇三年河西诸州县区划示意图（采自施和金《中国行政区划通史·隋代卷》，第40页）

《元和郡县图志》亦详述沙州、瓜州两地北魏以降沿革：

① ［唐］魏徵等撰《隋书》卷29《地理志上》，第815—816页。

沙州

后魏太武帝于郡置敦煌镇，明帝罢镇立瓜州，以地为名也，寻又改为义州，庄帝又改为瓜州。隋大业三年，又罢州为敦煌郡。①

瓜州

隋开皇三年罢郡，置瓜州。按隋瓜州，即今沙州也。大业三年改瓜州为敦煌郡，武德五年改瓜州，别于晋昌置瓜州。地出美瓜，故取名焉。②

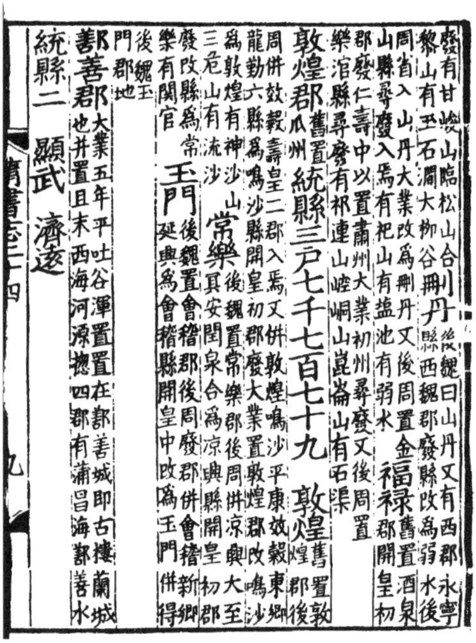
廢有甘峻山臨松山合黎山有丞石澗大柳谷
刪丹後魏曰山丹又有西郡永寧縣西魏郡廢縣改爲弱水後周省入山丹大業改爲刪丹又後周置金山縣尋廢入焉有祀山有鹽池有弱水
福祿舊置酒泉郡開皇初郡廢仁壽中以置肅州大業初州尋廢又後周置樂涫縣尋廢有祁連山崆峒山崑崙山有石渠
敦煌郡舊置瓜州統縣三戶七千七百七十九
敦煌舊置敦煌郡後周併效穀壽昌二郡入焉又併敦煌鳴沙平康效穀東鄉龍勒六縣爲鳴沙縣開皇初郡廢大業置敦煌郡改鳴沙爲敦煌有神沙山三危山有流沙
常樂後魏置常樂郡後周併涼興大至冥安閏泉合爲涼興縣開皇初郡廢改縣爲常樂有關官
玉門後魏置會稽郡後周廢郡併會稽新鄉延興爲會稽縣開皇中改爲玉門併得後魏玉門郡地
鄯善郡大業五年平吐谷渾置置在鄯善城即古樓蘭城也并置且末西海河源總四郡有蒲昌海鄯善水
統縣二
顯武 濟遠
隋書卷二十四 九

图4 《隋书·地理志》书影（采自百衲本《隋书》，上海：商务印书馆，1935年）

---

① ［唐］李吉甫撰，贺次君点校《元和郡县图志》卷40《陇右道下》，北京：中华书局，1983年，第1025页。

② ［唐］李吉甫撰，贺次君点校《元和郡县图志》卷40《陇右道下》，第1027页。

开皇三年（583）改州郡县三级区划为州县两级区划，废瓜州下辖敦煌、常乐、永兴三郡，下辖敦煌、常乐、玉门三县。

隋代敦煌县，即开皇三年（583）后瓜州州治所在地，《隋书·地理志上》并未记载其沿革，按照《元和郡县图志》所叙：

> 燉煌县，上。郭下。本汉旧县，属敦煌郡。周武帝改为鸣沙县，以界有鸣沙山，因以为名。隋大业二年，复为敦煌。①

可知隋代敦煌县即北魏时期瓜州所辖的敦煌郡之地。到了西魏时期，中央政府以其所领之效谷县置效谷郡，又分瓜州之一部分置寿昌郡。至北周时期，效谷及寿昌二郡又被并入敦煌郡②，此外，敦煌、鸣沙等六县被合并为鸣沙县。而在隋文帝罢郡的背景下，敦煌郡一度被废，而改称瓜州。据《元和郡县图志》记载，大业二年（606），北周时期以敦煌、鸣沙、平康、效谷、东乡、龙勒等六县合并而成的鸣沙县改为敦煌县，敦煌县的名称恢复，大业三年（607），隋炀帝改天下州为郡，瓜州改为敦煌郡，其统辖范围与今敦煌市大略相当。

常乐县，即汉代之冥安县，北魏在此设置常乐郡。北周时期，宇文氏政权将凉兴、大（广）至、冥安、闰泉四县合并为凉兴县，作为常乐郡的属县。开皇三年（583），常乐郡被改为常乐县。据学者考订，汉代的冥安县治即今甘肃省瓜州县城东南约40公里的戈壁滩上的锁阳城遗址，所以隋代常乐县的治所也应该设

---

① ［唐］李吉甫撰，贺次君点校《元和郡县图志》卷40《陇右道下》，第1026页。为便于研究，及尊重原作者的版权，本书尽可能保持所引文献的原貌，尤其对个别学界常用的繁体字、异体字等没有做简化处理或修正，特此说明。

② 王仲荦《北周地理志》，北京：中华书局，1980年，第224—225页。

在锁阳城。此外，《隋书·地理志》中还记载隋代常乐县境内“有关官”。对于隋朝设置于常乐的“关官”，其治所当为此时设置于此的玉门关。[①]

隋代玉门县即北魏会稽郡及玉门郡之地。会稽郡最初系西凉李暠所侨置，北魏时期得以沿用。北周时期，会稽郡罢废，会稽、新乡、延兴三县被合并为会稽县。隋文帝开皇年间，会稽县与原北魏玉门郡之地合并后，被改为玉门县。根据《太平寰宇记》“晋昌县”条的记载，会稽郡的治所与汉宜禾都尉的治所同，位于晋昌县西北边界，所以北魏至北周时期的会稽郡应在今瓜州县西北部一带。唐代曾在旧新乡县地置新乡镇，故《通典》记载：“晋昌郡（瓜州）南至新乡镇一百八十里。西至燉煌郡二百八十里。”[②]其或在今玉门镇附近。北魏的玉门郡的治所当在今玉门镇之东的赤金堡附近。由于史料的缺乏，延兴县具体情况不明。大略言之，隋代敦煌郡所辖的范围大致包括今敦煌县、瓜州县、玉门县、玉门市等地。[③]

据《隋书·地理志》记载，隋代敦煌郡辖区有7779户，但未载口数。如以一户5人计算，全郡人口约38900人。同十六国及北朝时期敦煌地区的人口起伏不定的状况相比，隋朝敦煌地区的人口数已经趋于稳定并有了一定幅度的增加。

---

① 向达《两关杂考》，收入氏著《唐代长安与西域文明》，北京：生活·读书·新知三联书店，1957年，第373—392页。李并成《玉门关历史变迁考》，《石河子大学学报》（哲学社会科学版）2015年第3期，第9—16页。

② ［唐］杜佑撰，王文锦等点校《通典》卷174《州郡典四》，北京：中华书局，1988年，第4555页。

③ 齐陈骏《敦煌沿革与人口（续）》，收入氏著《河西史研究》，兰州：甘肃教育出版社，1989年，第87页。

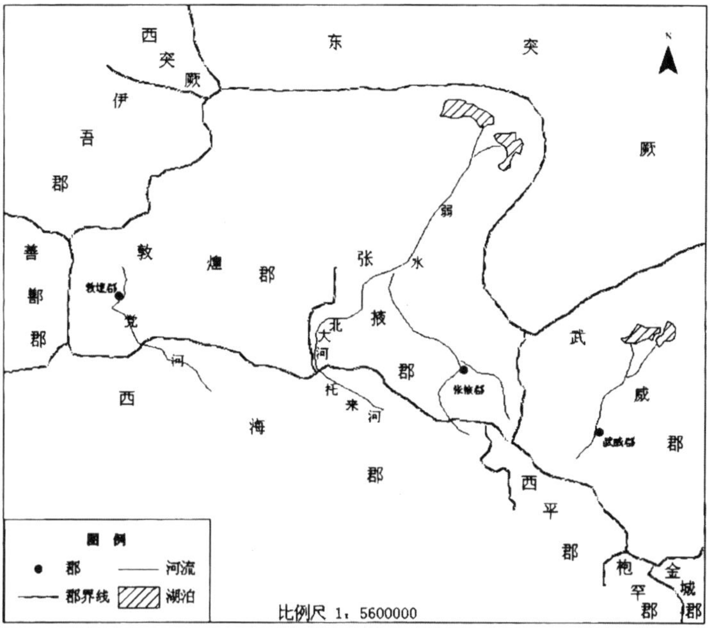

图5　隋朝时期的河西区划示意图（采自高荣主编《河西通史》，天津：天津古籍出版社，2011年，图5）

隋朝末年，天下大乱，群雄竞相起兵反隋。大业十三年（617）四月，隋朝原金城校尉薛举起兵反隋，相继攻克西平、枹罕等郡，气焰甚为高涨。为了抵御薛举势力的威胁，同年七月，隋朝原武威鹰扬府司马李轨，在以武威安氏为首的大族支持下，在武威起兵。根据《旧唐书》本传记载，李轨乃武威姑臧人，"有机辩，颇窥书籍，家富于财，赈穷济乏"[①]，所以为当地人所拥戴。在同郡曹珍、梁硕、安修仁等人的拥戴下，李轨在起兵后不久，就占据了武威、张掖、敦煌、西平、枹罕等河西五郡之地，自称大凉王。

①［后晋］刘昫等撰《旧唐书》卷55《李轨传》，北京：中华书局，1975年，第2248页。

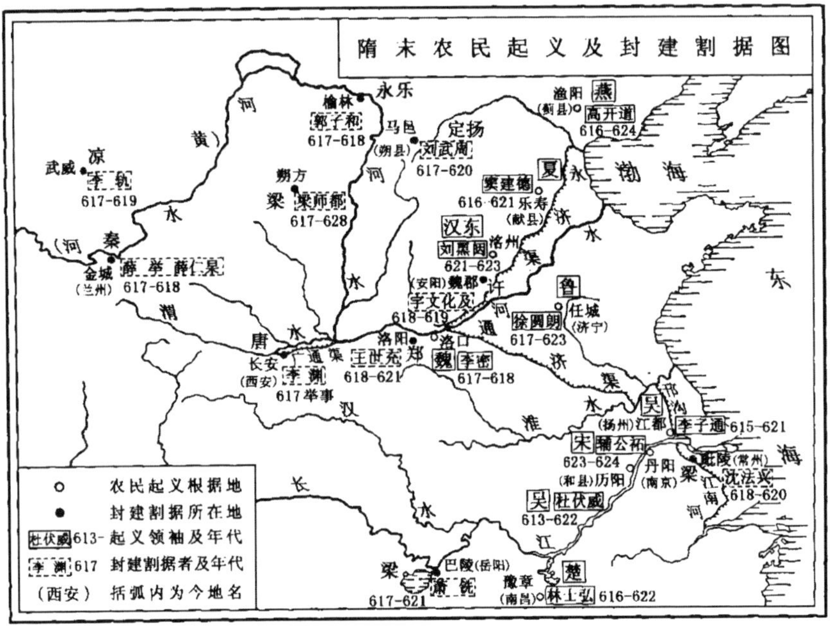

图6　隋末农民起义及封建割据图（采自王仲荦《隋唐五代史》，上海：上海人民出版社，2003年，第83页）

二、唐代前期敦煌的政区沿革

武德元年（618），唐高祖李渊为了平定薛举的势力，曾遣使凉州，希望能够从东西两个方向对其进行夹攻。在李轨派遣其弟李懋入朝后，李渊又于同年八月命鸿胪少卿张俟德奔赴凉州，册拜李轨为凉州总管，封凉王。但在张俟德到达凉州之前，李轨已经自称大凉皇帝，建元安乐。李轨虽然一度希望能去帝号并接受唐朝的册封，但在曹珍等人的鼓动下，李轨最终拒绝了唐朝的招抚，而自称“皇从弟大凉皇帝臣轨”。武德二年（619）五月，李渊又派遣安修仁之兄安兴贵前往凉州招降。由于安氏家族在凉州属于“奕代豪望，凡厥士庶，靡不依附”，所以在李轨再次拒绝唐朝的招降后，安兴贵与安修仁联合武威当地的胡人，擒获李轨并送至长安。李渊随即以其子世民为左武候大将军、使持节、凉甘等九州诸军事、凉州总管。[1]此外，唐朝还遣黄门侍郎杨恭仁前往河西安抚，这表明敦煌在内的河西地区均被纳入唐朝的版图。

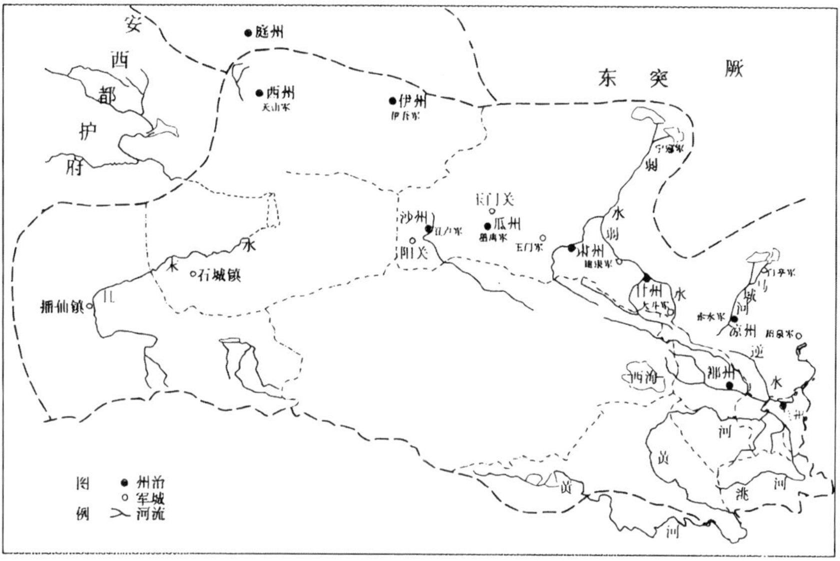

图7　唐朝时期河西军州图（采自李宗俊《唐前期西北军事地理问题研究》，北京：中国社会科学出版社，2005年，第150页）

唐朝在武德二年夺得河西地区之后，依照在全国改郡为州的通例，将敦煌郡更名为瓜州，任命贺拔行威为瓜州刺史。由于唐朝控制河西未久，而敦煌又僻处西北一隅，所以在武德三年（620）十二月己酉（二十日），贺拔行威拘押骠骑将军达奚暠，举兵反唐。[2]一直到武德五年（622）五月，贺拔行威所发动的这

① ［宋］司马光编著，［元］胡三省音注《资治通鉴》卷187，北京：中华书局，1956年，第5856页。
② ［宋］司马光编著，［元］胡三省音注《资治通鉴》卷188，第5898页。

场叛乱，才被以敦煌大族为主导的力量所平定。为了削弱当地的不稳定因素，唐政府在平定贺拔行威叛乱后，将瓜州分割为瓜州和西沙州两个州。其中，新的瓜州治所设在晋昌，统辖晋昌和常乐两县；西沙州治敦煌，领敦煌、寿昌二县，所管辖的范围大为缩小。正是因为敦煌此时为唐王朝所统辖的最西端，而州境内有山曰鸣沙，故以西沙州名之。[①]

《新唐书·地理志四》：

> 沙州燉煌郡，下都督府。本瓜州，武德五年曰西沙州，贞观七年曰沙州。
>
> 瓜州晋昌郡，下都督府。武德五年析沙州之常乐置。[②]

《旧唐书·地理志三》：

> 肃州下　武德二年，分隋张掖郡置肃州。八年，置都督府，督肃、瓜、沙三州。贞观元年，罢都督府。[③]
>
> 瓜州下都督府　隋燉煌郡之常乐县。武德五年，置瓜州，仍立总管府，管西沙、肃三州。八年，罢都督。贞观中，复为都督府。天宝元年，为晋昌郡。乾元元年，复为瓜州。旧领县二，户一千一百六十四，口四千三百二十二。天宝，户四百七十七，口四千九百八十七。在京师西三千三百一十里，至东都四千三百六里。[④]

---

① ［后晋］刘昫等撰《旧唐书》卷40《地理志三》，第1644页。

② ［宋］欧阳修、宋祁撰《新唐书》卷40《地理志四》，北京：中华书局，1975年，第1045页。

③ ［后晋］刘昫等撰《旧唐书》卷40《地理志三》，第1642页。

④ ［后晋］刘昫等撰《旧唐书》卷40《地理志三》，第1642页。

> 沙州下　隋燉煌郡。武德二年，置瓜州。五年，改为西沙州。贞观七年，去“西”字。天宝元年，改为燉煌郡。乾元元年，复为沙州。旧领县二，户四千二百六十五，口一万六千二百五十。在京师西北三千六百五十里，至东都四千三百九里。①

《元和郡县图志·陇右道下》：

> 隋末丧乱，陷于寇贼，武德二年西土平定，置瓜州，五年改为沙州。建中二年，陷于西蕃。皇朝以敦煌为燉煌。
>
> 武德五年改瓜州，别于晋昌置瓜州。②

但是，据上引《旧唐书·地理志三》“瓜州下都督府”条记载，唐廷于高祖武德五年（622）析置瓜州，并设瓜州总管府，武德七年（624），废天下总管府而改为都督府，瓜州总管府亦改为瓜州都督府，辖瓜、西沙二州。武德八年（625），废瓜州都督府，而于肃州新置肃州都督府，下辖肃、瓜、西沙三州。贞观元年（627），废肃州都督府而复置瓜州都督府，下辖瓜、西沙、肃三州。虽然《旧唐书·地理志》没有记载瓜州都督府复置的具体时间，但是其应该是与废罢肃州都督府同时发生。自此以后，瓜州都督府一直存在，辖州也基本没有变化。但是，严耕望在《括地志序略都督府管州考》一文中却认为：“自武德七年至显庆间，

① ［后晋］刘昫等撰《旧唐书》卷40《地理志三》，第1644页。

② ［唐］李吉甫撰，贺次君点校《元和郡县图志》卷40，第1025、1027页。

凉州皆管凉、肃、甘、沙、瓜、伊等八州也。”[①]艾冲解释此种现象为凉州都督府并非直接管辖瓜、沙、肃三州，应该只是名义上的统管。郭声波《中国行政区划通史·唐代卷》中引用了艾冲的观点[②]，认为：

> 武德五年（622），割凉州总管府瓜、肃二州置瓜州总管府，直属中央，并置西沙州。七年，改为瓜州都督府。八年，移都督府治于肃州，改为肃州都督府。贞观元年（627），移都督府于瓜州，复为瓜州都督府，割隶陇右道。四年，罢都督府，瓜、西沙、肃改隶凉州都督府。七年，改西沙州为沙州。[③]

唐高宗咸亨年间，瓜、沙二州还属凉州都督府管辖，但是在高宗朝后期，已经有沙州都督府的建制，下辖瓜、沙二州，在武周时期就有包含“沙州都督府”的敦煌文献，比如敦煌文书P.2005、P.2695《沙州都督府图经》便是明证。《唐会要》卷70“州县分望道·陇右道”：“新升都督府　沙州，永徽二年五月升。”[④]但

① 严耕望《括地志序略都督府管州考》，收入氏著《严耕望史学论文集》，上海：上海古籍出版社，2009年，第635页。
② 艾冲《唐代河西地区都督府建制的兴废》，《敦煌研究》2003年第3期，第50—54页。
③ 郭声波著《中国行政区划通史·唐代卷》，上海：复旦大学出版社，2017年，第1046页。
④［宋］王溥撰《唐会要》卷70，上海：上海古籍出版社，2006年，第1465页。

是，池田温考证认为“永徽二年”当为“永泰二年”之讹[①]，并得到李正宇[②]、李方[③]等的支持。近年，刘安志亦主此说，并从沙州长官官衔、六曹机构及官员称谓、六曹属吏设置及名称、官文书钤印等方面进行了论证，认为从武周到开元、天宝年间，沙州一直是刺史州，而非都督州。[④]

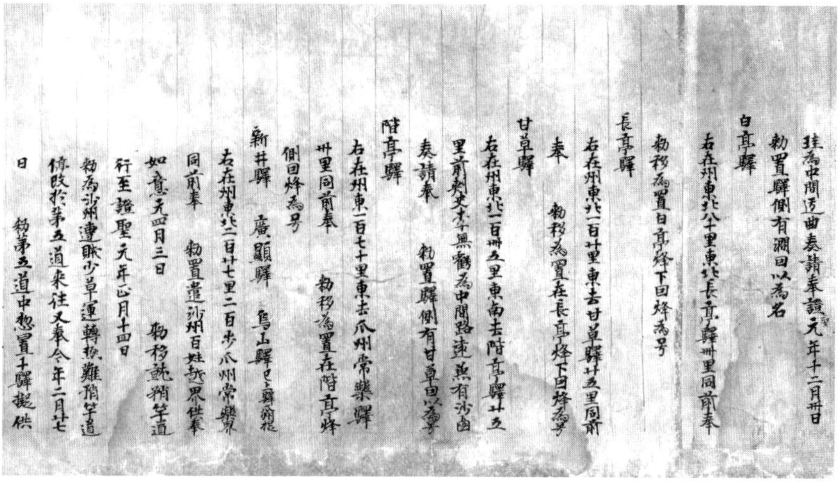
為中間迂曲奏請奉證聖元年十二月卅日
勑置驛側有澗因以為名
白亭驛
右在州東北八十里東北去長亭驛卅里同前奉
勑移為置白亭烽下因烽為号
長亭驛
右在州東北一百廿里東去甘草驛廿五里同前
奉　勑移為置在長亭烽下因烽為号
甘草驛
右在州東北一百卅五里東南去階亭驛廿五
里前刺史李無虧為中間路遠無有沙鹵
奏請奉　勑置驛側有甘草因以為号
階亭驛
右在州東一百七十里東去瓜州常樂驛
卅里同前奉　勑移為置在階亭烽
側因烽為号
新井驛　廣顯驛　烏山驛已上驛
右在州東北二百廿七里二百步瓜州常樂界
同前奉　勑置遣沙州百姓越界供奉
如意元年四月三日　勑移就稍竿道
行至證聖元年正月十四日
勑為沙州遭賊少草運轉極難稍竿道
停廢於第五道來往又奏今年二月廿七
日　勑第五道中總置十驛擬供

图8　P.2005《沙州都督府图经》局部（采自国际敦煌项目（IDP）数据库，以下简称IDP）

① （日）池田温《沙州図経略考》，《榎博士還暦記念東洋史論叢》，東京：山川出版社，1975年，第31—101页。本文所引用的日文论著，仅在脚注、书末之《参考文献》及图版中，保持日本原文，其他悉译作汉文，特此说明。

② 李正宇《古本敦煌乡土志八种笺证》，兰州：甘肃人民出版社，2008年，第42页。

③ 李方《唐西州行政体制考论》，哈尔滨：黑龙江教育出版社，2002年，第21页注③。

④ 刘安志《关于唐代沙州升为都督府的时间问题》，《敦煌学辑刊》2004年第2期，第59—66页。后收入氏著《敦煌吐鲁番文书与唐代西域史研究》，北京：商务印书馆，2011年，第354—369页。刘安志《唐代沙州升为都督府时间考定——以〈唐会要〉版本考察为中心》，《史学集刊》2017年第4期，第33—40页。

唐初，敦煌面临当地叛乱势力影响的同时，还要应对突厥汗国和吐谷浑等少数民族政权的军事威胁。唐太宗贞观四年（630）八月，据守高昌东境的东突厥欲谷设部降唐。同年九月，占据伊吾七城的石万年亦率众来降，唐朝因置其地为西伊州。从石万年的姓氏上来看，他应该是中亚粟特诸国中的石国人。贞观六年（632），唐政府又将西伊州改为伊州，明确表明唐政府有继续西进的意图。唐政府既然在敦煌以西已经设州，那么再将敦煌称为“西沙州”已经名不副实，因此在贞观七年（633），唐朝就去掉“西沙州”之“西”字，而正式定名为“沙州”。天宝元年（742），唐政府改州为郡，沙州被改为敦煌郡。到了乾元元年（758），唐政府又废除郡制，恢复州制，其地仍称作沙州。

景云元年（710），唐廷置河西节度使，领凉、甘、肃、伊、瓜、沙、西七州，治所为凉州，副使治甘州①。此时，敦煌即为沙州，属河西节度使所领七州之一。《通典》载：“自景云二年四月，始以贺拔延嗣为凉州都督，充河西节度使。其后诸道因同此号，得以军事专杀。行则建节，府树六纛，外任之重莫比焉。”②随着对吐蕃战争的两次失利及北突厥的崛起，景云、开元之际，唐廷对于西北边疆的军事策略已由进攻转为防守。河西节度使的设置，主要目的便在于隔绝、防备吐蕃与突厥，其中，吐蕃是主要威胁。此后直至贞元二年（786）吐蕃占领敦煌，敦煌的兴衰便与河西节度使同吐蕃的战争形势密切相关。

起广德元年（763）吐蕃占领泾州、奉天并攻占长安，讫贞元二年（786）吐蕃占领敦煌，前后有杨志烈、杨休明、周鼎和

---

① ［宋］欧阳修、宋祁撰《新唐书》卷67《方镇表四》，第1861—1862页。

② ［唐］杜佑撰，王文锦等点校《通典》卷32，第895页。

阎朝任河西节度使，并与吐蕃进行了长达二十余年的战争。起初河西节度使治所为河西重镇凉州，但随着与吐蕃战事的失利，河西节度使治所不断西迁，经甘州至沙州即今敦煌[①]。广德二年(764)，吐蕃围攻凉州，河西节度使杨志烈被迫西投甘州。永泰元年（765），杨志烈死于北庭沙陀之手，杨休明接任河西兼伊西北庭节度观察使。此后不久，吐蕃攻陷甘州，进兵肃州，杨休明将河西节度使衙进一步西迁至沙州。吐蕃攻占张掖、酒泉之后，便放缓了对于河西节度使的进攻，将其重心放在了对于东部地区的进攻和稳固已占领地区的统治。

图9　吐蕃赞普与各国王子（采自敦煌研究院编《敦煌石窟全集·服饰画卷》，香港：商务印书馆（香港）有限公司，2005年，第152页）

① 魏迎春、郑炳林《唐河西节度使西迁和吐蕃对敦煌西域的占领》，《敦煌学辑刊》2020年第1期，第1—19页。

杨休明之后出任河西节度使的是周鼎，颜真卿《唐故太尉广平文贞公宋公神道碑侧记》载：

> 第六子衡，因谪居沙州，参佐戎幕，河陇失守，介于吐蕃，以功累拜工部郎中兼御史、河西节度行军司马，与节度周鼎保守燉煌仅十余岁，遂有中丞常侍之拜。恩命未达，而吐蕃围城，兵尽矢穷，为贼所陷。吐蕃素闻太尉名德，曰：唐天子，我之舅也，衡之父，舅贤相也，落魄如此，岂可留乎。遂赠以驼马，送还于朝，大历十二年十一月，以二百骑尽室护归。[①]

以时间而言，大历十二年（777）宋衡等人随瓜州陷于吐蕃，此时周鼎任河西节度使十余年。魏迎春、郑炳林《唐河西节度使西迁和吐蕃对敦煌西域的占领》一文据此记载推测周鼎出任河西节度使的时间当在767年，即河西节度使西迁敦煌的第二年[②]。

周鼎任河西节度使后，面对“介于吐蕃”的形势，只能长期困守敦煌。大历十一年（776）八月，杨绶所撰《大唐陇西李氏莫高窟修功德记》载：

> 时节度观察处/置使、开府仪同三司、御史大夫、蔡国公周公，道洽生知，才膺命世。/清明内照，英华外敷；气迈风云，心悬日月。文物居执宪之重，武威/当杖钺之雄。

① ［清］董诰等编《全唐文》卷338，北京：中华书局，1983年，第3432页。
② 魏迎春、郑炳林《唐河西节度使西迁和吐蕃对敦煌西域的占领》，第8页。

括囊九流，住持十信。爰因蒐练之暇，以申礼敬之诚。揭/竿操矛，闟戟以从。蓬头胼胁，傍车而趍。熊罴启行，鹓鸾陪乘。隐隐/轸轸，荡谷摇川而至于斯窟也。[1]

节度观察处置使、开府仪同三司、御史大夫、蔡国公周公即河西节度使周鼎。这一时期，吐蕃对敦煌的攻势尚不紧迫，周鼎能够趁“蒐练之暇”参加陇西李氏家窟的竣工仪式。

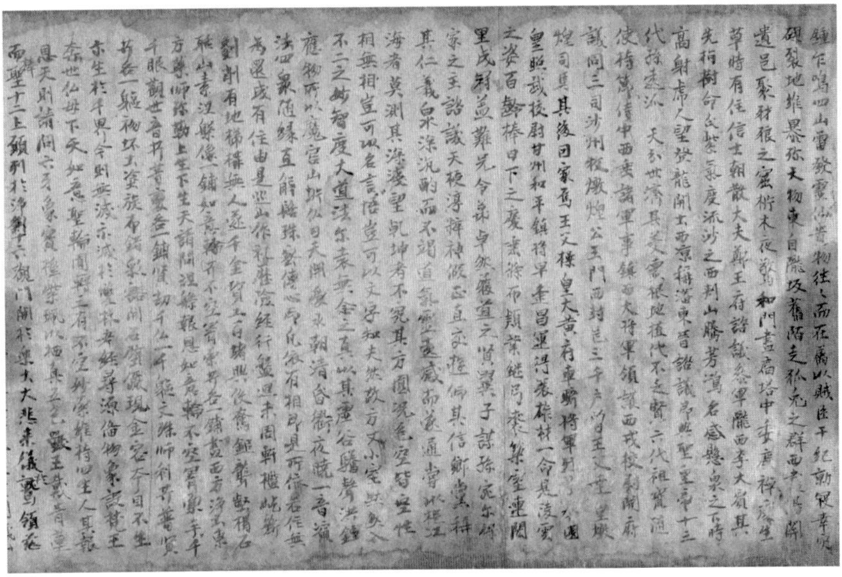

图10　P.3608V《大唐陇西李氏莫高窟修功德记》局部（采自IDP）

此后不久，吐蕃赞普派遣尚绮心儿攻打敦煌，周鼎死于部下阎朝之手。《新唐书·吐蕃传下》载：

① P.3608V《大唐陇西李氏莫高窟修功德记》，图版、录文参考郑炳林、郑怡楠辑释《敦煌碑铭赞辑释（增订本）》，上海：上海古籍出版社，2019年，第42—52页。

图11　回鹘王妃礼服（采自谭蝉雪主编《敦煌石窟全集·服饰画卷》，第246页）

始，沙州刺史周鼎为唐固守，赞普徙帐南山，使尚绮心儿攻之。鼎请救回鹘，逾年不至，议焚城郭，引众东奔，皆以为不可。鼎遣都知兵马使阎朝领壮士行视水草，晨入谒辞行，与鼎亲吏周沙奴共射，彀弓揖让，射沙奴即死，执鼎而缢杀之，自领州事。[1]

周鼎面对吐蕃的攻势，采取了向回鹘求救的策略，但回鹘未予理会。此后，周鼎意图焚毁城郭，率众东奔，也未获部下支持。大历十二年（777）[2]，时任都知兵马使的阎朝则趁行视水草之机，缢杀了周鼎而自领州事。

周鼎向回鹘求援，在希望获得回鹘支持的同时，也存经由回鹘联通唐廷的愿望。然而，这一时期唐廷虽与回鹘和解，共同抗击吐蕃，但双方关系并不融洽。周鼎向回鹘派遣求援使节时，正值回鹘出兵攻打夏州之时，使者未获回应实属必然，甚至存在被俘而未完成任务的可能[3]。直至建中二年（781），中原通西域的回鹘道开通，敦煌地区才与唐廷取得联系。《旧唐书·德宗纪上》载：

（建中三年五月）丙申，诏："故伊西北庭节度使杨休明、故河西节度使周鼎、故西州刺史李琇璋、故瓜州刺史张铣等，寄崇方镇，时属殷忧，固守西陲，以抗戎虏。殁身异域，多历岁年，以迨于兹，旅榇方旋，诚深追悼，宜加宠赠，以贲幽泉。休明可赠司徒，鼎赠太保，琇璋赠户部尚书，铣赠兵部侍郎。"皆陇右牧守，至德已来陷吐蕃而

① ［宋］欧阳修、宋祁撰《新唐书》卷216下《吐蕃传下》，第6101页。
② 陈国灿认为阎朝杀周鼎而自代的时间即在大历十二年，陈国灿《唐朝吐蕃陷落沙州的时间问题》，《敦煌学辑刊》1985年第1期，第1—7页，后收入氏著《敦煌学史事新证》，兰州：甘肃教育出版社，2002年，第472—485页。又参魏迎春、郑炳林《唐河西节度使西迁和吐蕃对敦煌西域的占领》，第9页。
③ 魏迎春、郑炳林《唐河西节度使西迁和吐蕃对敦煌西域的占领》，第9页。

> 殁故，至是西蕃通和，方得归葬也。[①]

回鹘道的开通，使得杨休明、周鼎等人能够归葬。然而，唐廷依然无法对遭受吐蕃攻打的敦煌地区予以实际支持，且当时控制敦煌的阎朝实为缢杀长官而自代，唐廷未必属意并给予支持。

阎朝杀周鼎而自代后，面对吐蕃的攻势，并未采取以往数任节度使西逃抑或东奔的策略，而是选择死守敦煌。《新唐书·吐蕃传下》载：

> 城守者八年，出绫一端募麦一斗，应者甚众。朝喜曰："民且有食，可以死守也。"又二岁，粮械皆竭，登城而呼曰"苟毋徙佗境，请以城降。"绮心儿许诺，于是出降。自攻城至是凡十一年。赞普以绮心儿代守。后疑朝谋变，置毒靴中而死。[②]

阎朝在敦煌的死守，最终因"粮械皆竭"而失败。贞元二年（786），阎朝在尚绮心儿"毋徙佗境"的许诺下降吐蕃。此后，敦煌陷于吐蕃，唐在河西地区的实际统治正式结束。

---

① ［后晋］刘昫等撰《旧唐书》卷12《德宗纪上》，第333页。
② ［宋］欧阳修、宋祁撰《新唐书》卷216下《吐蕃传下》，第6101页。

第二节　唐前期敦煌的乡里制

《通典》中对唐代的乡里建制有明确的记载：

> 大唐凡百户为一里，里置正一人；五里为一乡，乡置耆老一人。以耆年平谨者，县补之，亦曰父老。[①]

唐代规定五里为一乡，与晋五百户以上置乡比，乡的规模变小，数量增加。因此，唐代敦煌县下辖乡的数量，在前代的基础上有所增加。除了北周、隋代的东乡、鸣沙两乡名称有所变更外，其余北周前的五县，入唐之后都成了敦煌县的乡名。学界一般认为唐敦煌县下辖十三乡，但是陈国灿认为："唐朝前期敦煌县的乡实际没有这么多，的确，唐敦煌县有过自己统辖13乡的历史，但为时不长，在吐蕃占领敦煌以前的168年间，准确地说，建制为13乡的时间，仅有60年，更多的时间是11乡。"[②]这里主要涉及寿昌

---

① ［唐］杜佑撰，王文锦等点校《通典》卷33，第924页。

② 陈国灿《唐五代敦煌县乡里制的演变》，《敦煌研究》1989年第3期，第39—50页，后收入氏著《敦煌学史事新证》，第366页。

是否单独设县，以及从化乡的建立问题。

有关寿昌县在唐代的分立与合并，后晋开运二年（945）写本《寿昌县地境》：

> 宇文保定四年省入敦煌县，武德二年又析置寿昌县，永徽元年废，乾封二年又置。建中初陷吐蕃。[①]

《新唐书·地理志四》则对寿昌县的沿革记载得更详细：

> 寿昌。下。武德二年析燉煌置，永徽元年省，乾封二年复置，开元二十六年又省，后复置，治汉龙勒城。[②]

虽然在唐代前期一直有寿昌乡的建置，但是在武德二年（619）至永徽元年（650），乾封二年（667）到开元二十六年（738）这两段时间内，寿昌县作为沙州属县存在，寿昌乡是寿昌县下属的惟一一个乡。从永徽二年（651）到乾封二年（667），开元二十六年（738）至敦煌陷于吐蕃，这段时间，寿昌县废入敦煌县，寿昌乡才作为敦煌县下辖的乡存在。

在敦煌吐鲁番文献中，不少官文书有关于敦煌县下辖乡的记载，如大谷文书二八三九号背周圣历二年（699）前后《敦煌县各乡营麦豆亩数计会》：

> （1）四百八十六顷八亩。
> （2）皇六十五顷卅一亩六十顷麦。　高五十五顷卌八亩。

① 录文参见郑炳林《敦煌地理文书汇辑校注》，兰州：甘肃教育出版社，1989年，第60页。
② ［宋］欧阳修、宋祁撰《新唐书》卷40《地理志四》，第1045页。

(3) 勒卅顷卅五亩。 神一十六顷。 平六十一顷亩六十顷九十亩麦。

(4) 池一十五顷五十四亩。 玉廿二顷卅三亩。

(5) 效五十三顷六亩五十二顷三亩麦。 闰五十五顷二亩。

(6) 泉五十三顷廿亩五十二顷麦。 惠五十八顷七十九亩五十七顷五十六亩麦。

(7) 四百七十七顷廿一亩麦。

(8) 八顷八十七亩豆。

(9) 豆：皇五顷卅一亩。 平十亩豆。 效一顷三亩豆。

(10) 泉一顷廿亩。 惠一顷廿三亩豆。

(后缺)①

池田温对文书中十一乡的简称做过复原：

序号	全称	简称
1	敦煌乡	皇
2	莫高乡	高
3	龙勒乡	勒
4	神沙乡	神
5	平康乡	平
6	洪池乡	池
7	玉关乡	玉
8	効谷乡	効
9	洪闰乡	闰
10	悬泉乡	泉
11	慈惠乡	惠

① (日)小田義久编《大谷文書集成》卷1，京都：法藏館，1984年，図版一二九，录文见第109页。又见(日)池田温著，龚泽铣译《中国古代籍帐研究·录文与插图》，北京：中华书局，2007年，第195页。

可见在圣历以前，敦煌县只有十一乡。

大谷文书二八三六号长安三年（703）三月《敦煌县录事董文彻牒》：

（26）下十一乡，件状如前，今以状下乡，宜准

（27）状。符到奉行。

（28）　　　　　　　长安三年三月二日[①]

也证明了当时敦煌县下辖十一乡的建置。

长安以后，随着从化乡的设立，寿昌县废除，以其地为寿昌乡，敦煌县下辖由之前的十一乡增至十三乡。如P.2803《唐天宝九载（750）八至九月敦煌郡仓纳谷牒》载：

（1）敦煌县　状上

（2）合今载应纳种子粟一万二千二百八十五硕九斗三升。

（3）洪池乡　七百一十六硕一斗一升六合九勺

（4）玉关乡　一千四十一硕四斗二升九合八勺

（5）效谷乡　九百九硕四斗二升八合八勺

（6）洪闰乡　一千三百四十二硕九斗五升七合

（7）悬泉乡　一千五百一硕六斗九升六合

（8）慈惠乡　一千七硕六斗七升

（9）从化乡　三百六十五硕二斗一升

（10）敦煌乡　九百二硕八斗二合四勺

（11）龙勒乡　六百二十七硕九斗七升

（12）神沙乡　九百二十一硕九升五合一勺

---

①（日）小田義久编《大谷文書集成》卷1，図版一二三，录文见第107页。又见（日）池田温著，龚泽铣译《中国古代籍帐研究·录文与插图》，第200页。

(13) 平康乡 一千一百四十七硕三斗四升五合

(14) 寿昌乡 九百九十四硕六斗七升

(15) 牒件状如前，谨牒

(16) 天宝九载八月廿七日史 杨元晖牒①

图12 P.2803《唐天宝九载（750）八至九月敦煌郡仓纳谷牒》局部（采自IDP）

本件文书列出天宝九载（750），敦煌县各乡应该向郡仓缴纳的种子粟数，明列敦煌县下属十三乡。按照《新唐书·地理志四》的记载，开元二十六年（738），废寿昌县，其地并入敦煌县，为寿昌乡，加上之前新设立的从化乡，是为十三乡，大约一直持续到吐蕃占领敦煌为止。

有关敦煌从化乡的建立与消亡，是敦煌学界一个重要的话

① 图版见上海古籍出版社、法国国家图书馆编《法藏敦煌西域文献》第18册，上海：上海古籍出版社，2001年，第298页。录文参见（日）池田温著，龚泽铣译《中国古代籍帐研究·录文与插图》，第328页。

题，池田温于20世纪60年代中期，在《八世纪中叶敦煌的粟特人聚落》一文中，以敦煌汉文文书为主，得出结论：“在敦煌县城东面500米左右的城居粟特人聚落，被称为安城。在唐王朝统治下，它被编为从化乡。在8世纪中期，大约有300户居民，1400人左右的人口。在聚落成员当中，大部分是称用康、安、石、曹、罗、何、米、贺、史等九姓的人。”并推测：“安城的粟特人聚落是在7世纪前半期产生的。随着时代的推移，通过与汉人的通婚和定居，发生了汉化，已成为唐王朝公民的聚落居民所做的最主要的事情，就是作为商业交易的中介人来维护粟特人的利益。”①

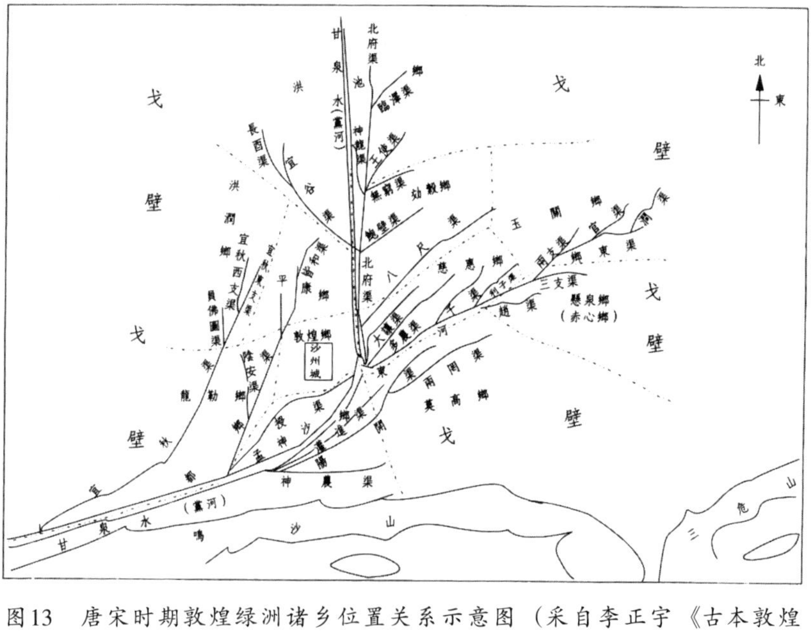

图13　唐宋时期敦煌绿洲诸乡位置关系示意图（采自李正宇《古本敦煌乡土志八种笺证》，示意图8）

① （日）池田温著，辛德勇译《八世纪中叶敦煌的粟特人聚落》，收入池田温著《唐研究论文选集》，北京：中国社会科学出版社，1999年，第3—67页。

关于敦煌十三乡在县内的具体位置，李正宇已经有过研究，敦煌乡所辖为沙州州城及关厢，南邻神沙乡，东邻慈惠乡，北邻平康乡，西邻龙勒乡。州城内置坊，已知有十二坊。

平康乡，在敦煌城北，南邻敦煌乡，东南邻慈惠乡，东邻效谷乡，北邻洪池乡，西邻洪闰乡，西南邻龙勒乡，耕地面积28000多亩。北魏至北周曾于此地置平康县。①

经过唐初的恢复和发展，唐代的社会经济在开元、天宝年间达到了一个新的高峰。强盛的国力及繁荣的经济极大地促进了丝路贸易的发展。作为丝路贸易必经之地的河陇成为全国最富庶的地区之一。所以，司马光曾在《资治通鉴》中盛赞此时陇右地区的繁荣："是时中国盛强，自安远门西尽唐境万二千里，闾阎相望，桑麻翳野，天下称富庶者无如陇右。"②随着经济的繁荣，敦煌地区的人口也达到了自西汉以来的最高峰。根据两《唐书·地理志》的记载，贞观十三年（639）之际，全国总户数为3041871户，口数为12351681人。③其中，沙州有4265户，16250人，平均每户4人。④而到了天宝十四载（755），经过一百多年的发展，唐帝国的户数达到了8914709户，人口数为52919309人。⑤虽然没有赶上全国人口的平均增速，但沙州地区的户口数也出现了大幅度的增加。其中，户数增加到6395户，口数增加到32234人。⑥平均每户的人口也由此前的4人增加到5人。此时沙州所辖

① 李正宇《古本敦煌乡土志八种笺证》，第131页注释215。

② ［宋］司马光编著，［元］胡三省音注《资治通鉴》卷216，第6919页。

③ 有关贞观十三年至天宝十四载唐代的户口数，也可参冻国栋《唐代人口问题研究》，武汉：武汉大学出版社，1993年，第90—91页。

④ ［后晋］刘昫等撰《旧唐书》卷40《地理志三》，第1644页；［宋］欧阳修、宋祁撰《新唐书》卷40《地理志四》，第1045页。

⑤ ［唐］杜佑撰，王文锦等点校《通典》卷7，第153页。

⑥ ［唐］杜佑撰，王文锦等点校《通典》卷174，第4556页。

的区域远小于隋朝敦煌郡的范围，但人口却相差不多，证明此时敦煌的人口密度已远超隋朝。在盛唐时期唐代敦煌的居民中，有相当数量的粟特人，多以经商为业。不少粟特人为了贸易的便利，干脆就定居在敦煌。为了便于管理这些粟特人，唐政府专门在敦煌县设立了从化乡，成为敦煌十三乡之一，这些人成为唐朝的正式编户。

第二章

隋及唐前期敦煌的经济社会

第一节　隋及唐前期敦煌的人口与户籍

一、隋至唐前期敦煌的人口

（一）人口数量

据《隋书·地理志》记载，“敦煌郡旧置瓜州。统县三，户七千七百七十九。”①三县即敦煌、常乐和玉门。以当时一户大致4口进行计算，全郡人口大约三万人。齐陈骏对比了前代的人口数认为：“对比两汉时期，隋代敦煌郡管辖面积，比两汉都大得多，几乎是等于两汉时敦煌全郡和半个酒泉郡，但户口数字却还不如西汉，约略同东汉时敦煌郡相近。如果我们以此数字同北魏时期相比，北魏凉州十郡仅有户三千多，按这一比例，瓜州七郡，还包括酒泉在内，只二千多户，而隋代的敦煌郡并不包括酒泉郡全部，就有户七千多，显然人户大大增加了。隋代敦煌郡户口的增加，我想是同魏周以来推行均田制和河西地区社会相对安定有关的。”②隋为经营西域，在西北地区大兴屯田。《通典》卷10《食货典十》：“（大业）五年，于西域之地，置西海、鄯

① ［唐］魏徵等撰《隋书》卷29《地理志上》，第815页。

② 齐陈骏《敦煌沿革与人口（续）》，《敦煌学辑刊》1981年第2辑，第59—72页，收入氏著《河西史研究》，第89页。

善、且末等郡（原注：逐吐谷浑得其地，并在今酒泉、张掖、晋昌郡之北），谪天下罪人，配为戍卒，大开屯田，发四方诸郡运粮以给之。”[①]敦煌作为西域的门户，也应有大批戍卒在此屯田。这些戍卒往往拖家带口，使得敦煌郡的人口在这一阶段得到大幅增长。隋时，敦煌郡人口在整个河西地区是仅次于武威郡的大郡。

隋时河西诸郡户口统计表[②]

郡名	户数	口数
武威郡	11705	46820
张掖郡	6126	24504
敦煌郡	7779	31116

武威作为河西大郡，自古以来就是人口和经济繁荣之地。据《隋书·地理志》记载，张掖郡和敦煌郡均统县三，敦煌郡的人口却比张掖郡要多出七千口左右，由此可以看出当时敦煌郡在整个河西地区的地位。

经过唐初的恢复和发展，唐代的社会经济在开元、天宝年间达到了一个新的高度。强盛的国力及繁荣的经济极大地促进了丝绸之路的繁荣。作为丝绸之路重要通道的河西陇右地区经济也得到了不断的发展，成为全国最富饶的地区之一。《资治通鉴》载：“是时中国盛强，自安远门西尽唐境万二千里，闾阎相望，

① ［唐］杜佑撰，王文锦等点校《通典》卷10《食货典十》，第220页。
② 户口统计以《隋书·地理志》为准。《隋书·地理志》中仅列河西诸郡户数而未记口数，表中口数乃按每户4口计算。

桑麻翳野，天下称富庶者无如陇右。”[①]随着经济的繁荣，敦煌地区的人口也达到了两汉以来的最高峰。根据两《唐书·地理志》记载，贞观十三年（639），全国总户数为3041871，口数为12351681[②]。沙州户数为4265，口数为16250，每户约4人[③]。到天宝十四载（755），唐王朝总户数为8914790，口数为52919390[④]。沙州户数为6395，口数为32234，每户约5人[⑤]。

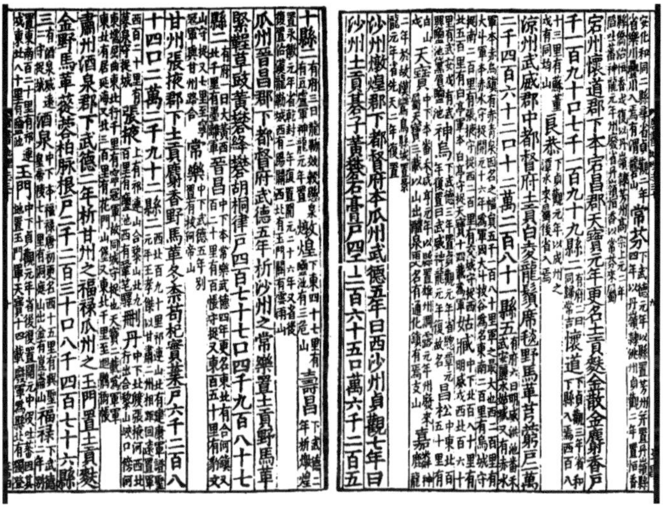
常芬
宕州懷道郡下本宕昌郡天寶元年更名土貢麩金散金麝香戶
千一百九十口七千一百九十九縣二
懷道
良恭
涼州武威郡中都督府土貢白麥龍鬚席毾野馬革芎藭戶二萬
二千四百六十二口十二萬二百八十一縣五
姑臧
神烏
昌松
天寶
嘉麟
沙州燉煌郡下都督府本瓜州武德五年曰西沙州貞觀七年曰
沙州土貢碁子黃礬石膏戶四千二百六十五口萬六千二百五
十縣二
燉煌
壽昌
瓜州晉昌郡下都督府武德五年析沙州之常樂置土貢野馬革
緊䩨草鼓黃礬絳礬胡桐律戶四百七十七口四千九百八十七
縣二
晉昌
常樂
甘州張掖郡下土貢麝香野馬革冬柰苟杞實葉戶六千二百八
十四口二萬二千九十二縣二
張掖
刪丹
肅州酒泉郡下武德二年析甘州之福祿瓜州之玉門置土貢麩
金野馬革蓯蓉柏脉根戶二千二百三十口八千四百七十六縣
三
酒泉
福祿
玉門

图1　百衲本《新唐书·地理志》书影（采自［宋］欧阳修、宋祁撰《百衲本二十四史·新唐书》卷40《地理志》，第7册，上海：商务印书馆，1936年，叶9b—10a）

沙州人口的增长速度虽未赶上这一时期全国人口的增速，但相较以往，也有了很大的增长。特别是这一时期沙州的管辖范围

① ［宋］司马光编著，［元］胡三省音注《资治通鉴》卷216，第6919页。
② 冻国栋《唐代人口问题研究》，第90页。
③ ［后晋］刘昫等撰《旧唐书》卷40《地理志三》，第1644页；［宋］欧阳修、宋祁撰《新唐书》卷40《地理志四》，第1045页。
④ ［唐］杜佑撰，王文锦等点校《通典》卷7《食货典七》，第153页。
⑤ ［唐］杜佑撰，王文锦等点校《通典》卷174《州郡典四》，第4556页。

远比隋朝时小，但人口数却与隋时相当，证明此时的人口密度已超越隋朝。盛唐时期敦煌的居民中，有相当数量是粟特人。当时，敦煌境内生活着很多以经商为业的粟特人。不少粟特人为了贸易的便利，干脆就定居在敦煌。[①]随着敦煌地区粟特人日益增多，唐王朝专门设立了主要由粟特人组成的从化乡，成为敦煌十三乡之一。[②]

唐代敦煌地区的人口资源与河西其他地区相比也是相对充裕的。苏金花曾对唐前期河西诸州户口数做过统计，如下：

唐天宝以前河西诸州户口统计表

年代 州别	贞观年间		开元年间		天宝年间	
	户	口	户	口	户	口
凉州	8231	33030	26165	104660	22462	120281
甘州	2926	11680	5440	21760	6284	22092
肃州	1731	7118	2253	9012	2330	8476
瓜州	1164	4322	……	……	477	4987
沙州	4265	16250	6466	25864	4260	17040

注：贞观户口数以《旧唐书·地理志》记载为据，开元户口数以《元和郡县图志》记载为据，天宝户口数以《通典·州郡典四》记载为据。开元户口数，《元和郡县图志》中只列户数，而未记口数，此处数字以每户平均四口计算而来。元和年间瓜州的户口数，《元和郡县图志》未载，此处暂以“……”表示。[③]

① 郑炳林、李军《敦煌历史地理》，兰州：甘肃教育出版社，2013年，第35—36页。

② （日）池田温著，辛德勇译《八世纪中叶敦煌的粟特人聚落》，收入氏著《唐研究论文选集》，第3—67页。

③ 苏金花《唐五代敦煌绿洲农业研究》，中国社会科学院博士学位论文，2002年，第50—51页。

从上表可以看出，凉州为河西地区人口最多的州，开元、天宝年间，户数上万，口数达十万以上，其他诸州与凉州的差别明显。此外，甘州和沙州的户口数在河西地区也算比较多的。可见唐代前期敦煌地区的人口还是比较充足的。

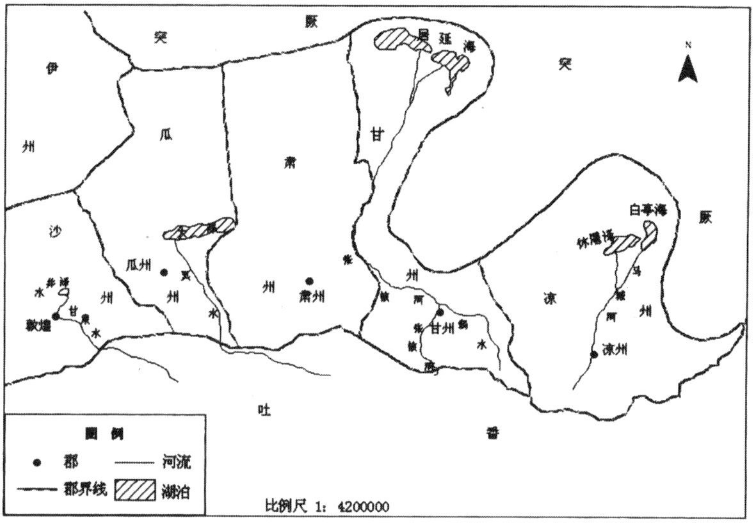

图2　唐朝时期的河西区划示意图（采自高荣主编《河西通史》，天津：天津古籍出版社，2011年，图6）

（二）社会阶层

《唐六典·户部尚书》中有："辨天下之四人，使各专其业：凡习学文武者为士，肆力耕桑者为农，功作贸易者为工，屠沽兴贩者为商。（原注：工、商皆谓家专其业以求利者；其织纴、组紃之类，非也。）工、商之家不得预于士，食禄之人不得夺下人之利。"[①]仅仅将社会简单分为士农工商四类，自然无法全面描述当时社会各阶层的真实情况。

①［唐］李林甫等撰，陈仲夫点校《唐六典》卷2《户部尚书》，北京：中华书局，2014年，第74页。

阿斯塔那五〇九号墓所出文书《唐开元二十年（732）瓜州都督府给西州百姓游击将军石染典过所》记载安西人石染典带作人康禄山、石怒忿、家生奴移多地一行四人及十头驴，自安西至瓜州交易，在返回安西时申请过所以便通关的全过程，其中就有作人、家生奴两种身份：

（前缺）

（1）家生奴移多地

（2）安西已来，上件人肆、驴拾。今 月 日，得牒

（3）称：从西来，至此市易事了。今欲却往安

（4）西已来，路由铁门关，镇戍守捉不练行由，

（5）请改给者。依勘来文同此，已判给，幸依勘

（6）过。

（7）府（印）

（8）户曹参军亶

（9）史杨祇（印）

（10）开元贰拾年叁月拾肆日给。

（11）三月十九日，悬泉守捉官高宾勘西过。

（12）三月十九日，常乐守捉官果毅孟进勘西过。

（13）三月廿日，苦水守捉押官辛五用勘西过。

（14）三月廿一日，盐池戍守捉押官健儿吕楚珪勘过。琛（印）

（15）作人康禄山 石怒忿 家生奴移多地

（16）驴拾头沙州市勘同，市令张休。

（17）牒，染典先蒙瓜州给过所，今至此市易

（18）事了，欲往伊州市易，路由恐所在守捉不

（19）练行由。谨连来文如前，请乞判命。谨牒。

（20）印 开元廿年三月廿 日西州百姓游击将军石染牒
（21）任去，琛示。
（22）廿五日
（23）（印）
（24）四月六日伊州刺史张宾 押 ［过］①

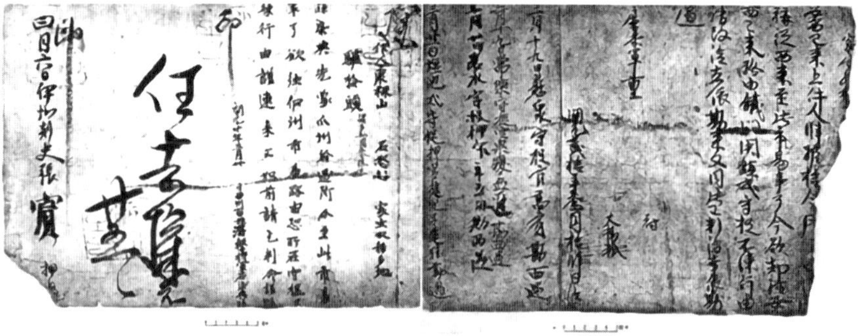

图3 阿斯塔那五〇九号墓出土文书《唐开元二十年（732）瓜州都督府给西州百姓游击将军石染典过所》（采自中国文物研究所、新疆维吾尔自治区博物馆、武汉大学历史系编《吐鲁番出土文书［肆］》，第275—276页）

苏金花曾据一份雇工契分析作人（作儿）的地位："首先作儿一般受雇于缺乏劳动力的家庭；其次作儿一般是与雇主同为身份自由乡司百姓。""雇主和作儿结成临时的雇佣关系，在雇佣时间内两者为不平等的主人和雇者关系。""作儿为雇主'驱驱造作'要获得一定报酬按月领取雇价。"②前引文书中的作人康禄山和石怒忿当为石染典雇佣来帮助其到瓜州做生意的"员工"，而家生奴移多地的地位要低得多，《唐律疏议》有许多明文规定，奴婢的身份如同主人的财物，可以被人随意买卖，不仅

① 中国文物研究所、新疆维吾尔自治区博物馆、武汉大学历史系编《吐鲁番出土文书［肆］》，北京：文物出版社，1996年，第275—276页。
② 苏金花《唐五代敦煌农业劳动力的身份结构探析》，《中国经济史研究》2004年第3期，第95—104页。

图4 莫高窟第321窟南壁普贤经变中的奴婢形象（采自敦煌研究院主编《敦煌石窟全集·民俗画卷》，香港：商务印书馆（香港）有限公司，1999年，第67页）

没有人身自由，亦无人格可言。如《唐律疏议·名例六》“奴婢贱人，律比畜产”；《名例四》有“及生产蕃息者，谓婢产子、马生驹之类”；《盗贼一》“奴婢、部曲，身系于主”；《户婚下》“奴婢既同资财，既合由主处分”，等等。①敦煌户籍中显示当地蓄养奴婢相当常见，奴婢与民户一同登记，一般在家庭成员之后，S.514《唐大历四年（769）沙州敦煌县悬泉乡宜禾里手实》中有索思礼一户：

（40）户主索思礼年陆拾伍岁　　老男昭武校尉前行右金吾卫灵州武略府别将上柱国……

（42）　母氾年捌拾玖岁　　寡上元二年帐后死

（43）　妻氾年伍拾玖岁　　老男妻

（44）　男游鸾年叁拾柒岁　　丹州通化府折冲上柱……

① ［唐］长孙无忌等撰，刘俊文点校《唐律疏议》，北京：中华书局，1983年，第131、88—89、334、270页。

（45） 鸾妻张年叁拾捌岁 职资妻
（46） 鸾男齐岳年壹拾贰岁 小男大历二年帐后漏附
（47） 奴罗汉年肆拾陆岁 丁
（48） 奴富奴年贰拾玖岁 丁
（49） 奴安安年伍拾叁岁 丁乾元三年籍后死
（50） 婢宝子年贰拾玖岁 丁
（51）合应受田陆拾壹顷伍拾叁亩贰顷肆拾叁亩已受
（下略）①

郝二旭分析索思礼一家的情况："索思礼一户有三奴一婢，其中两人二十九岁，一人四十六岁，年龄最大也只有五十三岁，正值年富力强之时。该户共有土地二顷四十三亩，户主索思礼已经六十五岁，他的妻子五十九岁，子游鸾三十七岁，鸾妻三十八岁，鸾男齐岳一十二岁，此外再无人口。而索思礼及其子游鸾均有军职在身，所以家中为数不少的土地只能是由奴婢们耕种。"②由此可见，苏金花的结论可谓不虚："奴婢类隶属性人口在农业生产中的作用，自北朝以来逐渐减小，隋唐以来他们大量用作家内劳务或满足主人的奢侈需要。有一些奴婢仍然从事农业生产。"③

敦煌地区还存在依附于大族的"庄客""田客""家客"，依附于寺院的"寺户"或"常住百姓"。此外还存在值得注意的"佃人"，佃人的身份有时甚至高于地主。OR.8212/570《武周天授元年（690）张文信租田契》："天授元年壹月拾捌日，武成乡

① （日）池田温著，龚泽铣译《中国古代籍帐研究·录文与插图》，第75页。又见唐耕耦、陆宏基编《敦煌社会经济文献真迹释录》第1辑，北京：书目文献出版社，1986年，第192页。
② 郝二旭《唐五代敦煌农业专题研究》，兰州：甘肃文化出版社，2017年，第205页。
③ 苏金花《唐五代敦煌农业劳动力的身份结构探析》，第99页。

人张文信［于康］/海多边租取枣树渠部田伍亩，［直价一亩］麦/小壹斛，就中交付叁亩价讫。余［贰亩］，/［租］价到六月内分付使了。若到六月［不了］/者，壹罚贰入康。若到种田之日，不得田佃［者］，/壹斛罚贰斛入张文。两和立契书，画指［为记］。/契两本，各执一本。/田主康海多。/租田人张文信。/知见人翟寅武。/知见人白六洛。/知见人赵胡单。/”①此文书乃斯坦因1941年冬于吐鲁番所得，虽为吐鲁番文书，但也在一定程度上可反映唐前期敦煌地区“租田”“佃人”等社会情况。该契约末书张文信租田缘由，但在最后签字处，田主康海多与租田者张文信都进行了署名，可见两者为平等地位。

二、隋至唐前期敦煌的户籍

户籍制度对于中国古代各政权都具有相当的重要性，如叶孝信所言：“‘有人此有土，有土此有财，有财此有用’，在以农立国的传统社会，最大限度地占有、并尽可能适当地管理和使用土地和人民，从来被最为明智的统治者所关注。户籍制度以一定形式将人民固着在土地上，成为落实行政管理、征兵、赋税、劳役的基础，也是施行封建教化、考核地方官吏、谋求基层治安的一项重要依据，对于国家政治、经济、军事、法律制度的贯彻，关系甚密，王朝的盛衰存亡，大可从中窥见消息，理所当然地受到历代的重视。”②

隋文帝创立隋朝后不久就开始了对户籍的整顿，《隋书·食货志》载：“开皇三年正月，帝入新宫……是时山东尚承齐俗，机巧奸伪，避役惰游者十六七。四方疲人，或诈老诈小，规免租赋。高祖令州县大索貌阅，户口不实者，正长远配，而又开相纠

① 图版与录文见沙知、（英）吴芳思《斯坦因第三次中亚考古所获汉文文献（非佛经部分）》，上海：上海辞书出版社，2005年，第132页。

② 叶孝信《〈中国户籍制度史〉序》，宋昌斌《中国户籍制度史》，西安：三秦出版社，2016年，第1页。

之科。大功已下，兼令析籍，各为户头，以防容隐。于是计帐进四十四万三千丁，新附一百六十四万一千五百口。高颎又以人间课输，虽有定分，年常征纳，除注恒多，长吏肆情，文帐出没，复无定簿，难以推校，乃为输籍定样，请遍下诸州。每年正月五日，县令巡人，各随便近，五党三党，共为一团，依样定户上下。帝从之。自是奸无所容矣。"①"大索貌阅"，目的是查实户口，防止包庇，检出隐漏的户口，行析户之法，防止家族同居而隐瞒户口，使国家直接掌控的户口大幅增长。"输籍定样"，是将若干户编制为团，经常性地重新评定户等高下，用以确定每户承担赋税的份额，使之相对公平，"自是奸无所容矣"。

唐代对户籍管理同样十分重视。《唐六典》中有对户籍制度的规定："每一岁一造计帐，三年一造户籍。县以籍成于州，州成于省，户部总而领焉。（原注：诸造籍起正月，毕三月，所须纸笔、装潢、轴帙皆出当户内，口别一钱。计帐所须，户别一钱）凡天下之户，量其资产，定为九等。（原注：每三年，县司注定，州司覆之，然后注籍而申之于省）每定户以仲年，（原注：子、卯、午、酉）造籍以季年。（原注：丑、辰、未、戌）州、县之籍恒留五比，省籍留九比。凡户之两贯者，先从边州为定，次从关内，次从军府州；若俱者，各从其先贯焉。"②又《新唐书·食货志》云："凡里有手实，岁终具民之年与地之阔狭，为乡帐。乡成于县，县成于州，州成于户部。又有计帐，具来岁课役以报度支。"③从这些描述中可以看出，唐代户籍管理有三类文件，一是"手实"，二是"计帐"，三是"户籍"，这

① ［唐］魏徵等撰《隋书》卷24《食货志》，第681页。
② ［唐］李林甫等撰，陈仲夫点校《唐六典》卷3《户部尚书》，第74页。
③ ［宋］欧阳修、宋祁撰《新唐书》卷51《食货志一》，第1343页。

三类文件应当内容不一，作用不同，然其形制到底如何，仅据传世文献必无法窥见全貌，幸而敦煌吐鲁番文献中保存着多件唐前期的户籍文书，“不仅向我们展示了手实、计帐、户籍的真面貌，而且也通过对它们的分析研究，推进了唐代户口管理制度、均田制、唐代社会家庭问题研究的深入。”①

（一）手实

杨际平据吐鲁番出土的唐贞观十四年（640）九月李石住、安苦咄延等户手实文件复原了唐前期均田户手实文件的格式如下：

户主×××，年××，丁中课后。

户内家口名、年，丁中老少。（每人各一行）

合受田若干亩。若干亩已受，若干亩未受。

每段地亩数、坐落、四至。（每段地各一行）

牒被责当户手实，具注如前，更无加减，若后虚妄，求受重罪，

谨牒。

年 月 日 户主×××牒

① 李锦绣《敦煌吐鲁番文书与唐史研究》，福州：福建人民出版社，2006年，第53页。关于敦煌文献中为何能保存着大量户籍文书，李锦绣作出过解释：“根据《唐令》规定，‘文案不须常留者，每三年一拣除’。官府文案在‘常留’期限外，要被‘拣除’，然后舍弃。被废弃的文案作为废纸，卖给百姓第二次使用。由于西北地区纸紧张，大量官府档案散落民间，被用来抄经或他用。也正是通过这种渠道，千百年后，唐代的官府档案还能较为完整地展现在我们面前。户籍的保存期限，‘三年一造籍，州县留五比，尚书省留三比’。《周礼·地官小司徒》记载，‘及三年，则大比’，知一比三年。州县户籍‘留五比’，即保存15年。计帐一年一造，可能在官府存留的时间要短于15年。因此，在20世纪初东西方探险家们掠夺的敦煌及新疆吐鲁番等地文献中，包含有大量的户籍和计帐文书。”见李锦绣《敦煌吐鲁番文书与唐史研究》，第54页。

“牒被责当户手实”说明此件文书即是传世文献中所谓“手实”，民户自行申报其家口、土地等情况，而“具注如前，更无加减，若后虚妄，求受重罪”一句则说明民户要对上报信息的真实性负责。①

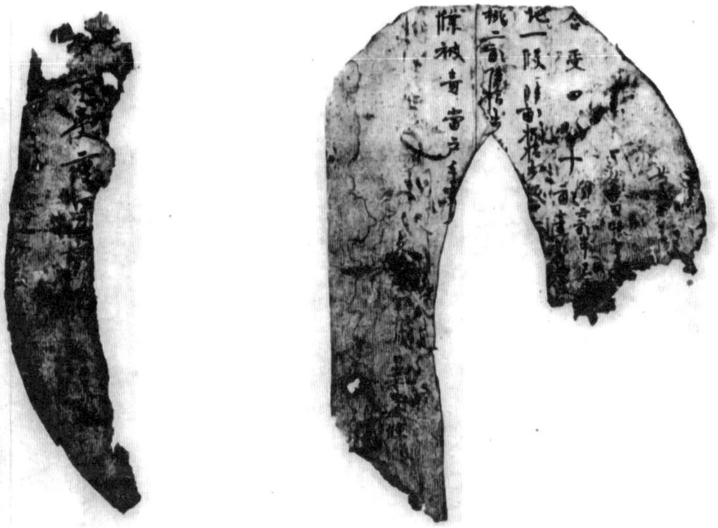

图5 阿斯塔那七十八号墓文书《唐贞观十四年（640）西州高昌县李石住等户手实》（采自中国文物研究所、新疆维吾尔自治区博物馆、武汉大学历史系编《吐鲁番出土文书［贰］》，北京：文物出版社，1994年，第43页）

（二）户籍

民户上交“手实”之后，里正负责对手实内容的真实性进行审核，并按邻里关系粘连成卷，送到县司做进一步审核，最终在县司编制成正式户籍。编制好的户籍需抄录三份，一份送尚书户部，一份留州存档，一份留县存档。至此，户籍的编制程序才算

① 杨际平《唐朝的户籍制度与户等制度》，郑学檬主编《中国赋役制度史》，上海：上海人民出版社，2000年，第177页。

完成。[1]州、县一般都设有籍坊（或称籍库）保管当州当县的户籍，当地官员要调取户籍也要经过严格的手续。[2]

敦煌文献中有数件较为完整的户籍，例如《周大足元年（701）沙州敦煌县效谷乡籍》中有邯寿寿、赵端严、张楚琛等户：

图6　P.3557V《周大足元年（701）沙州敦煌县效谷乡籍》局部（采自IDP）

（前缺）

（2）户主邯寿寿年伍拾陆岁　　白丁　　课户见输

① 《唐律疏议》载："里正之任，掌案比户口，收手实，造籍书。"见［唐］长孙无忌等撰，刘俊文点校《唐律疏议》卷12《户婚律》，第233页。可见手实由里正收取并编成户籍。户籍编制的程序，参见杨际平《论唐代手实、户籍、计帐三者的关系》，《中国经济史研究》2014年第3期，第3—24页。
② 参见朱雷《唐"籍坊"考》，《武汉大学学报》（社会科学版）1983年第5期，第114—119页。

(3) 女娘子年拾叁岁 小女

(4) 亡弟妻孙年叁拾陆岁 寡

(5) 计布二丈五尺

(6) 计麻三斤

(7) 计租二石

(8) 廿亩永业

(9) 肆拾肆亩已受 廿三亩口分

(10) 合应受田壹顷叁拾壹亩 一亩居住园宅

(11) 八十七亩未受

(12) 一段陆亩永业 城东卅里两支渠 东宋孝行 西邯婆 南张善贵 北荒

(13) 一段伍亩永业 城东卅里两支渠 东刘相 西曹石生 南自田 北索仲谦

(14) 一段伍亩永业 城东卅里两支渠 东荒 西自田 南索仲谦 北刘海相

(15) 一段伍亩四亩永业一亩口分 城东卌里两支渠 东树生 西屯屯 南索仲谦 北索仲谦

(16) 一段贰亩口分 城东卅里两支渠 东自田 西场 南渠 北渠

(17) 一段壹亩口分 城东卅里两支渠 东自田 西自田 南渠 北自田

(18) 一段贰亩口分 城东卅里两支渠 东索善住 西道 南自田 北道

(19) 一段贰亩口分 城东卅里两支渠 东自田 西邯文相 南道 北菌

(20) 一段拾伍亩口分 城东卅里两支渠 东康才 西宋君才 南渠 北渠

(21) 一段壹亩居住园宅

(22) 户主赵端严年叁拾玖岁 寡 代夫承户 不课户

(23) 夫邯屯屯年伍拾壹岁 白丁圣历二年帐后军内简出，三年帐后死

(24) 男长命年拾贰岁 小男圣历三年帐后死

(25) 女娘子年贰拾岁 中女

(26) 女□玉年拾肆岁 小女

(中略)

(83) 户主张楚琛年肆拾贰岁 果毅 代父承户 课户见不输

(84) 父师年陆拾捌岁 前校尉云骑尉圣历二年帐后死

(85) 母氾年陆拾壹岁 寡圣历三年［账后死］

(86) 男□休年伍岁 小男

(后缺)[①]

户籍上在注明家庭人员的基本情况（姓名、年龄、丁中老少和职散勋爵等身份信息）外还要注明是否为课户[②]，若为课户则有时详记其所要承担的租调。邯寿寿的身份是白丁，属于课户，就要

---

① 图版、录文见（日）池田温著，龚泽铣译《中国古代籍帐研究·录文与插图》，第24—26页。

② 刘叔鹤对“课户”有简单明了的解释：“所谓课户，就是指定负担租税徭役的一般贫民百姓之家，不课户则有多种，即凡贵族及其亲属，高官显宦，孝子贤孙，节妇，其同户籍的人，都免课役，称不课户。凡老残废、重病人、寡妻妾、奴婢等本人免课役，是不课口。总之，除部分鳏寡孤独者外，主要属于官僚地主阶级的户，就是不课户，在户帐中，还明确课口又分‘不输’和‘见输’（“见”同“现”字），凡属不输，虽仍是课丁，却得全免课役或免役输课。不少有官职的人及卫士和终制（父母之丧三年）都是不输课丁。”见刘叔鹤编著《中国统计史略》，武汉：湖北人民出版社，1990年，第157页。

交纳布二丈五尺、麻三斤、租二石，而赵端严是寡妇，按规定免课则不记其租调额度。此外，户籍上还要详细登记土地情况，注明应受田数和已受田数，将每段田地的面积、位置与四至详细记录，并标注属于永业田还是口分田。开元之后，还要注明户等，而租调的内容却并非必须，如《唐开元四年（716）沙州敦煌县慈惠乡籍》中的杨法子一户：

（前略）
（9）户主杨法子年参拾玖岁　卫士　下下户　课户见不输
（10）母王年柒拾参岁　　　寡
（11）一十四亩永业
（12）壹拾伍亩已受
（后略）[①]

（三）计帐

计帐的目的是赋役，州县统计当年户籍中的各类数据，提供给尚书户部度支司，以便分配来年的课役。敦煌地区在隋唐时期的计帐文书迄今尚未发现，幸有西魏大统十三年（547）计帐户籍文书可供参考，杨际平有言："该文书的计帐部分，包含户口集计（合管口若干，若干不课，若干课），赋役集计（细分为"调""租""税租""役"四项，分别进行集计），应、已受田集计。唐前期的计帐自然不会尽依西魏计帐格式，但上述几个要素，仍然必不可少。从杜佑《通典》引用的计帐数据，我们也可以确信，当时的计帐的确包括户口数、课口数、租庸调、户

① （日）池田温著，龚泽铣译《中国古代籍帐研究·录文与插图》，第30页。

税、地税总数与分项折纳数，应、已受田数等等。”[①]

与计帐目的类似的文书还有九等定簿（定户等）、青苗簿（掌握土地生产状况）和差科簿[②]（定杂徭）等。

首先来看定户等所用的九等定簿。《唐会要》有载：“武德六年三月，令天下户量其资产，定为三等。至九年三月二十四日，诏：天下户三等，未尽升降，依为九等。”[③]定户等的标准是资产，由于户籍只记录土地，而资产又不仅限于土地，故有专门用于评定户等的财产簿。吐鲁番出土文书中有一件《唐开元二十一年（733）西州蒲昌县定户等案卷》：

（前略）

（17）肆户下上户

（18）户韩君行年七十二，老，部曲知富，年二十九，宅一区，菜园屋舍一所，

（19）车牛两乘，青小麦捌硕，床粟肆拾硕。

（20）户宋克儁年十六，中，婢叶力年卅五，丁，宅一区，菜园一亩，车牛一乘，

（21）犉牛大小二头，青小麦伍硕，床粟拾硕。

（22）户范小义年二十三，五品孙，弟思权年十九，婢柳叶年七十，老，宅一区，

（23）床粟拾硕。

---

① 杨际平《唐朝的户籍制度与户等制度》，郑学檬主编《中国赋役制度史》，第180页。另参见杨际平《论唐代手实、户籍、计帐三者的关系》，第3—24页。文后附有西魏大统十三年（547）计帐户籍文书中计帐部分的完整录文。

② 差科簿的主要作用是分配杂徭，后文有详论，此处从略。

③［宋］王溥撰《唐会要》卷85《定户等第》，第1845页。

(24) 户张君政年卌七，卫士，男小钦年廿一，白丁，赁房坐，床粟伍硕。

(25) 已上并依县

(后缺)[1]

图7 阿斯塔那五〇九号墓出土文书《唐开元二十一年(733)西州蒲昌县定户等案卷》(采自中国文物研究所、新疆维吾尔自治区博物馆、武汉大学历史系编《吐鲁番出土文书[肆]》，第311页)

从吐鲁番文书的记载可见，存粮、车牛、园宅和部曲奴婢等都是定户等的依据。同时，土地应当也是评定户等的重要依据，由于占有土地的情况已在户籍中详细载明，财产簿上无须重复。[2]同期敦煌地区定户等所依据的标准应当与吐鲁番地区相似。

青苗簿详细记录土地的生产情况，记录各户种植的作物种类和数量，最终作为一种分配赋役的依据。如大谷文书二八三四号

① 中国文物研究所，新疆维吾尔自治区博物馆，武汉大学历史系编《吐鲁番出土文书[肆]》，第311—312页。

② 学界对于土地是否为定户等的依据意见不一，此处采纳杨际平的意见。参见杨际平《唐代户等与田产》，《历史研究》1985年第3期，第101—111页。

圣历二年前后（699）《敦煌县受田簿》所示：

（前缺）

（1） 一段十一亩 城北卅里宜谷渠 东道 西渠 南渠 北渠

（2） 户主石海达 见受田七十四亩

（3） 廿七亩麦

（4） 一段廿一亩城北卅里宜谷渠 东王山林 西渠 南贺达 北自田

（5） 六亩床

（6） 一段六亩 城北卅里宜谷渠 东渠 西石庆达 南庆达北渠

（7） 廿［九］亩粟

（8） 一段一亩 城北卅里宜谷渠 东王林 西自田 南自田北王林

（9） 一段七亩 城北卅里宜谷渠 东荒 西自田 南邓琎 北荒

（后缺）①

大谷文书二八三九号背周圣历二年（699）前后《敦煌县各乡营麦豆亩数计会》统计了敦煌县十一乡土地上麦与豆的播种面积，也是一类青苗簿：

（前缺）

（1） 四百八十六顷八亩。

（2） 皇六十五顷卅一亩六十顷麦。高五十五顷卌八亩。

---

①（日）小田義久编《大谷文書集成》卷1，図版一一九，录文见第104页。又见（日）池田温著，龚泽铣译《中国古代籍帐研究·录文与插图》，第194页。

（3）勒卅顷卅五亩。神一十六顷。平六十一顷亩六十顷九十亩麦。

（4）池一十五顷五十四亩。玉廿二顷卅三亩。

（5）効五十三顷六亩五十二顷三亩麦。闰五十五顷二亩。

（6）泉五十三顷廿亩五十二顷麦。惠五十八顷七十九亩五十七顷五十六亩麦。

（7）四百七十七顷廿一亩麦。

（8）八顷八十七亩豆。

（9）豆、皇五顷卅一亩。平十亩豆。効一顷三亩豆。

（10）泉一顷廿亩。惠一顷廿三亩豆。

（以下余白）

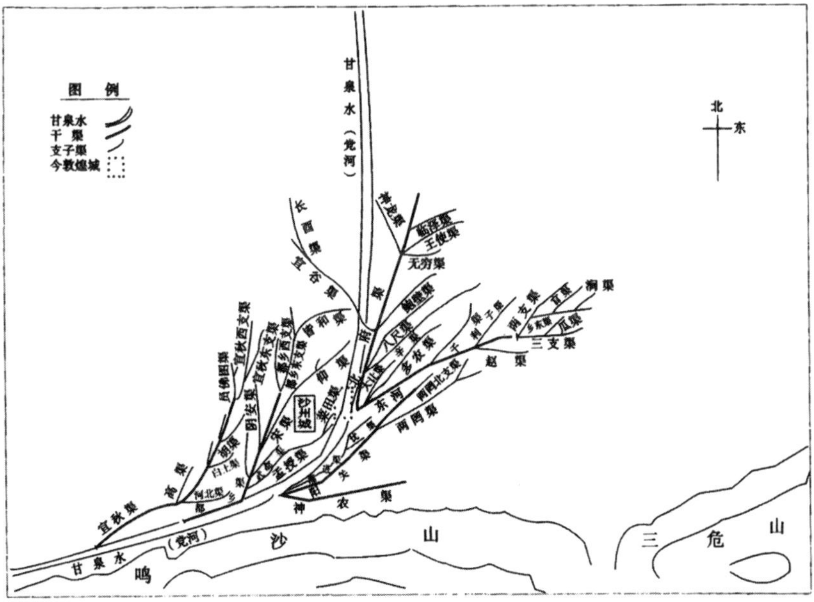

图8 唐宋时期敦煌绿洲诸乡位置环境关系图（采自李正宇《敦煌历史地理导论》，台北：新文丰出版股份有限公司，1997年，图3）

注：皇=敦煌乡；高=莫高乡；玉=玉关乡；平=平康乡；池=洪池乡；神=神沙乡；勒=龙勒乡；泉=悬泉乡；効=効谷乡；惠=慈惠乡；闰=洪闰乡。[①]

（四）逃户现象

大谷文书二八三五号《长安三年（703）停逃户文书》反映了敦煌地区民户逃离本乡的现象：

（1）甘凉瓜肃所居停沙州逃户。
（2）牒奉处分，上件等州，以田水稍宽，百姓多
（3）悉居城，庄野少人执作。沙州力田为务，
（4）小大咸解农功。逃并投诣他州，例被招
（5）携安置。常遣守庄农作，抚恤类若家
（6）僮。好即簿酬其佣，恶乃横生构架。为
（7）客脚危，岂能论当。荏苒季序，逡巡不
（8）归。承前逃户业田，差户出子营种。所收苗
（9）子，将充租赋，假有余剩，便入助人。今奉
（10）明敕，逃人括还，无问户第高下，给
（11）复二年。又今年逃户所有田业，官贷
（12）种子，付户助营。逃人若归，苗稼见在，课
（13）役俱免，复得田苗。或恐已东逃人，还被主人
（14）詃诱。虚招在此有苗，即称本乡无业。
（15）漫作由绪，方便觅住。此并甘凉瓜肃百姓，
（16）共逃人相知，诈称有苗，还作住计。若不牒

① （日）池田温著，龚泽铣译《中国古代籍帐研究·录文与插图》，第195页。

(17) 上括户采访使知，即虑逃人诉端不息。

(后略) [①]

此件文书称甘、凉、瓜、肃等州，“田水稍宽，百姓多悉居城，庄野少人执作”。故沙州人户大量逃往前述诸州，按照处置逃户的惯例，逃户应当返回原籍。然而沙州逃户却“例被招携安置”并未被当地政府遣返原籍。逃户在他乡的生活似乎不是很好，“遣守庄农作，抚恤类若家僮，好即簿酬其佣，恶乃横生构架”[②]。牒状要求逃户应回原籍，不允许他们在当地附籍。采取的办法即是威逼利诱，给出的优惠条件是“无问户第高下，给复二年。”且“官贷种子，付户助营。”若逃户不愿回到原籍，“若簿牒上括户采访使知，即虑逃人诉端不息。”普通民户吃官司，恐怕不会有好结果。杨际平总结了隋唐间对于逃户的政策变化：开元以前，面对逃户现象，政府一般都会勒令逃户返回原籍；而到开元九年（721）宇文融括户起，“政府对逃户的对策做了若干调整，采取比较灵活的办法：原则上应回原籍，但也有条件地允许就地附籍”，安史之乱后“就地附籍便成为通例”[③]。前引文书所反映的正是沙州执行遣返逃户回原籍政策受阻的情形，使得“就地附籍”成为政府最终无奈的选择。

---

① （日）小田義久编《大谷文書集成》卷1，図版一二〇，录文见第105页。又见唐耕耦、陆宏基编《敦煌社会经济文献真迹释录》第2辑，北京：全国图书馆文献缩微复制中心，1990年，第326页。

② 逃户宁愿留在异乡，说明牒文上这段说辞并不能反映真实情况，民户返回原籍后的生存状态恐怕不会比在异乡更好。

③ 杨际平《隋唐均田、租庸调制下的逃户问题——兼谈宇文融括户》，《中国社会经济史研究》，1986年第4期，第25—35页。

第二节　隋及唐前期敦煌的土地制度与赋税徭役

土地是中国古代农业社会中最基本的经济要素，而土地制度，以及建立在土地制度基础上的赋税徭役制度及其实施情况，在很大程度上影响着中国历代王朝的兴盛与衰亡。

一、均田制

中国古代是小农经济社会，社会主体是分散的农民，从事的是传统农业生产。最主要的生产资料就是土地，占有耕作多大面积土地，体现了农民经营能力，反映了小农经济普遍的经营规模。[①]均田制即是一种国家将其所控制的土地分配给小农，保护小农经济，保证赋税来源，限制豪强土地兼并的土地制度。均田制始于北魏孝文帝太和九年（485），历经东魏、西魏、北齐、北周，隋及唐，至唐德宗建中元年（780）颁行两税法正式宣告终结，延续将近300年。隋及唐前期，敦煌地区与全国大部分地区一样，普遍实行均田制。

① 耿元骊《帝制时代中国土地制度研究》，北京：经济科学出版社，2012年，第24页。

隋开皇二年（582）颁布均田令，规定："自诸王已下，至于都督，皆给永业田，各有差。多者至一百顷，少者至四十亩。其丁男、中男永业露田，皆遵后齐之制。"[①]据赵云旗研究，隋初均田制并非在全国范围内同时施行，西北地区的均田较京辅三河为晚。[②]主要原因是隋初突厥、吐谷浑的接连犯边。《隋书·贺娄子干传》载："高祖以陇西频被寇掠，甚患之。彼俗不设村坞，敕子干勒民为堡，营田积谷，以备不虞。子干上书曰：'比者凶寇侵扰，荡灭之期，匪朝伊夕。伏愿圣虑，勿以为怀。今臣在此，观机而作，不得准诏行事。且陇西、河右，土旷民稀，边境未宁，不可广为田种。比见屯田之所，获少费多，虚役人功，卒逢践暴。屯田疏远者，请皆废省。但陇右之民以畜牧为事，若更屯聚，弥不获安。只可严谨斥候，岂容集人聚畜。请要路之所，加其防守。但使镇戍连接，烽候相望，民虽散居，必谓无虑。'高祖从之。"[③]从贺娄子干的上书中可以看出，此时河西地区"土旷民稀"居民大多"以畜牧为事"，连结为坞堡进行屯田都实属得不偿失，那更不用提施行均田了。这种状况从开皇六年隋与突厥的关系缓和之后发生转变，内地括户运动检括出大量"浮客""游民"，国家要使其成为编户就必须分配土地，将其固定在土地之上。再加上社会安定，人口自然增殖，内地人多地少的现象日趋严重，身处狭乡之人不得不迁往边地。而敦煌地区

① ［唐］魏徵等撰《隋书》卷24《食货志》，第680页。
② 赵云旗《隋代均田制实施探讨》，《中国社会经济史研究》1993年第3期，第1—14页。
③ ［唐］魏徵等撰《隋书》卷53《贺娄子干传》，第1352页。

在西魏北周时就已实行过均田，[①]在移民进入后自然要恢复均田制。终隋一代“河西地区，东起金城、武威，西至且末、鄯善，南止党项，北止突厥。这一地区没有狭乡，人口最多的临洮、枹罕和武威郡各有万余户，其余五郡十二县户各不上万，全是属于人口稀少地区，故史载‘陇右、河西，土旷民稀’”。[②]可见在敦煌地区，隋朝政府应当控制了足够数量的荒地，供均田之用，实行均田当属自然。

唐朝建立后曾多次颁布有关均田的律令，现存较为完整的令文有武德七年令、开元七年令及开元二十五年令。吉成名总结了唐朝均田制与隋朝相比的主要变化：“（一）受田对象的变化。一方面，减少了一些受田对象，一般妇女（寡妻妾除外）、部曲、奴婢和耕牛不再受田；另一方面，增加了一些受田对象，僧尼、道士、女冠和工商业者可以受田。（二）受田数量有所不同。唐朝均田制规定：十八岁以上的中男和丁男，每人受口分田八十亩，永业田二十亩。老男、笃疾、废疾受口分田四十亩，寡妻妾受口分田三十亩；这些人如果是户主，每人受永业田二十亩，口分田三十亩。杂户受田如百姓。工商业者、官户受田减百姓之半。和尚、道士给田三十亩，尼姑、女冠给田二十亩。（三）对土地买卖的规定更为宽松。北魏均田制规定永业田（桑田）只有在不足或有余时才可以买卖，即买进不足或卖出有余部分。北

① 关于敦煌地区在北朝实行均田制的相关材料中，最为学界所熟知的是敦煌出土的西魏大统十三年记帐文书，对此文书西嶋定生有评论：“这张文书是我们现在所知道的有关北朝时代均田制实施情况的唯一的宝贵文献，它具体地证明了当时敦煌地区均田制的实施情况，特别是作为均田制实施对象的各户的家庭组成情况，已授田数与应授田数的百分比，已授田的分布情况以及租、役、调等等捐税负担情况。”（日）西嶋定生著，冯佐哲等译《中国经济史研究》，北京：农业出版社，1984年，第206页。

② 赵云旗《隋代均田制实施探讨》，第11页。

齐、隋朝略为放宽。唐朝均田制规定：不但永业田、赐田可以买卖，口分田在迁居或卖为园宅、碾硙、邸店时也可以买卖。”[①]

魏齐周隋唐露田桑田麻田给授亩数表[②]

<table>
<tr><th rowspan="2">朝代</th><th colspan="3">露田（即口分田）</th><th>桑田（即永业田）</th><th colspan="3">麻田</th><th rowspan="2">备注</th></tr>
<tr><th>丁男</th><th>丁女</th><th>合计</th><th>丁男</th><th>丁男</th><th>丁女</th><th>合计</th></tr>
<tr><td rowspan="3">北魏</td><td>正田四〇亩</td><td>二〇亩</td><td>一夫一妇六〇亩</td><td rowspan="3">二〇亩</td><td rowspan="3">一〇亩</td><td rowspan="3">五亩</td><td rowspan="3">一夫一妇一五亩</td><td rowspan="3">桑田包括在倍田数之内。狭乡的桑田包括在露田之内。奴婢依良丁授田。</td></tr>
<tr><td>连倍田八〇亩</td><td>四〇亩</td><td>一二〇亩</td></tr>
<tr><td>连三易倍田一二〇亩</td><td>六〇亩</td><td>一八〇亩</td></tr>
<tr><td>西魏</td><td>狭乡正田二〇亩</td><td>一〇亩</td><td>狭乡一夫一妇三〇亩</td><td>未详</td><td>一〇亩</td><td>五亩</td><td>一夫一妇一五亩</td><td>奴婢依良口授田。</td></tr>
<tr><td>北齐</td><td>八〇亩</td><td>四〇亩</td><td>一床一二〇亩</td><td>二〇亩</td><td></td><td></td><td>二〇亩</td><td>授麻田如桑田法，奴婢依良口授田，但不给桑田或麻田。</td></tr>
<tr><td rowspan="2">北周</td><td>有室一四〇亩</td><td></td><td>一四〇亩</td><td></td><td></td><td></td><td></td><td rowspan="2">桑田包括在正田分之内。</td></tr>
<tr><td>单丁一〇〇亩</td><td></td><td></td><td></td><td></td><td></td><td></td></tr>
</table>

① 吉成名《均田制述论》，《重庆交通学院学报》（社会科学版）2003年第1期，第58—60页。
② 王仲荦《隋唐五代史》，上海：上海人民出版社，2003年，第225—226页。

续表

朝代	露田（即口分田）			桑田（即永业田）	麻田			备注
	丁男	丁女	合计	丁男	丁男	丁女	合计	
隋	八〇亩	四〇亩	一床一二〇亩	二〇亩			一床二〇亩	授麻田如桑田法。开皇，仁寿世，奴婢部曲依良丁授田，炀帝大业初，妇女奴婢，部曲不授田。
唐前期	八〇亩		八〇亩	二〇亩				妇女不授田。部曲、客女、奴婢不授田。寡妻妾给分田三十亩，如充当户主，另给永业田二十亩。
	连倍田一六〇亩		一六〇亩					
	连三易倍田一八〇亩		一八〇亩					

传世文献中有关均田制的记载毕竟只是一种概括性的描述，具体的实施情况到底如何难以判断，有学者认为："唐初所宣布的所谓均田令，自始就不曾认真推行过，其在下令之后所确曾做过的工作，只是把全国各地民户私有的土地一律更换其名称，凡在一户丁口平均二十亩的数量之内的，一律改称为世业田；超出乎此数之外的，一律改称为口分田。既丝毫不触犯土地私有制度，也不是把政府所掌握的无主荒地真正照此规定而分授给所有没有土地或土地很少的农民而归其使用。"[①]完全否定了唐初均田令的施行。随着敦煌、吐鲁番文书资料的逐步刊布与研究的逐

① 邓广铭《唐代租庸调法研究》，《历史研究》1954年第4期，第65—86页。

渐深入，有关唐初敦煌地区均田制实施的各类问题渐趋明朗，认为唐代均田令不过是一纸空文的结论显然已不能令人信服，而均田制实际施行情况远比田令规定的复杂得多。

（一）敦煌地区均田制的实施程度

敦煌出土文献中有直接关于均田授受的文书，典型的有《周大足元年沙州敦煌县効谷乡籍》（P.3557V、P.3669）：

（2） 户主邯寿寿年伍拾陆岁　　白丁　　课户见输
（8）　　　　　　　　　　　　廿亩永业
（9）　　　　　　肆拾肆亩已受　廿三亩口分
（10） 合应受田壹顷叁拾壹亩　　一亩居住园宅
（11）　　　　　　八十七亩未受
（中略）
（53） 户主索𠭮才年伍拾岁　　卫士　　课户见不输
（55）　　　　　　　　　　　　十八亩永业
（56）　　　　　　拾捌亩已受
（57） 合应受田壹顷叁拾壹亩　　一亩居住园宅
（58）　　　　　　一顷一十三亩未受
（中略）
（64） 户主张玄均年叁拾肆岁　　上柱国子课户见不输
（67）　　　　　　　　　　　　卌亩永业
（68）　　　　　　柒拾伍亩已受　卅五亩口分
（69） 合应受田贰顷叁拾壹亩
（70）　　　　　　一顷五十六亩未受[1]

① （日）池田温著，龚泽铣译《中国古代籍帐研究·录文与插图》，第24—25页。

《唐天宝六载敦煌郡敦煌县龙勒乡都乡里籍》（P.2592、P.3354、S.3907）：

（13）户主郑恩养载肆拾叁岁　　白丁　下中户空　　课户见输

（25）合应受田贰顷叁拾肆亩壹顷壹亩已受，卌亩永业，卌七亩口分，一十二亩买田，二亩居住园宅，一顷卅三亩未受

（中略）

（11）户主刘智新载贰拾玖岁　　白丁　下下户空　　课户见输

（18）合应受田壹顷陆拾叁亩陆拾捌亩已受，廿亩永业，卌七亩口分，一亩居住园宅，九十五亩未受

（中略）

（43）户主徐庭芝载壹拾柒岁　　小男天宝五载账后漏附，代姊承户，下下户空　　不课户

（49）合应受田壹顷壹拾贰亩叁拾亩已受，廿亩永业，一十亩口分，八十二亩未受①

从上引敦煌户籍文书可以看出，唐代田令确有实施，而农户受田均少于田令的规定数额且不均匀，“盖已受田即各农户之原有自耕田，亦即私田，非由国家平均分配者也”②。均田制实际上是一种“限田制”，国家推行均田制的目的主要是要保证小自耕农有田可耕，限制土地的过分集中，使掌握的户口中小自耕农的数

---

①（日）池田温著，龚泽铣译《中国古代籍帐研究·录文与插图》，第49—50、55、57页。又参王永兴《敦煌文书与唐史研究》，《文物》2000年第8期，第41—45页。

② 王永兴《敦煌文书与唐史研究》，第42页。

量始终保持绝大多数，从而保证国家对于财政收入和徭役、兵役等人力资源的掌控。其次是将国家掌握的公田部分以大致公平的方式分给小农，保证土地的有效使用。

杨际平据池田温《中国古代籍帐研究》一书所收录的敦煌户籍资料，检出其中受田情况比较清楚的四十三户，研究敦煌地区均田制下土地还授的实施情况，并作了统计：

唐天宝以前敦煌受田情况简表①

户别编号	户主姓名	受田口	应受田（亩）	已受田（亩）	未受田（亩）	永业田		口分田		其他田亩（亩）
						已受（亩）	未受（亩）	已受（亩）	未受（亩）	
1	不详	∴一丁	101	32	69	20	/	12	68	
4	邯寿寿	一丁一寡	131	44	87	20	/	23	87	
6	不详	不详	81	28	53	20	/	8	52	
7	索謽才	一丁一寡	131	18	113	17	3	/	110	
8	张玄均	三丁一寡	231	75	156	40	/	35	155	
10	不详	∴一丁	101	36	65	20	/	16	64	
11	不详	∴三丁一老男	344	74	270	60	/	12	268	
14	不详	不详	131	37	114	20	/	16	114	
15	不详（母王）	∴寡妻当户	51	26	25	20	/	6	24	
16	董思勗	一丁一老男	131	45	86	20	/	25	85	

① 杨际平《从敦煌户籍看唐代均田制下土地还授的实施问题》，《中国社会经济史研究》1983年第3期，第64—76页。

续表

户别编号	户主姓名	受田口	应受田（亩）	已受田（亩）	未受田（亩）	永业田		口分田		其他田亩（亩）
						已受（亩）	未受（亩）	已受（亩）	未受（亩）	
18	杨法子	一丁	101	39	62	20	/	19	61	
19	余善意	一丁一老男	151	28	123	20	20	7	103	
20	杜客生	一寡	51	40	11	20	/	19	11	
24	不详	不详	51	/	51	/	20	/	30	
25	郭玄昉	二丁	203	20	183	20	20	/	160	
28	不详	∴一丁二寡	162	44	118	20	/	23	117	
31	赵玄义	老男当户	52	11	41	11	9	/	30	
32	氾尚元	寡当户	51	15	36	14	6	/	30	
33	赵玄表	一丁	101	25	76	20	/	5	75	
34	曹仁备	二丁	202	63	139	40	/	22	138	
35	王万寿	一丁	51	11	40	10	10	/	30	
36	不详	不详	151	50	101	20	/	30	100	
40	不详	一丁	102	20	82	19	1	/	80	
41	氾惠意	一丁一老男	131	29	102	20	/	∴9	∴101	
42	不详	一丁	103	40	63	20	/	17	63	
44	张奴奴	老男当户一寡	82	22	60	20	/	/	60	
46	□仁明	一丁一寡	133	39	94	20	/	18	92	
47	不详(女因果)	不详	184	40	144	40	/	/	140	
48	郑恩养	一丁一中男一寡	234	101	133	40	/	47	143	买田12亩
50	曹思礼	二丁一寡	234	62	172	40	/	21	169	
53	李智新	一丁一寡	163	68	95	20	/	47	93	
55	阴承光	二丁二寡	262	49	213	40	/	7	213	

续表

户别编号	户主姓名	受田口	应受田(亩)	已受田(亩)	未受田(亩)	永业田		口分田		其他田亩(亩)
						已受(亩)	未受(亩)	已受(亩)	未受(亩)	
56	徐庭芝	小男当户二寡	112	30	82	20	/	10	80	
57	程思楚	三丁	306	79	227	60	/	18	222	
58	程什柱	一丁一老男	155	64	91	40	/	15	95	勋田9亩
59	程仁贞	老男当户	53	31	20	17	3	/	30	勋田14亩
60	程大忠	一丁	104	84	20	20	/	63	17	
61	程大庆	一丁	103	68	35	20	/	47	33	
62	程智意	一丁	106	92	14	20	/	71	9	
64	令狐仙尚	中女当户	51	8	43	7	13	/	30	
65	杜怀奉	三丁二寡	364	78	286	60	/	16	284	
66	卑二郎	一丁一中寡	234	57	177	40	/	7	183	勋田10亩
67	卑德意	一丁	102	43	59	20	/	16	64	勋田5亩
	以上合计43户		6096	1865	4231	1075	105	757	4063	50
	平均每户		141.8	43.4	98.4	25	2.4	17.6	94.5	1.16
	备注	应受、未受、已受田数按各户的实际情况计算。应受田中不计勋官应授的永业田。“∴”号者为估计数。第2、3户(户主不详)、第5户赵端严、第9户张楚琛,第12户王行智、第13户(户主不详,该户仅存“壹顷□已受”数字)、第17户和怀福、第21、22、23户(户主不详)、第26户(户主不详)、第27户杨思祚、第28户(户主不详)、第29户赵义本、第30,38、39、43、45、49户(户主不详)、第51户曹怀瑀、第52户(户主不详),以上各户因受田情况不详,未列入此表。第54户阴袭祖“久视元载全家没落”“合应受田伍拾壹亩并未受”,第63户刘感德“延载元年全家没落”“合应受田伍拾壹亩并未受”。								

杨际平得出如下结论："(1) 当地虽按宽乡标准计算丁男及18岁以上中男的应受田，但各户的已受田却普遍严重不足……(2) 永业田常足，口分田恒不足，永业田不足者悉无口分田……(3) 各户的土地相当零散……(4) 减丁时有田可退之户甚少……(5) 开元四年敦煌慈惠乡籍杨法子户一户两贯……(6) 已受田的亩数及其各地段不像西魏大统十三年籍那样落实到均田户内的各个受田口……(7) 兄弟分家，平分已受田……(8) 买田入籍，充当已受田……(9) 没番卫士与逃丁虚挂在籍……(10) 在应受田、已受田、未受田、永业田、口分田的统计方面，错误甚多……"①由此可见，唐耕耦在20世纪60年代得出的结论基本无误："可以认为唐代均田令是实施了的。否认唐代均田令实施的意见，是不能成立的。唐代均田令，执行的程度虽有不同，但在当时是被执行着的。不过，把均田令理想化也是不对的。唐代均田令的实施，并不是把政府掌握的大量好田、荒地、处女田，根据统一标准，按丁分给无地少地的农民，更不要说触动土地私有制了。均田令对民户来说，主要是承认无地少地的农民已占有的土地，在法令上，肯定农民的这种占有。这对农民是有利的，对于恢复和促进唐初社会经济是起作用的。在均田令施行之后，肯定了地权之后，在一定条件下，一定程度上是施行了还授的。但这种还授是有限的，还授的田亩数是很少的。否认还授和认为大量进行还授，都是不符合实际的。"②

(二) 均田制下私田的存在

尽管唐代田令和与均田制相关律令均是以农户不得拥有私田

---

① 杨际平《从敦煌户籍看唐代均田制下土地还授的实施问题》，第64—69页。

② 唐耕耦《从敦煌吐鲁番资料看唐代均田令的实施程度》，《山东大学学报(哲学社会科学版)》1963年第1期，第18—39页。

为前提而制定的，但种种迹象表明唐代在均田制之外，还存在着私田。《通典》有："大唐考课之法……诸州县官人……其劝课农田、能使丰殖者，亦准见地为十分论，每加二分，各进考一等（原注：此谓永业、口分之外，别能垦起公私荒田者）。其有不加劝课以致减损者（原注：谓永业、口分之外，有荒废者），每损一分，降考一等。若数处有功，并应进考者，并听累加。"[①]明确在"永业、口分之外"有私田存在，并将私田垦殖的效果纳入官员考核体系，直接承认私田的合法性。

在敦煌文献中，"自田"一词常常被用于描述某人所属田地的四至，对于"自田"的性质，国内外学者多有争论。杨际平通过探讨敦煌耕地的一般形状，利用敦煌文书分析具体某人某块土地的四至与他人土地的连接形态，断定："大量出现在敦煌户籍、手实中的各户永业、口分田田亩四至中的'自田'，多数无法比定为各户在籍的永业、口分田。各户彼此间的田亩互至，也常找不到相应的永业田或口分田。这与唐代西州青苗簿所反映的情况迥然异趣。这表明唐代均田制下，并未将民户的各种私田悉数登上户籍、手实。换言之，均田制下仍存在永业、口分田之外的私田。"[②]同时，杨际平估计了敦煌现存文献记载的各户私田数量：

① ［唐］杜佑撰，王文锦等点校《通典》卷15《选举典三·考绩》，第370—371页。

② 杨际平《再论唐代敦煌户籍中的田亩四至"自田"》，《中国社会经济史研究》1998年第3期，第18—24、42页。

唐代敦煌户籍及手实残卷中各户拥有私田段数的估计表①

	年代及文书代号	乡里	姓名（户主）	四至是否完整	估计拥有私有地段数	备注
1	（七世纪后期）S.6343	龙勒乡	不详	残缺	/	
2	（七世纪后期）S.6343	龙勒乡	不详	缺	/	
3	大足元年 701AD P.3557	效谷乡	不详	残缺	/	
4	大足元年 701AD P.3557	效谷乡	邯寿寿	√	6~8	
5	大足元年 701AD P.3557	效谷乡	赵端严	缺	/	
6	P.3669	效谷乡	不详	√	3	
7	P.3669	效谷乡	索譶才	√	4	
8	P.3669	效谷乡	张玄均	√	5	
9	P.3669	效谷乡	张楚琛	缺	/	
10	先天二年 713AD P.2822	平康乡	不详	√	5	
11	（敦煌缀琐）	平康乡	不详	√	6~10	
12	（敦煌缀琐）	平康乡	王行智	缺	/	
13	（敦煌缀琐）	平康乡	不详	缺	/	
14	开元四年 716AD P.3877	慈惠乡	不详	√	未见	
15	开元四年 716AD P.3877	慈惠乡	不详（母王）	√	1	

① 杨际平《北朝隋唐均田制新探》，长沙：岳麓书社，2003年，第183—188页。

续表

	年代及文书代号	乡里	姓名（户主）	四至是否完整	估计拥有私有地段数	备注
16	开元四年 716AD P.3877	慈惠乡	董思勖	√	1~2	
17	开元四年 716AD P.3877	慈惠乡	和怀福	缺	/	
18	开元四年 716AD P.3877	慈惠乡	杨法子	√	1	
19	开元四年 716AD P.3877	慈惠乡	余善意	√	1	
20	开元四年 716AD P.3877	慈惠乡	杜客生	缺	/	
21	开元四年 716AD P.3877	慈惠乡	不详	残缺	/	
22	开元四年 716AD P.3877	慈惠乡	不详	残缺	/	
23	开元四年 716AD P.3877	慈惠乡	不详	残缺	/	
24	开元十年 722AD P.3898	悬泉乡	不详	缺	/	
25	开元十年 722AD P.3898	悬泉乡	郭玄昉	残缺	/	
26	开元十年 722AD P.3898	悬泉乡	不详	残缺	/	
27	开元十年 722AD P.3898	悬泉乡	杨思祚	缺	/	
28	P.3877	悬泉乡	不详	√	4	
29	P.3877	悬泉乡	杨义本	缺	/	
30	P.3877	悬泉乡	不详	残缺	/	

续表

	年代及文书代号	乡里	姓名（户主）	四至是否完整	估计拥有私有地段数	备注
31	P.3877	悬泉乡	赵玄义	√	11—13	三段与氾尚元户已受田相邻，三段与赵玄表已受田相邻；一段与曹仁备已受田相邻。
32	P.3877	悬泉乡	氾尚元	√	2	
33	P.3877	悬泉乡	赵玄表	√	未见	
34	P.3877	悬泉乡	曹仁备	残缺	/	
35	开元一〇年 P.2684	莫高乡	王万寿	缺	/	
36	开元一〇年 P.2684	莫高乡	不详	√	2	
37	开元一〇年 P.2684	莫高乡	白树合	缺	/	
38	开元年代 S.6298	不详	不详	残缺	/	
39	开元年代 S.6298	不详	不详	缺	/	
40	开元年代 S.5950	不详	不详	缺	/	
41	开元年代 S.5950	不详	氾惠意	缺	/	
42	Дx476	不详	不详	缺	/	
43	天宝三载 744AD P163(旧 P.2719)	神沙乡	不详	残缺	/	
44	天宝三载 744AD P163(旧 P.2719)	神沙乡	张奴奴	残缺	/	

续表

	年代及文书代号	乡里	姓名（户主）	四至是否完整	估计拥有私有地段数	备注
45	天宝六载 746AD S.4583	效谷乡	不详	残缺	/	
46	天宝六载 746AD S.4583	效谷乡	口仁明	残缺	/	
47	天宝六载 P.2592	龙勒乡都乡里	不详(女因果)	√	未见	
48	天宝六载	都乡里	郑恩养	√	8	其中一段与程大忠已受田相邻。
49	P.3354	龙勒乡都乡里	不详	残缺	/	
50	P.3354	龙勒乡都乡里	曹思礼	√	2	
51	P.3354	龙勒乡都乡里	曹怀瑀	缺	/	
52	P.3354	龙勒乡都乡里	不详	残缺	/	
53	P.3354	龙勒乡都乡里	刘智新	√	1	
54	P.3354	龙勒乡都乡里	阴袭祖	缺	/	
55	P.3354	龙勒乡都乡里	阴承光	√	2	
56	P.3354	龙勒乡都乡里	徐庭芝	√	1	
57	P.3354	龙勒乡都乡里	程思楚	√	3	其中两段与本表第 49 户相邻。

续表

	年代及文书代号	乡里	姓名（户主）	四至是否完整	估计拥有私有地段数	备注
58	P.3354	龙勒乡都乡里	程什柱	√	5	其中一段与程大庆户已受田相邻。
59	P.3354	龙勒乡都乡里	程仁贞	√	6	其中四段与程什柱已受田相邻，一段与本表第47户相邻。
60	P.3354	龙勒乡都乡里	程大忠	√	3	其中一段与程智意已受田相邻。
61	P.3354	龙勒乡都乡里	程大庆	√	1	
62	P.3354	龙勒乡都乡里	程智意	√	11	其中二段与程大忠已受田相邻，四段与郑思养户已受田相邻。
63	P.3354	龙勒乡都乡里	刘感德	缺	/	
64	P.3354	龙勒乡都乡里	令狐仙尚	√	未见	
65	P.3354	龙勒乡都乡里	杜怀奉	残缺	/	
66	P.3354	龙勒乡都乡里	卑二郎	√	2~5	其中一段与刘智新已受田相邻。
67	S.3907	龙勒乡都乡里	卑德意	残缺	/	

续表

	年代及文书代号	乡里	姓名（户主）	四至是否完整	估计拥有私有地段数	备注
68	大历四年 769AD S.514	悬泉乡宜禾里	赵大本	√	3	
69	大历四年 769AD S.514	悬泉乡宜禾里	李如真	/	/	绝户
70	大历四年 769AD S.514	悬泉乡宜禾里	李仙仙	/	/	户籍中记为绝户。
71	大历四年 769AD S.514	悬泉乡宜禾里	张可曾	√	2~4	
72	大历四年 769AD S.514	悬泉乡宜禾里	张介介	/	/	户籍中记为绝户。
73	大历四年 769AD S.514	悬泉乡宜禾里	宋二娘	/	/	户籍中记为绝户应受田伍拾壹亩并未受。
74	大历四年 769AD S.514	悬泉乡宜禾里	索思礼	√	2~ 3	与安游璟户的已受田相邻。
75	大历四年 769AD S.514	悬泉乡宜禾里	索游仙	/	/	绝户
76	大历四年 769AD S.514	悬泉乡宜禾里	安游璟	√	3~8	其中一段与索思礼户已受田相邻。
77	大历四年 769AD S.514	悬泉乡宜禾里	安大忠	√	2	其中一段与索仁亮户已受田相邻。
78	大历四年 769AD S.514	悬泉乡宜禾里	令狐朝俊	√	2	

续表

	年代及文书代号	乡里	姓名（户主）	四至是否完整	估计拥有私有地段数	备注
79	大历四年 769AD S.514	悬泉乡宜禾里	令狐海宾	/	2	户籍中记为绝户。
80	大历四年 769AD S.514	悬泉乡宜禾里	令狐进尧	√	15	
81	大历四年 769AD S.514	悬泉乡宜禾里	令狐娘子	√	3	
82	大历四年 769AD S.514	悬泉乡宜禾里	索仁亮	√	4 ~ 8	其中二段与索思礼户已受田相邻。
83	大历四年 769AD S.514	悬泉乡宜禾里	索如玉	√	未见	
84	大历四年 769AD S.514	悬泉乡宜禾里	杨日晟	√	7 ~ 9	其中一段以杨绚名义与索思礼已受田相邻。五一七段以杨义或义本名义与李大娘户已受田相邻。
85	大历四年 769AD S.514	悬泉乡宜禾里	李大娘	√	7 ~ 10	其中二一五段以义臣或杨臣名义与杨日晟户的已受田相邻。
86	大历四年 766AD S.541	悬泉乡宜禾里	樊黑头	√	3	
87	大历四年 769AD S.514	悬泉乡宜禾里	王山子	/	/	绝户

续表

	年代及文书代号	乡里	姓名（户主）	四至是否完整	估计拥有私有地段数	备注
88	大历四年 769AD S.514	悬泉乡宜禾里	唐元钦	√	未见	
89	大历四年 769AD S.514	悬泉乡宜禾里	唐元昭	/	/	田籍四至不存
共计 150—182 段						

杨际平得出结论："田亩四至完好无缺的44户中，85%以上拥有私田。按45户（包括令狐海宾户）计，平均每户约有私田17~21亩……我们或可估计当时敦煌地区，平均每户约有私田25亩上下。这当然只是估计数字，于各户来说，不可能精确，但从总体上，仍可近似地反映出当时的土地占有情况，因而仍有一定的参考价值。而且，敦煌的情况在全国各地，也应有一定的代表性，只是各地私田的数额多寡不同而已。"[①]对于私田的来源，杨际平解释道："私田的来源可能多种多样，但永业田之转化为私田，当是其主要来源之一。唐朝田令第7条规定：'诸永业田皆传子孙，不在收授之限。'就是说应受田者身死之后，他的永业田不必还公而是充做'承户者'的永业田（在这种场合下，承户者不再另授永业田）。但这项规定在具体实行时却很难行得通。实际生活中常有这种情况，即应受田者身死之前，他的儿子或其他继承人已到应受田年龄，已经有了永业、口分田。在这种情况下，原户主身后的永业田就会转化为该户永业、口分之外的私田。"[②]

① 杨际平《北朝隋唐均田制新探》，第191页。
② 杨际平《北朝隋唐均田制新探》，第191页。

（三）其他类型的土地占有情况

隋及唐前期，敦煌地区除施行均田制之外，还有其他类型的土地占有形式。

首先是官吏占有土地，唐代官吏体系包括职、散、勋、爵。按照相关规定，都应按品授田。五品以上散官同职事给。勋官的应授田数略低于同一品级的职事官，爵的应授田数与同品级职事官大致相当。唐代敦煌地区多见勋官受田的记载，然而从文献所记勋官受田的数量来看实际上并未按照规定以品级受田。杨际平统计了天宝年间敦煌县从化、慈惠两乡差科簿残卷中所反映的数据："两乡丁中396人中，竟有上柱国42人，其他勋官35人。勋官约占丁中总数的五分之一。现存唐代大历四年以前敦煌户籍89户，其中26户因户籍残缺而无法判断其有无勋官。余下的63户中有勋官者竟达18户，约占总户数的30%，其中单是上柱国即有九名。上述敦煌户籍中可统计其已受田亩数者计61户，'已受田'总额约28顷。如果把这些已受田全部拿来授给勋官，还不及全部勋官应授永业田的8%，甚至还不足一个上柱国的份额。从这里即可看出唐田令关于勋官授田的规定完全行不通。"[①]勋官受田的规定由于勋官封授太滥而只能成为空头支票，并未实际实施。与此类似的还有文武职事官与散官的受田，按常理来说，职事官受田当然要优先于勋官和散官，而敦煌文献中的记载却显示职事官依然未按照官品得到土地。如《唐大历四年（769）沙州敦煌县悬泉乡宜禾里手实》中有索游鸾年三十七，丹州通化府折冲、上柱国；其父索思礼年六十五，昭武校尉，前行右金吾卫灵州武

---

① 杨际平《北朝隋唐均田制新探》，第201页。

昭府别将，上柱国。[①]索思礼父子应受职事官永业田10顷50亩—16顷50亩。但该户实际上仅有永业田40亩，与普通百姓一老男当户、一白丁应授永业田额同，[②]可见职事官受田的规定也并未落到实处。

其次是屯田（营田），前章已引《隋书·贺娄子干传》，隋文帝命贺娄子干于河西地区实行屯田而子干上书言河西屯田种种不便，敦煌地区此时恐怕并未真正实行屯田。隋炀帝大业五年征服吐谷浑，移民实边，在边地大兴屯田，《隋书·食货志》载大业五年："又于西域之地，置西海、鄯善、且末等郡。谪天下罪人，配为戍卒，大开屯田，发西方诸郡运粮以给之。"[③]敦煌此时，应当也属屯田之地。唐代，敦煌地区实行均田制，然而从武周时期开始，敦煌地区实施均田制的情况每况愈下，均田户放弃土地逃往他处的情况时有发生，许多田地无人耕种。[④]官府又重新掌握了大量的无主之地，于是设置了括逃使招徕民户垦田耕种，并"设置了检校营田官，下属有检校营田人若干，负责检核逃户田地与'阙职官人地'等空闲土地，并与当县官吏一起判理改配田地事宜，劝人营种的屯田。"[⑤]大谷文书二八三六号长安三年（703）三月《敦煌县录事董文彻牒》载："其桑麻/累年劝种，百姓并足自供。望请检校营田官，/便即月别点阅萦子及布，

① 翊卫正八品上。折冲都尉，上府正四品上；中府从四品下；下府正五品下。别将，上府正七品下；中府从七品上；下府从七品下。

② （日）池田温著，龚泽铣译《中国古代籍帐研究·录文与插图》，第75页。

③ ［唐］魏徵等撰《隋书》卷24《食货志》，第687页。

④ 唐长孺《关于武则天统治末年的浮逃户》，《历史研究》1961年第6期，第90—95页。

⑤ 冯培红《唐五代敦煌的营田与营田使考》，《兰州大学学报》（社会科学版）2001年第4期，第33—42页。

城内县官自巡……牒为录事董（文）彻牒劝课百姓营田判下乡事。/”[①]同卷背也是一件有关营田的文书，题为圣历二年（699）三月二十日《敦煌县检校营田人等牒》：

（1）平康乡。

（2）司马地一段十四亩 城北三里宋渠 东渠 西渠 南渠 北张住

（3）　　右件地平康乡人宋怀道种麦。

（4）主簿地一段十亩 城北五里西支渠 东道 西渠 南张立 北张怀操

（5）　　右件地神沙乡人索怀亮种麦。

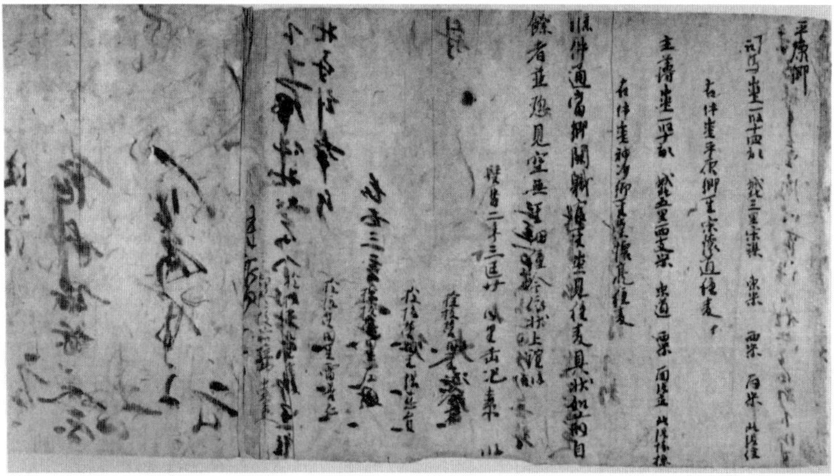

图9 大谷文书二八三六号背圣历二年（699）三月二十日《敦煌县检校营田人等牒》（采自《大谷文書集成》卷1，図版一二五）

① （日）小田義久编《大谷文書集成》卷1，図版一二三，录文见第107页。又见唐耕耦、陆宏基编《敦煌社会经济文献真迹释录》第2辑，第328—330页。

(6) 牒件通当乡阙职官人地，见种麦，具状如前，自

(7) 余者，并总见空，无人佃种，今依状上，谨牒。

(8) 圣历二年三月廿日里正氾素牒。

(9) 检校营田人氾孝才

(10) 检校营田人张慈员

(11) 检校营田人左彻

(12) 检校营田人雷善仁

(13) 检校营田人索复

(14) 都检校前旅帅索爽

(15) 连□白 □□日

(后缺)①

冯培红据上引两篇文书得出的结论："唐前期敦煌地区营田的出现是在均田制破坏的基础上，将逃户及阙职官吏的田地改配营种，并由官方出资助营，劝课桑麻，因此，这些在武则天统治后期大量出现的营田的性质实际上是官有土地，雇民以耕，没有军事性质。"②人口流失导致土地无人耕种，敦煌地方政府不得不采取措施，实行营田。进一步说明在均田制下，敦煌地区的普通民户的生存情况其实并不乐观。

再次是敦煌大族所占的土地。由于绿洲地域的限制、地方政权的割据以及部分时期异族的统治等因素，敦煌家族在宗族聚合与凝固、家族的盛兴与延续、参与本地政治与社会活动等诸多方面，要比中原内地显得更加突出，敦煌家族由于根植本地，牢固

① （日）小田義久编《大谷文書集成》卷1，図版一二五，录文见第108页。又见唐耕耦、陆宏基编《敦煌社会经济文献真迹释录》第2辑，第321页。

② 冯培红《唐五代敦煌的营田与营田使考》，第35页。

地掌握着本地区的统治权。苏金花统计唐代敦煌“以姓氏命名的庄约有二十四个，多是以敦煌当地的著姓高门的姓氏命名的。如张家庄、李家庄、阴家庄、宋家庄、索家庄、氾家庄、翟家庄、曹家庄等”，而且“这些庄园一般建立在灌渠附近……沙州为绿洲农区，建立有完备的灌溉网络，纵横交错的灌溉渠道乃是绿洲农业的命脉，而沙州大族拥有家渠”。[①]敦煌大族占有了相当数量的土地，在此基础上更控制了水利资源，强大的经济实力增强了这些家族参与本地事务的话语权。

此外，隋唐时期，中原地区寺院经济相当发达，占据着相当数量的土地资源，敦煌地区同样寺院林立。然而，在隋及唐前期，敦煌地区并未出现寺院占有大量土地的现象，苏金花据敦煌文献分析：“唐代敦煌寺院地产并不大，这与当时社会背景有极大关系，唐代敦煌大地产所有者为当地著姓豪族及新崛起的官僚地主。敦煌本是绿洲，耕地面积有限，所以寺院要获得大片的可耕地，并不容易。”敦煌寺院所占地产“远远不及中原其他地区寺院的地产规模”[②]。

二、租庸调

如王仲荦所言：“在地主经济比较发展的封建社会里，要真正实行带有村社残存形态的均田制度，是困难极大的。就实质来讲，唐统治阶级的实施均田，和北魏、东魏、北齐、西魏、北周、隋的统治阶级一样，主要是想通过授田制度，把国家编户中的小农固定在均田土地上，对他们进行租、庸、调等等的剥

① 苏金花《唐五代敦煌绿洲农业研究》，第14页。

② 苏金花《唐五代敦煌寺院土地占有形式》，《中国社会经济史研究》2004年第3期，第25—29页。

削。”[1]隋均田制下，普通小农承担的税赋主要是租调和力役，偶以钱、物代役。[2]唐朝建立后继续实行均田制，租调的征收与隋代相比大同小异，而以庸代役的现象更加普遍。下表为王仲荦总结隋唐两代律令中所规定的租庸调征收标准：

隋唐均田户承担租庸（力役）调简表[3]

朝代	丁男女			未娶丁男		奴婢	
	田租	丁调	力役	田租	丁调	田租	丁调
隋	一夫一妇受口分田一百二十亩(炀帝即位,除妇人之课,即妇人不受田，则一丁男之口分田为八十亩)，纳租粟三石。此外义仓粟，上户不过一石,中户不过七斗，下户不过四斗。	一夫一妇受永业田二十亩。丝乡纳绢一匹,绵三两;麻土纳布一匹,麻三斤。隋文帝开皇三年，减调绢为每丁二丈,麻土则为布二丈五尺。	隋初承北周之制，十八岁以上成丁，六十岁为老。开皇三年改为二十一岁成丁。炀帝初年又改为二十二岁成丁。隋初十二丁兵制，即一岁力役一月。开皇三年改为岁二十日力役。炀帝时,四丁兵制，岁三月役，后来甚至役及妇女。	单丁受田百亩，纳粟一石五斗。	单丁初纳绢二丈，开皇三年改为一丈。	奴婢受田依平民。一奴一婢纳租粟一石五斗，隋炀帝即位,除奴婢、部曲之课，奴婢部曲不授田。	奴婢受田依平民。一奴一婢纳绢二丈，开皇三年后又改为一丈。隋炀帝即位，除奴婢部曲之课,奴婢部曲不授田。

---

① 王仲荦《隋唐五代史》，第224页。

② 据《隋书·食货志》，开皇十年五月，隋文帝“又以宇内无事，益宽徭赋……百姓年五十者，输庸停防”。“输庸停防”就是缴纳钱、物以代替开赴前线服兵役。（[唐] 魏徵等撰《隋书》卷24《食货志》，第682页）

③ 该表节选自王仲荦《隋唐五代史》，第239页。

续表

朝代	丁男女			未娶丁男		奴婢	
	田租	丁调	力役	田租	丁调	田租	丁调
唐	丁男受口分田八十亩，纳租二石。此外义仓粟亩收二升。	丁男受永业田二十亩，丝乡纳绢二丈，绵三两；麻土纳布二丈五尺，麻三斤。	唐代丁、中年龄变更较大，另详别表。丁男每岁力役二十日，遇闰则力役二十二日。以庸代役，每日庸三尺，二十日为六丈。	中男亦依丁男授田，纳租二石。	绢二丈或布二丈五尺。	奴婢部曲不授田。	奴婢部曲不授田。

租庸调的征收数量在唐前期的敦煌户籍文献中常见，如P.3557V《周大足元年（701）沙州敦煌县効谷乡籍》有邯寿寿一户：

（2）户主邯寿寿年伍拾陆岁　　白丁　　课户见输
（3）　女娘子年拾叁岁　　　　小女
（4）　亡弟妻孙年叁拾陆岁　　寡
（5）　　　　　计布二丈五尺
（6）　　　　　计麻三斤
（7）　　　　　计租二石
（8）　　　　　　　　　　　　廿亩永业
（9）　　　　　肆拾肆亩已受　廿三亩口分
（10）合应受田壹顷叁拾壹亩　一亩居住园宅

（11）　　　　　　八十七亩未受

（后略）[①]

唐代的丁租丁调额度始终普遍固定，邯寿寿一户课口只有一人，其身份是白丁，“计租二石”“计布二丈五尺，计麻三斤”与田令的规定相符。郝二旭分析了这一时期敦煌均田户的租调负担：“总体来看，这一时期均田农户的租税负担不算太重，以亩产1.5石计算，像邯寿寿一家每年的收入也应该在64.5石左右。假设各项租税都折合成粮食，再除去三人全年的口粮，能结余粮食30石左右，这应该算是比较客观的数字了。”[②]由于该户人口较少而土地较多，难以反映整个敦煌地区的农民负担问题，郝二旭通过对八件唐前期户籍文书的整理，列有一表，用来分析整个敦煌地区的农民负担情况。

户别	户数	总人口	丁口	老中口	黄小口	土地总数/亩	户均人口	户均土地/亩
课户	11	76	15	42	19	530	7	48.18
不课户	18	137	19	73	45	798	8	44.33

郝二旭通过计算得出结论：“就课户的情况来说，每户平均占有土地48.18亩，如果亩产1.5石，共产粮食72石左右。这些课户户均人口7人，其中丁口1.4人，按每丁每年缴纳租庸调以及每户的户税、地税共折6.7石计算，每户需要缴纳不到10石，剩余的62石粮食即可作为口粮和用作其他用途。”[③]

① （日）池田温著，龚泽铣译《中国古代籍帐研究·录文与插图》，第24页。
② 郝二旭《唐五代敦煌农业专题研究》，第206页。
③ 郝二旭《唐五代敦煌农业专题研究》，第207页。

三、徭役与差科

唐代徭役，一般认为可分正役（20日役）、色役、杂徭三种，其间关系，错综复杂。由于正役在唐代逐渐纳庸，加之史籍对色役、杂徭的记载模糊不清，色役、杂徭成为唐代徭役研究的重点。[①]《唐六典》有："京畿及天下诸县令之职，皆掌导扬风化，抚字黎氓……其户皆三年一定，以入籍帐……过貌形状及差科簿；皆亲自注定，务均齐焉。"[②]"差科簿"为天下诸县县令必须"亲自注定"的重要文件，然而传世文献对其描述甚少，世人无从得知"差科簿"中到底有何内容。幸运的是在敦煌文献中保存着部分原始的差科簿，这些文书的刊布与研究，使学界对"差科簿"有了直观认识，进一步对唐代的徭役体系尤其是在传世文献中语焉不详的色役、杂徭等有了更深入的了解。

差科簿的主要内容除了详列各乡丁男、中男的姓名年龄之外，还要注明其身份（中男、白丁、上柱国、品子等）及其所要承担的差役（如侍丁、土镇、渠头等），若不服役，则要记录原因（如终服、纳资、笃疾等）。《唐天宝年代（750）敦煌郡敦煌县差科簿》是现存较为完整的差科簿，下为节选从化乡差科簿一段：

（前缺）

（1）郑藩客男思诠载卅八　　品子终服

（2）　弟奉贞载廿九　　上柱国子土镇

① 李锦绣《敦煌吐鲁番文书与唐史研究》，第198页。

②［唐］李林甫等撰，陈仲夫点校《唐六典》卷30《天下诸县官吏》，第753页。

(3) 郑加会弟奉璋载廿五　　上柱国子纳资
(4) 张义质男昌瀚载卅五　　上柱国子土镇
(5) 　男昌宗载廿九　　上柱国子纳资
(6) 阴太云载卅三　　白丁终服
(7) 郑永住载五十九　　翊卫
(8) 　侄神龙载卅五　　上柱国
(9) 张怀质男楚钦载卅三　　白丁［郡典狱］
(中略)
(28) 孟罗开男庭玉载廿五　　上柱国子私往北庭
(中略)
(63) 壹伯叁拾伍人下下户
(64) 索元庆载卌三　　品子停减纳资
(65) 尹嗣璋载卅九　　上柱国
(66) 邓令仙载五十　　上柱国子遮收
(67) 孟奉元载卌二　　翊卫斗门
(68) 袁守贞载卅六　　笃疾
(69) 　弟思明载廿九　　白丁侍丁
(70) 阴怀儁载五十五　　五品孙
(71) 阴思楚载十九　　中男渠头
(72) 吴明晖载廿一　　中男终服
(73) 王铁头载卌九　　白丁土镇
(74) 　男玉儿载十九　　中男渠头
(后略)[①]

敦煌文献中现存的其他差科簿文书格式与前引文书基本一致，池

① (日) 池田温著，龚泽铣译《中国古代籍帐研究·录文与插图》，第122—138页。

田温总结如下：

△百△十△人　某乡
若　干　人　　　破除
若干人身死
人名　列记
若干人逃走
人名　列记
若干人没落
人名　列记
若干人虚挂
人名　列记

图10　P.3559《唐天宝年代（750）敦煌郡敦煌县差科簿》局部（采自IDP）

若干人废疾

人名 列记

若干人单身土镇兵

人名 列记

若干人单身卫士

人名 列记

若干 见在

若干人中下户

人名 年龄 身份 差科注 列记

若干人下上户

人名 年龄 身份 差科注 列记

若干人下中户

人名 年龄 身份 差科注 列记

若干人下下户

人名 年龄 身份 差科注 列记[①]

王永兴于敦煌差科簿研究用力颇深，[②]详细考释了其中提到的职位名称、徭役种类和相关用语，揭示出隋唐时期敦煌当地人在正役之外还要承担的其他各种劳役任务：

郡上："本郡当上"的简称，即去本郡的衙门服役。

纳资：勋官等需服役，如果不去，就要交纳一定数量的"资课"。

子弟：某些特定徭役需要官吏子弟承担，故"子弟"成为一

① （日）池田温著，龚泽铣译《中国古代籍帐研究·概观》，第149页。

② 王永兴《敦煌差科簿考释》《唐天宝敦煌差科簿研究——兼论唐代色役制和其他问题》，收入氏著《陈门问学丛稿》，南昌：江西人民出版社，1993年，第21—133页。

种专用名词。

侍丁、亲侍丁：唐代规定给老年人分配人员照顾生活，被选择去给老年人服役的就被称为侍丁，与老人有血缘关系即为亲侍丁。

执衣：为州县流内官员服务，执笔持砚的随从人员。

捉钱：替地方政府放贷牟利的人员，身份须为“品子”。

土镇或土镇兵：以白丁为主，充当本地的边防兵。

卫士、翊卫：府兵或三卫官京师番上。

豆卢军健儿：豆卢军置在沙州，而健儿是招募而来的士兵。

终服：若在服丧期间，徭役可免。

学生：唐代州县皆置学校，有学生若干人，可免徭役。

里正、村正：政府征发某些人担任基层乡官。

市壁师：在市场内的监管人员。

郡典狱、县典狱：白丁充当监狱管理人员。

府史、郡史、县史：白丁在都督府、州、县管理杂务。

寿昌城主：王永兴认为此为西域城主制度影响到敦煌，而沙知认为是寿昌乡的乡官，[①]杨际平则推测为管理寿昌城门钥匙之人。[②]

渠头、升门（斗门）：官府派遣渠头看守、管理灌溉所用渠堰。

府录事、郡录事：勋官或品子担任都督府、州的录事之职。

---

① 沙知《唐敦煌县寿昌城主小议——兼说城主》，《中国古代史论丛》编委会编《中国古代史论丛》第3辑，福州：福建人民出版社，1982年，第274—286页。

② 杨际平《关于唐天宝敦煌差科簿的几个问题》，收入氏著《杨际平中国社会经济史论集》第3卷《出土文书卷》，厦门：厦门大学出版社，2016年，第61—85页。

医学博士：都督府或州下设之职，同时可教授学生。

遮收：军队或地方上收取路途或门禁处遗失物的小吏。[①]

傔：军队中一类服役者的役称，有服务武官个人的傔，有服务伤病兵士的傔，有以兵士在本职之外行兼行“傔”之职责的“帖傔”。

王永兴还将差科簿与唐代赋役体系的研究结合起来，作出了如下判断：（1）编制差科簿的目的是为征发徭役。（2）地方临时性的差科就是唐令中的“杂徭”。[②]（3）杂徭以户为单位，丁男中男都要服役，故可称为户役，分配的主要依据是户等。[③]（4）不同种类的徭役由不同身份的人员承担，因此差科簿上明确一一标注每人的身份特征。（5）部分徭役可以以资代役。（6）差科簿中男丁服土镇兵役颇多，说明唐代西北地区兵役沉

① 杨际平有不同观点：“我以为上引差科簿中的‘遮收’，不属军队系统，而属地方系统……敦煌差科簿中的‘遮收’或即设于村店要津的‘阑头’，其职责或为‘禁察奸凶’，巡检行人。敦煌地当中西交通要冲，与吐蕃、吐谷浑等少数民族聚居地区比较邻近，也确有设置‘阑头’的必要。敦煌天宝年间差科簿中，‘遮收’悉由勋官柱国、上柱国或柱国子、上柱国子担任，而不由白丁担任。这种情况绝非偶然。因为柱国、上柱国、柱国子、上柱国子已有免除正役的特权，将他们派充轻役，就能避免进一步扩大免役面，从而影响政府的收入。唐代里正、郡史、县史、渠头、斗门之类职役常由勋官或柱国子、上柱国子担任（渠头、斗门等也常由中男担任），其目的也在于此。”参见杨际平《关于唐天宝敦煌差科簿的几个问题》，第80页。

② 杨际平认为杂徭并非全是地方临时之役，只是相比正役劳动强度较低，往返路程较少，也有相对固定的事务，中央对于杂徭也有明确规定，地方政府不可随意征发。参见杨际平《唐前期的杂徭与色役》，《历史研究》1994年第3期，第75—87页。

③ 杨际平反对杂徭按户征发，以户等为标准的说法，认为“乃按丁、中征调”户仅为赋役的结算单位，而非以户为征发原则。参见杨际平《唐前期的杂徭与色役》。

重，甚至导致了户籍中男女比例的不合理。[①]

差科簿的制作过程大致分为如下步骤：第一步是按身份分类，将类似“身死”“逃走”“废疾”“终服”之类的人员单独分出排除，然后将其他“应堪科差”的人员在考虑户内的其余丁中的同时依身份进行分类并进行标注。第二步是分配差役，在草稿的人名后加上差役记录，或在各类差役后加注人名。最后制作正式的差科簿，钤印、画押，形成正式文件。[②]

① 杨际平认为造成男女比例不协调的情况主要是僧尼另有户籍：“如果一乡的僧、尼都从本乡贯除籍，那么它就不影响本乡贯户口的性别构成。然而，实际情况却往往变成男口为僧必定从本户户籍剔除，女口为尼，则双重挂籍。再从州县长官这一角度看，出家或出嫁的女口虚挂在籍，虽不合法，但在考课时却有利可图。职是之故，便可能形成在籍户口的女多于男，众多大女终身‘不嫁’现象。”参见杨际平《关于唐天宝敦煌差科簿的几个问题》，第85页。

② 参见文欣《唐代差科簿制作过程——从阿斯塔那61号墓所出役制文书谈起》，《历史研究》2007年第2期，第43—59页。

第三节 隋及唐前期敦煌的农业

在汉武帝设置河西四郡之初，地处西北边陲的敦煌地区，经济发展还处在较落后的状态。随着丝绸之路贸易的不断繁荣，再加上中原地区先进农业生产方式和技术的传入，到了东汉时期，敦煌已成为华戎交汇的著名都市。特殊的绿洲地理环境，再加上这一时期均田制的实施和相对稳定的社会环境，使得敦煌的农业在这一时期得到较快发展。

一、自然条件

敦煌位于甘肃河西走廊最西端，地处甘肃、青海、新疆三省区交汇处。处于东经92°42′至95°30′，北纬39°38′至41°34′之间。地势南北高、中间低，四周被沙漠包围，属典型的大陆性气候。

（一）地貌类型及特征

敦煌地貌可分为：1.剥蚀构造低山地貌。为基岩中、低山地，包括三危山、鸣沙山、独山及疏勒河下游哈拉诺尔西部的低山，以坡积残积物为特征。2.过渡区。敦煌盆地边缘，包括山前洪积扇及水阜阶地，千佛洞西北的二层台子，党河水库以北的砾面戈壁。3.倾斜平原区。在山前与平原之间的过渡地带。4.堆积区。敦煌盆地的中央部位，包括疏勒河下游河谷平原，党河秦家湾以下冲积扇三角洲，党河冲积扇扇缘呈指状的缓岗，分布在绿洲中间的泄水草甸，风成沙丘及沼泽等。[①]

（二）气候

敦煌地处内陆，四周被沙漠、戈壁包围，大陆度为69.2%，属典型的大陆性气候。总的气候特点是：太阳辐射强，光照充足；热量较富，但不稳定，无霜期短；降水少，变率大；蒸发强烈，灾害频繁。以候温[②]为指标，则敦煌地区四季分配很不均匀，冬季较长，秋季较短。春季天气干燥多变，风沙大；夏季酷热，雨量集中，多高温天气；秋季晴朗少雨，凉且风力小；冬季严寒干燥，降雪稀少。[③]

四季分配表

季节	开始	终止	持续日期
春	15/5(15候)	9/6(32候)	90天
夏	10/6(33候)	28/8(48候)	80天
秋	29/8(49候)	27/10(60候)	60天
冬	28/10(61候)	11/3(14候)	135天

（三）河流

党河。党河在唐宋时期被记作“甘泉水”，敦煌文书S.5448《敦煌录一本》记载：“近南有甘泉自沙山南，其/上源出大雪

① 敦煌市志编纂委员会编《敦煌市志》，北京：新华出版社，1994年，第79—80页。
② 一种气候划分法：高于22℃为夏季，低于10℃为冬季，10℃—22℃为春、秋季。
③ 敦煌市志编纂委员会编《敦煌市志》，第82页。

山，于西南寿昌县/界入敦煌，以其沃润之功，俗号/甘泉。”[①]从“甘泉”这一名称，即可看出其对于敦煌地区的“沃润之功”，对敦煌绿洲农业的发展意义重大。党河属疏勒河系内陆河流，为境内主要河流，是绿洲的命脉。河水源于祁连山疏勒南山的崩坤大坂，宰力木克和党河南山东部的巴音泽日肯乌勒、诺干诺尔的南北两坡冰川群。党河的水源主要由北坡的冰川冰雪融化补给。经肃北党城湾、芦苇沟、浪湾，流向西北，过沙枣园（今党河水库），注入市境。全长390公里。流域面积1.68万平方公里，年径流量3.02亿立方米，最大流量573立方米/秒，最小流量2.63立方米/秒。党河每年11月中旬开始封冻，到次年3月中、下旬开始融解。冬季流量最小，7、8、9月流量较大。[②]

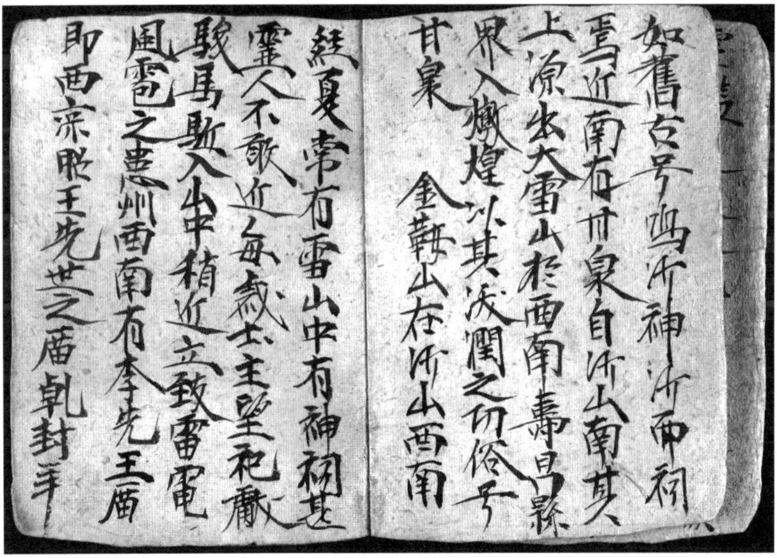
如舊古号鳴沙神沙而祠
焉近南有甘泉自沙山南其
上源出大雪山於西南壽昌縣
界入燉煌以其沃潤之功俗号
甘泉 金鞍山在沙山西南
經夏常有雪山中有神祠甚
靈人不敢近每歲土主望祀蕃
驗馬駛入山中稍近立致雷電
風雹之患州西南有李先王廟
即西涼武昭王先世之廟乾封年

图11 S.5448《敦煌录一本》局部（采自IDP）

① 郑炳林《敦煌地理文书汇辑校注》，第87页。
② 敦煌市志编纂委员会编《敦煌市志》，第90页。

疏勒河。疏勒河在唐代被称作“独利河”。敦煌文书P.2005《沙州都督府图经》记载：“独利河水。右源出瓜州东南三百里，流至沙州敦煌县/东南界。雨多即流，无雨竭涸。/”[①]疏勒河在出昌马峡以后进入冲积扇，河道呈放射状，河水渗漏成为潜流[②]。疏勒河对于古代敦煌地区畜牧业的发展有着重要意义，《敦煌志》认为：“敦煌地区由于河水渗漏及地下潜流涌出，在河流沿岸或下游低洼地带积聚成湖泽或滩涂，这些地区水草丰茂，形成天然的畜牧区域。”[③]

二、粮食作物

粮食作物的种植是古代敦煌地区农业生产的主要方向，郝二

图12　莫高窟第148窟《收割、挑运、打场》（盛唐）（采自敦煌研究院主编《敦煌石窟全集·科学技术画卷》，第62页）

---

① 郑炳林《敦煌地理文书汇辑校注》，第6页。
② 郑炳林、李军《敦煌历史地理》，第290页。
③ 敦煌市地方志编纂委员会编《敦煌志》，北京：中华书局，2008年，第179页。

旭通过敦煌汉简中的记载和对相关考古资料的研究认为，敦煌地区在汉代种植的农作物品种主要有粟、小麦、大麦、豆等，魏晋南北朝基本上沿袭了这一生产传统，隋唐时期，粟、小麦、豆等依然是敦煌地区最为主要的农作物品种。[①]

（一）麦类

我国古代的各种文献中，有关小麦的记载非常丰富。但这些记载大多说的是黄河中下游地区广泛种植的冬小麦。对于西北地区种植的春小麦，却很少提及。所幸敦煌文书中保留了大量有关春小麦生产的记载，可以较为清晰地展现当时的生产状况。

敦煌地区冬季气温非常低，冬小麦无法正常过冬，这是该地区广泛种植春小麦的主要原因。春小麦的播种时间，《齐民要术·大小麦》："旋麦，三月种，八月熟，出西方。"[②]当时小麦的播种时间是在正月到四月之间，主要集中在二月中旬前后[③]。此时，土地表层已经开冻，土壤中冻结的水分也开始慢慢释放，完全可以满足小麦种子发芽的需要。敦煌地区小麦的收获主要集中在七月份。P.2629《归义军衙内酒破历》："（七月）三日，城西庄刈麦酒壹瓮，……四日，支太子庄麦酒壹瓮。……廿日，官圈刈麦酒壹瓮……"[④]S.6452《辛巳年（981）十二月十三日周僧正于常住库借贷油面物历》："（七月）九日刈麦造胡饼面伍斗、

① 郝二旭《唐五代敦煌农业专题研究》，第85—91页。

② ［北魏］贾思勰著，石声汉校释《齐民要术今释》，北京：中华书局，2009年，第142页。

③ 郝二旭《唐五代敦煌农业专题研究》，第113页。

④ 唐耕耦、陆宏基编《敦煌社会经济文献真迹释录》第3辑，北京：全国图书馆文献缩微复制中心，1990年，第271—276页。

造饼面肆斗、刈麦酒三斗。”[①]敦煌地区的春小麦多在二月播种，七月收获，比《齐民要术》所载时间均有所提前。这种提前是当时农业生产技术进步的一种表现，因为它可以将小麦和粟的需水旺盛期错开，使有限的水源可以得到最大程度的利用，从而提高当地的粮食产量。[②]

这一时期还有一种名为青麦的农作物。青麦，即青稞麦，是大麦的一种，籽实粒大，皮薄，麦麸少，主要产于西藏、青海等地，为当地居民主要食粮，可做糌粑，又可酿酒。[③]《齐民要

图13 莫高窟第445窟《农作图》（盛唐）（采自敦煌研究院主编《敦煌石窟全集·民俗画卷》，第13页）

① 唐耕耦、陆宏基编《敦煌社会经济文献真迹释录》第2辑，第240页。
② 郝二旭《唐五代敦煌农业专题研究》，第114页。
③ 苏金花《唐五代敦煌的粮食作物结构及其变化》，《中国经济史研究》2012年第2期，第60页。

术·大小麦》载青稞麦与“大麦同时熟。……堪作饭及饼饦，甚美。磨总尽无麸。”[①]唐代前期和中期，青麦是敦煌重要的粮食作物，官府和籴的主要粮食之一。P.3348V《天宝四载河西豆卢军和籴会计牒》[②]载当年和籴粮食，456.857硕小麦、147.4硕青麦、100.4硕豌豆、9039.41硕粟。除粟外，和籴粮食中小麦和青麦也占有一定的比重。青麦也被当作饲料使用。P.2803V《唐天宝九载（750）八月—九月敦煌郡仓纳谷牒十六件》：“同日出青麦叁拾贰硕，豌豆壹佰贰拾捌硕，床柒拾贰硕，粟柒佰陆拾捌硕，已上计壹阡硕，/付县，便送冷泉等五戍，充马料。”[③]

（二）粟类

粟是我国种植历史最为古老的作物之一，主要在我国北方种植。在敦煌地区，粟在生长期内的浇灌次数是两次。第一次是所谓的“重浇水”，时间从五月上旬开始，由下游开始自下而上依次进行，到六月上旬结束。在这次浇灌中，粟苗是和小麦同时浇灌的，其中小麦是浇灌的主要对象，粟苗一般只是附带进行。第二次是所谓的“更报重浇水”，时间从六月上旬左右开始，到七月上中旬结束，这次粟是主要浇灌对象[④]。

唐代，敦煌地区粟类粮食品种除粟外，种植较为普遍的是床。《隋书·东夷传》：“土宜稻、粱、床黍、麻、豆、赤豆、胡豆、黑豆等。”[⑤]《西征道里记》载：“岐山之阳，盖周原也。平川尽处，修竹流水，弥望无穷。农家种床尤盛，《生民》之

---

① ［北魏］贾思勰著，石声汉校释《齐民要术今释》，第150页。

② 录文、图版见唐耕耦、陆宏基编《敦煌社会经济文献真迹释录》第1辑，第426—434页。

③ 录文、图版见唐耕耦、陆宏基编《敦煌社会经济文献真迹释录》第1辑，第447页。

④ 郝二旭《唐五代敦煌农业专题研究》，第114页。

⑤ ［唐］魏徵等撰《隋书》卷81《东夷传》，第1824页。

诗，曰‘维糜维芑’者，盖谓床也。俗今书‘糜’为‘床’，秦州有床穰堡。床米类稷，可麦可饼，可为棋子。……边郡刈床，则自外而内；刈麦，则自内而外。盖床以寒熟，麦以暖熟故也。”①床即糜的别称。在唐代，床是官仓缴纳的税粮之一。P.2803V《唐天宝九载（公元750）八月—九月敦煌郡仓纳谷牒十六件》载，八月二十八日纳敦煌县天九二分税床104硕，郡仓九月十四日纳敦煌县百姓天九二分税床86硕。床也是官府和籴的粮食品种。天宝九载九月五日郡仓纳，百姓翟英俊和籴床24.84硕，令狐思仁床6.6硕，索元晃床21硕，张大力床82.81硕，王思钦床1.9斗，以上计床137.15硕。床，作为税粮及和籴粮食，可见在日常生活中消费比较普遍。②当时床1斗值钱31文，与粟、豌豆的价值相当。③床主要作为口粮消费，中国历史博物馆藏《(八世纪中期）河西支度营田使户口给谷簿记会》中目前所存29户中，基本上每户支给的粮食中都有床，并且所占比重也较高。④另外，还可以当作马料来使用，P.2803V《唐天宝九载（750）八月—九月敦煌郡仓纳谷牒十六件》：“同日出青麦叁拾贰硕，豌豆壹佰贰拾捌硕，床柒拾贰硕，粟柒佰陆拾捌硕，已上计壹阡硕，/付县，便送冷泉等五戍，充马料。”⑤

---

①［南宋］郑刚中撰，张剑光整理《西征道里记》，朱易安、傅璇琮等主编《全宋笔记》第3编第7册，郑州：大象出版社，2008年，第107页。

② 录文、图版见唐耕耦、陆宏基编《敦煌社会经济文献真迹释录》第1辑，第445—462页。

③ 苏金花《唐五代敦煌的粮食作物结构及其变化》，第59页。

④ 录文、图版见唐耕耦、陆宏基编《敦煌社会经济文献真迹释录》第1辑，第479—484页。

⑤ 录文、图版见唐耕耦、陆宏基编《敦煌社会经济文献真迹释录》第1辑，第447页。

（三）豆类

豆类作物是唐代敦煌仅次于麦粟的第三类粮食作物。中国古代称豆为菽，在食用作物中一直占有较重要的位置。除了食用，种植豆类作物还能改善土壤肥力。早在汉代以前，人们已经把豆类作为倒茬轮作的重要作物。唐代豆类品种丰富，包括豌豆、荜豆、黑豆、大豆、豇豆、雁豆、绿豆等。①豆是官仓缴纳的税粮之一。P.2803V《唐天宝九载（750）八月—九月敦煌郡仓纳谷牒十六件》载："廿八日纳敦煌县百姓天九二分税青麦叁拾贰硕，豌豆壹佰玖拾肆硕……郡仓/拾捌日，纳敦煌县百姓天九二分税

图14　莫高窟第23窟《雨中耕作》（盛唐）（采自敦煌研究院主编《敦煌石窟全集·民俗画卷》，第16页）

① 郝二旭《唐五代敦煌农业专题研究》，第89页；苏金花《唐五代敦煌的粮食作物结构及其变化》，第61页。

豌豆壹拾陆硕。”[①]与麦、粟、床一样，豆类作物也可以当作马料来使用，P.2803V《唐天宝九载（750）八月—九月敦煌郡仓纳谷牒十六件》：“同日出青麦叁拾贰硕，豌豆壹伯（佰）贰拾捌硕，床柒拾贰硕，粟柒佰陆拾捌硕，已上计壹仟硕，/付县，便送冷泉等五戍，充马料。”[②]

（四）粟麦比重

粟抗旱力强，生长期短，播种适期长，耐高温，对春旱多风、夏热冬寒的自然条件有天然的适应性。在河西地区广泛种植。隋及唐前期敦煌地区的粟麦比重，宋家钰认为：“唐前期麦的种植扩大，但粟的种植仍居首位。”[③]苏金花通过P.3348V《天宝四载河西豆卢军和籴会计牒》中所载全部和籴粮食中，粟9339.41硕，豌豆104.4硕，青麦147.4硕，小麦456.857硕；P.2803V《唐天宝九载（750）八月—九月敦煌郡仓纳谷牒十六件》中所记载八月二十七日敦煌县纳种子粟12285.93硕，八月二十八日纳敦煌县百姓天九二分税青麦32硕、豌豆194硕、床104硕、粟628硕，同日出青麦32硕、豌豆128硕、床72硕、粟768硕，送冷泉等伍戍，充马料。粟所占比重远远高于其他粮食。亦认为唐代前期、中期，敦煌地区粟在各类粮食中仍然占很重要的地位。[④]郝二旭则通过对当时敦煌郡仓（沙州州仓）、豆卢军军仓

① 录文、图版见唐耕耦、陆宏基编《敦煌社会经济文献真迹释录》第1辑，第447、462页。

② 录文、图版见唐耕耦、陆宏基编《敦煌社会经济文献真迹释录》第1辑，第447页。

③ 宋家钰《敦煌文献所见唐代农业生产》，郝春文主编《敦煌文献论集：纪念敦煌藏经洞发现一百周年国际学术研讨会论文集》，沈阳：辽宁人民出版社，2001年，第172页。

④ 苏金花《唐五代敦煌绿洲农业研究》，第69页；苏金花《唐五代敦煌的粮食作物结构及其变化》，第57—58页。

收纳、和籴的粮食种类和数量进行列表的方式，更加清晰地证明了上述观点：

敦煌郡仓（州仓）、豆卢军军仓收纳、和籴粮食简表（单位：石）

卷号	时间	小麦	粟	麦粟比例	仓名
P.3841V	735 年	157.75	1376.48	1:8.73	州仓
P.3348V	744 年夏	458.86	9339.41	1:20.35	军仓
P.3348V	744 年冬	76.01	5405.84	1:71.12	军仓
P.3348V	745 年	241.83	9260.64	1:38.29	军仓
P.3348V	747 年	30	1130	1:37.67	军仓
P.2803V	750 年	208	4816.39	1:23.16	郡仓

并且归纳了唐前期小麦种植规模远小于粟的原因：第一，种植传统。在北方地区，从先秦时期开始粟就是最主要的粮食作物。第二，饮食传统。在唐代以前，北方的主食是粟类。第三，生产条件。在唐前期，敦煌地区的水利设施尚不够完善，许多耕地的灌溉条件比较差，小麦的需水量比粟要高出许多，因此，选择种植粟在很大程度上也是一种无奈的选择。[①]

（五）水稻

对于古代西北地区种植水稻的问题，以往学界已经进行了较为广泛的探讨。[②]由于侧重点不同，多数学者将注意力放在了西

① 郝二旭《唐五代敦煌农业专题研究》，第119—120页。

② 游修龄《中国稻作史》，北京：中国农业出版社，1995年，第268—307页；张泽咸《试论汉唐间的水稻生产》，《文史》第18辑，第33—68页；张泽咸《汉晋唐时期农业》（下），北京：中国社会科学出版社，2003年，第733—813页；华林甫《唐代水稻生产的地理布局及其变迁初探》，《中国农史》1992年第2期，第27—39页；卫斯《我国汉唐时期西域栽培水稻疏议》，《农业考古》2005年第1期，第230—235页。

域地区，对敦煌地区只是略有提及，未展开深入研究。苏金花则从水稻种植特点、敦煌地区水稻种植不普遍的原因等方面对吐蕃至晚唐五代时期敦煌地区的水稻种植业进行了研究，但未交代唐前期敦煌地区水稻种植的情况。[①]郝二旭则对唐前期至归义军时期敦煌地区的水稻种植业进行细致的论述。[②]

敦煌地处西北内陆，周围多沙漠戈壁，无霜期短，降水量小，水资源严重短缺，发展水稻种植的自然条件先天不足。从汉代大规模的开发以来，敦煌地区的农业生产一直是以旱作为主的。敦煌汉简中虽然载有当时部分官吏和戍卒食用“米”的记录，但“米”的性质和来源目前还不能判断，因此这一时期该地区是否有水稻种植，还需进一步研究。曹魏至隋朝的近四百年间，敦煌地区的农业生产取得了长足进步，但这一时期并无关于水稻种植的记载。水稻原产于长江流域，以后逐渐扩展到了黄河流域。华林甫认为唐代水稻的生产主要分布在幽州—并州—绛州—同州—雍州（京兆府）—陇州—渭州—兰州一线以南地区。此线以北，由于纬度过高，加上自然条件的限制，除了极少数地方外，绝大多数地区不适宜种植水稻。华林甫在注释中引证所谓“极少数个别地方”就包括敦煌在内。苏金花指出敦煌地区有明显的水稻种植历史始于吐蕃统治时期，郝二旭则认为关于敦煌地区水稻的种植在唐前期已有记载。P.2005《沙州都督府图经》：

（28）……州城四面水

① 苏金花《唐五代敦煌绿洲农业研究》，第73—75页；苏金花《唐五代敦煌的粮食作物结构及其变化》，第62—64页。

② 郝二旭《唐五代敦煌农业专题研究》，第126—142页。

(29) 渠，侧流觞曲水，花草果园，豪族士流，家

(30) 家自足。土不生棘，鸟则无鸮，五谷结

(31) 饶，唯无稻黍……[①]

该文书的写作时间在唐高宗上元三年到武周证圣元年之间，[②]据此可以断定直到公元7世纪末期，敦煌地区尚无水稻种植。

到了开元年间，和水稻种植相关的记录开始出现。P.3841V《唐开元廿三年（735）？沙州会计历》：

(34) 壹拾叁硕捌斗捌胜米粟，壹拾伍仟柒佰壹拾文钱，先征纳漏不收，请附冬季帐。

(35) 壹拾叁硕柒斗，前判官阎信纳，附阶亭坊帐。

(36) 壹斗捌胜米北庭粮，殷节等欠，折纳粟叁斗叁合，附州仓冬季帐。

(37) 贰胜米，张奇迁折纳粟叁胜叁合；

(38) 壹斗陆胜米，殷节欠，张奇迁折纳粟贰斗柒胜。

(中略)

(49) 壹佰捌硕柒斗壹胜肆合伍勺面，

(50) 叁拾肆硕柒斗玖胜伍合伍勺米，

(51) 壹硕玖斗叁胜细麸，

(52) 壹佰捌拾陆硕捌斗肆胜贰合粟䜺，

(53) 肆拾肆硕肆斗肆胜捌合叁勺小麦，

① 录文、图版见唐耕耦、陆宏基《敦煌社会经济文献真迹释录》第1辑，第3页。

② (日) 池田温《沙州図経略考》，《榎博士還暦記念東洋史論叢》，第31—101页。

(54) 壹仟壹佰捌拾玖硕陆斗叁胜捌合粟，
(55) 柒斗陆胜麦䜴，
(56) 壹硕捌斗麁麨，
(57) 壹斗麁麦饭，
(58) 捌硕肆斗青麦，
(59) 肆佰伍拾壹硕柒斗叁胜叁合柒勺床。①

文书中所提到的小麦、粟、床、青麦等粮食作物，是当地有较长种植历史的作物，在敦煌文献和相关记载中也有较多记载，只有“米”是第一次在此类记载中出现。就“壹拾叁硕捌斗捌胜米粟，壹拾伍仟柒佰壹拾文钱，先征纳漏不收，请附冬季帐……壹斗捌胜米北庭粮，殷节等欠，折纳粟叁斗叁合，附州仓冬季帐”等记载来看，“米”是当时官府向居民征收的税粮之一。

文书中的“米”会不会是从别的地方运到敦煌的？文书第36行“壹斗捌胜米北庭粮，殷节等欠，折纳粟叁斗叁合，附州仓冬季帐”，殷节所欠的米属北庭粮，即为北庭都护府征收的军粮，所以与北庭粮相区别的其他“米”，就不会是来自西域地区的。敦煌与东部产稻米地区相距较远，在当时粮食供应充足的情况下，仅仅从东部地区运来少量的稻米，也是于理不通的。再者，“米”作为这一时期沙州官府征收的税粮之一，如若不是本地的产物，也是说不通的。因此判断，文书中所载的“米”乃敦煌本地所产，在开元年间，敦煌地区已经开始种植稻米了。

敦煌地区所产稻米除了供交税外，还会被征作军粮。P.2862V+P.2626V《唐天宝时代（744—758）敦煌郡会计帐》：

① （日）池田温著，龚泽铣译《中国古代籍帐研究·录文与插图》，第337—340页。又见唐耕耦、陆宏基编《敦煌社会经济文献真迹释录》第1辑，第418—420页。

（51）合同前月日见在使料米面，总贰佰玖拾伍硕，羊壹拾伍口，

（52）贰拾伍硕米，每戍五硕，贰佰柒拾头面，每戍伍拾肆硕，

（53）壹拾伍口羊，每戍叁口。①

除此之外，还有P.2942《唐永泰年代（765—766）河西巡抚使判集》：

（131）关东兵马使请加米。

（132）兵健粮储，各合自备。广为费用，尽即请支。凡在所由，曾无

（133）愧色，以此从政，岂不内惭。抚状可明，良增叹惋。交见辛

（134）苦，略有支持，皆出沙州，又须办脚。官私戮力，薄得沾儒（露）。

（135）兵健无知，更有求诉。所由信任，频为申论。如此效官，颇

（136）知识理，不能违众，今又量加。②

这是一则对驻守在河西的内地戍卒希望增加稻米供应请求做出的判词，作于永泰年间（765—766），时吐蕃已占领河西重镇凉州。从“略有支持，皆出沙州”一句来看，是希望敦煌当地能够补充

① 录文、图版见唐耕耦、陆宏基编《敦煌社会经济文献真迹释录》第1辑，第472页。

② 录文、图版见唐耕耦、陆宏基编《敦煌社会经济文献真迹释录》第2辑，第626—627页。

稻米所需。此时敦煌不光种植稻米，而且还有能力供应军队所需。

唐开元年间，敦煌已经开始种植稻米，但据上文分析，这一时期敦煌地区仍是以种植粟和小麦为主，稻米在税收中所占比重也不高。水稻这一时期在敦煌的种植还不普遍。苏金花总结出现这种情况的原因："首先，在于自然条件的限制。敦煌地属大陆性气候，冬季冷长，夏季短热。夏季炎热，对川区种植喜温作物生长积温不足是一个补偿，但高温、干热风天气也给作物带来危害。另外敦煌地处内陆深处，降水稀少，蒸发量大，气候干燥。主要灌溉水源来自南部祁连山冰川、积雪融水，水源补充有限，并不十分稳定，因而水资源对当地人们的生存至关重要……水稻对水源的要求较高，在有限的水源条件下，不可能大面积种植。其次，从劳动习惯来看，北方农民长期习惯旱地劳动，在田多人少的情况下从事较为粗放的经营，水稻则要求集约的耕作，灌水、排水、施肥、耘田等都较麻烦，需要较多的劳动力和劳动时间。敦煌四周沙漠戈壁环绕，耕地面积有限……再次，从饮食习惯上来看，北方人以麦、杂粮等面食为主，敦煌当地主要以麦粟豆等作物为主，日常饮食中对稻米的消费需求并不大，故而普遍种植的积极性并不高。"①

三、经济作物

隋及唐前期，敦煌地区的经济作物主要是黄麻、桑树、棉花及红花。②

黄麻在古代敦煌地区当指大麻，又称火麻，是经济价值很高的油料作物。苏金花统计敦煌文书中所记载的农产品价格后发

---

① 苏金花《唐五代敦煌的粮食作物结构及其变化》，第75页。

② 主要参考苏金花《唐五代敦煌绿洲农业研究》，第76—84页。

现，唐代前期，麻在当时的五谷时价中价格最高。[1]黄麻主要用来榨油，包括食用油及燃灯用油。晚唐五代时期，黄麻所产油也充当了货币的功能。在榨油之外，黄麻皮质柔韧，水沤之后可用来织制麻布，是重要的纺织原料。麻布主要用来制造衣物、鞋履等生活物品，还可用来造纸，用途较为广泛。

隋及唐前期，敦煌所属陇右地区并非重要的丝织品产地，其纳调不以绢为主，但仍植桑养蚕，存在一定规模的丝织产业。[2]大谷文书二八三六号《敦煌县录事董文彻牒》载：

(1) 家奴客须着、贫儿又要衣充。相学鹳望和籴、
(2) 谷麦漫将费尽。和籴既无定准、自悮即受单
(3) 寒。岂唯虚丧光阴、赤露诚亦难忍。其桑麻、
(4) 累年劝种、百姓并足自供。望请检校营田官、
(5) 便即月别点阅萦子及布。城内县官自巡、如有
(6) 一家不缉绩者、罚一回车驮远使。庶望规模
(7) 递洽、纯朴相依。谨以牒举、请裁、谨牒。
(8) 长安三年三月 日 录事 董文彻牒[3]

由该文书可知，唐前期敦煌地区便已植桑，且由官府劝种，官府设置营田官员在敦煌城内巡行检查各家的纺织情况。

棉花种植在我国历史悠久。高昌王国及唐代西州时期，吐鲁番当地居民已经以棉花种植为副业，且棉布交易也较为常见。敦

① 苏金花《唐五代敦煌绿洲农业研究》，第77页。
② 苏金花《唐五代敦煌绿洲农业研究》，第79—80页。
③（日）小田義久编《大谷文書集成》卷1，図版一二三，录文见第107页。

煌与吐鲁番距离相近，地理、气候相似。这一时期，敦煌地区的棉花种植应当较为普遍，棉布也一度成为税收常例。吐蕃占领敦煌之前，敦煌官府已经开始使用棉布，民间对于棉布的使用也非常普遍。[①]敦煌文献中的棉织布，称作叠布或緤布，緤即叠，指白叠。敦煌文献中没有发现有关于敦煌地区种植白叠的记载，緤布在敦煌借贷业中出现不多，苏金花据此认为唐代敦煌地区的緤布应是大量从西州输入。[②]

红花，因其叶片与蓝草相近，初称蓝花。后因其可做红、黄色染料，又称红蓝或黄蓝。唐宋时简称红花，是古代敦煌地区较为重要的经济作物。红花主要用作纺织生产中的染料，此外，也可食用、药用及制作胭脂。

黄麻、桑树、棉花及红花之外，古代敦煌地区的园圃经济、林业种植也各有特色。园圃作为田宅的一部分，在敦煌地区出现较早。据敦煌文书可知，最迟在西魏时敦煌地区便有了园圃。[③]园圃中主要种植蔬菜、瓜果及用材林木，园圃出产保证了敦煌地区官府、寺庙及民众的果蔬、材木的供应。此外，园圃中也会种植小麦等粮食作物及黄麻等经济作物。因自然环境所限，唐代敦煌地区的三危山、鸣沙山及龙勒山等地均未形成天然林木区。然而，民众、官府及寺院对于木材的需求量较大，需要人工种植林木以满足所需。唐代敦煌地区的种植林主要分布于农灌区的村庄、寺院之中，树木种植以各个村落的私家园圃、宅庄种植和僧人寺院种植为主，种植的树木主要是榆、杨、柳等用材林，以及桑、杏、李子、梨等经济林。[④]

---

① 郑炳林、李军《敦煌历史地理》，第188—189页。

② 苏金花《唐五代敦煌绿洲农业研究》，第80页。

③ 郑炳林、李军《敦煌历史地理》，第180页。

④ 郑炳林、李军《敦煌历史地理》，第199—202页。

第四节 隋及唐前期敦煌的手工业

随着丝路贸易的持续繁荣，东汉时期，敦煌便已成为华戎所交的著名都会。隋代，钱币与度量衡逐步统一，促进了全国经济的统一与发展。同时，经贸的繁荣也促进了官府、民间手工业的发展。[①]唐前期，国家稳定，社会发展，手工业较前代有了较大进步。[②]敦煌地区手工业也在这一时期取得了一定的发展，据敦煌文书可知，迟至晚唐，敦煌地区已经出现划分很细、区分严格的手工业种类，以及从事各类手工业的工匠。[③]然而，相关文献大多反映晚唐五代时期敦煌地区的手工业生产情况，隋及唐前期的相关记载较为少见。结合敦煌文献及相关记载，本节仅从纺织、制盐、酿酒、兵器制造等方面对隋及唐前期敦煌的手工业进行考察。

一、纺织

敦煌纺织业历史悠久，汉代阳关和墩湾遗址出土了为数不少

---

① 王仲荦《隋唐五代史》，第23页。

② 张泽咸《唐代工商业》，北京：中国社会科学出版社，1995年，第11页。

③ 郑炳林、李军《敦煌历史地理》，第221页。

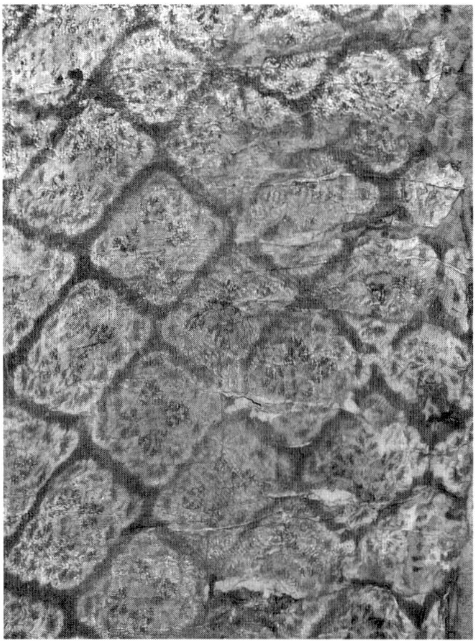

图15　唐代缬染经袱（采自甘肃省文物局编《甘肃文物菁华》，北京：文物出版社，2006年，第323页）

的陶纺轮，唐代瓜州治所晋昌城遗址发现了磨制陶纺轮。敦煌遗书中记载的敦煌地区的纺织原料也相当齐全，主要是棉、毛、麻、丝四大类天然纤维。[①]

棉即指棉花，敦煌文献记载，在中晚唐时，棉布已成为敦煌民众的必需品，使用范围相当广泛，使用量也很大。[②]虽然在隋及唐前期的敦煌文献中还未发现有关棉布的记载，但当时敦煌地区应当已经开始使用棉布。

古代敦煌地区是我国西北重要的毛纺品产地，敦煌文献所载褐袋匠即是以粗毛为原料织成衣物的工匠。敦煌地区毛纺业主要原料为羊毛，产品以衣、毡、毯等为主。麻一般指黄麻，又称火麻，表皮柔韧，沤制处理后可用于织布。敦煌较早种植黄麻，所产麻布是敦煌地区主要的纺织原料，主要用来制造衣服、鞋等物。[③]

隋及唐前期，敦煌所属陇右地区并非重要的丝织品产地，其

---

① 王进玉、赵丰《敦煌文物中的纺织技艺》，《敦煌研究》1989年第4期，第99页。

② 郑炳林、李军《敦煌历史地理》，第188—189页。

③ 苏金花《唐五代敦煌绿洲农业研究》，第79页。

纳调不以绢为主，但仍植桑养蚕，存在一定规模的丝织产业。[①]

由前引大谷文书二八三六号《敦煌县录事董文彻牒》的记载可知，唐前期敦煌地区便已植桑，且由官府劝种。然而，敦煌本地丝织业并不发达。刘惠琴认为唐代敦煌地区零星可见的蚕丝业毕竟无法与内地相比，市场交易中的丝织品主要来自内地。[②]

唐代敦煌地区已经形成了品类较为完备的纺织业，从事纺织业的工匠种类也较为齐全。以敦煌文献中的手工业工匠名称而言，郑炳林师统计了晚唐五代时期敦煌地区的工匠类别与名称，其中与纺织业相关的有棉纺加工的洗緤博士、染匠、褐袋匠等，有丝织业中的桑匠，毛纺业中的毡匠等。[③]纺织业工匠的细化分工，是隋及唐前期敦煌地区纺织业发展进步的结果。刘惠琴综合考察唐代敦煌地区纺织业后认为，敦煌地区丝、棉、麻、毛四种纺织业中，毛纺业最具特色也最为发达。而敦煌地处丝绸之

图16 莫高窟隋代第427窟菱形狮凤纹锦（采自敦煌研究院主编《敦煌石窟全集·科学技术画卷》，第214页）

① 苏金花《唐五代敦煌绿洲农业研究》，第79—80页。

②刘惠琴《从敦煌文书中看沙州纺织业》，《敦煌学辑刊》1995年第2期，第49—54页。

③ 郑炳林、李军《敦煌历史地理》，第241页。

路的要冲，中西交汇，敦煌本地其他纺织业的情况并不明晰。[①]

二、制盐

盐是重要的生活必需品和战略物资，敦煌所属河西走廊，深居内陆，属大陆性气候，降水稀少，蒸发强烈。且地处黄土高原、青藏高原和蒙古高原三大高原交汇地带，高低交互，地形复杂，在地质运动影响下形成了一系列规模不等的构造盆地。水分集聚又快速蒸发，土壤渐成盐土。[②]两汉时期，河西地区已有食盐生产的记载。古代敦煌地区多沙卤盐泽，拥有丰富的盐业资源。[③]《元和郡县图志》载："（燉煌县）盐池，在县东四十七里。池中盐常自生，百姓仰给焉。"[④]敦煌文献P.2005《沙州都督府图经》则记载了唐初敦煌地区的咸卤及三处盐池：

> 咸卤：右州界辽阔，砂碛至多，咸卤、盐泽约余/大半。/三所盐池水：东盐池水，右在州东五十里，东西二百步，南北三里。其盐/在水中自为块片，人就水里漉出曝干，并是/颗盐，其味淡于河东盐，东印形相似。/西盐池水，右俗号沙泉盐，在州北一百一十七里，总有四陂，每/陂二亩已下。时人于水中漉出，大者有马牙，其味极美，其色如雪，取者既众，用之/无穷。/北盐池水，右在州西北卌五里，东

① 刘惠琴《从敦煌文书中看沙州纺织业》，第54页。

② 杨自辉、王继和、纪永福、刘虎俊、贺访印《河西走廊盐碱地治理模式研究》，《土壤通报》2005年第4期，第479页。

③ 闫廷亮《汉唐时期河西盐业初探》，《社会科学战线》2008年第5期，第96—100页。

④［唐］李吉甫撰，贺次君点校《元和郡县图志》卷40《陇右道下》，第1026页。

西九里，南北四里。其盐不如/西池，与州东盐味同。/[①]

据此记载可知，唐前期敦煌地区借助盐池之便，已经形成了一定规模的盐业生产活动。

敦煌地区所产部分盐类，也具有一定药用价值。这类盐可称戎盐，《本草经集注》载：

此戎盐又名胡盐，兼治眼痛……今戎盐虏中甚有，从凉州来，芮芮河南使及北部胡客从燉煌来，亦得之。[②]

敦煌所产戎盐因其药用价值，而纳入商品交易的范围，但交易数量少、规模小。

隋唐时期，将盐池水引入人工畦渠进行晾晒制盐的生产技术，已经成为北方池盐生产的主要手段。然而，得益于“盐在水中自为块片”的有利条件，古代敦煌地区的民众将盐块于盐池中“漉出曝干”，不劳蒸煮即可食用，以致“取者既众，用之无穷”。隋及唐前期，敦煌地区的盐业并未形成专业化程度较高、生产技术先进的产业链。此外，敦煌地处边陲，政府往往倾向于就地解决军队和战争所需的粮草物资。河西的盐业生产同粮食生产一样，主要为了满足本地军民所需，且受到严格控制。因此，河西地区生产的食盐除少量被用作药物流入市场外，很少会进行一定数量的食盐贸易。[③]敦煌地区的食盐生产缺乏商业贸易的获利激励，生产方式较为原始，生产规模有限。

---

① 郑炳林《敦煌地理文书汇辑校注》，第9页。

② ［梁］陶弘景编，尚志钧、尚元胜辑校《本草经集注（辑校本）》卷2《玉石三品》，北京：人民卫生出版社，1994年，第173页。

③ 闫廷亮《汉唐时期河西盐业初探》，第100页。

三、酿酒

敦煌地区饮酒的历史可以追溯到汉代。敦煌地区汉代墓葬中发现了相当数量的酒器随葬品，说明此时敦煌地区已经形成普遍饮酒的社会风气。这种普遍饮酒风气的形成，离不开酿酒业的发展。因此，最迟在汉代，敦煌地区已经开始饮酒造酒。[①]至唐前期，敦煌地区已经出现从事酿酒并经营卖酒的酒行。[②]敦煌文献P.4979《天宝十载（751）二月敦煌郡酒行安胡到芬牒》载：

（1） 酒行状上

（2） 供糟廿瓮

（3） 右胡到芬比日在于市纳沽酒经

（4） 纪，缘无本产伏承经今廿日元了造

（5） 酒请乞给价直，谨状。

（6） 牒件状如前谨牒

（7） 天宝十载二月日酒行安胡到芬牒

（8） 二月廿三日付生绢壹匹准时。［估］伍伯捌拾文余欠于估

（9） 等用

（后缺）[③]

状文中的安胡到芬应当是居住于敦煌，从事酿酒业的粟特商人，

① 郑炳林《晚唐五代敦煌酿酒业研究》，郑炳林主编《敦煌归义军史专题研究三编》，兰州：甘肃文化出版社，2005年，第393—413页。

② 冯培红《唐五代敦煌的酒行、酒户和酒司》，《青海社会科学》2001年第3期，第82页。

③ 录文、图版见唐耕耦、陆宏基编《敦煌社会经济文献真迹释录》第3辑，第626页。

因无本钱而缺乏酿酒原料，请求官府偿还所欠酒钱，官府支付生绢抵偿。[①]酿酒业者安胡到芬与官府的互动，反映了这一时期酒行私人酿酒业者为官府供应酒水，与官府保持着长期的经贸往来。敦煌地区私营酿酒业方面，敦煌文书中以姓氏命名的酒店共十个，其中五个为粟特人姓氏。由此可见，粟特人在敦煌酿酒业中占据着重要地位。[②]

私营酿酒业之外，敦煌地区在陷蕃之前也存在一定规模的官营酿酒业。敦煌文献P.2763《午年三月沙州仓曹杨恒谦等牒》载：

（1） 仓　　　　　　□同谦。

（2） 辰年十二月已前给宴设厨造酒斛斗卅二石二斗四升：

（后略）[③]

“宴设厨”即为陷蕃之前唐代设立于沙州，负责官府酿酒的建置。[④]唐前期，敦煌官营酿酒业由官府提供原料，宴设厨负责具体事宜，酒匠、官酒户负责酿制。

---

① 郑炳林《晚唐五代敦煌酿酒业研究》，郑炳林主编《敦煌归义军史专题研究三编》，第394页。

② 郑炳林《晚唐五代敦煌酿酒业研究》，郑炳林主编《敦煌归义军史专题研究三编》，第401页。

③ 录文、图版见唐耕耦、陆宏基编《敦煌社会经济文献真迹释录》第1辑，第488页。池田温、唐耕耦等将此牒定为790年，郑炳林认为该牒应是敦煌陷蕃之前的作品。

④ 郑炳林《晚唐五代敦煌酿酒业研究》，郑炳林主编《敦煌归义军史专题研究三编》，第394页。

四、兵器制造

敦煌地处中西交通的要冲，具有较为重要的军事战略地位。清代学者顾祖禹曾引前人之语："欲保秦、陇，必固河西；欲固河西，必斥西域。"[①]自西汉控制河西走廊之后，历代中央政府大多于敦煌等地留驻军队。李唐统一全国后，唐王朝在敦煌等河西重镇设立了诸多军事机构，建立了完善的军事防御体系。[②]敦煌地区远离中原腹地，驻军所需的一些军用物资往往就近取用于敦煌，这也促进了敦煌地区兵器制造业的发展。敦煌市博物馆所藏一件晋代弩机上，就有"敦煌库造"四字。[③]

唐前期，敦煌地区的兵器制造业已经相当发达。敦煌文书P.3841V《唐开元廿三年（735）？沙州会计历》记载了当时的兵器收支记录：

（67）壹伯肆拾伍领甲身玖拾贰领铁、肆拾捌领皮、伍领布，

（68）陆拾伍事头牟肆拾肆事铁、贰拾壹事皮，

（69）壹伯壹拾陆事覆膊柒拾陆事铁、肆拾事皮，

（70）陆拾玖事掩腋并铁数内壹拾陆事明光，

（71）贰拾玖事囤项并铁。

（72）壹伯玖拾伍张枪，

（73）伍拾陆面弩弦，

（74）玖张戎祖弩弓，

---

① ［清］顾祖禹撰，贺次君、施和金点校《读史方舆纪要》卷63，北京：中华书局，2005年，第2972页。

② 郑炳林、李军《敦煌历史地理》，第370页。

③ 王进玉《敦煌古代的手工业生产技术》，《开发研究》1992年第6期，第62页。

(75) 叁拾捌口陌刀，

(76) 壹阡壹伯玖拾伍只弩箭，

(77) 伍具钺斧，

(78) 壹伯柒拾肆面板排，

(后略) [①]

文书中所载的甲身、头牟、覆膊、掩腋、匼项、枪、弩弦、弩弓、陌刀、弩箭、钺斧、板排等军事器物应当即是敦煌地区兵器制造业的产品。郑炳林师统计了唐五代敦煌文书中敦煌地区的工匠，其中就有隶属兵器制造业的弓匠、弩匠、箭匠。[②]兵器制造事关重大，受到官府的严格管控。从事兵器制造的相关工匠也均为官府所控制，似即为敦煌文书所载的“当府工匠”。[③]另一方面，兵器属于较为复杂的手工业制成品，其生产过程需要金属冶炼、皮革制造等多个行当的参与。因此，隋及唐前期敦煌地区兵器制造业的发展，在显示其重要的军事战略位置的同时，也反映了这一时期敦煌地区相关手工业的发展程度。

① 录文、图版见唐耕耦、陆宏基编《敦煌社会经济文献真迹释录》第1辑，第420—421页。

② 郑炳林、李军《敦煌历史地理》，第238页。

③ 郑炳林、李军《敦煌历史地理》，第239页。

第五节　隋及唐前期敦煌的商业

隋代，随着国家的统一，商路恢复畅通。货币与度量衡的统一，进一步促进了商业的发展。入唐以后，经济更为繁盛。处于丝绸之路要冲的敦煌地区，中外商旅往来不断，中西货物交易频繁，商业贸易有所发展。具体而言，隋及唐前期的敦煌地区，在商业管理上设有市及相关管理机构，商业交易存在规范化的商业契约，商业贸易以中外贸易为主。在商品交易方面，敦煌地区在用全国通用的铜钱之外，当地居民多以布帛为一般等价物进行商品交换，这一情况说明这一时期敦煌地区的商品经济发展水平不高。[①]

一、货币使用

隋初，隋文帝统一货币，推行五铢钱。入唐以后，随着薛仁杲、李轨势力的覆灭，河西地区统一于中央政府。在货币使用方面，唐初敦煌地区沿用隋五铢钱。武德四年（621），李渊废五铢

① 尹伟先《从敦煌文书看唐代河西地区的货币流通》，《社科纵横》1992年第6期，第50—54页。

钱，推行开元通宝。此后，唐廷开始铸行年号钱，这些铜钱迅速流通于河西地区。时至今日，唐初货币如开元通宝、乾封泉宝、乾元重宝仍然在民间时有发现。[①]相关敦煌文书也记录了其时商品交易中铜钱的使用，P.3034V《买卖姜布等历》：

(1) ▭买姜五两两别六十文，计三百文　高贞买姜一两准五十文。

(2) 王郎取姜九两六两别五十文。三两不作价　计三百文。大使姜一斤不得。

(后略)[②]

此外，敦煌文书P.3841V《唐开元廿三年（735）沙州会计历》载有"叁阡文钱"，[③]唐代铸币以"文"为单位，由此可见当时铸币流通于敦煌地区。据尹伟先统计，敦煌出土汉文文献中已有唐初敦煌地区使用铸币的记载，如卖练得钱、典梳借钱、买布付钱、卖布得钱、写"度牒"付钱、欠钱及送礼馈赠用钱等。[④]苏金花据敦煌文书和出土实物，认为唐代前期的敦煌地区以唐代中央发行的铜钱为主要货币形式。[⑤]

在铸币之外，布帛作为一般等价物也流通于唐初的敦煌地

① 尹伟先《从敦煌文书看唐代河西地区的货币流通》，第50页。

② 录文、图版见唐耕耦、陆宏基编《敦煌社会经济文献真迹释录》第4辑，北京：全国图书馆文献缩微复制中心，1990年，第1页。唐耕耦据文书正面为武则天时期官文书，推断此件年代为武则天统治以后，吐蕃占领敦煌以前。

③ 录文、图版见唐耕耦、陆宏基编《敦煌社会经济文献真迹释录》第1辑，第416页。

④ 尹伟先《从敦煌文书看唐代河西地区的货币流通》，第50页。

⑤ 苏金花《唐、五代敦煌地区的商品货币形态》，《敦煌研究》1999年第2期，第92—100页。

区。敦煌文献P.4979《天宝十载（751）二月敦煌郡酒行安胡到芬牒》载：

（7）　　天宝十载二月日酒行安胡到芬牒

（8）二月廿三日付生绢壹匹准时。［估］伍伯捌拾文余欠于估

（9）等用

（后缺）①

安胡到芬向官府讨要酒钱，讨得生绢一匹，作价五百八十文钱。敦煌文献《唐开元二十九年（741）卖牛契》载：

（1）开元廿九年六月十日真容寺于谌城

（2）交用大练捌匹，买兴（与）胡安忽娑乌柏

（3）特牛一头，肆岁。其牛及练，即日交相

（4）付了。如后牛有寒盗，并仰主保

（5）知当，不干买人之事。两主对面，

（6）画指为记。

（后略）②

在这一则卖牛契约中，所卖的牛与大练八匹等值。生绢、大练均是布帛类纺织品，由此可知，当时的敦煌地区，布帛作为一般等价物进行流通。

---

① 录文、图版见唐耕耦、陆宏基编《敦煌社会经济文献真迹释录》第3辑，第626页。

② 中国科学院历史研究所资料室编《敦煌资料》第1辑，北京：中华书局，1961年，第456页。

图17 波斯卑路斯王银币（457—484）（采自甘肃省文物局编《甘肃文物菁华》，第308页）

在铸币及布帛之外，隋及唐前期的河西诸郡也曾行用西域金银钱。[①]《隋书·食货志》载北周武帝时期，河西地区“或用西域金银之钱，而官不禁”，[②]明确记载了敦煌在内的河西地区流通西域金银钱。其后不久周隋禅代，金银钱作为贵金属充当货币应当有所延续。目前，丝路沿途已出土了大量西亚贵金属货币，这应与以粟特人为主的西域商人有关。虽然目前尚未发现唐代前期敦煌地区使用金银支付的记载，但金银等贵金属作为天然等价物，即便不作为通用货币进行流通，也可作为财富的象征或钱币价值的保值本位存在于敦煌地区的商贸交流中。[③]

二、商业管理

敦煌作为中西贸易的都会，自汉代以来便中西交汇、贸易繁

① 王仲荦《隋唐五代史》，第22页。
② ［唐］魏徵等撰《隋书》卷24《食货志》，第691页。
③ 苏金花《唐、五代敦煌地区的商品货币形态》，第94页。

盛。唐初，敦煌设有市及相关管理机构。[①]吐鲁番文书《唐开元二十年（732）瓜州都督府给西州百姓游击将军石染典过所》载有“（沙州）市令张休”，[②]敦煌文献P.3559《唐天宝年代（750）敦煌郡敦煌县科差簿》载：

（前略）
（62）曹磨色多载六十五　　老男
（63）　男大宾载卌二　　白丁市壁师
（中略）
（120）安胡数芬载卌一　　上柱国市壁师
（后略）[③]

《唐会要》载：

（大中）五年八月，州县职员令，大都府市令一人，掌市内交易，禁察非为、通判市事，丞一人，常判市事。佐一人、史一人、师三人，掌分行检查，州县市令各令准此……又准户部格式，其市吏壁师之徒，听于当州县供官人市买。[④]

---

① 郑炳林、董念清《唐五代敦煌私营酿酒业初探》，《社科纵横》1994年第4期，第64—66页。
② 国家文物局古文献研究室、新疆维吾尔自治区博物馆、武汉大学历史系编《吐鲁番出土文书》第9册，北京：文物出版社，1990年，第41页。
③ （日）池田温著，龚泽铣译《中国古代籍帐研究·录文与插图》，第130—131页。又见唐耕耦、陆宏基编《敦煌社会经济文献真迹释录》第1辑，第234—238页。
④ ［宋］王溥撰《唐会要》卷86《市》，第1876页。

“市令”“市壁师”即为市这一商业管理机构中的相关人员。唐会要》所载唐中期市令“掌市内交易，禁察非为、通判市事”，市壁师“掌分行检查”，其所掌职事应是延续唐代初期的传统。王永兴认为市有四壁，沿壁有店、肆，可分类成若干行当。一个市壁师负责检查沿着一个壁的若干行当，应是由具备某些商业技能的人充任。[①]敦煌文书所载唐代前期市壁师，即是在敦煌市中执掌“分行检查”的基层胥吏。郑炳林师认为由市壁师的设置即可看出，唐代前期敦煌地区已有较为兴旺的市行设置，行的划分也非常细。[②]

敦煌文献P.3559《唐天宝年代（750）敦煌郡敦煌县差科簿》所载市壁师为曹大宾、安胡数芬，似均为掌握一定商业技能的粟特人。敦煌文献P.4979《天宝十载（751）二月敦煌郡酒行安胡到芬牒》中经营酿酒业的安胡到芬，也是粟特人。[③]由此可见，粟特人在唐前期敦煌地区的商业管理与经营中发挥着较为重要的作用。

三、和籴贸易

和籴是政府为了满足军需而规定的购粮制度，实质是建立在谷帛交易基础之上的摊购。[④]

唐初，敦煌地区的和籴贸易较为普遍。敦煌文书P.3348V《天宝四载（745）河西豆卢军和籴会计牒》（二）载：

---

① 王永兴《敦煌唐代差科簿考释》，第78页。

② 郑炳林、董念清《唐五代敦煌私营酿酒业初探》，第64页。

③ 录文、图版见唐耕耦、陆宏基编《敦煌社会经济文献真迹释录》第3辑，第626页。

④ 郑学檬《从敦煌文书看唐代河西地区的商品货币经济》，氏著《点涛斋史论集·以唐五代经济史为中心》，厦门：厦门大学出版社，2016年，第146—161页。

（1） □□ 廿日
（2） 合当军天宝四载和籴，准 旨支贰万段出武
（3） 威郡，准估折请得絁绢练棉等总壹万
（4） 肆阡陆伯柒拾捌屯匹叁丈伍尺肆寸壹拾铢：
（5） 伍阡陆伯匹大生绢，
（6） 伍伯伍拾匹河南府絁，
（7） 贰伯柒拾匹缦绯，
（8） 贰伯柒拾匹缦绿，
（9） 壹阡玖伯贰拾柒屯壹拾铢大棉，
（10） 壹阡柒伯匹陕郡絁，
（11） 肆阡叁伯陆拾壹匹叁丈伍尺肆寸大练。
（12） 柒阡壹拾柒屯匹壹拾铢行纲敦煌郡
（13） 参军武少鸾天宝三载十
（14） 月十二日充 旨支四载和
（15） 籴壹万段数。其物并给百
（16） 姓等和籴直，破用并尽。
（后略）[①]

敦煌文书P.3348V还存有《唐天宝六载（747）十一月河西豆卢军军仓收纳籴粟牒》。[②]豆卢军为屯守于敦煌地区的军队，这些文书是敦煌军民进行和籴贸易的直接证据。此外，敦煌文书中类似的和籴会计牒尚有多件，如P.2803《唐天宝九载（750）八至九

① 录文、图版见唐耕耦、陆宏基编《敦煌社会经济文献真迹释录》第1辑，第429—430页。
② 录文、图版见唐耕耦、陆宏基编《敦煌社会经济文献真迹释录》第1辑，第435页。

月敦煌郡仓纳谷牒》等。[①]郑学檬统计相关文书后认为，敦煌地区的和籴并非全靠强迫，民户在完纳正税后又交籴大量的粟，反映此时敦煌地区耕地较为充裕、粮食生产自给有余。[②]

和籴的交易双方为官府和民户，官府提供绢、绝、棉、练等布帛，民户提供粟、麦、豆等谷物。官府在和籴交易下将各地调拨而来的布帛置换为军队所需的谷物，民户则是用自己生产的谷物交换日常生活所需的布帛。大谷文书二八三六号《敦煌县录事董文彻牒》载：

(1) 家奴客须着、贫儿又要衣充。相学䴉望和籴、
(2) 谷麦漫将费尽。和籴既无定准、自悮即受单
(3) 寒。岂唯虚丧光阴、赤露诚亦难忍。
(后略)[③]

由此可见，敦煌民户需要依靠和籴贸易所置换的布帛制衣御寒。在民户之外，也有一些“行客”参与和籴。敦煌文书P.3348V《唐天宝六载（747）十二月河西豆卢军军仓收纳籴粟麦牒十件》[④]载有十件和籴交易，其中八件交易均是由行客与官府进行，且所和籴的谷物数量较大。这类参与和籴交易的行客，应当是拥有可观资产参与和籴交易，并以此牟利的商人。

---

① （日）池田温著，龚泽铣译《中国古代籍帐研究·录文与插图》，第328页。又见唐耕耦、陆宏基编《敦煌社会经济文献真迹释录》第1辑，第445—462页。
② 郑学檬《从敦煌文书看唐代河西地区的商品货币经济》，第148页。
③（日）小田義久《大谷文書集成》卷1，図版一二三，录文见第107页。
④ 录文、图版见唐耕耦、陆宏基编《敦煌社会经济文献真迹释录》第1辑，第436—444页。

行客在参与和籴交易的过程中存在行客包纳民户和籴粟、政府向行客预付籴粟匹段（缎）等现象。敦煌文书P.3348V《唐天宝六载（747）十二月河西豆卢军军仓收纳籴粟麦牒十件》（一）载：

（前缺）
（1）　　□行客马思简粟陆拾硕
（2）　　百姓董景晖粟壹伯硕百姓宋思亮粟壹伯硕
（3）　牒　敬徵等今有上件粟请交籴请处
（4）　分谨牒
（5）　　　　天宝六载十二月日行客赵敬徵牒
（后略）①

该件文书中的行客赵敬徵包纳了民户董景晖、宋思亮的和籴粟，合计两百硕。敦煌文书P.3348V《唐天宝六载（747）十二月河西豆卢军军仓收纳籴粟麦牒十件》（八）载：

（1）　右重进等各请上件交籴斛斗请预付匹段
（2）　　其斛斗限日填纳谨连判状如前请处分
（3）　牒件状如前谨牒
（4）　　　　天宝六载十二月　日行客常重进等牒
（5）　　　　　　　　行客曹庭训
（后略）②

① 录文、图版见唐耕耦、陆宏基编《敦煌社会经济文献真迹释录》第1辑，第436页。
② 录文、图版见唐耕耦、陆宏基编《敦煌社会经济文献真迹释录》第1辑，第442页。

该件文书中，行客常重进等人请求官府预付和籴交易的匹段。这些现象在反映行客深入参与和籴贸易的同时，也反映了行客颇得政府信任，可利用政府预支匹段进行商贸活动。[①]

四、对外贸易

两汉开拓丝绸之路后，敦煌已实际成为中央政府经营西域的战略要地及中外贸易往来的重要节点。隋统一全国之前，北方的混乱局势阻碍了丝路的畅通，致使姑臧、敦煌等地成为丝路贸易的终点。隋文帝统一全国后，丝路得以畅通。唐代前期，丝路贸易进一步发展。这一阶段，敦煌成为丝路贸易的重要枢纽。另一方面，敦煌当地物产相对匮乏，过境贸易成为这一时期敦煌地区商业贸易的主要形式。其中，粟特人成为贸易市场的主体。

隋唐时期，贸易路线的畅通促进了敦煌对外贸易的发展。传统观点认为，国际通商贸易中由敦煌通往中亚、西南亚及欧洲的道路大致有南、北、中三条。“北道”循天山北路，从敦煌出发经伊吾（今哈密）、蒲类海（今巴里坤）、突厥可汗庭（今巴尔喀什湖南部）到欧洲的东罗马，出地中海；“中道”是走天山南路的北道，由敦煌出发经高昌（今吐鲁番）、焉耆（今焉耆）、龟兹（今库车）、疏勒、越葱岭到波斯；“南道”是走天山南路的南道，由敦煌出发经鄯善、于阗（今和田）、过葱岭及吐火罗到北婆罗国（今北印度）。[②]

隋及唐前期，敦煌地区的对外贸易不仅仅指西向的国际贸易，也涵盖其他方向的国内贸易。因此，与敦煌相关的贸易路线，在西向通往中亚、西南亚及欧洲的南、北、中三条道路之

---

① 郑学檬《从敦煌文书看唐代河西地区的商品货币经济》，第153页。

② 乌廷玉《隋唐时期的国际贸易》，《历史教学》1957年第2期，第6页。

图18　彩绘牵驼黑人俑　唐开元十八年（730）（采自甘肃省文物局编《甘肃文物菁华》，第44页）

外，还存在东、南、北等方向的多条道路。郑炳林师认为，汉唐之际自敦煌延伸而出的道路大致有七条。其中，东向的是瓜沙道，连接敦煌与瓜州；西向的是南道、大海道、大碛路等，分别连接敦煌与楼兰、吐鲁番、焉耆；北向的是连接敦煌与伊州的稍竿道及连接瓜州与伊州的莫贺延碛道；南向的是穿越当今山口的南山道。[①]这些以敦煌为中心延伸向四方的商贸道路，构筑形成敦煌地区连接四方、沟通中外的商业贸易网络，有力地促进了敦煌地区的商贸发展。

隋及唐前期，来往于丝绸之路的商贾主要为粟特商人。随着中外贸易的进一步发展，敦煌地区贸易市场的国际化程度也进一步提高。被称作"昭武九姓"的粟特人，大量居住于敦煌，成为敦煌贸易市场的主体。他们不仅直接参与商品的贩运、买卖，还担任管理敦煌市场的官吏。[②]敦煌文献《唐天宝年代（750）敦煌郡敦煌县差科簿》记载了敦煌县从化乡居民服差役的情况，从这些居民的姓名来看，多为康、石、安、米、曹、何、贺、翟、史、罗等粟特姓氏，人名也带有外来语特点，如康佛耽延、康佛那、石毕娑、罗釜娑、米炎帝越等。由此可以推断，从化乡居民

① 郑炳林、李军《敦煌历史地理》，第78页。
② 郑炳林、李军《敦煌历史地理》，第255页。

大多应是移居敦煌的粟特人。所谓从化乡，即为敦煌专门为安置这些国际贸易商人而设置的聚居地，差科簿记载从化乡最少有两个里四个村落，说明这一时期敦煌地区外来商人数量之多。[①]

吐鲁番文书记载了这一时期粟特商人石染典行经敦煌的商贸活动，《唐开元二十年（732）瓜州都督府给西州百姓游击将军石染典过所》载：

（前缺）

（1） 家[生][奴][移]□□▭

（2） 安西已来，上件人肆、驴拾。今月[日][得][牒]

（3） 称：从西来，至此市易事了。今欲却往安

（4） 西已来，路由铁门关，镇戍守捉不练行由，

（5） 请改给者。依勘来文同此，已判给，幸依勘

（6） 过。

（中略）

（11） 三月十九日，悬泉守捉官高宾勘西过。

（12） 三月十九日，常乐守捉官果毅孟进勘西过。

（13） 三月廿日，苦水守捉押官年五用勘西过。

（14） 三月廿一日，盐池戍守捉押官健儿吕楚珪勘过。

（15） 作人康禄山 石怒忿 家生奴移多地

（16） 驴拾头 沙州市勘同，市令张休。

（17） 牒染典先蒙瓜州给过所，今至此市易

（18） 事了，欲往伊州市易。路由恐所在守捉不

（19） 练行由。谨连来文如前，请乞判命。谨牒。

① 郑炳林、徐晓丽《论晚唐五代敦煌贸易市场的国际化程度》，《中国经济史研究》2003年第2期，第14—18页。

(20)　　　开元廿年三月廿　日，西州百姓游击将军石染典牒。

(后略)[①]

西州百姓石染典与作人康禄山、石怒忿，家生奴移多地共四人，携带十头驴，于开元二十年三月至四月间先后至瓜州、沙州、伊州进行商贸活动，途经悬泉、常乐、苦水、盐池，各地守捉官在勘核过所牒状后，批准通行。唐前期沙州治所即在敦煌，石染典等人的市易记载是粟特人在这一时期于敦煌地区进行商贸活动的直接案例。

图19　莫高窟盛唐第45窟《胡商遇盗》（采自敦煌研究院主编《敦煌石窟全集·民俗画卷》，第33页）

① 中国文物研究所、新疆维吾尔自治区博物馆、武汉大学历史系编《吐鲁番出土文书［肆］》，第275—276页。

第三章

隋及唐前期敦煌地区的地理

第一节 隋及唐前期敦煌地区的交通地理[1]

一、唐代瓜沙道

瓜沙道是连接唐代瓜州治所和沙州治所的东西向道路。学界普遍认为唐代瓜州城在今甘肃省酒泉市瓜州县城东南约47公里的锁阳城；唐代沙州城则位于今敦煌市党河西岸故城。唐代瓜沙道东起瓜州治所西115里的常乐县常乐驿，分为南、北两条驿道。

常乐驿西行45里至鱼泉驿，据《沙州都督府图经》的记载，鱼泉驿乃是咸亨四年（673）瓜州刺史李祖隆奉敕所置，又向西40里至空谷驿，又西30里至于无穷山所置的无穷驿，又向西走35里至其头驿，又西行25里至东泉驿。由东泉驿西南行40里至设置于沙州城东200步的州城驿。此即所谓南道。

唐高宗、武后时期，南道中间某些驿站遭废弃，驿道逐渐北移。永淳二年（683），唐政府于山北悬泉谷设置悬泉驿，取代上述无穷、空谷、黄谷三驿。严耕望认为此道仍属南道之一部分，[2]

① 本节初稿由丛书主编郑炳林师、副主编李军教授提供，特此致谢！

② 严耕望《唐代交通图考》第2卷《河陇碛西区》，北京：北京联合出版公司，2021年，第442页。

但李正宇则称为山北道。[①]此后，瓜州通沙州的驿道略向北迁移。由瓜州向西，经常乐驿、鱼泉驿，鱼泉西行40里至悬泉驿，又向西走80里至其头驿，其头驿以西路线与原路线同。此次改道驿程无明显变化，所以改道的原因应从战略上考虑。

武周天授二年（691），沙州刺史李无亏以“旧路石碛山险，迂曲近贼，奏请近北安置”。五月十八日，中央政府下令将瓜沙间的驿路进一步北移，即为北道，又称新北道。北道东起仍为常乐驿，向西30里至阶亭驿，因为其驿设置于阶亭烽侧，因烽为号。由此东北行25里至甘草驿，此驿侧近有甘草，因以得名。由甘草驿向西走25里至长亭驿，此驿因置于长亭烽下，因烽而得名。长亭烽西南行40里至白亭驿，因置白亭烽下，因烽为号。白亭驿南行40里至清泉驿。清泉驿设置于神泉观庄侧，故名神泉驿。武周年间，其地于驿站旁设置清泉戍，故将神泉驿改名为清泉驿。

证圣元年（695），沙州刺史陈玄珪以白亭和清泉二驿之间道路迂回曲折，不利于路人往来，于是奏请在白亭驿和清泉驿之间设置横涧驿。横涧驿北距白亭驿20里，南距清泉驿20里，正在二者中间，因驿站侧近有涧而得名。由清泉驿西南行40里，即到达沙州城东之州城驿。[②]

汉晋至隋唐，瓜沙道在沟通河西方面一直发挥着重要作用。此后虽然瓜沙地区或被吐蕃占领，或为归义军统治，或归西夏所有，但并没有过多地影响到瓜沙道的使用。只是明清时期，中央

---

① 李正宇《敦煌历史地理导论》，第290页。

② 对于唐代瓜沙之间的驿站交通的具体情况，详见李并成《唐代瓜沙二州间驿站考》，段文杰主编《1990年敦煌学国际研讨会论文集：史地语文编》，沈阳：辽宁美术出版社，1995年，第201—215页。

王朝与天山交通多走由瓜州西北至伊州的莫贺延碛道，瓜沙道在河西路中地位才开始出现衰落的迹象。

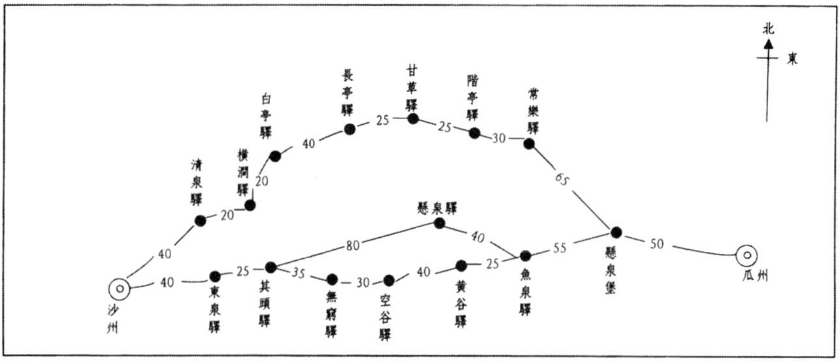

图1 唐瓜、沙二州驿道及里程变更示意图（采自李正宇《敦煌历史地理导论》，图8。原图说明：①瓜州—悬泉堡—鱼泉驿—黄谷驿—空谷驿—无穷驿—其头驿—东泉驿—沙州，为永淳二年(683)旧道。②瓜州—悬泉堡—鱼泉驿—悬泉驿—其头驿至沙州，为永淳二年改移道。③瓜州—悬泉堡—常乐驿—阶亭驿至沙州，为天授二年(691)所改造。④●—40—●为两驿间里距。）

二、西域南道

西域南道是由敦煌，西出阳关、玉门关至若羌的交通路线。

隋朝初年，吐谷浑多次侵扰河西、西域诸国。大业四年(608)，隋炀帝派王雄、宇文述配合铁勒，大破吐谷浑，攻占赤水、曼头二城。大业五年（609），炀帝西巡河西，亲自指挥诸将分别从琵琶岭、阿尔金山、泥岭和雪山（祁连山）四路出击合围吐谷浑可汗伏允。伏允战败后逃往党项，吐谷浑故地遂为隋朝所占领。隋朝在吐谷浑故地设置了西海、河源、鄯善、且末等四郡。同时西域诸国受到震慑，纷纷向隋纳贡称臣。《旧唐书·裴矩传》称："及灭吐谷浑，蛮夷纳贡，诸番慑服，相继来庭。"[1]

---

① ［后晋］刘昫等撰《旧唐书》卷63《裴矩传》，第2407页。

高昌地处西域门户之地，在大业四年（608）、五年（609）之际，数次派遣使者朝贡隋廷，高昌王麴伯雅迎娶隋华容公主，加强了二者之间的联系。此外，伊吾的吐屯设在隋灭吐谷浑之后，当即献西域数千里之地。隋炀帝派遣薛世雄前往伊吾筑城屯田，并令裴矩前往西域宣谕安抚诸国。由于隋朝的精心经营，中原地区通往西域的道路再次畅通无阻。裴矩的《西域图记·序》记载了隋朝时敦煌通西域的三条道路：

> 发自敦煌，至于西海，凡为三道，各有襟带。北道从伊吾，经蒲类海铁勒部，突厥可汗庭，度北流河水，至拂菻国，达于西海。其中道从高昌，焉耆，龟兹，疏勒，度葱岭，又经钹汗，苏对沙那国，康国，曹国，何国，大、小安国，穆国，至波斯，达于西海。其南道从鄯善，于阗，朱俱波、喝槃陀，度葱岭，又经护密，吐火罗，挹怛，忛延，漕国，至北婆罗门，达于西海。其三道诸国，亦各自有路，南北交通……故知伊吾、高昌、鄯善，并西域之门户也。总凑敦煌，是其咽喉之地。①

在上述三条道路中，由敦煌经西域南道至鄯善，并由此向西走的道路仍是当时中西交通中最为重要和常用的交通路线之一。

至唐朝前期，鄯善在连接中西交通上的地位更为重要。《新唐书·地理志七下》引贞元宰相贾耽所述的“入四夷之路与关戍走集”最重要的七条道路。其中，“安西入西域道”中记载了由敦煌经阳关至鄯善及于阗的道路：

---

①［唐］魏徵等撰《隋书》卷67《裴矩传》，第1579—1580页。

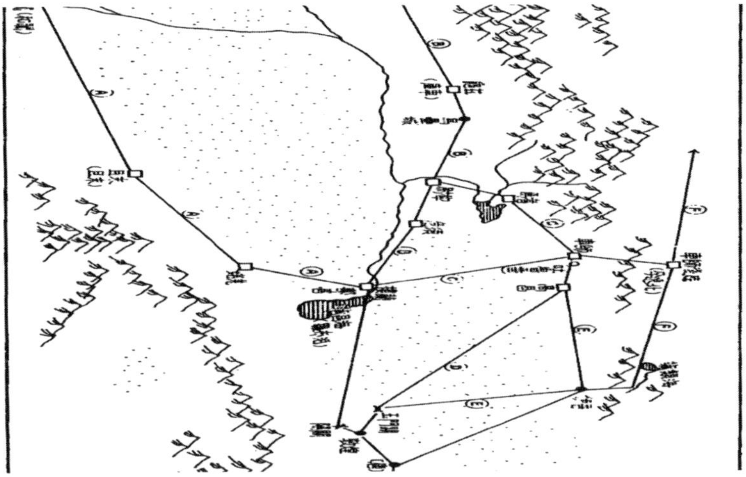

图2 汉隋间西域诸道简图（采自严耕望《唐代交通图考》）

自沙州寿昌县西十里至阳关故城，又西至蒲昌海南岸千里。自蒲昌海南岸，西经七屯城，汉伊修城也。又西八十里至石城镇，汉楼兰国也，亦名鄯善，在蒲昌海南三百里，康艳典为镇使以通西域者。又西二百里至新城，亦谓之弩支城，艳典所筑。又西经特勒井，渡且末河，五百里至播仙镇，故且末城也，高宗上元中更名。又西经悉利支井、祆井、勿遮水，五百里至于阗东兰城守捉。又西经移杜堡、彭怀堡、坎城守捉，三百里至于阗。①

敦煌文书P.5034《沙州地志》在记载唐代石城镇同外界交通的六条通道时，有两条与敦煌相连：

一道南路，□□□□□（从镇东去屯）城一百八十里，

① ［宋］欧阳修、宋祁撰《新唐书》卷43下《地理志七下》，第1151页。

从屯城取碛路，/由西关向沙州一千四百里，总有泉七所，更无水草。/其镇去沙州一千五百八十里。/

一道南路，从镇东去沙州一千五百里，其路由古阳/关向沙州，多缘险隘，泉有八所，皆有草，道险/不得夜行，春秋二时雪涂，道闭不通。/①

其中由石城镇东行经屯城，“取碛路”并经西关即玉门关至沙州的道路，应即两汉之际所经行的西域南道。而由石城镇经阳关至沙州的道路或与《魏略·西戎传》所记的南道有所重合。但由于记载的疏略，对于这两条道路是否完全重合，目前尚难以明确。

晚唐五代宋初的归义军时期，随着敦煌与于阗交往的日益频繁，西域南道得到了进一步的应用。

百八十里從屯城取磧路
由西關向沙州一千四百里總有泉七所更無水草
其鎮去沙州一千五百八十里
一道南路從鎮東去沙州一千五百里其路由古陽
關向沙州多嶮阸泉有八所皆有草道險
不得夜行春秋二時雪涂道閉不通
一道從鎮西去新城二百卌里從新城西出取傍河
路向播仙鎮六百一十里從石城至播仙八百五十
里有水草從新城西南向蒲桃城二百卌里中間
三處有水草每所相去七十餘里從蒲桃城西北
去播仙鎮四百餘里
一道北去焉耆一千六百里有水草路當蒲昌海
西度計戍河
一道東南去薩毗城四百八十里

图3 P.5034《沙州地志》局部（采自IDP）

① 录文参郑炳林《敦煌地理文书汇辑校注》，第48页。

三、大海道

大海道，乃是由西州穿过大沙海，过柳中，东出玉门关联通敦煌的交通路线。[①]因中间经过西北—东南走向的大沙海得名“大海道”[②]，又因途经柳中县，得名柳中道。

敦煌文书P.2009《西州图经》载：“大海道。右道出柳中县，东南向沙州一千三百六十里，常流沙，人行迷误，有井泉咸苦，无草，行旅负水担粮，履践沙石，往来困弊。”[③]

裴矩《西域图记》载：

自高昌东南去瓜州一千三百里，并沙碛，乏水草，人难

---

① 具体情况可参严耕望《唐代交通图考》第2卷《河陇碛西区》，第485页；嶋崎昌《西域交通史上の新道と伊吾路》，载氏著《隋唐時代の東トゥルキスタン研究》，東京：東京大学出版会，1977年，第467—494页；王素《高昌史稿·交通篇》，北京：文物出版社，2000年，第147—175页；巫新华《吐鲁番地区唐代交通路线的考察与研究》，青岛：青岛出版社，1999年。程喜霖《唐〈西州图经〉残卷道路考》认为大海道“走向是由西州治所高昌，东至柳中，又东南涉大沙海，越鲁克塔格山东段，经古河仓城、兴胡泊、古长城、古塞城到敦煌。虽然大海道取的直线，里程较短，但横涉沙海……因此，文献未见人通行此道的记载。”（武汉大学历史系魏晋南北朝隋唐史研究室著，唐长孺主编《敦煌吐鲁番文书初探二编》，武汉：武汉大学出版社，1990年，第536页）松田寿南《古代天山历史地理学研究》（陈俊谋译，北京：中央民族学院出版社，1987年，第138—142页）则认为《魏略》及《汉书》所记的新道为经伊吾至敦煌的道路，即所谓的伊吾路。

② 王去非《关于大海道》，收入阎文儒、陈玉龙编《向达先生纪念论文集》，乌鲁木齐：新疆人民出版社，1986年，第485—493页。黄烈据镇西焕采沟东汉石碑残存“惟汉永和五年六月十五日□臣云中沙南侯”等字样，推测“沙南侯”可能与沙海有关。此外，其认为“沙南侯”应为“沙海侯”，并据此推测大沙海之名早在汉代即有。（黄烈《中国古代民族史研究》，北京：人民出版社，1987年，第456—457页）对于横亘在敦煌和西州之间的沙海的位置，《元和郡县图志》卷40《陇右道下》“西州柳中县”条载：“大沙海在县东南九十里”。

③ 对于《西州图经》的写作年代，罗振玉根据文书第9行“今见阻贼不通”，认为应在乾元以后，贞元六年西州陷蕃之前。

行，四面茫茫，道路不可准记，惟以六畜骸骨及驼马粪为标验，以知道路，若大雪即不得行，兼有魑魅，以是商贾往来多取伊吾路。[①]

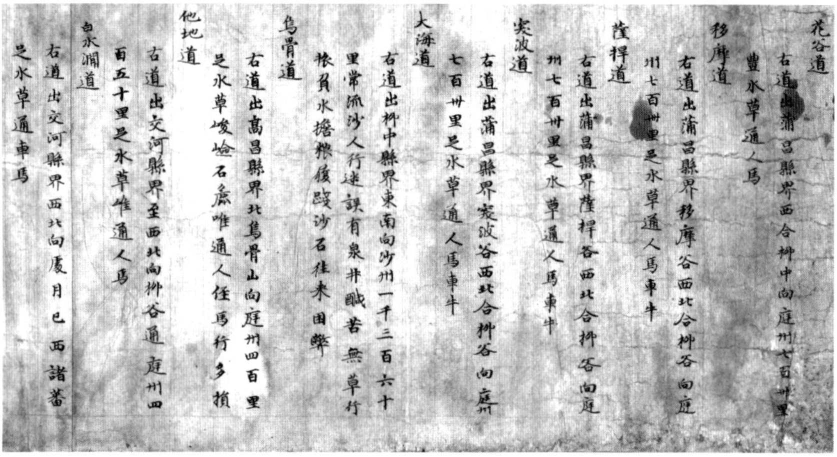

图4　P.2009　《西州图经》局部（采自IDP）

《隋书·西域传·高昌传》亦载：

从武威西北，有捷路，度沙碛千余里，四面茫然，无有蹊径。欲往者，寻有人畜骸骨而去。路中或闻歌哭之声，行人寻之，多致亡失，盖魑魅魍魉也。故商客往来，多取伊吾路。[②]

从两者的内容来看，《隋书》的记载显然沿袭自裴矩的《西域图记》，只是将瓜州误为武威。由敦煌直通高昌的大海道，由于路

① 《太平寰宇记》卷156“西州柳中县”条引裴矩书，见［宋］乐史撰，王文楚点校《太平寰宇记》，北京：中华书局，1986年，第2995页。
② ［唐］魏徵等撰《隋书》卷83《西域传·高昌传》，第1847页。

程相对于伊吾路为短，所以在当时被称为“捷路”，但由于路途中的自然环境过于恶劣，所以在当时被往来的商客视为畏途。裴矩的《西域图记·序》中记载了西出敦煌，至于西海的三条道路，而大海道应即其所载的中道的一部分。

在唐五代时期的传世文献中，对大海道多有记载。《通典》《元和郡县图志》《太平寰宇记》诸书，在记载西州至敦煌的里程时，多是采用了经由大海道的路线为基准，也证明这条道路在唐代仍然得以使用。[①]但由于上述记载非常简略，尚不足以使我

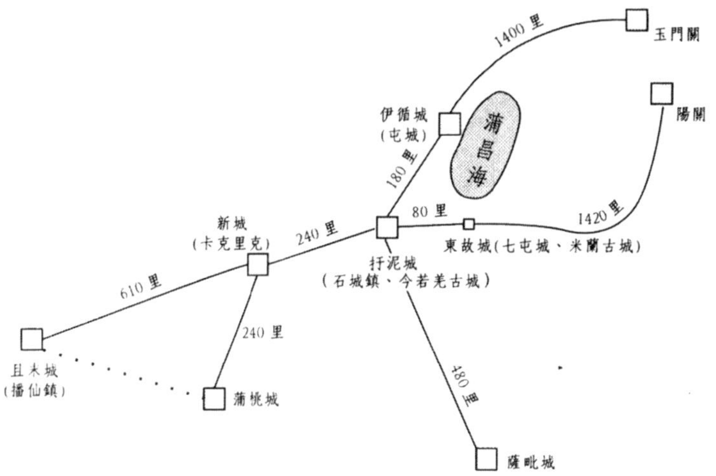

图5　蒲昌海周围诸城位置里程示意图（采自李正宇《敦煌历史地理导论》，图七）

① 《通典》卷174载西州“东南到敦煌郡一千一百里。”《元和郡县图志》卷40“西州”条载：“东南至金沙州一千四百里。”《太平寰宇记》卷156“西州”条载：“东南经少海，又度碛至伊州一千三百里。”校勘诸书，《通典》之“一千一百里”当为“一千三百里”；《元和郡县图志》“金沙州”当为“沙州”；《寰宇记》“少海”应为“沙海”，“伊州”当为“沙州”。参严耕望《唐代交通图考》第2卷《河陇碛西区》，第478页。王去非则认为大海道的距离存在逐渐拉大的趋势，恐未确。

们清晰地勾勒出大海道具体的使用情况。幸运的是，敦煌吐鲁番文献中却保留了不少与唐五代大海道相关的记载。

首先，在敦煌本古地志中有关于大海道使用情况的记载。P.2005《沙州都督府图经》载："一所兴胡泊，东西十九里，南北九里，深五尺。右在州西北一百一十里。其水咸苦，唯泉堪食，商胡从玉门关道往还居止，因以为号。"①经罗振玉研究，文书所载的"玉门关道"即由敦煌直达西州的大海道。②从《沙州都督府图经》撰写年代推测，唐代前期大海道一直在使用。吐鲁番阿斯塔那一八八号墓出土文书72TAM188：85《唐西州都督府牒为便钱酬北庭军事事》中则有"北庭大贼下逐大海路……遂取突骑施首领多亥乌"的记载。③从同墓出土其他文书看，此事可能发生在开元二年（714），攻击大海路的"北庭大贼"有可能是指西突厥。④此外，S.788V《沙州图经》亦载有兴胡泊，只是文字与《沙州都督府图经》稍有差别："兴胡泊，县西北一百一十里。余水皆苦，唯此水可饮，商胡从玉门关往来，皆止于此。"⑤《沙州图经》记载有张议潮大中二年收复沙州的事迹，可以证明

---

① 图版见上海古籍出版社、法国国家图书馆编《法藏敦煌西域文献》第1册，上海：上海古籍出版社，1995年，第49页；录文参郑炳林《敦煌地理文书汇辑校注》，第9页。

② 罗振玉《敦煌石室遗书》，上虞罗氏排印本，1909年；《鸣沙石室佚书》，影印本，上虞罗氏衰翰楼印，1913年。P.2005《沙州都督府图经》详细记载了唐前期沙州的历史地理情况。

③ 中国文物研究所、新疆维吾尔自治区博物馆、武汉大学历史系编《吐鲁番出土文书［肆］》，第41页。

④ 陈国灿《唐五代敦煌四出道路考》，段文杰等编《1990年敦煌学国际研讨会文集：史地语文编》，第224页。

⑤ 图版见中国社会科学院历史研究所等编《英藏敦煌文献（汉文佛经以外部分）》第2卷，成都：四川人民出版社，1990年，第165页；录文参郑炳林《敦煌地理文书汇辑校注》，第56页。

其应撰于归义军时期。后汉乾祐二年（949）撰成的P.2691《沙州城土境》“沙州四至”条载：“西北至西州一千三百八十里”；“兴胡泊”条则载：“兴胡泊，州西北一百一十里。”[①]这些记载可以证明大海道在晚唐五代仍然是归义军与西州回鹘间交往的主要交通路线。

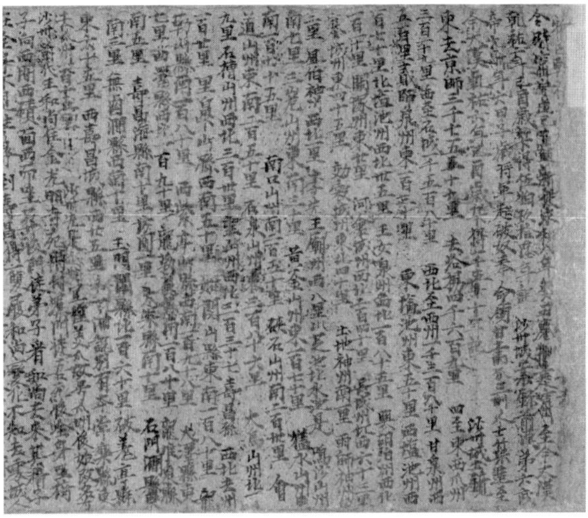

图6　P.2691《沙州城土境》局部（采自IDP）

四、大碛道

大碛路即由敦煌西北行，出玉门关向西走，穿越三陇沙，继而由楼兰沿库穆河（库鲁克河）、孔雀河西北行至尉犁，最终抵达焉耆等地的道路。因途中要穿越茫茫大漠或戈壁，故而得名。从现存的史籍记载看，“大碛路”之名最早见于《旧唐书·西戎传·焉耆传》：

> 焉耆国，在京师西四千三百里，东接高昌，西邻龟兹，即汉时故地。其王姓龙氏，名突骑支。胜兵二千余人，常

① 图版见上海古籍出版社、法国国家图书馆编《法藏敦煌西域文献》第17册，上海：上海古籍出版社，2001年，第266页；录文参郑炳林《敦煌地理文书汇辑校注》，第39页。

> 役属于西突厥。其地良沃，多蒲萄，颇有鱼盐之利。贞观六年，突骑支遣使贡方物，请复开大碛路以便行李，太宗许之。自隋末罹乱，碛路遂闭，西域朝贡者皆由高昌。及是，高昌大怒，遂与焉耆结怨，遣兵袭焉耆，大掠而去。①

从焉耆王“请复开大碛路”及“自隋末罹乱，碛路遂闭”等言观之，大碛路在唐朝以前已经存在。只是在贞观初年，太宗为进一步经营西域，应焉耆之请重新开通而已。

隋代与西域交通的路线，据裴矩《西域图记·序》的记载，主要有三条。北道由伊吾经蒲类海铁勒部、突厥可汗庭等地而西达西海；中道由高昌、焉耆、龟兹、疏勒达中亚等地；南道由鄯善、于阗等达中亚等地。此外，三条干线之间又有支线相连接，各个国家之间又有道路互相交通。由于此时由敦煌可以通过大海道先至高昌，然后由高昌前往焉耆，且隋文帝时，主要精力在于平定南方的陈及休养生息，所以大碛路曾一度衰落。炀帝即位后，时国家富强，于是致力开边。自大业二年（606）以后，隋对西域交通贸易兴盛起来，一度衰落的大碛路又重新得以应用，故此年焉耆王龙突骑支遣使入贡。此后，西域诸国也纷纷与隋朝建立贸易关系。《隋书·西域传》共记23国，除党项、吐谷浑外，尚有21国。其中，有两个在开皇年间已与隋建立贸易关系，其余19个国家在大业年间与隋朝建立贸易关系。隋与西域交通贸易的兴盛，是在隋炀帝大业年间大碛路等道路重新通畅之后。

西域交通道路大多须穿越沙碛，要使交通兴盛，就要在交通路线上设置供给措施，大碛路更是如此。大碛路路经数千里沙碛，中间必须有水、粮、草等物资的补充，否则难以通行。大业

---

①［后晋］刘昫等撰《旧唐书》卷198《西戎传·焉耆传》，第5301页。

年间，隋朝国富力强，加之炀帝为炫耀隋帝国的国威，不惜耗费大量的人力物力，招揽西域各国使者来朝贡。焉耆在大业年间曾遣使者入朝进贡地方特产。《旧唐书·西域传》记载，焉耆在贞观年间请重廾大碛路时，言因隋末罹难，故大碛路断绝。由此可见，大碛路的开辟是由于隋国力富强，而其关闭是隋末国乱势力衰弱所致。所以，隋朝大碛路的开辟、兴盛、衰落、关闭的过程，反映了隋王朝兴亡的历史发展脉络。

据《新唐书·地理志》《旧唐书·西戎传》《新唐书·西域传》《元和郡县图志》及敦煌文献《西州图经》等书记载，唐朝初年与西域的交通基本上沿袭了隋代初年的格局。当时出敦煌通西域的道路有三条，即西域南道、中道（大海道）、北道（伊吾路）。高昌处于西域同中原的交通贸易线上，而高昌对往来贸易的商胡往往要征收商税。《隋书·西域传·高昌传》记载："（麹）伯雅先臣铁勒，而铁勒恒遣重臣在高昌国，有商胡往来者，则税之送于铁勒。"[①]直至唐朝初年，高昌仍然奉行征收高额过境税的传统，甚至发展到直接掠夺。高昌先臣服于铁勒，所征过境商税送于铁勒。后西突厥强大起来，铁勒被击败，高昌转而与西突厥相联结，向其交纳大量的贡税。由于所征过境商税不足以抵消交纳给西突厥的贡税，为了弥补这项损失，高昌一方面极力扩大对唐朝的官方贸易，另一方面加大征收过境商税。由于有西突厥为后盾，高昌更加肆无忌惮，发展到阻止西域使者入贡唐朝，并掠夺财物的地步。《旧唐书·西戎传·高昌传》记载："时西戎诸国来朝贡者，皆涂经高昌，文泰后稍壅绝之。伊吾先臣西突厥，至是内属，文泰又与叶护连结，将击伊吾。"[②]高昌不仅掠夺财物、

① ［唐］魏徵撰《隋书》卷83《西域传·高昌传》，第1848页。
② ［后晋］刘昫等撰《旧唐书》卷198《西戎传·高昌传》，第5294页。

阻隔贡使入朝，并出兵袭击焉耆，引西突厥侵扰伊吾，力图控制整个西域对唐朝的贸易。焉耆与高昌素有积怨，常受到其侵扰。而焉耆与中原的贸易往来，也受到高昌的控制。为了摆脱这种局面，焉耆提出重新开通隋朝末年所隔断的大碛路。

唐贞观六年（632）以前，自隋朝末年因乱而闭塞的大碛路一直没有重新开通。西域诸国入使及商贾往来，多取道高昌，由高昌经行伊吾路或大海道以达沙州。正是因为大碛路的重新开通会直接影响到了高昌的经济利益及其在西域的政治地位，所以高昌多次攻击焉耆的边城。大碛路不经高昌，是直接由焉耆抵达敦煌的一条捷径。因为此道要经行莫贺延碛和白龙堆沙漠，行途艰险困弊，靠焉耆一国之力难以开通，故突骑支请于唐朝，借助唐朝的人力、物力来重新打通这条道路。

大碛路重新开通之后，高昌与唐朝及焉耆的关系严重恶化。高昌勾结西突厥，阻断西域与唐朝之间的使者往来和商业贸易，与唐为敌。由于高昌的隔阻，西域经由高昌前往中原的大海道和伊吾道已经断绝。但自贞观六年（632）大碛路重新开通至贞观十四年（640）唐灭高昌，西域诸国与唐朝之间的交往仍然非常频繁。其中，焉耆入贡的数量有了显著的增加。其间，焉耆曾分别于贞观九年（635）、十年（636）、十四年（640）三次入贡。由此焉耆与高昌积怨加深，双方之间战争不断，焉耆入贡必不能取道高昌，所以焉耆使者所走的只能是重新开通的大碛路。

对于唐代大碛路的具体走向，陈国灿指出有两条道路："唐时由敦煌西北行，出西关（东汉玉门关）西行，转至屯城、石城镇，再西北转往焉耆路；或者出西关，直西穿三陇沙，沿汉烽墩西走，再沿孔雀河西抵焉耆……东晋高僧法显向西走求法，即行大碛路南道。”[①]P.5034《沙州地志》在记载唐代石城镇的六条道路时，言：“一道南路，□□□□□（从镇东去屯）城一百八十里，从屯城取碛路，/由西关向沙州一千四百里，总有泉七所，更无水草。/其镇去沙州一千五百八十里。/一道南路，从镇东去沙州一千五百里，其路由古阳/关向沙州，多缘险隘，泉有八所，皆有草，道险/不得夜行，春秋二时雪涤，道闭不通/……一道北去焉耆一千六百里，有水草，路当蒲昌海。/”[②]据此可知，敦煌通焉耆的道路，不仅如陈国灿所说可以分为南、北两条，其中的南道又可分为两条：出敦煌，经玉门关、屯城到达石城镇，然后北向焉耆；出敦煌，经阳关达石城镇，转而到焉耆。可见，由敦煌通焉耆的道路本来就不止一条。贞观六年（632），焉耆王为了加强与中央联系而要求重开的大碛路，当为避开高昌而通敦煌的捷径，而非要创建或重建一整套繁密的交通网。据《寿昌县地境》的记载，贞观初年，石城等地尚为康国大首领康艳典所据。贞观九年（635），太宗命李靖出曼头山，逾赤水，“经积石山河源，至且末，穷其西境。”[③]此后，石城等地应始为唐朝所控制。所以，贞观六年（632）所重新开通的大碛路，应只是顺孔雀河而东，再沿汉烽燧直东穿流沙，至玉门关，而达敦煌的道路。

通过史书的记载，我们可知在南北朝及隋唐的多数时间里，出敦煌通西域的道路有四条，即西域南道、大碛路、大海道及伊吾路。这四条道路皆需要跋涉沙碛，其中伊吾路及南道行途较

① 陈国灿《唐五代敦煌四出道路考》，段文杰等编《1990年敦煌学国际研讨会文集：史地语文编》，第220—221页。

② 图版见上海古籍出版社、法国国家图书馆编《法藏敦煌西域文献》第34册，上海：上海古籍出版社，2005年，第131—132页；录文参郑炳林《敦煌地理文书汇辑校注》，第48页。

③ ［宋］司马光编著，［元］胡三省音注《资治通鉴》卷194，第6112页。

易，大海道、大碛路则较难通行。尤其是大碛路只有在中原封建王朝兴盛时才能顺利通行，一旦封建王朝衰落或动乱，就会闭塞。所以，大碛路的开通和闭塞的历史也可以很好地折射出中原封建王朝兴衰的历史。

五、稍竿道

“稍竿道”是由敦煌北行至伊州的道路，这条道路也是历史上著名的伊吾路的重要组成部分。稍竿道一名，见于敦煌文献P.2005《沙州都督府图经》新井及双泉等驿条下注：

> 新井驿，广显驿，乌山驿，已上驿瓜州捉。
>
> 右在州东北二百廿七里二百步，瓜州常乐县界。/同前奉敕移置，遣沙州百姓越界供奉。/如意元［年］（692）四月三日，敕移就稍竿道/行。至证圣元年（695）正月十四日/敕，为沙州遭贼少草，运转极难，稍竿道/停，改于第五道来往。又奉今年二月廿七/日敕，第五道中总置十驿，拟供客使等食，付王孝杰并瓜州、沙州审/更检问，令瓜州捉三驿，沙州捉四驿，件/检瓜州驿数如前。/
>
> 双泉驿
>
> 右在州东北四百七十七里一百六十步，瓜/州常乐县界。唐仪凤三年（678）闰十月奉/敕移稍竿道就第五道莫贺延碛/置，沙州百姓越界捉。奉如意元年/(692）四月三日敕，移就稍竿道行，至/证圣元年（695）正月十四日敕，为沙州/遭贼，改第五道来往。[1]

---

[1] 图版见上海古籍出版社、法国国家图书馆编《法藏敦煌西域文献》第1册，第50—51页；录文参郑炳林《敦煌地理文书汇辑校注》，第10—11页。

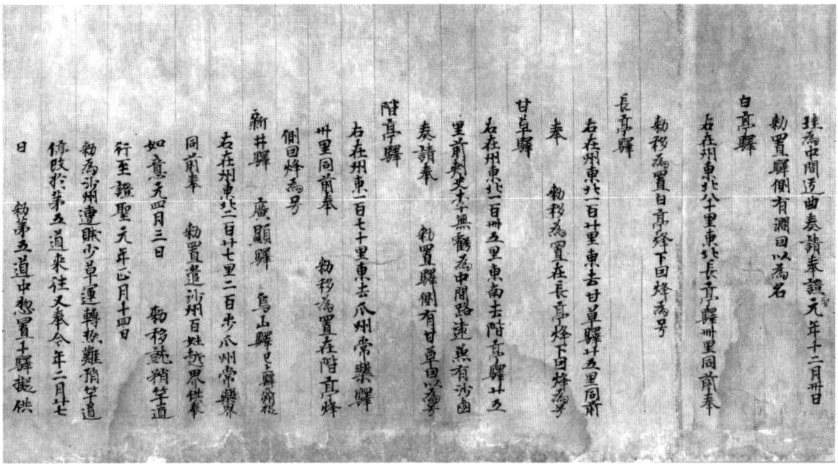

图7　P.2005《沙州都督府图经》局部（采自IDP）

而《太平寰宇记》卷153“伊州”条在记载伊州通沙州的道路时，提到“正南微东取稍竿馆路至沙州七百里”。[①]此外，S.367《沙州伊州地志》记载伊州伊吾县有稍竿等戍。所谓的稍竿馆与稍竿戍当在一地，稍竿道当因稍竿馆或稍竿戍而得名。

《通典》卷174《州郡典四》“敦煌郡”条载：“北至故咸泉戍三百三十六里，与伊吾郡分界。”[②]从方位上判断，地处敦煌郡与伊吾郡分界之所的咸泉戍应在连接两地交通的稍竿道上。而陈国灿在《唐敦煌县给咸泉戍粟牒》残卷中，发现了敦煌县司为咸泉戍运粟102石的记载[③]，表明此戍在唐朝初年仍然得以使用，如此，唐代的稍竿道即由敦煌北行，至敦煌与伊吾郡分界之咸泉

① ［宋］乐史撰，王文楚点校《太平寰宇记》，第2963页。
② ［唐］杜佑撰，王文锦等点校《通典》卷174《州郡典四》，第4556页。
③ 参陈国灿《唐五代敦煌四出道路考》，段文杰等编《1990年敦煌学国际研讨会文集：史地语文编》，第225页。

戍，继而经稍竿戍而到达伊州的道路。

对于稍竿道具体走向，严耕望认为是“由沙州州城驿西北行，一百一十里至兴胡泊，又一百三十二里至河仓城（今大方盘城），又三十里至玉门故关城（今小方盘城），又折北行六十六里至咸泉戍，为沙、伊两州分界处。又北至稍竿馆，置稍竿戍。又北至伊州治所伊吾县，去沙州七百里。”①但其同时又指出：“惟据此计算，自州城西北至玉门故关已二百七八十里，而唐、宋志书记沙、伊间仅七百里，则伊州南至玉关仅逾四百里，观今图，里距似颇不合……沙州北通伊州之道路则未必经此故关也。但经此关，就路线言亦不算迴远，故终疑莫能定，姑存待考。”②而学者之所以认为稍竿路是从敦煌西出玉门关，再折北去伊吾，可能与《后汉书·西域传》的记载有关：

> 自敦煌西出玉门、阳关，涉鄯善，北通伊吾千余里，自伊吾北通车师前部高昌壁千二百里，自高昌壁北通后部金满城五百里。此其西域之门户，故戊已校尉更互屯焉。伊吾地宜五谷、桑麻、蒲萄。其北又有柳中，皆膏腴之地。故汉常与匈奴争车师、伊吾，以制西域焉。③

文中记载了敦煌经由伊吾前往车师高昌壁的道路，这条道路就是历史上著名的伊吾道。由敦煌至伊吾的这一段道路，也即P.2005《沙州都督府图经》中所提及的稍竿道。由于文中记载错误较多，影响了学者对稍竿道走向的正确理解。首先，文中表示方位

① 严耕望《唐代交通图考》第2卷《河陇碛西区》，第445页。
② 严耕望《唐代交通图考》第2卷《河陇碛西区》，第451—452页。
③［南朝宋］范晔撰，［唐］李贤等注《后汉书》卷88《西域传》，北京：中华书局，1965年，第2914页。

的四个“北”字，第二、四个均应改为“西”。[①]其次，对于第一句“自敦煌西出玉门、阳关，涉鄯善，北通伊吾千余里”，要求行人先向西走至鄯善，再由鄯善北行至伊吾，绕行颇多，于情理不合。所以，冯承钧指出：“根据《后汉书·西域传》文，似出玉门涉鄯善而后北通伊吾，然与地势不合，疑文有脱误，今小方盘城（古之玉门）以西，不闻有道北通伊吾，赴哈密（古之伊吾）者，今皆从安西（唐之瓜州）西北出猩猩峡。然敦煌亦有支路北通此道之大泉子。《后汉书·西域传》原文似言自敦煌北通伊吾千余里，‘西出玉门阳关涉鄯善’九字疑为错简。”[②]而陈国灿根据航测图，指出：“敦煌北去土窑墩80余里；再北约90里至青墩；再北至明水井约70里；再北抵水沟子约90里。水沟子井，今又名甜水井，其地南距敦煌330里，当是唐咸泉戍所在地，这与《通典》所记方位道里均合……稍竿馆在咸泉戍以北，相距或为一二日程。再西北，很可能与第五道之赤崖驿合，再西北经壑亭等驿而达伊州”。[③]由敦煌绕道玉门关，不仅道路迂回转远，且艰苦难行，实非最佳选择。最重要的是，经玉门关至伊吾的里程大约为900里，也远超出《元和郡县图志》及《太平寰宇记》所载的700里。所以，稍竿道当出敦煌直北而行。

敦煌北约178里的青墩峡，为敦煌控扼北山的要塞。青墩峡之北150里为博罗台，地势险要，且有古烽火台残址。博罗台南去敦煌370里，折合为唐里为330里，与《通典》所载敦煌之北

① 王素《高昌史稿·交通篇》，第177页。

② 冯承钧《高昌事辑》，《西域南海史地考证论著汇辑》，北京：中华书局，1963年，第51页。嶋崎昌也认为此句应作“自敦煌北通伊吾千余里”。对于这个问题的争论，可参阅王素《高昌史稿·交通编》，第177—178页。

③ 陈国灿《唐五代敦煌四出道路考》，段文杰等编《1990年敦煌学国际研讨会文集·史地语文编》，第225—226页。

336里、与伊吾郡分界的咸泉戍位置相合，故此地当即唐代沙、伊二州交界之处，《通典》所载之咸泉戍当即此地。[①]

对于稍竿戍及稍竿馆的位置，严耕望认为稍竿戍当在赤崖戍之西，正当稍竿馆路所行地区，置戍即为保护此通道。[②]陈国灿认为："稍竿馆在咸泉戍以北，相距或为一二日程。再西北，很可能与第五道之赤崖驿合"，似言稍竿馆当在咸泉戍至赤崖驿之间。但根据S.367《沙州伊州地志》的记载，稍竿戍在伊吾县，而赤崖驿在伊州柔远县，故稍竿戍及稍竿馆应皆在赤崖驿之西。李正宇则将其比定为博罗台西北的哈什布拉克。[③]但由稍竿戍（驿）前往伊州尚有一驿，当即墼亭，而赤崖至伊吾中间所置二驿，各相去约80里，哈什布拉克相对于哈密的里数不合。相较而言，以严耕望所言最为允当。

虽然上述敦煌通伊吾的道路晚至唐朝才被名之以稍竿道，但此路的开通却远在此前。作为伊吾路的重要组成部分，稍竿道的开通与中央王朝经营西域尤其是丝路北道的进程紧密相连。

为了离间东西突厥之间的关系，开皇元年（581），隋文帝采取了长孙晟"远交近攻"的策略，遣太仆卿元晖出使西突厥玷厥（达头）可汗，赐以狼头纛。当达头可汗遣使隋朝的时候，文帝又有意让达头的使臣位居东突厥摄图（沙钵略）可汗使节之上，促成了东西突厥之间的分裂。元晖的此次出使，不仅达到了"远交近攻"的目的，而且也揭开了隋朝与西突厥正式交往的序幕，意义非常重大。[④]元晖此次出使所走的路线，《隋书·长孙晟传》

① 李正宇《敦煌历史地理导论》，第300页。
② 严耕望《唐代交通图考》第2卷《河陇碛西区》，第450页。
③ 李正宇《敦煌历史地理导论》，第300页。
④ 吴玉贵《突厥汗国与隋唐关系史研究》，北京：中国社会科学出版社，1998年，第101页。

明确记载为伊吾道。对于隋朝由敦煌通西域的道路，《西域图记·序》中有非常明晰的记载：

> 发自敦煌，至于西海，凡为三道，各有襟带。北道从伊吾，经蒲类海铁勒部，突厥可汗庭，度北流河水，至拂菻国，达于西海。其中道从高昌，焉耆，龟兹，疏勒，度葱岭，又经钹汗，苏对沙那国，康国，曹国，何国，大、小安国，穆国，至波斯，达于西海。其南道从鄯善，于阗，朱俱波、喝槃陀，度葱岭，又经护密，吐火罗，挹怛，忛延，漕国，至北婆罗门，达于西海。其三道诸国，亦各自有路，南北交通。其东女国，南婆罗门国等，并随其所往，诸处得达。故知伊吾、高昌、鄯善，并西域之门户也。总凑敦煌，是其咽喉之地。[①]

伊吾路为连接高昌与敦煌，且途经伊吾之道路。裴矩所谓的伊吾路应为《西域图记·序》所载三道中的北道，即敦煌出发至伊吾，经蒲类海铁勒部，最终到达高昌、突厥可汗庭的这一段道路。

随着隋朝与西突厥联系的密切，由敦煌北上伊吾，转而前往高昌的道路成为连接敦煌与西域的主要道路之一。《续高僧传》记载达摩笈多自龟兹、焉耆至高昌后，“又至伊吾，便停一载。值难避地西南。路纯砂碛，水草俱乏。同侣相顾，性命莫投，乃以所赍经论权置道旁，越山求水，冀以存济。求既不遂，劳弊转增。专诵《观世音咒》，夜雨忽降，身心充悦。寻还本途，四顾茫然，方道迷失，踟蹰进退。乃任前行，遂达于瓜州，方知曲取

① ［唐］魏徵等撰《隋书》卷67《裴矩传》，第1579—1580页。

北路之道也。”[①]冯承钧指出：“笈多以五九〇年至京师，停留高昌似为五八五至五八七年间事。停留伊吾，似为五八七至五八八年间事。所值之难，疑指开皇八年（588）突厥可汗处罗侯西征阿波事。”[②]笈多避难于伊吾西南，在经历“越山求水”而不得，忽降夜雨“身心充悦”之后，由于“四顾茫然方道迷失”，而被迫沿路前行，最终抵达敦煌。其也是事后才知道自己所行进的乃是“北路之道”，即裴矩《西域图记·序》中所言之北道。根据笈多由龟兹、焉耆途经高昌、伊吾抵达敦煌的路线看，显然其所走的就是传统的伊吾路。其自伊吾西南“乃任前行”最终抵达敦煌的这一段，也即唐代时期由敦煌通伊州的稍竿道。根据《续高僧传》对笈多行进路线的描写，可知伊吾至敦煌的稍竿道在此时乃是两地间所常用之路，所以笈多在“四顾茫然，方道迷失，踟蹰进退，乃任前行”的困难情况下，仍可以沿此路顺利抵达敦煌。

《隋书·裴矩传》载：“帝（隋炀帝）将巡河右，复令矩往敦煌。矩遣使说高昌王麹伯雅及伊吾吐屯设等，啖以厚利，导使入朝。及帝西巡，次燕支山，高昌王、伊吾设等，及西蕃胡二十七国，谒于道左。”[③]裴矩于敦煌遣使前往伊吾与高昌等国，以及此后高昌王、伊吾设前往张掖觐见隋炀帝，都要经由敦煌通伊吾的稍竿道。此外，《隋书·刘权传》载：“炀帝嗣位，拜卫尉卿，进位银青光禄大夫。大业五年（609），从征吐谷浑，权率众出伊吾道，与贼相遇，击走之。逐北至青海，虏获千余口，乘胜

① ［唐］道宣撰，郭绍林点校《续高僧传》卷2，北京：中华书局，2014年，第44页。

② 冯承钧《高昌事辑》，《西域南海史地考证论著汇辑》，第70页，注28。

③ ［唐］魏徵等撰《隋书》卷67《裴矩传》，第1580页。

至伏俟城。”[①]根据《隋书》刘权本传的记载，其于大业五年（609）从隋炀帝征伐吐谷浑之际，曾出伊吾道败吐谷浑，并乘胜进军至吐谷浑的伏俟城。伏俟城遗址位于今青海省海南州共和县石乃亥乡铁卜加村。[②]由此，刘权所行进的道路应在青海湖之南，明显与伊吾道的位置不合。对于刘权此次出征吐谷浑之事，同书《赵才传》也有记载：“（赵才）从征吐谷浑，以为行军总管，率卫尉卿刘权、兵部侍郎明雅等出合河道，与贼相遇，击破之。”[③]通过对比，刘权本传所载的“伊吾道”当为“合河道”之讹。

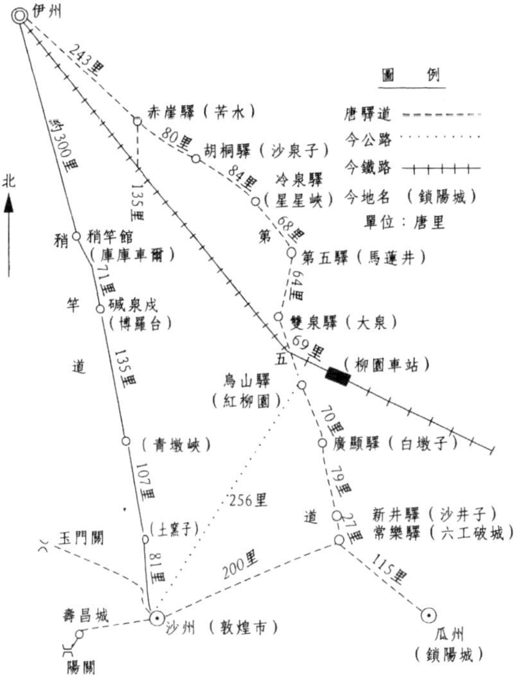

图8 唐瓜、沙、伊州驿道（第五道及稍竿道）驿址示意图（采自李正宇《敦煌历史地理导论》，图九）

隋朝末年，伊吾为以粟特人为主体的胡人所占据，但仍依附于西突厥。由于唐朝初年关闭了与西域各国交往的关卡，敦煌通

① ［唐］魏徵等撰《隋书》卷63《刘权传》，第1504页。

② 黄盛璋、方永《吐谷浑故都——伏俟城发现记》，《考古》1962年第8期，第436—440页。

③ ［唐］魏徵、令狐德棻撰《隋书》卷65《赵才传》，第1541页。

伊吾的稍竿道基本上处于断绝状态。直至贞观四年（630），伊吾首领石万年率七城来降，唐太宗在伊吾设置西伊州。

虽然在唐朝初年中原地区前往伊吾地区多行经由敦煌的稍竿道，但是根据敦煌文献的记载，自高宗时起，稍竿道与第五道经常交替使用。仪凤三年（678）闰十月，沙州都督府奉敕停用稍竿道驿路，而改行途经莫贺延碛的第五道。由于改道后敦煌百姓前往伊州需要经行第五道，所以敕文规定敦煌百姓必须承担起越过州界而维护第五道的义务。到了如意元年（692），由敦煌前往伊州的稍竿道重新得以通行。仅仅三年之后，中央政府又因为“沙州遭贼少草，运转极难”的原因，再次停用稍竿道，而改由第五道。此外，敦煌文献又载：“又奉今年二月廿七日敕，第五道中总置十驿，拟供客使等食。”据严耕望研究，文中的“今年”，当即万岁通天元年（696）。①作为官府的驿路，虽然在唐朝初年之后，第五道和稍竿道之间几经交替，但作为敦煌通伊州之间的重要通道，稍竿道在晚唐五代时期一直可以通行。

六、莫贺延碛道

莫贺延碛道，即由瓜州城向西走至常乐县，再由此西北行，并最终抵达伊州的道路。由于此道途经莫贺延碛，故得名。由于存在道路沿途军事形势的变化及沿途驿站水草供应等问题，由沙州通伊州的稍竿道与瓜州常乐县通伊州的莫贺延碛道经常交替使用。

唐初中央政府未占领伊吾之前，瓜州玉门关“关外西北，有五烽，候望者居之，各相去百里，中无水草，五烽之外即莫贺延

① 严耕望《唐代交通图考》卷2《河西碛西区》，第448页。

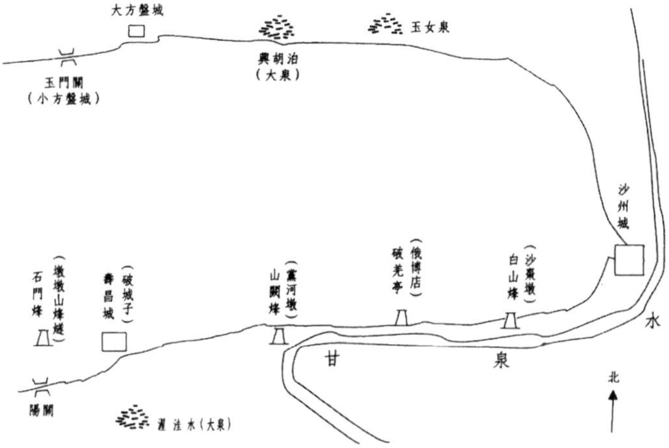

图9　玉门道和阳关道（采自李正宇《敦煌历史地理导论》，图6）

碛、伊吾国境”。[①]据《沙州都督府图经》的记载，此道出瓜州城，西北行一百一十五里至常乐县城，或由沙州经瓜沙道至此，再由此西北行至伊州。因于此道上有第五烽及第五驿，故又名第五道。贞观三年，玄奘法师向西走求法之时，在由瓜州前往伊吾时，所走的正是这条道路。《大唐三藏慈恩法师传》记载玄奘至瓜州后，向当地人寻求向西走道路，当地人告诉玄奘“五烽之外，即莫贺延碛，伊吾国境”。虽然从现有的史籍看，莫贺延碛道及第五道的名称出现在唐代，但其实际开通却远在此之前。

在击败吐谷浑的同年（608），隋炀帝以薛世雄为玉门道行军大将，又令降附隋朝的东突厥启民可汗出兵与薛世雄会合于玉门，联兵攻打伊吾。薛世雄到达玉门之后，发现启民可汗背约不至，遂孤军度碛，突袭伊吾。伊吾吐屯社猝不及防，至军门请

① ［唐］惠立、彦悰著，孙毓棠、谢方点校《大慈恩寺三藏法师传》，北京：中华书局，2000年，第12页。

降。此玉门，也即东移后的玉门关；所度之碛，当为莫贺延碛。薛世雄由玉门关度碛，突袭伊吾，走的正是所谓的莫贺延碛道。①

贞观元年（627），玄奘出瓜州向西走求法。玄奘至瓜州后，向当地人询问向西走的路线，“或有报云：‘从此北行五十余里有瓠𤬴河，下广上狭，回波甚急，深不可渡。上置玉门关，路必由之，即西境之襟喉也。关外西北又有五烽，候望者居之，各相去百里，中无水草。五烽之外即莫贺延碛，伊吾国境。’”②玄奘于贞观元年从瓜州起程往伊吾，即经行此路。由于唐代初年，“国政尚新，疆场未远，禁约百姓，不许出蕃”，故此时第五道被隔断，唐朝只是在这条道路的唐朝管辖区域设置五所烽燧，也就是《大慈恩寺三藏法师传》所记载的玉门关外“候望者居之，各相去百里”的五烽。此外，唐冥祥所撰的《大唐故三藏玄奘法师行状》亦载玉门关外“凡有五烽，五烽之外，无复戍逻”。③五烽当中，除第五烽为其本名外，其余四烽各有名称。根据敦煌文献P.2005《沙州都督府图经》关于第五道驿站的记载，五烽的名称从南到北依次为新井烽、广显烽、乌山烽、双泉烽、第五烽。

根据史书记载及学者的研究，玄奘并没有严格按照第五道进发，而是与官道时有穿插。玄奘在胡人石盘陀的帮助下，“三更许到河，遥见玉门关……胡人乃斩木为桥，布草填沙，驱马而过”。而石盘陀在畏惧前途艰险，弃玄奘而去后，玄奘“经行八十余里，见第一烽”，即新井烽。玄奘在新井烽西取水之际，为候望者发现，并带到烽堡。校尉王祥被玄奘之诚心打动，“遂拂筵安置。至晓，法师食讫，祥使人盛水及麨饼自送至十余里”。

① 吴玉贵《突厥汗国与隋唐关系史研究》，第119页。
② ［唐］惠立、彦悰著，孙毓棠、谢方点校《大慈恩寺三藏法师传》，第12页。
③ ［唐］冥祥撰《大唐故三藏玄奘法师行状》，《大正藏》，第50册，第215页。

并告知玄奘可不经广显和乌山二烽，而直接抵达双泉烽。而玄奘当晚到达双泉烽后，“恐为留难，欲默取水而过”，但又被戍守士卒发现。此烽校尉王伯陇“亦有善心”，且为王祥之宗亲，故不仅留宿玄奘，“更施大皮囊及马、麦相送”，且嘱咐玄奘“不须向第五烽。彼人疏率，恐生异图。可于此去百里许，有野马泉，更取水”。出双泉烽后，即进入长八百余里，古曰沙河的莫贺延碛。而在行进百余里之后，玄奘并未找到王伯陇所言之野马泉，而在“下水欲饮”时，不慎失手将水袋打翻。在“又路盘回不知所趣”之际，其曾欲东返双泉烽，行十余里，自念其所“若不至天竺终不东归一步”的誓言，于是旋辔而继续向西北进发，此后四夜五日间，滴水未进，以至于“口腹干焦，几将殒绝，不复能进”，直至第五夜半，“忽有凉风触身，冷快如沐寒水。遂得目明，马亦能起。体既苏息，得少睡眠……法师惊寤进发，行可十里，马忽异路，制之不回。经数里，忽见青草数目，下马恣食。去草十余步欲回转，又到一池，水甘澄净彻，下而就饮，身命重全，人马俱得苏息”。其在草池休息一日后，“盛水取草进发，更经两日，方出流沙至伊吾矣”。玄奘法师自瓜州出发，最终抵达伊吾的旅程，前后大约耗时十二天，时间大约在贞观元年（627）八、九月间。[①]

贞观四年（630），伊吾国首领石万年奉伊吾七城归唐后，唐朝在第五道原有五烽之外再设五烽，形成十烽的规模。

仪凤四年（679），西突厥十姓可汗阿史那匐延都支及其别帅李遮匐与吐蕃及其他部族联合起来，侵逼安西。在裴行俭的建议下，高宗命裴行俭以册立波斯王暨安抚大食使的名义，武装护送

① 李正宇《玄奘瓜州、伊吾经行考》，《敦煌研究》2006年第6期，第82—91页。

图10 榆林窟西夏第3窟中的玄奘取经图局部（采自敦煌研究院官网）

泥涅师归国，借机清除掉西突厥的叛乱势力。对于此次行动，不仅传世文献中多有记载，而且吐鲁番阿斯塔那三五号墓葬出土的《唐西州高昌县下太平乡符为检兵孙海藏患状事》中也有相关反映。根据史书的记载，裴行俭此行虽然名义上是为了护送泥涅师复国，但本次行军实质上是以擒获阿史那匐延都支并驻扎碎叶为真实目的。吐鲁番文书中作为“征行之道”的“波斯道”，名义上是往吐火罗册送波斯王，实质上是自西州往碎叶一线解决西突厥十姓可汗阿史那匐延都支叛乱的征行路线。[①] 著名诗人骆宾王以军中记室的身份参与了这次行军。对于裴行俭一行由长安至西州之间的行进的路线，薛宗正根据骆宾王的诗作，认为是由长安迁行西北，由灵州渡黄河。然后似取伊吾道由沙州、伊州，进至蒲类海畔，由此折道西南至西州。[②]但据《旧

① 姜伯勤《敦煌吐鲁番文书与丝绸之路》，北京：文物出版社，1994年，第47—48页。

② 薛宗正《安西与北庭——唐代西陲边政研究》，哈尔滨：黑龙江教育出版社，1998年，第133页。又参氏著《历代西陲边塞诗研究》，兰州：敦煌文艺出版社，1993年，第47—50页。

唐书·裴行俭传》所载，其曾“途经莫贺延碛，属风沙晦暝，导者益迷”。而根据《全唐诗》卷79所收骆宾王《夕次蒲类》，裴行俭等人逾莫贺延碛后顺利抵达蒲类海，由此可知裴行俭并没有抵达沙州，并由伊吾道抵伊州，而应走的是跨越莫贺延碛的第五道。

武周万岁通天元年（696），中央政府又于各烽置驿，于是形成驿戍并置的格局。[①]《元和郡县图志》在记载伊州对外的道路时，云“南取莫贺延碛至瓜州九百里”。对于第五道上所设置的十个馆驿，P.2005《沙州都督府图经》记载了其中的七个：自瓜州东北行115里至瓜州常乐县城（常乐驿），由此西北行27里200步至新井驿，又北行150里，中经广显驿至乌山驿，又西北行69里260步至双泉驿，由此北行60里80步至第五驿。[②]由第五驿北

---

① 李正宇《玄奘瓜州、伊吾经行考》，第82—91页。

② 参严耕望《唐代交通图考》第2卷《河陇碛西区》，第445—447页。但按照严氏的计算，新井驿经广显驿至乌山驿为151里。据《沙州都督府图经》的记载，双泉驿西南距沙州为477里160步，经严耕望校正，应为447里160步。据同卷沙州阶亭驿条，可知常乐驿距离沙州200里，由此双泉驿南距常乐驿当为247里160步。其中双泉驿距乌山驿为69里260步，而新井驿南距常乐驿为27里200步。如新井驿距乌山驿确如严氏所说的151里，则双泉驿据常乐驿为248里160步，比敦煌文献所载的247里160步多出了1里，即300步。故新井驿经广显驿至乌山驿应为150里。而对于瓜州至双泉驿的里程，李正宇《敦煌历史地理导论》中推算为：“自瓜州城起，东北行一百一十五里常乐县城，向北，二十里新井驿，七十九里广显驿，西北七十里乌山驿，西北六十九里双泉驿”。如此，则由常乐驿至双泉驿为238里，与247里160步的距离有一定的误差。（《敦煌历史地理导论》，第292页）其后，李正宇在《古本敦煌乡土志八种笺证》中对此段路程进行了重新推定，认为新井驿当在常乐驿北27里200步，而乌山驿至新井驿为149里100步。（《古本敦煌乡土志八种笺证》，第67页）此外，《沙州都督府图经》“双泉驿”条与“第五驿”条记载两者之间的路程存在误差，当从第五驿条的64里80步。

入莫贺延碛，行68里30步至冷泉驿；又北行84里至胡桐驿。对于第五道十驿之外的另外三驿，一为伊州柔远县西南境的赤崖驿，在胡桐驿之北80里。S.367《沙州伊州地志》载伊吾县设有三戍，即蜇亭、赤崖、稍竿。而蜇亭和稍竿应皆与赤崖的情况相类，为戍、驿并置，以戍名驿。由赤崖驿西北行二百四十三里至伊州，其中两驿之一应为蜇亭驿。[①]

虽然第五道在唐高宗时期得以全线贯通，但由于受到西北地区局势的影响，由瓜州通伊州的第五道与沙州通伊州的稍竿道之间曾多次改易。P.2005《沙州都督府图经》"双泉驿"条载：

> 右在州东北四百七十七里一百六十步，瓜/州常乐县界。唐仪凤三年（678）闰十月奉/敕移稍竿道就第五道莫贺延碛/置，沙州百姓越界捉。奉如意元年（692）/四月三日敕，移就稍竿道行，至/证圣元年（695）正月十四日敕，为沙州/遭贼，改第五道来往。南去瓜州常乐/县界乌山驿六十九里二百六十步，北去/第五驿六十里八十步。/[②]

根据上述记载，高宗仪凤三年（678）才开始在第五道上设置双泉驿，而由双泉驿往西北的第五驿、冷泉驿、胡桐驿的情况皆与双泉驿相类。由此可见第五道是仪凤三年（678）才设置的驿道，用以取代稍竿道的运输任务。从沙州百姓越界捉双泉、第五、冷泉、胡桐等驿，即沙州承担第五道中部分驿站的马匹和物资供应看，在伊州通沙州的稍竿道停用后，沙州也是利用第五道通伊州。[③]

---

① 李正宇《敦煌历史地理导论》，第292页。

② 郑炳林《敦煌地理文书汇辑校注》，第11页。

③ 陈国灿《唐五代敦煌四出道路考》，段文杰等编《1990年敦煌学国际研讨会文集·史地语文编》，第227页。

同卷“新井驿”条亦载：

> 右在州东北二百廿七里二百步，瓜州常乐县界。/同前奉敕移置，遣沙州百姓越界供，奉/如意元［年］（692）四月三日敕移就稍竿道/行，至证圣元年（695）正月十四日/敕，为沙州遭贼少草，运转极难，稍竿道/停，改于第五道来往。又奉今年二月廿七/日敕，第五道中总置十驿，拟供/客使等食，付王孝杰并瓜州、沙州审/更检问，/令瓜州捉三驿，沙州捉四驿，件/检瓜州驿数如前。/[1]

据同卷“神泉驿”及“甘草驿”条的记载，文中所言之敕乃应沙州刺史李无亏之请而颁发的天授二年（691）五月十八日敕，故新井驿设置于天授二年（691）。虽然根据仪凤三年（678）闰十月之敕，停废稍竿道，而正式采用第五道，但是到武周如意元年（692）四月三日敕，唐政府又停用第五道而恢复稍竿道。至证圣元年（695）正月，又因“沙州遭贼少草，运转极难，稍竿道停，改于第五道来往”。对于上举文书中的“今年”，严耕望考订为万岁通天元年（696）。[2]万岁通天元年（696）所颁之敕，明确规定了第五道上驿站的数量及各州对各段馆驿的责任：十驿中“瓜州捉三驿，沙州捉四驿”，即新井、广显（后避高宗讳改为广明）、乌山三驿由瓜州负责物资供给，双泉、第五、冷泉、胡桐四驿由沙州越界供给。余下三驿应即伊州境内的赤崖、堑亭和稍竿，由伊州负责。

---

① P.2005《沙州都督府图经》所载“双泉驿”及“新井驿”的情况，录文参郑炳林《敦煌地理文书汇辑校注》，第10—11页；文书图版见上海古籍出版社、法国国家图书馆编《法藏敦煌西域文献》第1册，第50—51页。

② 严耕望《唐代交通图考》第2卷《河陇碛西区》，第448页。

此外，随着形势的变化，各州负责的馆驿数量也发生变化。如高宗时期，沙州尚负责四驿的后勤供应，但到了天宝年间，沙州所负责的馆驿数量增加到了五个。P.2862V《唐天宝时代（744—758）敦煌郡会计帐》第38—80行“广明第五戍”会计账中有关于广明、乌山、双泉、第五、冷泉等五戍物资耗费情况的记载，陈国灿认为：

> 五戍实际也是五驿之所在，相当一部分物资都是为了供客使往来需要，表明此道驿、戍是合一的。比之仪凤、证圣间，沙州的越界管段有了一些变化，由原来捉4驿，改为5驿，而5驿不再是中段，而是偏南的广明（即原广显）、乌山、双泉、第五、冷泉等5驿。当初由沙州捉的胡桐驿，可能也改成了伊州所管辖。[①]

对于沙州所捉馆驿由四个增加到五个的具体时间，史书缺载，但据P.2803V《唐天宝九载（750）八月—九月敦煌郡仓纳谷牒》第15件的记载，天宝九载九月之际，敦煌郡尚负责第五道上四戍的供给，故沙州所负责的馆驿数量的增加应在此之后。沙州不仅为其越界所管辖的驿站提供谷物等物资，为了便于使者通行，沙州日常还需为每驿提供马10匹。此外，在阶亭坊及郡坊等固定场所还准备73匹的备用马匹，以供五驿站的需要。除了提供马匹之外，根据P.2862V《唐天宝时代（744—758）敦煌郡会计帐》，沙州还给乌山等驿提供100头的驿驴。从沙州为上述驿站提供各种

① 陈国灿《唐五代敦煌四出道路考》，段文杰等编《1990年敦煌学国际研讨会文集·史地语文编》，第228页。

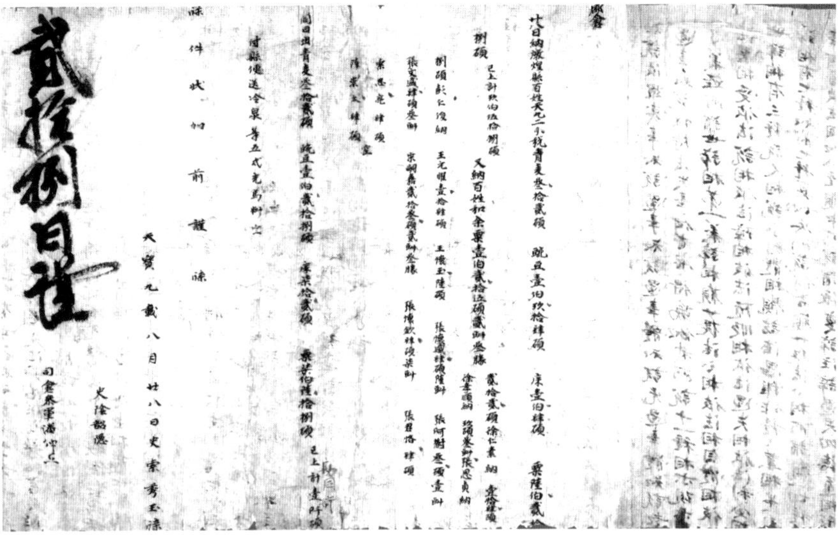

图11 P.2803V《唐天宝九载（750）八月—九月敦煌郡仓纳谷牒》（采自IDP）

物资配备及严密的管理制度看，唐代的驿站管理制度已经非常完善。[①]程喜霖通过对吐鲁番阿斯塔那二九号墓、二二八号墓及五〇九号墓所出土的六件唐代过所文书（高宗、武则天时期各一件、玄宗开元时期四件）中对请过所的16人之行程的记载，勾勒出了此时河西与西域的北路交通线，即凉州—甘州—瓜州—玉门关—伊州—西州—焉耆—铁门关—安西四镇。[②]

---

① 对于唐代第五道的具体走向，陈国灿认为："唐代敦煌经第五道去伊州，当是先走瓜沙道，东北行至阶亭驿，再转而北向广明驿，上第五道再西北行至伊州，走的是一条抛物线，将近1千唐里，它比之稍竿道，多了几近1/3的路程，所以归义军时期，不多见敦煌经此道至伊州者。"氏著《唐五代敦煌四出道路考》，段文杰主编《1990年敦煌学国际研讨会文集·史地语文编》，第229页。

② 程喜霖《从唐代过所文书所见通"西域"的中道》，《敦煌研究》1988年第1期，第58—67页。

七、南山道

由敦煌西南，过马圈口，至山阙烽，转而向南，至南口烽（今当金山口），向南至墨离川。这是敦煌南向的一条大通道，由于它直通南山，所以陈国灿以南山道名之。

《通典·州郡典四》“敦煌郡”条载：“南至故南口烽二百五十里，烽以南吐谷浑界。”故陈国灿认为：“由于南口烽以南是吐谷浑活动的地域，故使用并不频繁，而青海地区的吐蕃、吐谷浑则常从此道进入敦煌。”[①]其文中举武周圣历二年（699）吐谷浑归朝及吐蕃尚绮心儿驻兵南山事为证。武周圣历二年（699），

图12　莫高窟第156窟　张议潮统军出行图（局部）（采自《中国敦煌壁画全集》，天津：天津人民美术出版社，2001年）

① 陈国灿《唐五代敦煌四出道路考》，段文杰等编《1990年敦煌学国际研讨会文集·史地语文编》，第230页。

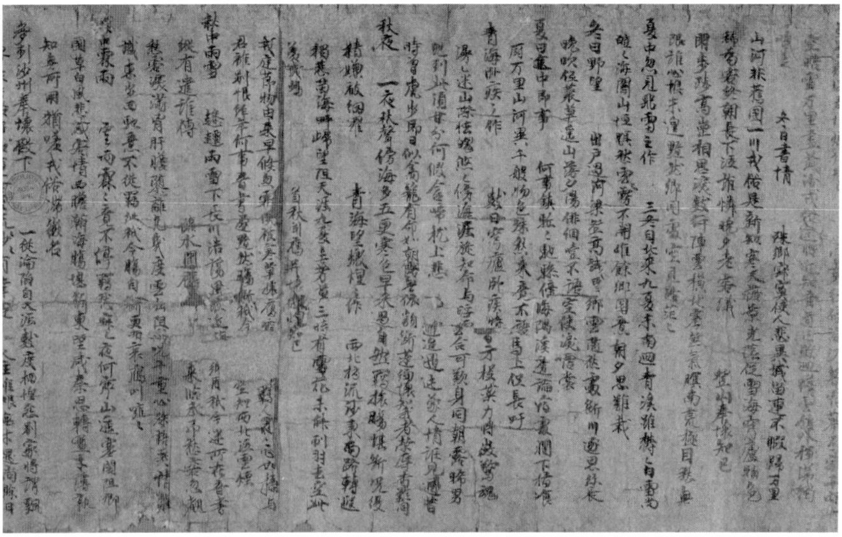

图13 P.2555《诗文集》中的南行路线（采自IDP）

吐谷浑欲归向唐王朝，事先派“落蕃人贺弘德”前来报告，结果为沙州豆卢军所获，并牒将军“郭知运大配山南兵马，令便往应接”，[①]可能就是通过这条道路部署山南兵的。德宗建中年间，吐蕃尚绮心儿久攻敦煌不下，于是吐蕃赞普徙帐于南山，以进行督战，其当是由此道而来。[②]

归义军统治时期，这条道路继续得以使用。P.2962《张议潮变文》叙述了张议潮南征吐谷浑的战争。在这次战争中，张议潮通过南山道，行进一千多里，深入到了吐谷浑境内。

---

① 内容参国家文物局古文献研究室等编《吐鲁番出土文书》第7册，北京：文物出版社，1986年，第233—234页。

②《新唐书》载：“始，沙州刺史周鼎为唐固守，赞普徙帐南山，使尚绮心儿攻之。”见［宋］欧阳修、宋祁撰《新唐书》卷216下《吐蕃传下》，第6101页。陈氏上引文以徙帐南山者尚绮心儿，似误。

此外，P.2555《诗文集》描写了作者由敦煌南行的路线，如第1首为《冬出敦煌郡入退浑国，朝发马圈之作》；第2首《至墨离海奉怀敦煌知己》；第8首《青海卧疾之作》；第19首《夜度赤岭怀诸知己》；第20首《晚次白水古戍见枯骨之作》；第21首《晚秋至临蕃被禁之作》。陈国灿通过作者在诗中对途经各地的描写，确定其所走的就是南山道的路线。诗人出敦煌城往吐谷浑国去，“向西走过马圈，北望近阳关”，即过马圈口后，继续向西走，折而向南，向北望离阳关很近，这正是走的过山阙峰，转而南行的南山道。出南山口（今当金山口）不远，就是墨离海（即今苏干湖）。再由苏干湖向西走到青海湖，度赤岭（今日月山），再到唐白水军戍遗址，又到临蕃城（今青海湟源县东南）。①

① 陈国灿《唐五代敦煌四出道路考》，段文杰等编《1990年敦煌学国际研讨会文集·史地语文编》，第230—231页。

第二节 隋及唐前期敦煌地区的军事地理

一、唐代前期敦煌地区的折冲府

唐朝建立之初，在军事制度上继承了创建于西魏，并经隋朝加以继承和改革的府兵制。唐中央统领府兵的机构为左右卫、左右骁卫、左右武卫、左右威卫、左右领军卫和左右金吾卫等十二卫。贞观十年（636），太宗对府兵制进行了进一步的改革。此后，军府总称为“折冲府”，以其所统领府兵数量为标准，分为上、中、下三等。军府的长官分别为折冲都射及果毅都尉。十二卫遥领天下657个折冲府，并掌管诸军府到长安上番宿卫的府兵。入唐之后，为了加强对敦煌的军事控制，同时也为了保卫敦煌这一个地处西北前沿的军事重地，唐王朝积极在当地建立军府。根据《新唐书·地理志四》的记载，沙州设置龙勒、效谷、悬泉等三个军府。对此，敦煌吐鲁番文献及石刻文献的记载甚为丰富，学者已进行过详细的梳理。[1]

---

① 沙知《敦煌吐鲁番文献所见唐军府名掇拾》，《敦煌学辑刊》1998年第1期，第12—13页；张沛《唐折冲府汇考》，西安：三秦出版社，2003年，第240—242页。

（一）龙勒府

《元和郡县图志》“沙州寿昌县”条载：“本汉龙勒县，因山为名，属敦煌郡……隋大业十一年（615），于城内置龙勒府，武德二年改置寿昌，因县南寿昌泽为名也。”[①]据此可知，龙勒府创建于隋朝，地处沙州寿昌县境内，因境内的龙勒山而得名，在汉龙勒县故城，今敦煌市西南南湖镇破城子。阿斯塔那五〇六号墓文书《唐天宝十载（751）制授张无价游击将军官告》记载，张无价署“行官、昭武校尉、行左领军卫敦煌郡龙勒府右果毅都尉、/员外置同/正员、上柱国、赐紫金鱼袋”[②]，可知龙勒府隶属于十二卫中的左领军卫。在传世文献、敦煌文书、唐人碑志中，可以发现曾任职于龙勒府的相关人物：

长安三年（703）十月十二日《唐关俭墓志》：“祖达，明威将军、沙州龙勒府折冲。”[③]据此志可知，关俭之祖关达约唐初曾任龙勒府折冲。

张说《赠凉州都督上柱国太原郡开国公郭君碑》：“以败敌北庭，加游击将军、沙州龙勒府折冲，兼右金吾郎将、瀚海军副使。”[④]据此志可知，郭知运曾任龙勒府折冲都尉。

开元二十四年（736）二月二十二日《陈尚仙墓志》：“夫人讳尚仙，字上元……烈考言，皇沙州龙勒府折冲都尉，……以开元廿四年二月四日，遘疾终于从政里之私第，享年卅有九。……即以其年二月廿二日，权殡于邙山金谷乡之原，礼也。……开元

---

① ［唐］李吉甫，贺次君点校《元和郡县图志》卷40《陇右道下》，第1026页。
② 1973年吐鲁番阿斯塔那五〇六号墓所出，图版、录文见中国文物研究所、新疆维吾尔自治区博物馆、武汉大学历史系编《吐鲁番出土文书［肆］》，第392页。
③ 录文见周绍良主编《唐代墓志汇编》长安〇四五，上海：上海古籍出版社，1992年，第1023页。
④ ［清］董诰等编《全唐文》卷227，第2295页。

廿四年岁次景子二月辛亥朔廿二日壬申。”[1]据此志，陈尚仙之父陈言，约在玄宗朝曾任龙勒府折冲都尉。

天宝元年（742）十一月十九日《唐苑玄亮墓志》：“迁龙勒府折冲、新泉军大使。”[2]据此志可知，苑玄亮在开元天宝中曾任龙勒府折冲都尉。

开元五年（717）正月二十五日《张方墓志》：“解褐任右军卫沙州龙勒府果毅都尉。”[3]据此志可知，张方约在高宗、武后时解褐任龙勒府果毅都尉。

阿斯塔那五〇六号墓文书《唐天宝十载（751）制授张无价游击将军官告》：“行官、昭武校尉、行左领军卫敦煌郡龙勒府右果毅都尉、/员外置同/正员、上柱国、赐紫金鱼袋张无价。/右可游击将军、守左威卫同谷郡夏集府折/冲都尉、员外置同正员，余如故。/”[4]据此告身可知，天宝十载（751），张无价由龙勒府右果毅都尉，升任夏集府折冲都尉。

（二）效谷府

亦因汉效谷县而得名，据敦煌文书P.2551V《沙州效谷府校尉李君莫高窟佛龛碑并序》：“考达，左玉钤卫效谷府旅帅、上护军。……公任左玉钤卫效谷府校尉、上柱国。”[5]光宅元年（684），唐朝曾改左右领军卫为左右玉钤卫，神龙元年（705）恢

① 图版见赵君平、赵文成编《河洛墓刻拾零》二二五，北京：国家图书馆出版社，2007年，第292—293页。

② 录文见周绍良主编《唐代墓志汇编》天宝〇一九，第1543页。

③ 录文见周绍良主编《唐代墓志汇编》开元〇四六，第1186页。

④ 图版、录文见中国文物研究所、新疆维吾尔自治区博物馆、武汉大学历史系编《吐鲁番出土文书［肆］》，第392页。

⑤ 录文见郑炳林、郑怡楠辑释《敦煌碑铭赞辑释（增订本）》，第22页。此碑原立莫高窟第332窟内，圣历元年（698）《李克让修莫高窟佛龛碑》（亦称《周李君修龛家碑□□》《周李君修龛像碑》《圣历碑》），录文参见李永宁《敦煌莫高窟碑文录及有关问题（一）》，《敦煌研究》试刊第1期，兰州：甘肃人民出版社，1982年，第56—79页。

复旧名，因此效谷府与龙勒府同属左领军卫。又P.2005《沙州都督府图经》“嘉纳堂”条载：“右按《西凉录》凉王李暠庚子五年兴立泮/宫，增高门学生五百人，起嘉纳堂于后园，/图赞所志。其堂毁除，其阶尚存。其地在子/城东北罗城中，今为效谷府。/”[①]据此可知效谷府设置于沙州城内。P.2005《沙州都督府图经》“张芝墨池”条载：“张芝墨池，在县东北一里，效谷府东南五十步。”[②]敦煌本地名胜张芝墨池就在效谷府附近。

从传世文献、敦煌文书、出土墓志中，可以找到曾在效谷府担任武职的相关人物的记载，贞观十七年（643）十月二十□日《晁大明墓志》：

> 君讳大明，河东泌阴人也。……起家任丽水府队正。……寻除武安府兵曹，转任仓曹。……又迁沙州敦煌县主簿，俄转效谷府长史。……以贞观十七年十月十三日，卒于私第，春秋五十有三，即以是月廿□日，葬于城东□焦垗里，礼也。[③]

据此志可知，晁大明唐初曾任效谷府长史。又《新唐书·哥舒翰传》称：“少补效毂府果毅。”[④]可知唐玄宗时期名将哥舒翰在

---

① 图版见上海古籍出版社、法国国家图书馆编《法藏敦煌西域文献》第1册，第55页。

② 录文见郑炳林《敦煌地理文书汇辑校注》，第15页。

③ 晁大明墓志，原石现藏武威文庙，图版及录文参见王其英主编《武威金石录》，兰州：兰州大学出版社，2001年，第28页。

④［宋］欧阳修、宋祁撰《新唐书》卷135《哥舒翰传》，第4569页。又，王应麟《玉海》卷138《兵制三·唐府兵》：“折冲都尉段秀实，绥德府。果毅都尉屈突诠、郭曜，开阳府。折冲郎将崔宁，邢君牙，果毅别将曲环，果毅王忠嗣，东阳。郭知运，秦州三度。张守珪，豳州良杜。刘昌，易州遂城。薛仁贵，云泉。哥舒翰，效毂（谷）。王方翼，朔州尚德。韦侍价，卢龙。王仁皎、杨朝晟，甘泉。段秀实，陇州大堆府。”扬州：广陵书社，2003年，第2565页。

年少之时曾在效谷府担任过果毅。

P.2551V《沙州效谷府校尉李君莫高窟佛龛碑并序》："君讳义，字克让，敦煌人也。……祖操，隋大黄府上大都督、车骑将军。……考达，左玉钤卫效谷府旅帅、上护军……亡兄感，昭武校尉、甘州禾平镇将、上柱国。……公任左玉钤卫效谷府校尉、上柱国。……维大周圣历元年岁次戊戌伍月庚申朔拾四日癸酉敬造。"[①]据碑文记载，李克让及其父李达，均在本地效谷府任武职。

P.2687BV《唐天宝八载（749）敦煌郡诸军府应加阶级状》：

（1）效谷府 状上

（2） 当府准 制应加阶武官总四人

（3）三 人 依 制 请 加 阶：

（4）昭武校尉守折冲都尉刘义忠天四二月 敕头崔非（?）其

（5） 翊麾校尉守别将云骑尉吕宪天五二月廿七日衔翊［麾］副尉，甲头杨令玢，准天六正月十一日制

各［加］一阶至天六八月廿一日授翊麾校尉，甲头刘。

（6） 陪戎副尉守别将员外置同正员侯汉子天五十月十六日授，甲头张栩，签不到，奉天六二月

廿九日郡符勘告放攒，天七五月四日到。

（7）一 人 无 阶 可 加，请 回 阶 给 勋：

（8） 昭武校尉左果毅都尉赏绯鱼袋上柱国刁及礼天六二月七日授，甲头李休光，其载七月廿[②]

① 录文见郑炳林、郑怡楠辑释《敦煌碑铭赞辑释（增订本）》，第21—23页。

② 图版见上海古籍出版社、法国国家图书馆编《法藏敦煌西域文献》第17册，上海：上海古籍出版社，2001年，第250—251页。

这是一件有关天宝八载（749）敦煌效谷府的官文书，其中记载了天宝八载（749），效谷府的四位应加阶的武将，分别是折冲都尉刘忠义、别将吕宪、别将员外置同正员侯汉子、左果毅都尉刁及礼等等。

（三）悬泉府

2016年末，在宁夏吴忠市同心县，出土了半枚铜鱼符，鱼嘴微分，并有圆形穿孔，尾残，残长43.3毫米，宽16.4毫米，厚5.4毫米，重14.5克。一面铸有两道腮纹、背鳍和鱼鳞；一面铸有阳文凸起的“同”字，从右上至左下依次凿有阴文的“右豹韬□（卫）悬泉府第二”铭文。其中“豹”字下方的文字虽有所残损，但从其残留的偏旁看，可以定为“韬”字。“韬”下方的文字虽然随鱼尾缺失，但依照同类鱼符的上下文关系可推知失字为“卫”无疑。另，鱼腹部阴刻有“合同”二字，保留右侧一半。根据铭文可知，悬泉府隶属于右豹韬卫，与龙勒府、效谷府同隶属左领军卫不同。

图14　P.3899V《唐开元十四年（726）沙州敦煌县勾征悬泉府马社钱案卷》局部（采自IDP）

敦煌文书P.3899V《唐开元十四年（726）沙州敦煌县勾征悬泉府马社钱案卷》，长达196行，是一件当地官府审理前悬泉府校尉判兵曹张袁成、前府史翟崇明二人欠马社钱，县司进行勾征的诉讼审判文书。多处钤有“沙州之印”和“敦煌县之印”：

(12) 敦煌县主者得府牒称：前校尉张袁成经州陈牒称，

(13) 悬泉府校尉遣判兵曹事。

(中略)

(29) ______悬泉府主帅　张______

(30) ______县。依限征纳讫申。

(中略)

(55) 司户

(56) 悬泉府马社钱壹佰叁拾壹贯叁佰伍拾文所由府史翟崇明

(57) 右件钱州司已判下府征讫。谨录状上。

(58) 牒件状如前，谨牒。

(59) 开元十四年三月　日史氾光宗牒

(60) 参军判司户贾履素[1]

在敦煌文书P.3841V《唐开元廿三年（735）？沙州会计历》：“右前件人□是悬泉府别将，身死给赠，为是员外官，被支度勾征，未纳。”[2]也提到了一位悬泉府别将。

在酒泉市肃北县城党城湾东偏北约40公里（鸟道）处的祁连山中，距党石公路约14千米，1987年文物普查中发现大黑沟口摩崖上阴刻题记：“悬泉府主帅张思直，因当□□写镌壁。□□□

① 唐耕耦、陆宏基编《敦煌社会经济文献真迹释录》第1辑，第425页。
② 唐耕耦、陆宏基编《敦煌社会经济文献真迹释录》第4辑，第432—436页。

□□□□□□盈亏，□□□□□□□幽岩峻险，谷内外草光精。从人经爽代书，石包流名。”其中就记载了一名悬泉府主帅张思直。

(四) 大黄府

《新唐书·地理志四》“陇右道瓜州晋昌郡”条：“瓜州晋昌郡，下都督府。武德五年（622）析沙州之常乐置。……有府一，曰大黄。”[①]P.2117《大般涅槃经卷第卌三》尾题：“大业四年（608）四月十五日，敦煌郡/大黄府旅帅王海，奉为亡/妣敬造涅槃、法华、方广各一/部，以兹胜善，奉为尊灵。/仰愿超越三途，登临七净。世/世生生，还为眷属。六道含识，/皆沾愿海。/”[②]P.2205《大般涅槃经卷第八》尾题、杏雨书屋551号《涅槃经卷一八》、S.2419《妙法莲华经卷三》等内容基本相同。P.2551V《沙州效谷府校尉李君莫高窟佛龛碑并序》：“□□（祖操），

图15　肃北大黑沟摩崖石刻（采自《敦煌研究》2009年第4期）

① ［宋］欧阳修、宋祁撰《新唐书》卷40《地理志四》，第1045页。

② 图版见上海古籍出版社、法国国家图书馆编《法藏敦煌西域文献》第6册，上海：上海古籍出版社，1998年，第47页。

隋大黄府上大都督、车骑将军。”[①]P.3608V《大唐陇西李氏莫高窟修功德记》：“王父操，皇大黄府车骑将军。”[②]可知大黄府在隋代已经存在。唐承隋旧，张说《赠凉州都督上柱国太原郡开国公郭君碑》：“曾祖钦，瓜州大黄府统军、上柱国。”[③]开元八年（720）十一月二十三日《大唐故刘君墓志铭并序》：“君讳方，字德政，兖州彭城人也。……父才，仪同三司、唐瓜州大黄府右车骑将军、赤水县男，食邑三百户，改受定远将军。”[④]

从《大历碑》记载李达“皇敦煌司马，其后因家焉”一句看，似乎从李达开始，该脉李氏才定居敦煌。但《圣历碑》记载李达之父李操在隋代就在敦煌为官：“祖操，隋大黄府上大都督、车骑将军。”《圣历碑》《大历碑》记载不一，若取《圣历碑》隋代李操在敦煌任“隋大黄府上大都督、车骑将军”，则隋代李操任职敦煌，李操子李达唐代任职敦煌，为“皇敦煌司马”。

大黄，一般是指一种中药，这里是以大黄之名设军府，从“敦煌郡大黄府”“瓜州大黄府”称呼看，大黄府是隋代在瓜州（敦煌）设立的一个军府。如此判断无误，则李操“隋大黄府上大都督”说明他隋代在敦煌为官。

对于唐代军府设置的特点，正如陆贽所言：“太宗……列置府兵，分隶禁卫，大凡诸府八百余所，而在关中者殆五百焉。举天下不敌关中，则举重驭轻之意明矣。”今据《新唐书·地理志》所载，京兆一地，就置军府131个。江南一道计共51州，247县，见载于《新唐书》的军府仅有区区两个，即使加上学者所辑补的

---

① 录文见郑炳林、郑怡楠辑释《敦煌碑铭赞辑释（增订本）》，第24页。

② 录文见郑炳林、郑怡楠辑释《敦煌碑铭赞辑释（增订本）》，第42页。

③［清］董诰等编《全唐文》卷227，第2295页。

④ 拓片图版见张永华、赵文成、赵君平编《秦晋豫新出墓志蒐佚三编》三五一，北京：国家图书馆出版社，2020年，第460页。

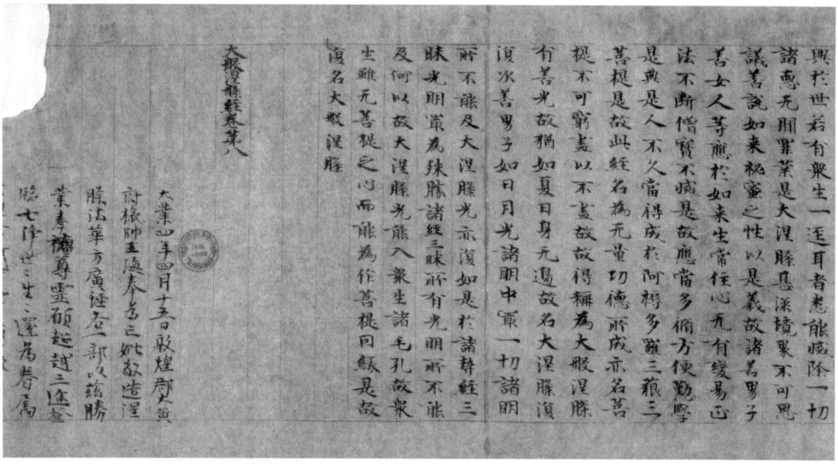

图16 P.2205《大般涅槃经卷第八》局部（采自IDP）

军府，也只有4个。[①]敦煌以两县之地而置三军府，充分体现出敦煌所具有的特殊战略地位。由于文献缺载，对于龙勒等府的等级，我们不得而知。即使均为最低的“下等”，三府的总兵力也应有2400人，这对于人口数量较少的敦煌，是一个不小的经济负担。开元二十八年（740），沙州有户4265，也就说两户至少要养一兵。天宝十三载（754），沙州的户数达到了人口峰值6395户。即便如此，至少也要三户供养一兵，比例还是相当高。

由于敦煌地近西域，所以唐朝经常会将敦煌将士派赴前线作战或长期派驻西域镇守。如开元二年（714），敦煌人张怀福出任了游击将军、守右玉钤卫西州蒲昌府折冲都尉、摄本卫中郎将、充于阗镇守使、敦煌郡开国公。此外，敦煌人任职于西域的还有游击将军上柱国西州岸头府果毅都尉张端、正议大夫北庭副大都护瀚海军使兼营田支度等使阴嗣监、昭武校尉庭州咸水镇将上柱

① 张沛《唐折冲府汇考》，第253页。

国阴嗣宗、壮武将军行西州岸头府折冲兼豆卢军副使阴守忠等。[1]

二、唐前期瓜沙二州的军、镇、守捉、戍、烽

唐立国之初，行政区划制度方面沿袭了隋代分道行台省的设置。贞观元年（627），唐太宗以山河交通形势为据，分天下为十道，重新划分全国的地理区域和州县归属。其中，陇坻以西为陇右道，在十道中位列第六。[2]《唐会要》卷70："景云二年（711）五月，出使者以山南控带江山，疆界阔远，于是分为山南东、西道；又自黄河以西，为河西道。"[3]就在河西道设置的当年，唐王朝即在此设置河西节度，以断隔吐蕃、突厥。河西节度辖凉、甘、肃、瓜、沙、伊、西七州之地，治凉州，统辖河西地区的军政。

河西节度使所领的赤水、大斗、建康、宁寇、玉门、墨离、豆卢、新泉等八军中，设置于沙州城内的豆卢军，位置最西，而其所领4300人的军队，为唐政府在西域东部地区的经营提供强有力的军事后盾。

位于河西走廊西北端的瓜沙地区，北面与突厥接壤，西面穿越沙漠则是粟特聚落，南面与吐蕃、吐谷浑接壤，是唐王朝与周边少数民族政权接壤的地区，关系到唐王朝与西方交通的舒畅与安危，军事地理位置十分重要，在敦煌文书中就有"龙沙西裔，四面并是蕃戎"的说法。因此，唐王朝在敦煌地区的瓜沙二州设置了军、镇、守捉、戍、烽等军事建制，守卫边疆的安全，保护

---

① 唐代敦煌人任职西域的记载见P.2005《沙州都督府图经》卷3"张芝墨池"条及P.2625《敦煌名族志》。详细情况参荣新江《敦煌学十八讲》，北京：北京大学出版社，2001年，第23页。

② ［后晋］刘昫等撰《旧唐书》卷38《地理志一》，第1384页。

③ ［宋］王溥撰《唐会要》卷70，第1459页。

中西交通的畅通。[①]

在敦煌吐鲁番文献及石刻文献中，曾发现有数量可观的与豆卢军相关的文献。如P.2625《敦煌名族志》记载阴仁希的次子嗣瑗“任昭武校尉、左金吾卫陇州源汧府左果毅都尉，赏绯、上柱国、豆卢军子总管”[②]。此外，根据陕西省西安市大唐西市博物馆所藏《大唐故瓜州长史赠慈州刺史薛府君（琛）墓志铭并序》的记载，薛琛在河西节度使王忠嗣的举荐下，曾担任过瓜州长史兼豆卢军副使[③]。而根据学者研究，在敦煌吐鲁番文献所发现的豆卢军文书中，有相当数量的文献钤有豆卢军的相关印章，印文内容分别为“豆卢军经略使之印”“豆卢军兵马使之印”“豆卢军之印”及“豆卢军印”等四种。[④]

---

① 有关河西地区的军、镇、守捉、戍、烽等的研究请参见程喜霖《吐鲁番文书所见唐代镇戍守捉与烽堠》，中国敦煌吐鲁番学会编《敦煌吐鲁番学研究论文集》，上海：汉语大词典出版社，1990年，第456—469页。陈国灿《吐鲁番出土文献所见之唐代军府》，武汉大学历史系魏晋南北朝隋唐史研究室编《魏晋南北朝隋唐史资料》第16辑，武汉：武汉大学出版社，1998年，第73—84页。于建光、闫婷婷《敦煌、吐鲁番文书所见唐代河西镇、守捉、戍、烽拾遗》，《社科纵横》2007年第1期，第155—156、166页。于建光、闫婷婷《唐代河西边防组织补证》，《伊犁师范学院学报（社会科学版）》2007年第2期，第49—52页。李文才《唐代河西节度使所辖军镇考论》，杜文玉主编《唐史论丛》第18辑，西安：陕西师范大学出版总社有限公司，2014年，第19—46页。赵森《唐前期河西城镇分布体系研究》，西北民族大学硕士学位论文，2016年。

② 上海古籍出版社、法国国家图书馆编《法藏敦煌西域文献》第16册，上海：上海古籍出版社，2001年，第330页。

③拓片图版及录文见胡戟、荣新江主编《大唐西市博物馆藏墓志》二九七，北京：北京大学出版社，2012年，第644—645页。

④ 张重艳《唐代豆卢军杂识——以敦煌吐鲁番出土文书为中心》，《河北青年管理干部学院学报》2009年第6期，第55页。张重艳《唐代豆卢军、伊吾军若干问题探研——以敦煌吐鲁番出土文书为中心》，河北师范大学硕士学位论文，2007年。

有关豆卢军设置的时间，传世文献均系于神龙元年（705）。如《元和郡县图志》载："豆卢军：沙州城内，以当匈奴要路，山川回阔，神龙初置立豆卢军以镇之。管兵四千五百人，马四百匹，去理所一千七百余里。"[1]《唐会要》亦载："豆卢军，置在沙州，神龙元年（705）九月置军。"[2]但是，通过对相关敦煌吐鲁番文献及石刻文献的研究，针对豆卢军设置时间的研究有了新的进展。大谷文书二八四〇号长安二年（702）十月《豆卢军牒》钤有"豆卢军兵马使之印"，[3]证明至迟到长安二年（702），沙州已经存在豆卢军的建置。陈国灿在吐鲁番阿斯塔那二二五号墓所出土的豆卢军文书中，发现了一件作于"□历二年七月四日"且钤有"豆卢军经略使之印" 朱印两处的官方牒文，因残缺过甚，内容难以尽知，但文书中使用了武周新字，可以确定应作于武周时期。而武周的年号符合"□历"条件的，只有"圣历"。由此可知，至迟在圣历二年（699）七月四日，唐政府已经在沙州设置了豆卢军。[4]此外，陈国灿还根据高宗武后朝河西诸军的军使往往由该军所在州的刺史兼任的惯例，以及《沙州都督

---

① ［唐］李吉甫，贺次君点校《元和郡县图志》卷40"陇右道下"，第1018页。

② ［宋］王溥《唐会要》卷78"节度使"条，第1690页。［宋］欧阳修、宋祁撰《新唐书》卷40《地理志四》"沙州"条记载略同，第1045页。

③（日）小田義久编《大谷文書集成》卷1，図版一三〇，录文见第110页。

④ 陈国灿《武周瓜、沙地区的吐谷浑归朝事迹——对吐鲁番墓葬新出敦煌军事文书的探讨》，收入敦煌文物研究所编《1983年全国敦煌学术讨论会文集（文史·遗书编）》上册，兰州：甘肃人民出版社，1987年，第1—26页。修订本后以《武周瓜沙地区的吐谷浑归朝案卷研究》为题，收入氏著《敦煌学史事新证》，第167—197页。最后以《武周瓜、沙地区的吐谷浑归朝案卷研究》为题，收入氏著《陈国灿吐鲁番敦煌出土文献史事论集》，上海：上海古籍出版社，2012年，第464—513页，本文依据此版本。

府图经》“张芝墨池”条所载开元二年（714）九月之际杜楚臣的职衔为“正议大夫、使持节沙州诸军事、行沙州刺史、兼豆卢军使、上柱国”，证明豆卢军使由沙州刺史兼领。而根据《大周故沙州刺史李君（无亏）墓志铭》的记载，载初元年（690）李无亏已经出任沙州刺史兼豆卢军经略使，又可将豆卢军设置的时间下限前推至载初元年（690）。[①]

通过排列敦煌吐鲁番文书中钤有豆卢军相关印章文书的年代先后，再辅以《大周故太中大夫使持节沙州诸军事沙州刺史兼豆卢经略使上柱国长城县开国公赠使持节嘉州诸军事嘉州刺史李府君（无亏）墓志铭并序》的记载：

> 公讳无亏，字有待，本陇西成纪人，汉丞相蔡之后也。虎云表梦，才子彰迈种之风；龙德在躬，上仙启无为/之绩。宗为魏将，名重七雄；信总秦兵，威吞六合。成陇西之冠族，为上京之羽仪。九代祖崇，后魏幽州刺史，/子孙因家焉，故今更为范阳乃人也。唐杜移晋，无褰世禄之荣；和璧入秦，不减连城之价。人物世载，鼎鼐/重光，逾四铉于袁门，掩十轮于杨氏。曾祖子肃，北齐平原太守、范阳侯。祖叔琳，隋考功郎、齐州刺史，袭爵/范阳公。并道映簪裾，器标瑚琏。熊旌犀节，膺方岳之隆；白马丹书，叶山河之誓。父行机，唐益州九陇县令、/梓州治中、上柱国、淮阴

① 此外，李宗俊进一步推测沙州于永徽二年（651）升格为都督府时，唐政府就已经在沙州设置了豆卢军。（氏著《读〈李无亏墓志铭〉》，《西域研究》2006年第2期，第95—98、120页）但据刘安志的研究，《唐会要》载沙州由下州升为都督府的永徽二年应为永泰二年之讹，所以其尚不能作为判断豆卢军设置的时间坐标。（氏著《关于唐代沙州升为都督府的时间问题》，第59—66页）

县开国公。风情简亮，志业祥和，悬明镜于心台，植长松于识宇。才高百奏，学富五车，顾张束于锱铢，纳王刘于掌握。绾铜章于剑右，事屈烹鸡；转星屏于郪中，初将展骥。东道之姿，方骋西/崦之景；遽沦（论）道长，运促位不充量。公资二象之淑灵，含五常之秀气。浑金璞玉，绝名言之先；琼树瑶林，出/风尘之外。识用高朗，披明月于重云；仪表端凝，建标霞于层岳。宏览载籍，兴属清新，似梦灵蛟，如吐飞凤。/至于白猿剑术，玄女兵符，不待黄石之期，暗合孙吴之旨。心契管乐，志立功名，逝将因海运而骧鳞，排天/关而举翼。初为国子生，麟德二年以进士擢第，即选授秘书省雠校。游道璧水，嘉誉比于林宗；射册金门。/甲科同于稚圭。校书之职，叔师播美于东京。秘阁之才，令思见称于南晋。惟公英挺，历驾前［修］。总章二年/授定州北平县丞，寻迁许州司兵，又改宋州司法。以栋梁之具，劳州县之班。百炼含霜，尚蕴拂钟之用；千/里绝电，未申喷玉之踪。处顺安排，盖淡如也。永淳元年，除并州阳曲县令。化若神明，泽丰云雨，翔鸾感化。/乳雉依仁。与时猃狁蚩张，戎旗屡警，龙山晋水，烽燧相望，月满风秋，烟尘不息。公下琴堂而赴军幕，罢磬/学而议兵韬，奇正兼施，应变多绪。荡李豍之孽，若火燎原；斩庶蠢之妖，如风卷箨。冰消云彻，谷静山空。朝廷嘉公之勋，特授上柱国，又就加朝散大夫，并降玺书慰劳。垂拱三年，授芮州府果毅，仍兼长/上致果之职。实掌外兵警卫，所姿寄重中禁。千庐儆道，彰悬猷之劳；七萃羽林，应司阶之列。军政缉穆，廊/庑增辉，四郡遐蕃，三危极裔。北邻白虏，南接青羌，式遏疆垂，允归人杰。载初元年，授公沙州刺史，兼豆卢/军经略使。昔颍川太守，讵参五伐之谋；

细柳将军，岂总六条之务。公才兼文武，任光内外。仁明之政，共春/露同沾；金鼓之威，与秋霜比肃。匈奴遁迹，魏尚之在云中；先零殄丧，段颎之征陇外。长寿二年，加太中大/夫，又进爵长城县开国公，并赏懋功也。虽频剪逆徒，而余氛尚梗，狡虏数万，来犯城池。公操烈松筠，志凌/铁石，奋不顾命，甘赴国忧。虽则斩将搴旗，雄心克振，然通中刮骨，其伤遂深。绥复之祸忽臻，马革之悲俄/及。以延载元年八月七日终于官舍，时年五十八。/天子闻而伤之，乃下制曰：显忠悼往，有国通规，国劳饰终，列代彝训。故沙州刺史李元亏，以狡寇/陆梁，鼠窃边鄙，遂能被坚执锐，率众先锋。临难忘生，捐躯徇节，英勇奋发，僵仆为期。念兹诚概，良可嘉悯，/□赠使持节、嘉州诸军事、嘉州刺史，并赠物七十段，还日官为造灵舆。即以万岁登封元年岁次景申壹/月甲辰朔十八日辛酉葬于稷州武功县三畤原。玉门之关，虽非生入；石柱之境，即兆神茔。特旌加等之/荣，兼申赠绶之泽。长子凉州神乌县丞鸣鹤，承世德之基，奉义方之训，践霜庭而赠慕，攀风树而不追。因/心之哀，昊天罔极。以为光昭令德，方贻终古，不镌赵楼之字，谁辩滕城之坟。于是延翠石于他山，纪玄铭/于穸室。庶陵迁谷徙，永识南阳之阡；地久天长，不昧西邙之墜。乃为文曰：/

辰纬降祉，川岳炳灵，诞生世哲，郁号人英。渥水龙种，钟山玉荣，泉河比量，晷耀齐明。其一。萧萧风飙，森森矛/戟，道优从政，声芬杨历。为龙为光，如圭如璧，九万风举，三千水激。其二。逖矣可右，悠哉塞垣，胡尘夕暗，羌笛/朝喧。秘略泉涌，英威电奔，狼局已禅，桃李无言。其三。爰整龙旗，将清蚁结，精贯飞景，心贞蛟雪。陆陌无继，浚/稽箭竭，尚理温鬓，犹持何节。其四。先轸不及，望之死事，宠以徽章，优其赗谥。何以送往，轻车秘器，何以赠行，/铜符竹使。其五。龙川南带，凤岭北临，佳城郁郁，驷马骎骎。山门雾结，陇首风吟，征西之墓，名立身沉。其六。/

大周万岁登封元年岁次景申壹月甲辰朔十八辛酉窆/①

图17 李无亏墓志 拓片图版（采自《考古与文物》2004年第1期）

① 王团战《大周沙州刺史李无亏墓及征集到的三方唐代墓志》，《考古与文物》2004年第1期，第20—26页。王惠民《〈沙州刺史李无亏墓志〉跋》，《敦煌研究》2004年第5期，第67—68页。李宗俊《读〈李无亏墓志铭〉》，第95—98、120页。

可知唐政府最早设置的是“豆卢军经略使”，迟至长安二年（702），“豆卢军经略使”改称“豆卢军兵马使”。天宝之后，“豆卢军兵马使”又改为“豆卢军使”。唐朝为了“式遏四夷”，即统辖及经营游牧民族，“于边境置节度、经略使”。如岭南五府经略使“统经略、清海二军，桂管、容管、安南、邕管四经略使”，职责主要为“绥靖夷獠”。[①]所以，豆卢军经略使之设当与唐政府希望安抚、经营沙州等地有关。

对于“豆卢军”中“豆卢”二字的含义，《北史·豆卢宁传》《隋书·豆卢绩传》均载“北人谓归义为‘豆卢’”，也就是北方游牧民族将归附中央王朝称为“豆卢”。所以，北魏才会将降附的鲜卑慕容氏赐姓为豆卢氏。据此，王永兴指出自东晋南朝以来，瓜、沙等地有大批吐谷浑人居住。唐代初期，仍有相当多的吐谷浑人保留了骑射的传统。唐政府把这些善战的吐谷浑人组建成备边的军队，这就是文书中记载的豆卢军。[②]而这也当是圣历二年吐谷浑大规模归附之际，唐政府派遣沙州豆卢军处理相关事务的原因所在。随着吐谷浑内附人数的激增，可能有更多的吐谷浑人被纳入豆卢军，这也就进一步增强了沙州的军事力量。

三、隋及唐前期的敦煌地区的六镇

在州之军府之下，还有地方镇戍，担任地方防戍镇守任务，其级别在县下。安史之乱前，敦煌地区所设的镇大约有六个，分布在瓜沙二州，分别是：西关、龙勒、子亭、悬泉、雍归、新乡六镇。

---

① ［后晋］刘昫等撰《旧唐书》卷38《地理志一》，第1389页。

② 王永兴《读吐鲁番文书札记二则》，《中国文化》第1期，1991年，第166—170页。

（一）西关镇

在敦煌文书《寿昌县地境》中，记载了寿昌县军镇烽戍情况："镇二：龙勒，西关。戍三：大水、紫金、西子亭。烽卅四。栅二。堡五。"[①]同时，在S.788V《沙州图经》残卷在"寿昌县"下也有相关记载："寺一：永安。镇一：龙勒。堡五：西寿昌、西关。戍三：大水、西子亭、紫金。烽卅四。栅二。镇三，城县西廿五里武德八年（625）置。"[②]虽然这两件敦煌文献大约均属五代时期的抄本，有关寿昌县的记载也不尽相同，但是根据陈国灿的研究，这两件敦煌文书均出自同一底本，[③]S.788V因"抄错行而致乱意"。开元二十六年（738），废寿昌县入敦煌县，为寿昌乡，自此才出现敦煌十三乡，因此，上引两件敦煌文书所记寿昌县的情况，应该在开元二十六年（738）前。陈国灿又将S.788V中记载的寿昌县公廨本钱数与敦煌市博物馆藏敦博58《敦煌县博物馆藏地志残卷》[④]所载进行对比，认为虽然上述两件敦煌文献是五代时期的抄本，但是所抄录的应该是开元后期的情况。因此，寿昌县下辖龙勒、西关二镇也是开元中确实存在过的。

---

① 录文见郑炳林《敦煌地理文书汇辑校注》，第60—64页。又见向达《记敦煌石室出晋天福十年写本〈寿昌县地境〉》，原刊《北平图书馆图书季刊》新第5卷第4期，第1—11页，后收入氏著《唐代长安与西域文明》，第429—442页。

② 录文见郑炳林《敦煌地理文书汇辑校注》，第56—59页。

③ 陈国灿《唐五代瓜沙归义军军镇的演变》，原刊唐长孺主编《敦煌吐鲁番文书初探二编》，第555—580页，修订稿后收入氏著《敦煌学史事新证》，第360—383页，后又收入氏著《陈国灿吐鲁番敦煌出土文献史事论集》，第621—643页。

④ 录文见郑炳林《敦煌地理文书汇辑校注》，第151—172页。研究参见马世长《敦煌县博物馆藏地志残卷——敦博第五八号卷子研究之一》《地志中的"本"和唐代公廨本钱——敦博第五八号卷子研究之二》，收入北京大学中国中古史研究中心编《敦煌吐鲁番文献研究论集》，北京：中华书局，1982年，第265—428、429—476页。

在吐鲁番阿斯塔那五〇三号墓出土的《故西关镇将张君（云感）墓志铭》云："维开元廿五年（737）岁次丁丑十二月十三日，沙州故西关镇将张。廿六年（738）庚寅岁正月六日葬。"[①]可知，志主张云感，曾任沙州西关镇镇将，再次证明西关镇在开元中确实存在过。陈国灿推测西关镇故址大约在寿昌县西北故玉门关。

（二）龙勒镇

当设在寿昌县城内，亦因汉代龙勒县而得名。明人《大事记续编》卷48隋炀帝大业三年（607）秋七月条引唐杜宝《大业杂记》："长城北边自昆仑塞以东，有居延、五原、鸡鹿、高阙、鱼阳、雁门、楼烦、柳城，西南又有龙勒，总十塞，并筑城置镇，镇兵五百。"[②]则知隋代已有龙勒镇。唐仍其旧，亦置龙勒镇。李正宇认为，唐初龙勒镇改为龙勒府。[③]《元和郡县图志》载："隋大业十一年（615），于城内置龙勒府，武德二年（619）改置寿昌，因县南寿昌泽为名也。"[④]据此可知，唐代的龙勒府当是承袭隋代的龙勒府，并非自龙勒镇改置而来。因此陈国灿认为"寿昌四面沙围，镇与军府只能都置于此城"[⑤]，更加合理。

① 图版及论文见侯灿、吴美琳著《吐鲁番出土砖志集注》，成都：巴蜀书社，2003年，第640—641页。

② 饶道庆、阮成城《杜宝〈大业杂记〉佚文辑补》，《古籍整理研究学刊》2010年第6期，第19—22页。辛德勇辑校《大业杂记辑校》未收此条，西安：三秦出版社，2006年。

③ 李正宇《古本敦煌乡土志八种笺证》，第333页。

④［唐］李吉甫撰，贺次君点校《元和郡县图志》卷40《陇右道下》，第1026页。

⑤ 陈国灿《唐五代瓜沙归义军军镇的演变》，原刊唐长孺主编《敦煌吐鲁番文书初探二编》，第555—580页，后修订稿收入氏著《敦煌学史事新证》，第384—407页，后又收入陈国灿著《陈国灿吐鲁番敦煌出土文献史事论集》，第624页。

（三）子亭镇

子亭镇，亦在沙州境内，隶属于豆卢军，故P.2942《唐永泰年代（765—766）河西巡抚使判集》："子亭迥绝，所以加粮。"[①]据P.2625《敦煌名族志》中所叙，有阴氏后人曾任职子亭镇，时间大约在开元之前。P.2625《敦煌名族志》："阴氏。/隋唐以来，尤为望族。有阴稠者，立性清高，不/求荣禄，身（年）九十八，板授邓州刺史。长子仁干，神/监（鉴）明朗，气量含弘，世号智囊，时称理窟，唐/任昭武校尉、沙州子亭镇将、上柱国。"[②]开元三年（715）十一月六日《大唐昭武校尉沙州子亭镇将张公夫人金城麴氏墓志铭并序》[③]，据首题可知墓主之夫张公于开元三年（715）见任沙州子亭镇将，亦可证明开元初年，已经有子亭镇之设。向达曾有考证："子亭镇盖在党河上游，距西千佛洞稍西党河转向处之峡口，最多亦不过百余里。敦煌吕少卿先生谓李暠所筑之子亭城即今之党城，按之地望，或者近是。"[④]即今肃北蒙古族自治县县城东南一公里处，名曰党河故城者，即是子亭镇故址。

（四）悬泉镇

悬泉镇，在瓜州晋昌县境内。[⑤]向达考证其地在"唐、宋时

---

① 录文见安家瑶《唐永泰元年（765）—大历元年（766）河西巡抚使判集》，收入北京大学中国中古史研究中心编《敦煌吐鲁番文献研究论集》，第231—264页。

② 录文见郑炳林《敦煌地理文书汇辑校注》，第110页。

③ 此志发掘编号：72TAM188：1，于吐鲁番阿斯塔纳一八八号墓出土，图版及论文见侯灿、吴美琳著《吐鲁番出土砖志集注》，第628—631页。

④ 向达《记敦煌石室出晋天福十年写本〈寿昌县地境〉》，原刊《北平图书馆图书季刊》新第5卷第4期，第1—11页，后收入氏著《唐代长安与西域文明》，第434—435页。

⑤ 陈国灿《唐瓜沙途程与悬泉镇》，收入氏著《敦煌学史事新证》，第408—422页。

代之县泉堡或县泉镇即在汉广至县旧地，今安西踏实西北之破城子是其处也。”[1]李并成经过实地调查考证，同意向达的说法。[2]作为敦煌县所下辖十三乡中的悬泉乡，据P.3898《唐开元十年（722）敦煌县悬泉乡籍》的记载，应该在沙州城东15至40里之内，而悬泉府则为沙州所管理的三折冲府之一。

又见《唐天宝七载（748）过所案记》残卷：

（1）请改给 ▭

（2）　参军摄司少鸾 □ ▭

（3）　　　　　史邓 ▭

（4）　　　　天宝柒载肆月拾 ▭

（5）六月二日东亭守捉健儿王钦逸勘东过。六月三日苦水守捉健儿徐 ▭

（6）六月四日常乐勘过，守捉官索怀。六月五日悬泉勘过，守捉官镇将靳崇信。

（7）六月八日晋昌郡 ▭[3]

据此件文书可知，在唐前期，悬泉守捉、悬泉镇当同治一地。

① 向达《记敦煌石室出晋天福十年写本〈寿昌县地境〉》，氏著《唐代长安与西域文明》，第435页。

② 李并成《汉敦煌郡广至县城及其有关问题考》，《敦煌研究》1991年第4期，第85—86页。

③ 录文、图版见敦煌文物研究所考古组《莫高窟发现的唐代丝织物及其他》，《文物》1972年第12期，第75页。

（五）雍归镇

雍归镇，亦作邕归镇，向达依据榆林窟第12窟中的题记，“疑即今榆林窟南七十里之石包山。”[①]李正宇亦认为即今肃北县东北之石包城山，即唐代之雍归镇。西北通沙州，西南通往子亭，东南通往羌区，东北通往瓜州。[②]陈国灿则补充了《重修敦煌县志》卷2的记载：“石包山，旧制在城东二百里，叠石为城，高拒绝壁，不知何年所建。”[③]亦肯定了向达的说法。P.2625《敦煌名族志》“阴氏”：“（阴）希长子琛，情自温和，行/敦仁信，琴书养志，智达幽彻，唐任昭武校尉、行/瓜州雍归镇将、上柱国。”[④]可知阴琛曾任雍归镇将。

（六）新乡镇

《通典·州郡典四》记载：“晋昌郡东至酒泉郡五百二十六里。南至新乡镇一百八十里。”[⑤]当在瓜州城东南一百八十里。据《通典》的记载可知，新乡镇在唐代前期已经设置。有关新乡镇的名称来源，陈国灿认为源自西晋晋昌县所下辖八县之一的新乡县。《晋书·地理志上》：“元康五年，惠帝分敦煌郡之宜禾、伊吾、冥安、深泉、广至等五县，分酒泉之沙头县，又别立会

① 向达《记敦煌石室出晋天福十年写本〈寿昌县地境〉》，原刊《北平图书馆图书季刊》新第5卷第4期，第1—11页，后收入氏著《唐代长安与西域文明》，第429—442页。

② 李正宇《古本敦煌乡土志八种笺证》，第274页。

③ 陈国灿《唐五代瓜沙归义军军镇的演变》，原刊唐长孺主编《敦煌吐鲁番文书初探二编》，第555—580页，后修订稿收入氏著《敦煌学史事新证》，第384—407页。又收入氏著《陈国灿吐鲁番敦煌出土文献史事论集》，第624页。

④ 录文见郑炳林《敦煌地理文书汇辑校注》，第111页。

⑤ ［唐］杜佑撰，王文锦等点校《通典》卷174《州郡典四》，第4555页。

稽、新乡，凡八县为晋昌郡。”[①]而具体方位，可能在今玉门市昌马镇。

此外，在敦煌文书《寿昌县地境》（敦煌吕钟氏抄件）及S.367《沙州伊州地志》中均设有“石城镇”及“播仙镇”条目，证明二地为沙州所管辖。正如荣新江所言：“为了加强西域的镇防能力，特别是针对南面吐蕃的威胁，唐朝在上元二、三年（675—676），把丝路南道上的两个重镇——典合城和且末城，改称石城镇和播仙镇，并划归沙州直接管辖。这样做的目的是加强南道的军事镇守能力，同时也标志着敦煌实力的上升，以及敦煌在唐朝经营西域方面所发挥的重要作用。”[②]唐政府设置石城镇和播仙镇并将其划入沙州的统辖范围，是唐前期经营西域南道的重要举措。而通过获得石城和播仙二镇的管辖权，在唐王朝经营西域的总体战略布局中，敦煌的地位和作用进一步增强。[③]此外，根据S.367《沙州伊州地志》“石城镇”条的记载，隋朝曾在此设置鄯善镇。隋朝末年，中原大乱，其城遂废。贞观年间，康国大首领康艳典东来居此城，胡人随之，因成聚落。而据P.2005《沙州都督府图经》“蒲昌海五色”条：

---

① ［唐］房玄龄等撰《晋书》卷14《地理志上》，北京：中华书局，1974年，第434页。又，《晋书》记载敦煌郡下属十二县中，有新乡镇，故冯培红在《归义军镇制考》中认为，“这里出现了两处新乡县，一为原敦煌郡辖县，一为晋昌郡新设之县。这两处记载虽然必有一误，但并不妨碍对新乡县始置于西晋的认识。”季羡林、饶宗颐主编《敦煌吐鲁番研究》第9卷，北京：中华书局，2006年，第245—294页。

② 荣新江《敦煌学十八讲》，第22页。

③ 详细情况可参李宗俊《敦煌寿昌县的废置与唐前期对西域石城、播仙二镇地区的经营》，《中国边疆史地研究》2008年第2期，第22—29页。又见李宗俊《唐前期西北军事地理问题研究》，北京：中国社会科学出版社，2015年，第192—203页。

> 右，大周天授二年（691）腊月，得石城镇将康拂/耽延弟地舍拨状称："其蒲昌海水，旧来/浊黑混杂，自从八月已来，清明彻底，其/水五色。得老人及天竺婆罗门云：'中国有/圣天子，海水即清无波。'奴身等欢乐，望请奏/圣人知者。"①

武周天授二年（691）之际，担任石城镇将的乃是粟特人康拂耽延，其很可能是贞观初占据石城镇的康艳典之后裔。既然在唐朝设置石城等镇后，镇将由内属的粟特人担任，那么其所统之兵的主体或即由居住在此或附近的胡人组成。

① 录文见郑炳林《敦煌地理文书汇辑校注》，第19页。

第四章

隋及唐前期敦煌的宗教

第一节　隋及唐前期敦煌的佛教

敦煌是丝绸之路的咽喉，是最先接受外来思想的地区之一，佛教东传，最先到达西域、河西地区。十六国北朝时期，敦煌地区就出现了许多著名的译经僧人和高僧，敦煌的佛教就已经达到了比较高的发展水平。到了隋唐时期，敦煌地区的佛教发展进入了繁荣时期。这一方面是隋唐统治者倡导的结果，杨隋皇室崇奉佛教，李唐皇室虽不及杨氏，但依然对佛教充满兴趣，尤其是武周时期，武则天利用佛教为其称帝制造舆论。又隋灭陈后，将崇信佛教的陈王室成员迁徙到河西地区，《南史·陈宗室诸王传》："时宗室王侯在都者百余人……因从后主入长安，隋文帝并配陇右及河西诸州，各以田业以处之"[①]也对该地区的佛教发展起了推动作用。再次是隋唐社会安定，在吐蕃攻陷敦煌之前，敦煌地区几乎一直在中原王朝的统治下，社会比较安定，对于佛教的发展具有较好的促进作用。第三离不开敦煌各位高僧的努力，隋及唐前期，敦煌地区涌现了一批高僧。杜斗城辑录《陇右高僧录》，隋及唐前期高僧有释慧远、释灵干、释法安、释童真、释

① ［唐］李延寿撰《南史》卷65《陈宗室诸王传》，北京：中华书局，1975年，第1579页。

静瑞、释洪满、释智首、释玄觉、释靖玄、释玄会、释惠立、释灵辨、释法冲、释道兴、释爱同、释智俨、释神悟、释道隐、释德圆、释元皎、释法丰等21位陇右高僧。①

在现存的敦煌文书中，有不少可以反映隋及唐前期敦煌佛教发展状况的材料，尤其是根据写经题记所反映的社会状况以及佛教普通信众的生活面貌。敦煌藏经洞还发现了一批佛教疑伪经与三阶教经典，对于中古佛教思想与信仰研究具有重要意义。随着佛教发展，莫高窟的石窟开凿进入了新的高潮时期，在继承了北朝石窟开凿的丰富的经验之后，隋唐的石窟开始有了新的变化。

一、佛教寺院

寺院是佛教活动的主要场所，早在北魏时期，敦煌地区就已经存在不少佛教寺塔，隋唐时期，佛教在敦煌进一步发展，成为佛教都会之一，敦煌的寺院继续发展。现有文献可见隋及唐前期的敦煌有寺院十座。

（一）崇教寺

隋仁寿元年（601），隋文帝杨坚下诏颁舍利于天下三十州，并在当地起塔供奉。《广弘明集》保存此诏，名曰《隋国立舍利塔诏》：

> 门下仰惟：正觉大慈大悲，救护群生津梁庶品。
>
> 朕归依三宝，重兴圣教，思与四海之内一切人民俱发菩提，共修福业，使当今现在爰及来世，永作善因，同登妙果。宜请沙门三十人，谙解法相兼堪宣导者，各将侍者二

① 杜斗城《陇右高僧录》，兰州：兰州大学出版社，1993年，第54—155页。

人并散官各一人，薰陆香一百二十斤，马五匹，分道送舍利往前件诸州起塔。其未注寺者，就有山水寺所起塔，依前山旧无寺者，于当州内清静寺处建立其塔。所司造样送往当州。僧多者三百六十人，其次二百四十人，其次一百二十人。若僧少者尽见僧，为朕、皇后、太子广、诸王子孙等及内外官人、一切民庶、幽显生灵，各七日行道并忏悔。起行道日打刹，莫问同州异州，任人布施，钱限止十文已下，不得过十文，所施之钱以供营塔，若少不充，役正丁及用库物。率土诸州僧尼，普为舍利设斋。限十月十五日午时，同下入石函。总管刺史已下、县尉已上，息军机停常务七日，专检校行道及打刹等事，务尽诚敬，副朕意焉。主者施行。

仁寿元年六月十三日内史令豫章王臣暕宣[①]

同卷王劭《舍利感应记》有“瓜州于崇教寺起塔”[②]。则瓜州奉召在崇教寺起舍利塔。《续高僧传·智嶷传》：“仁寿置塔，敕召送于瓜州崇教寺。”[③]则给敦煌崇教寺送舍利的僧人为智嶷。莫高窟第156窟题记《莫高窟记》：“开皇时中，僧善喜造讲堂。”[④]宿白《〈莫高窟记〉跋》指出善喜所造的讲堂，可能也是崇教寺的建筑。[⑤]那么善喜可能为崇教寺僧人。又S.2048《摄论

① ［唐］道宣《广弘明集》卷17，《大正藏》，第52册，第213页。

② ［唐］道宣《广弘明集》卷17，《大正藏》，第52册，第216页。

③ ［唐］道宣撰，郭绍林点校《续高僧传》卷28《隋京师静法寺释智嶷传第四十三》，第1129页。

④ 敦煌研究院编《敦煌莫高窟供养人题记》，北京：文物出版社，1986年，第72页。

⑤ 宿白《〈莫高窟记〉跋》，氏著《中国石窟寺研究》，北京：生活·读书·新知三联书店，2019年，第253页。

章》尾题："仁寿元年（601）八月廿八日，瓜州崇教寺沙弥善藏在京辩才寺写《摄论疏》，流通末代，比字校竟。"[①]则善藏也是崇教寺僧人，且他们都是"善"字辈。

（二）三界寺

三界寺在敦煌遗书中简称"三界""界"，位于莫高窟下寺（今莫高窟第16和17窟前面）。[②]三界者，佛教所谓欲界、色界、无色界也。李正宇认为三界寺早在武德五年（622）至贞观七年（633）就已经存在。[③]据不完全统计，敦煌文书中含有"三界寺""三界""界"的文书或题记有340余条。[④]三界寺在唐前期发展状况不明，但在吐蕃和归义军统治时期获得较大发展，在北宋天禧三年（1019）后销声匿迹。[⑤]

（三）大云寺

大云寺在敦煌遗书中简称"云"，位于沙州城内。首次出现是在220窟北壁下部发愿文题记："贞观十六年（642）岁次壬寅，奉为大云寺律师道弘法师奉造者。"[⑥]《旧唐书·皇后本纪》："有沙门十人伪撰《大云经》，表上之，盛言神皇受命之事。制

① 图版见方广锠、（英）吴芳思主编《英国国家图书馆藏敦煌遗书》第32册，桂林：广西师范大学出版社，2014年，第201页。

② 史岩《〈敦煌石室画像题识〉序》，写于1945年7月，收入黄永武主编《敦煌丛刊初集》第5卷，台北：新文丰出版股份有限公司，1985年，第35页。

③ 李正宇《八至十一世纪敦煌世俗佛教》，兰州：甘肃人民出版社，2021年，第307—308页。

④ 王秀波《唐后期五代宋初敦煌三界寺研究》，上海师范大学硕士学位论文，2014年，第9页。

⑤《天禧三年（1019）□月二十七日社邑造塔记》，宁可、郝春文《敦煌社邑文书辑校》，南京：江苏古籍出版社，1997年，第863—865页。

⑥ 敦煌研究院编《敦煌莫高窟供养人题记》，第102页。

颁于天下，令诸州各置大云寺，总度僧千人。”[①]《唐会要》卷48《寺》：“天授元年（690）十月二十九日，两京及天下诸州，各置大云寺一所。”[②]《资治通鉴》卷204：“（天授元年十月）壬申，敕两京、诸州各置大云寺一区，藏《大云经》，使高僧升座讲解。”[③]大云寺最后一次在敦煌出现时在北宋的端拱元年（988），BD14927《道行般若经卷四》卷首尾写有“大云寺僧法盈”[④]。则敦煌大云寺早在贞观时期存在，武后利用《大云经》为自己登基称帝造势，又修建大云寺，二者是否为一则不得而知。但武则天下诏修建大云寺后，大云寺成为各州的官寺，一直到开元二十六年（738）被开元寺取代。

（四）永安寺

永安寺在敦煌遗书中简称“永”。永安之名，是礼佛与治国相结合的一种象征。[⑤]P.5034《沙州地志》：“在县北十步处……宇文保定四年废，唐上元（中缺）寺名依旧，置立度僧。”[⑥]本卷主要记沙州寿昌县、石城镇、播仙镇地理情况，首起寿昌县，故可知P.5034所载寿昌城内县衙碑十步有一寺。又《寿昌县地镜》“寺一，永安”[⑦]可知，P.5034所载寺院即为永安寺，则永安寺位于寿昌县城内，即今敦煌南湖乡。[⑧]据上揭P.5034，永安

① ［后晋］刘昫等撰《旧唐书》卷6《则天皇后本纪》，第121页。

② ［北宋］王溥《唐会要》卷48《寺》，第996页。

③ ［北宋］司马光撰，［元］胡三省音注《资治通鉴》卷204，第6469页。

④ 图版见中国国家图书馆编，任继愈主编《国家图书馆藏敦煌遗书》第135册，北京：北京图书馆出版社，2010年，第256—265页。

⑤ 张弓《汉唐佛寺文化史》，北京：中国社会科学出版社，1997年，第238页。

⑥ 郑炳林《敦煌地理文书汇辑校注》，第43页。

⑦ 郑炳林《敦煌地理文书汇辑校注》，第60页。

⑧ 李正宇《敦煌地区古代祠庙寺观简志》，《敦煌史地新论》，台北：新文丰出版股份有限公司，1996年，第73页。

寺可能复建于高宗上元年间（674—676）。

（五）灵图寺

灵图寺在敦煌遗书中简称“图”。P.2005、P.2695《沙州都督府图经》：“右唐乾封元年（666）有百姓严洪爽于城西李先/王庙侧得上件石，其色翠碧，上有赤文，作/古字，云：下代卅卜年七百。其表奏为上瑞，当/为封岳并天，咸置寺观，号为万寿，此州/以得此瑞石，遂寺观自号灵图。/”①S.5448《敦煌录一本》：“州西南有李先王庙，/即西凉王先世之庙。乾封［元］年（666），/庙侧得瑞石，其色翠碧，有赤文/古字，云：‘卜世三十，卜年七百。’今人呼/为李庙”②可知得名由来，乃是由于在李先王庙旁边得瑞石，奉敕改寺名为灵图。P.2691V《沙州城土境》“李先王庙，州西八里”，可知灵图寺在沙州城西八里。吐蕃及归义军时期，灵图寺设有寺学，并有多位名僧出自灵图寺。此寺至北宋天禧三年（1019）犹存。③

（六）龙兴寺

龙兴寺在敦煌遗书中简称“龙”，位于沙州城内。龙兴寺的建立，现有文献中有两条不同的记载：其一，《旧唐书·中宗本纪》：“（神龙三年二月）庚寅，改中兴寺、观为龙兴，内外不得言‘中兴’。”④其二，《佛祖统纪》卷41：“（开元）二十六年（738），敕天下诸郡立龙兴、开元二寺。”⑤则关于龙兴寺的

---

① 郑炳林《敦煌地理文书汇辑校注》，第18、34页。

② 郑炳林《敦煌地理文书汇辑校注》，第87页。

③《天禧叁年（1019）□月二十七日社邑造塔记》，宁可、郝春文《敦煌社邑文书辑校》，第863—865页。

④［后晋］刘昫等撰《旧唐书》卷7《中宗纪》，第143—144页。

⑤［宋］志磐撰，释道法校注《佛祖统纪校注》卷41，上海：上海古籍出版社，2012年，第950页。

始建有神龙三年（705）和开元二十六年（738）两种，目前尚不清楚龙兴寺是根据哪一次的诏书而建。BD01106乾元二年（759）《四分律比丘戒本》卷末题记“乾元二年（759）四月廿日，龙兴寺僧静深写了。”[①]则此经是由龙兴寺的僧人静深写成，这是目前已知最早关于敦煌龙兴寺的记载。龙兴寺在唐后期逐渐成为沙州第一大寺。在吐蕃和归义军时期，龙兴寺成为敦煌地区佛教僧团最高管理机构都僧统司的驻所。

（七）开元寺

开元寺在敦煌遗书中简称“开”，位于沙州城内。《唐会要》卷49：“天授元年（690）十月二十九日，两京及天下诸州，各置大云寺一所。至开元二十六年六月一日，并改为开元寺。”[②]同书卷50“（开元）二十六年（738）六月一日，敕每州各以郭下定形胜观、寺，改以‘开元’为额。”[③]上面一说开元寺是由大云寺改名而来，一说是新建寺院。P.4057（1）《诸州造开元寺敕》：“敕下诸州府，每州造寺一所，额号开元寺，一任有力之人造寺宇，以表朕之敬仰者。”[④]证明开元寺并非由大云寺改名，而是根据玄宗敕书新建寺院。开元官寺设立之后，唐代地方诸州的佛教官寺由中宗时期的龙兴寺转移至新设立的开元寺，开元寺由此成为地方诸州的中心寺院，并一直延续至唐末。[⑤]但在敦煌陷

① 图版见中国国家图书馆编，任继愈主编《国家图书馆藏敦煌遗书》第16册，北京：北京图书馆出版社，2006年，第276页。

② ［宋］王溥《唐会要》卷48《寺》，第996页。

③ ［宋］王溥《唐会要》卷50《杂记》，第1029页。

④ 图版见上海古籍出版社、法国国家图书馆编《法藏敦煌西域文献》第31册，上海：上海古籍出版社，2005年，第50页。

⑤ 聂顺新《唐代佛教官寺特殊功能研究》，《世界宗教研究》2018年第5期，第48—58页。

蕃之后，开元寺的地位被崇教寺所取代。

（八）报恩寺

报恩寺在敦煌遗书中简称“恩”，唐前期报恩寺寺址不明。报恩寺最早的记载见于盛唐时期P.3265《报恩寺开温室浴僧记》：“报恩寺开温室浴僧记……则有至孝孤子令狐义忠，奉谓考君右骁卫、隰州双池府左果毅都尉、赐紫金鱼袋、上柱国、敦煌都水令太原狐公之建矣。”[①]上揭《天禧叁年（1019）□月二十七日社邑造塔记》标明此寺到北宋天禧三年（1019）犹存。

（九）乾元寺

乾元寺在敦煌遗书中简称“乾”，由寺名“乾元”推测，应该建造于唐肃宗乾元年间，又万年、苏州二地的乾元寺亦修建于唐肃宗乾元年间，可为佐证。[②]张亦鸣推测乾元寺最晚文献记载应在宋太平兴国四年（979）。[③]乾元寺在敦煌地区存在逾二百年。

（十）灵修寺

灵修寺是少见的敦煌尼寺，在敦煌遗书中简称“修”，寺址所在目前不明。S.2157武周天授二年（691）《妙法莲华经》四卷题记：“灵修寺比丘尼善信，知身非有，浅识苦空，遂减三衣之余，敬为亡妣写《法华经》一部。”[④]北宋太平兴国四年（979）犹存。唐前期该寺情况不明，吐蕃及归义军时期，该寺出

① 图版见上海古籍出版社、法国国家图书馆编《法藏敦煌西域文献》第22册，上海：上海古籍出版社，2002年，第326页。

② 张亦鸣《唐宋时期敦煌乾元寺研究》，上海师范大学硕士学位论文，2021年，第8页。

③ 张亦鸣《唐宋时期敦煌乾元寺研究》，第11页。

④ 图版见方广锠、（英）吴芳思主编《英国国家图书馆藏敦煌遗书》第35册，桂林：广西师范大学出版社，2014年，第137页。

家尼达百余人。

敦煌寺院建筑总体布局大致相似，一般有东西角楼，其一悬钟为钟楼，其一藏经为经楼。据敦煌文献中，上述龙兴寺钟楼、经楼都有记载，乾元寺、报恩寺仅有钟楼的记载。另，敦煌诸寺一般都有大殿（一般是指大雄宝殿）、偏殿、讲堂、厨舍等建筑格局。①

二、佛教写经

经过魏晋南北朝时期的发展，佛教在隋唐时期大盛。作为佛教传播最重要的载体之一的佛经也迎来了大的发展，据《隋书·经籍志》，隋代已有佛经1950部计6198卷。就7万多号敦煌遗书而言，佛教文书占了大约90%。

敦煌文书中的佛经主要来源是敦煌本地的佛教信仰者的写经，赵青山指出敦煌地区完全拥有自主造纸原料和技术，为大规模地抄写佛经提供了必要的纸张保障。②

抄写佛经所用字等，也因隋唐国家字书规范的统一而一改隋之前民间随心所欲自创文字、混用、多笔等情况，如唐初颜元孙《干禄字书》就成为唐初字体规范化运动的产物之一，敦煌藏经洞中也发现了大量习字抄《千字文》卷子。BD02444《大般若波罗蜜多经》卷198种“故”“善”“现”“清”“净”“谛”“无”“虑”等字完全承袭了《兰亭序》书风，点画与王羲之极为相似。

敦煌文书中也发现了不少佛经的杂难字抄，S.3539武周时期

① 郝春文、陈大为《敦煌的佛教与社会》，兰州：甘肃教育出版社，2013年，第123—164页。

② 赵青山《6—10世纪敦煌地区抄经史》，北京：民族出版社，2019年，第45—50页。

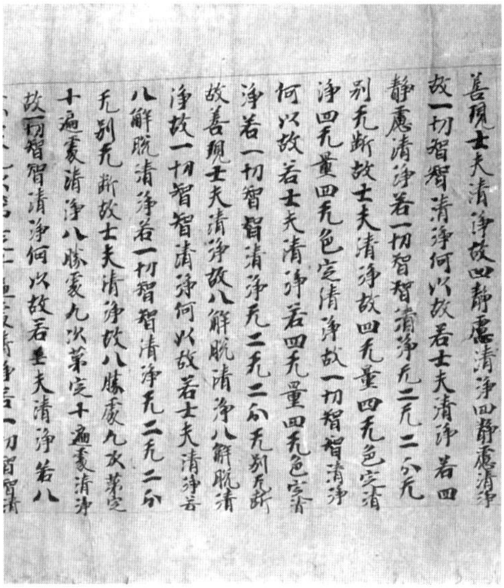

图1 BD02444 《大般若波罗蜜多经》局部（采自IDP）

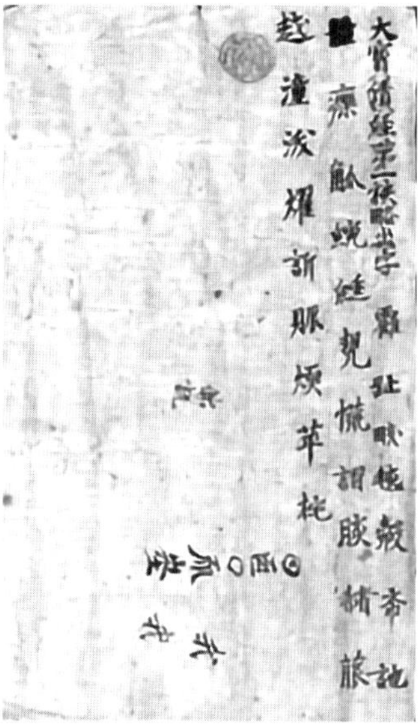

图2 S.3539 《〈大宝积经〉杂难字抄》（采自IDP）

《〈大宝积经〉杂难字抄》中就罗列了《大宝积经》中的比较难写的字。这种杂难字抄是抄经者在抄经之前，熟读佛经，将自己不认识和书写复杂的字单独抄录成小册或写在纸片上，有的放矢地练习。①

佛教的业力果报说是敦煌佛教信众写经的动力，在佛教思想中，抄经是福业、善根、胜因，因此佛教信众期待抄经这种善业可以带来好的果报，寄托着抄经人的种种美好愿望。抄经既可以为自己祈福，也可以为他人带来福报，不论身份贵贱都可以获得抄经愿力，因此抄经活动十分盛行。

佛教写经可以为自己祈福善报。比如祈愿早归故土的，如S.2605大业十二年（616）《佛说金刚般若经》题记：“清信优

① 赵青山《6—10世纪敦煌地区抄经史》，第164页。

婆夷刘圆净敬写此经……又愿刘身早离边荒，速还京辇。”[①]孕妇祈求分娩平安的，如P.2900上元二年（675）《药师经》题记：“弟子女人索八娘为难月，愿无诸苦恼分难平安。”[②]罪犯为自己写经消除牢狱之灾的，如BD5671天宝三载（744）《妙法莲华经度量天地品》题记：“玉门行人在此襟，经廿日有余，于狱写了，有人受持读诵，楚客除罪，万万劫记之。”[③]为自己仕途祈福的，如S.87圣历三年（700）《金刚般若波罗蜜经》题记：“大斗拔谷副使上柱国南阳县开国公阴仁协写经……得六品，发愿月别许写一卷；得五品，月别写经两卷。”[④]

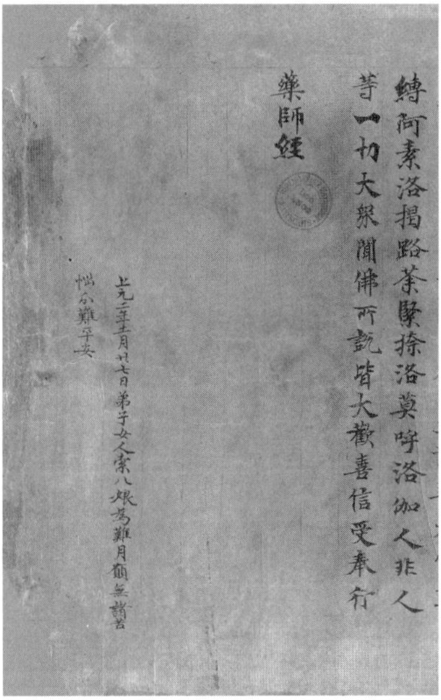

图3 P.2900《药师经》题记（采自IDP）

写经也可为他人祈福，佛教主张“上报四重恩（父母、师僧、国家、佛祖），下济三途苦”，因此敦煌写经中多见以父母、师僧、国家为祈愿保佑对象的抄经题记。为父母祈愿的抄经，也会旁及其他亲属家族

① 图版见方广锠、（英）吴芳思主编《英国国家图书馆藏敦煌遗书》第45册，桂林：广西师范大学出版社，2017年，第339页。

② 图版见上海古籍出版社、法国国家图书馆编《法藏敦煌西域文献》第19册，上海：上海古籍出版社，2001年，第368页。

③ 图版见中国国家图书馆编，任继愈主编《国家图书馆藏敦煌遗书》第76册，北京：北京图书馆出版社，2008年，第125页。

④ 图版见方广锠、（英）吴芳思主编《英国国家图书馆藏敦煌遗书》第2册，桂林：广西师范大学出版社，2011年，第131页。

等人，据统计，在240多件涉及家庭成员的抄经题记中，抄经祈愿主要是父母、子女、妻子和丈夫，但叔伯姑舅鲜有提及。[①] BD14483开皇二十年（600）二月十五日《仁王般若经》卷下发愿题记：

> 大隋开皇廿年二月十五日，佛弟子索/显哲发愿，息洪相造仁王经一部，并及/庄严悉讫。又愿洪相见存父母、六府康/和，众魔隐塞。世世常近父母边，供养供/给。恒愿诸天诸佛，拥护易接，历劫不堕/三途八难。子孙衣食丰饶，奴婢成行。逮及/见眷属，并得平安共一切众生、相将成佛。[②]

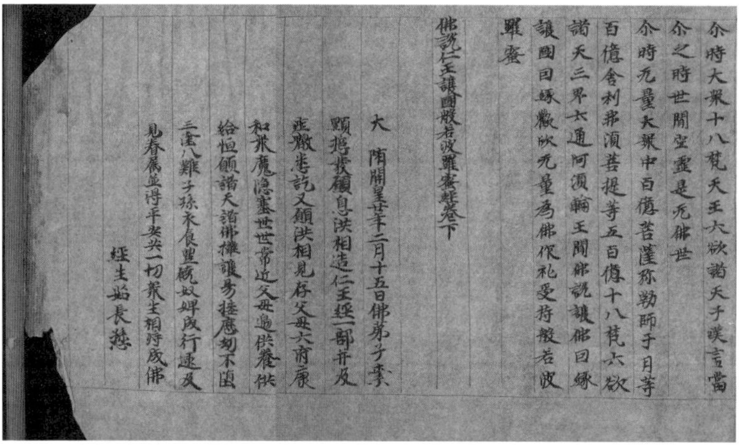
尒時大衆十八梵天王六欲諸天子咲言當
尒之時世間空虛是无佛世
尒時无量大衆中百億菩薩弥勒師子月等
百億舍利弗須菩提等五百億十八梵六欲
諸天三界六通阿須輪王聞佛說護佛因緣
護國因緣歡喜无量為佛作礼受持般若波
羅蜜
佛說仁王護國般若波羅蜜經卷下
大　隋開皇廿年二月十五日佛弟子索
顯悊發願息洪相造仁王經一部并及
莊嚴悉訖又願洪相見存父母六府康
和衆魔隱塞世世常近父母邊供養供
給恒願諸天諸佛擁護易接應劫不墮
三塗八難子孫衣食豐饒奴婢成行逮及
見眷屬並得平安共一切衆生相將成佛

图4　BD14483《仁王般若经》题记（采自IDP）

隋唐时期的敦煌写经中，随着拯救“七世父母”为目的的盂兰盆节的风行，“七世父母”成为抄经发愿中最常见的祈愿对象之一。约7世纪后期抄写的BD14961《摩诃般若波罗蜜经》卷1题

① 赵青山《6—10世纪敦煌地区抄经史》，第255页。
② 图版见中国国家图书馆编，任继愈主编《国家图书馆藏敦煌遗书》第128册，北京：北京图书馆出版社，2010年，第111页。

记："邓元穆谨为七世父母敬写《大品经》一部"[①]。文明元年（684）S.2863《观音经》题记："文明元年（684）六月五日，弟子索仁节写记。愿七世父母，所产父母，托生西方阿弥陀佛国，并及兄弟姊妹等，恒发善愿。"[②]关于"七世父母"的具体所指，杨学勇认为暗喻小乘七世佛。[③]郝春文认为从自己父母往上推六代已经亡故的和未亡的七代祖先。[④]赵青山则从古印度文化尚"七"的传统中提出"七"当属极多之意，"七世父母"并非严格的七代，而是可以理解为"代代祖先"。[⑤]其他也有为单个眷属发愿祈福的写经等，如亡父、亡母、亡夫、亡妻、亡姊、亡妹、亡子、亡女等。[⑥]

为师僧祈福发愿的，有的是直接为师僧祈愿，但最普遍的是师僧作为祈愿对象之一，常与"父母"等亲眷在一起。如书道博物馆藏武德二年（619）《药师琉璃光如来本愿功德经》题记有"是以比丘惠达为七世师僧父母虔造《药师琉璃光经》一部"[⑦]。除了"师僧"外，还有"师长"，如BD14544开皇元年（581）

---

① 图版见中国国家图书馆编，任继愈主编《国家图书馆藏敦煌遗书》第136册，北京：北京图书馆出版社，2010年，第99页。

② （日）池田温编《中國古代寫本識語集錄》，東京：東京大学東洋文化研究所，1990年，第234页。

③ 杨学勇《敦煌阴氏与佛教的关系及相关问题研究》，《敦煌学辑刊》2006年第3期，第165—174页。

④ 郝春文《东晋南北朝时期的佛教结社》，首都师范大学历史系编《首都师范大学历史系建系四十周年纪念论文集》，北京：首都师范大学出版社，1995年，第63页。

⑤ 赵青山《6—10世纪敦煌地区抄经史》，第266页。

⑥ 魏郭辉《敦煌写本佛经题记研究——以唐宋写经为中心》，兰州：甘肃文化出版社，2020年，第26—30页。

⑦ （日）磯部彰编《台東区立書道博物館所藏中村不折旧藏禹域墨書集成（中）》，東京：二玄社，2005年，第3页。

《大般涅槃经卷第廿八》题记有“愿七世师长父母、所生父母、合家大小并生无量寿国”[①]。师僧在出家僧人心中占有重要地位，学业上传道、授业、解惑，滋长弟子慧命，成就弟子道品；在生活中，师僧俨然父母。因此抄经题记中师僧作为主要“奉为”之一，是弟子们追思师恩的方式。

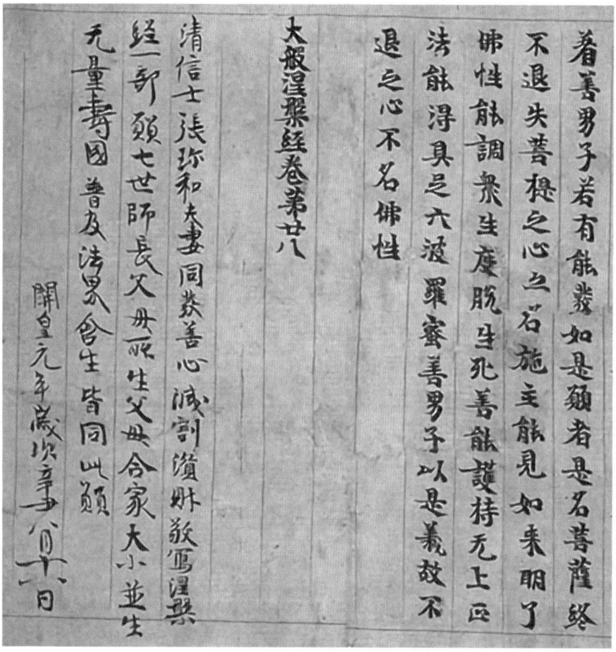
着善男子若有能發如是願者是名菩薩終
不退失菩提之心亦名施主能見如來明了
佛性能調衆生度脫生死善能護持无上正
法能得具足六波羅蜜善男子以是義故不
退之心不名佛性
大般涅槃經卷第廿八
清信士張珎和夫妻同發善心減割資財敬寫涅槃
經一部願七世師長父母所生父母合家大小並生
无量壽國普及法界含生皆同此願
開皇元年歲次辛丑八月十八日

图5　BD14544《大般涅槃经卷第廿八》题记（采自IDP）

为国家帝王等祈福也是敦煌写经的一个重要的目的。国家社会的安定，与民众生活息息相关，尤其是在敦煌河西这种常年战乱的边疆地区，对国家的祈愿和秋收、安宁、富强等结合在一起。林平旧藏大业元年（605）《大智论》题记：“先愿国祚永

① 图版见中国国家图书馆编，任继愈主编《国家图书馆藏敦煌遗书》第129册，北京：北京图书馆出版社，2010年，第176页。

隆，人民福乐。”[①]P.2138大业三年（607）《大智度论卷第九十一》题记：“国祚永隆，五禾丰熟，人民兴盛。”[②]S.87圣历三年（700）《金刚般若波罗蜜经》题记：“大斗拔谷副使上柱国南阳县开国公阴仁协写经为金轮圣神皇帝及七世父母、合家大小。”[③]祈愿对象为金轮圣神皇帝，即武则天。

尤其值得注意的是，敦煌写经中武周时期的《大云经》和《宝雨经》两部，为武则天登基称帝造势。S.2278《佛说宝雨经卷第九》由“大白马寺大德沙门怀义监译”[④]，比魏晋南朝译本多出了为武则天称帝服务的“佛授记”内容。有“天子！……实是菩萨，故现女身，为自在主，经于多岁，正法治化，养育众生犹如赤子，令修十善，能于我法广大住持，建立塔寺，又以衣服、饮食、卧具、汤药供养沙门，于一切时常修梵行，名日月净光”等语。S.2658、S.6502《大云经疏》通过对已有的《大云经》作疏的形式增添为武则天服务的内容。[⑤]这也表明了敦煌佛教写经与帝王政治存在密切联系。

当然写经并非只有单一的祈愿对象，多数写经的祈愿对象混杂上述亲眷父母、师僧、国家帝王等。如京都博物馆藏贞观二十

---

① （日）池田温编《中國古代寫本識語集錄》，第170页。

② 图版见上海古籍出版社、法国国家图书馆编《法藏敦煌西域文献》第6册，第327页。

③ 图版见方广锠、（英）吴芳思主编《英国国家图书馆藏敦煌遗书》第2册，第131页。

④ 图版见方广锠、（英）吴芳思主编《英国国家图书馆藏敦煌遗书》第37册，桂林：广西师范大学出版社，2014年，第245页。

⑤ 林世田《〈大云经疏〉初步研究》，《文献》2002年第4期，第47—59页，收入氏著《敦煌遗书研究论集》，北京：中国藏学出版社，2010年，第3—15页。又林世田《〈大云经疏〉结构分析》，原载《麦积山石窟艺术文化论文集（下）》，兰州：兰州大学出版社，2004年。收入氏著《敦煌遗书研究论集》，第16—28页。

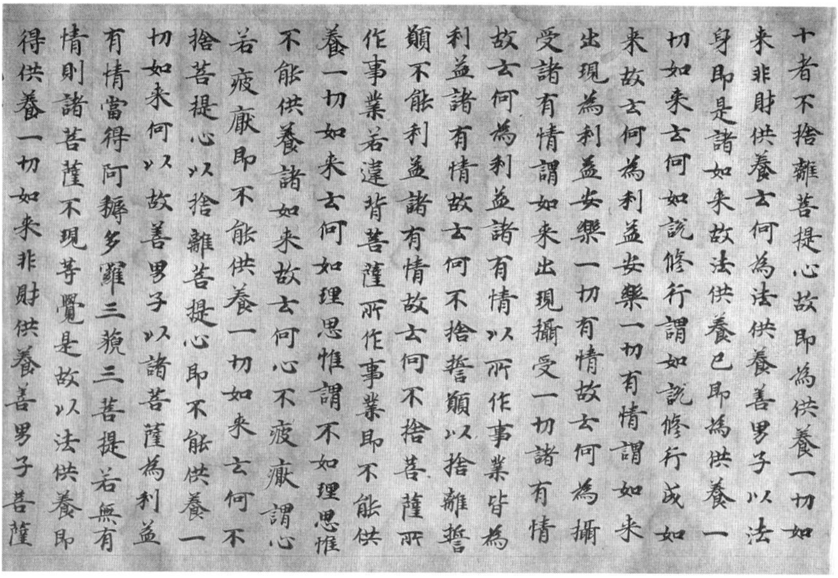

图6　S.2278《佛说宝雨经卷第九》局部（采自IDP）

二年（648）《妙法莲华经卷第五》题记：

> 贞观廿二年（648）十月二日，菩萨戒弟子苏士方发心愿渐转写/诸经经论等，奉为/至尊、皇后、殿下、储妃，又为师僧父母、诸亲眷属、四生六/道，等出尘劳，法界有穷，斯愿无氓。颂曰：/写妙法功德，普施于一切。同证会真如，速成无上觉。/①

除上述个人抄经行为外，敦煌地区还存在为积累功德、获取福报的信徒组成的佛教抄经社邑的集体抄经行为。藤井有邻馆藏开皇

①（日）池田温编《中國古代寫本識語集録》，第192页。

三年（583）《华严经卷四十七优婆夷邑题记》：“开皇三年（583）十月八日，优婆夷邑敬造供养”。①优婆夷邑全部由女性组成，这是“敦煌地区最早出现的由女性组成的佛教团体的记载”②。还有开皇十四年（594）四月二十五日P.2086僧俗所抄《十地论法云地第十卷之十二》中具列社邑僧俗“邑人净通师、刘惠略、许庆集……”共32人姓名。

除了上述的敦煌本地写经之外，敦煌藏经洞还发现了其他地区的供养写经。其他地区的世家豪族以及普通信众常常作写经功德，并将写经分送全国各大寺院供养。

来自关中地区的，如P.2090龙朔三年（663）《妙法莲华经卷第七》来自雍州，题记：“龙朔三年（663）十一月十三日于雍州，写经生彭楷抄。”③S.4635武德九年（626）《四分律行事钞》来自长安，卷上之下题记：“唐武德九年（626）夏中，于西京崇义寺中修讫。”④

来自中原地区的，如甘博029久视元年（700）《大般涅槃经后分卷第卌二》来自晋州（今山西临汾），题记：“久视元年（700）六月卅日，宁远将军守右武威卫晋州安信府左果毅都尉上柱国邓守琎，在府写涅槃一部。”⑤P.2163开元二十三（735）

① （日）池田温编《中國古代寫本識語集錄》，第140—141页。
② 郝春文《再论北朝至隋唐五代宋初的女人结社》，氏著《郝春文敦煌学论文集》，上海：上海古籍出版社，2010年，第174页。
③ 图版见上海古籍出版社、法国国家图书馆编《法藏敦煌西域文献》第5册，上海：上海古籍出版社，1997年，第75页。
④ （日）池田温编《中國古代寫本識語集錄》，第180页。
⑤ 图版见段文杰主编《甘肃藏敦煌文献》第4卷，兰州：甘肃人民出版社，1999年，第227页。

《诸经要集》来自幽州，题记："维开元廿有三载于幽州写记之。"[①]津艺166《大般涅槃经》来自魏州（今河北大名），题记："开元廿年（732）魏州馆陶县上柱国子刘文武敬造，为法界众生，普愿早成佛。"[②]

来自西北非敦煌地区的，如书道博物馆天册万岁元年（695）《观世音经》来自甘州（今甘肃张掖），题记："天册万岁元年（695）正月壹日，清信士张万福并妻吕，/先从沙州行李至此，今于甘州并发心，为所生父母及七/代父母及身并妻息等，减割资粮，抄写观音经/一卷。/"[③]上图026景龙元年（707）《金刚般若波罗蜜经》来自成州同谷县（今甘肃成县），题记："大唐景龙元年（707）岁次丁未十二月乙丑朔十五日乙卯，同谷县令薛崇徽，为亡男英秀敬写。"[④]

敦煌写经也保存了一批隋唐宫廷抄经。比如津艺258开皇十三年（593）《禅数杂事》[⑤]和羽005隋代《佛说未曾有因缘经》[⑥]等。最有名的敦煌宫廷写经莫过于咸亨二年（671）至仪凤二年（677）间武后发愿抄写的《妙法莲华经》和《金刚经》。据赵和平搜集整理，武则天为已逝父母敬造《妙法莲华经》三千

① 图版见上海古籍出版社、法国国家图书馆编《法藏敦煌西域文献》第7册，上海：上海古籍出版社，1998年，第271页。

② 图版见上海古籍出版社、天津艺术博物馆编《天津市艺术博物馆藏敦煌文献》第3册，上海：上海古籍出版社，1997年，第256页

③（日）池田温编《中國古代寫本識語集錄》，第241页。

④ 图版见上海图书馆、上海古籍出版社编《上海图书馆藏敦煌吐鲁番文献》第1册，上海：上海古籍出版社，1999年，第191页。

⑤ 图版见上海古籍出版社、天津艺术博物馆编《天津市艺术博物馆藏敦煌文献》第5册，上海：上海古籍出版社，1997年，第332—343页。

⑥ 图版见（日）武田科学振興財團、杏雨書屋编集《敦煌秘笈》（影片册1），大阪：武田科学振興財團，2009年，第54—64页。

部现存37件，如P.3788、P.2385V、P.4621等。武则天为已逝父母敬造《金刚般若波罗蜜经》三千部现存11件：S.7236、S.036、羽012等。武则天为其子李弘去世写“一切道经序”，有S.1513。这三部武则天宫廷写经中详细记载了武周宫廷写经的各环节与运作模式，包括抄经生、三校四阅制度、抄经使、抄经判官、装潢等各个环节的人员和运作。[①]武则天造经是为了迎合与适应当时社会环境，彰显她为子孝、为母慈的“形象”。

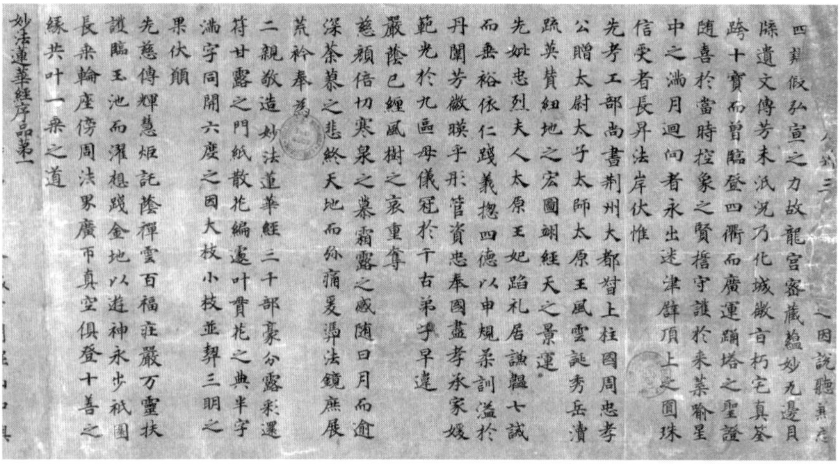
四非假弘宣之力故龍宮密藏蘊妙无邊貝
縢遺文傳芳未泯况乃化城徽言朽宅真筌
跨十寶而曾臨登四衢而廣運蹕塔之聖證
随喜於當時控象之賢持守護於来葉喻星
中之滿月迴向者永出迷津辟頂上之圓珠
信受者長昇法岸伏惟
先考工部尚書荊州大都督上柱國周忠孝
公贈太尉太子太師太原王風雲誕秀岳瀆
疏英黄細地之宏圖翊經天之景運
先妣忠烈夫人太原王妃蹈礼居謙韞七誠
而垂裕依仁踐義摠四德以申規柔訓溢於
丹闈芳徽睽乎彤管資忠奉國盡孝承家娠
範光於九區母儀冠於千古弟子早違
嚴蔭已經風樹之哀重奪
慈顔倍切寒泉之慕霜露之感隨日月而逾
深荼慕之悲終天地而弥痛爰憑法鏡庶展
荒衿奉為
二親敬造妙法蓮華經三千部豪分露采還
符甘露之門紙散花編還叶貫花之典半字
滿字同開六度之因大枝小枝並契三明之
果伏願
先慈傳輝慧炬託蔭禪雲百福莊嚴万靈扶
護臨玉池而濯想踐金地以遊神永步祇園
長乗輪座傍周法界廣帀真空俱登十善之
緣共叶一乗之道
妙法蓮華經序品第一

图7 P.3788《妙法莲华经序品第一》局部（采自IDP）

敦煌藏经洞还发现一批唐前期的疑伪经。疑伪经的界定，方广锠提出回归到中国古代僧人主张的“翻译标准”，即僧祐主张的佛经是否为翻译成汉语的判别标准。如果是翻译的，就是“真

① 最近的综合研究参见赵和平《武则天为已逝父母写经发愿文及相关敦煌写卷综合研究》，《敦煌学辑刊》2006年第3期，第1—22页。赵青山《6—10世纪敦煌地区抄经史》，第215—246页。

经”，否则就是“疑伪”。[1]历代中原地区的佛教僧在修佛经目录时，均排斥疑伪经，与其他地区不同的是，敦煌地区藏有一批疑伪经古写本，于淑健、黄征整理的《敦煌本古佚与疑伪经校注》[2]首次对192号珍稀疑伪经佛典从解题、字词、句读、注文诸方面逐字、逐句、逐篇地重新进行全面的校理和研究。其中唐前期的疑伪经有上海博物馆武德六年（623）四月《救护众生恶疾经》，S.5181显庆四年（659）八月二十五日《佛性海藏经卷第一》，刘幼云旧藏开元五年（717）《佛说大公经》，S.2624开元十七年（729）六月《诸佛要行舍身功德经》，P.3593V唐天宝、至德时期《佛说相好经》，BD04496上元元年（760）至三年（762）《七阶礼佛名经》，S.4000宝应元年（762）六月廿九日《佛说智慧海藏经卷下》等。

三、隋及唐前期敦煌石窟营建

（一）隋代莫高窟的营建

隋代敦煌洞窟大约110个，去除30多个不完整的石窟，樊锦诗等《莫高窟隋代石窟分期》[3]一文将其余81个石窟分为三期：

第一期大致相当于开皇九年（589）隋灭陈之前或略晚一些，共有250、266、304、309（以上一龛窟），305（以上三龛窟），302、303（以上须弥山形中心柱窟）以及改绘的北朝269窟等7个

---

① 方广锠《从“文化汇流”谈中国佛教史上的疑伪经现象》，收入氏著《疑伪经研究与“文化汇流”》，桂林：广西师范大学出版社，2018年，第107—147页。

② 于淑健、黄征《敦煌本古佚与疑伪经校注——以〈大正藏〉第八十五册为中心》，南京：凤凰出版社，2017年。

③ 樊锦诗、关友惠、刘玉权《莫高窟隋代石窟分期》，敦煌研究院编《敦煌研究文集：敦煌石窟考古篇》，兰州：甘肃民族出版社，2000年，第112—142页。该文中称对80个洞窟进行分期，实际上提到了81个。

石窟。此期的石窟形制、塑像、壁画题材及形象、图案纹样等均与北周有大量相似之处，但已经有所变化，其中三龛窟和须弥山形中心柱窟都是北朝没有的窟形。

第二期大致在开皇九年（589）至大业九年（613）略后，共34个窟：253、262、274、292、293、295、312、315、402—407、410—414、416—423、425、427、429、433、434、436，除420窟为三龛窟，292、427为须弥山形中心柱窟外，其他均为一龛窟。此期的石窟形制同第一期及北朝相比，已经有了很大的变化：比如一龛窟窟顶前部的人字披，比初期增宽，几乎与后部的平顶各占窟顶之半，龛的位置普遍升高等。此期正是隋代社会的鼎盛时期，因此出现了一批绘塑精美的大中型石窟以及大量精致细密而色彩富丽的绘画。

第三期即大业九年（613）后至唐初武德年间，共39个窟。其中一龛窟有391、255、278、314、317、318、58、59、63、64、276、277、283、284、400、399、398、397、396、394、392、390、389、379、395、362等；三龛窟有56、401、383等；还有少量无龛窟：279、244、280、281、313、393、429、298等。但王惠民认为429窟在第二期已经提到，似乎归入第二期更合适。还可能遗漏的洞窟有62、280、282、246四个石窟，尤其是282窟，内有大业纪年，一定在内。[1]隋代第三期在覆斗顶一龛窟出现了敞口龛（388、276等窟），成为了唐前期覆斗顶敞口龛窟的雏形。

上述第一期中提到了269窟为隋改绘北朝石窟，此外，隋代还有5窟为重修北朝石窟：254、267、268、270、271。[2]

① 王惠民《敦煌佛教与石窟营建》，兰州：甘肃教育出版社，2017年，第325页。
② 顾淑彦《敦煌十六国至隋石窟艺术》，兰州：甘肃教育出版社，2016年，第36页。

覆斗形顶窟是隋代洞窟的主要形制，这种洞窟平面均为方形，主要以洞窟主室各壁开龛的多少分为一龛窟、三龛窟与无龛窟。420窟为典型的隋代三龛窟，该窟主室为覆斗形顶，南、西、北壁各开一龛，是为三龛。西壁开一内外层方口圆券龛，南壁和北壁中央都开一方形浅龛。

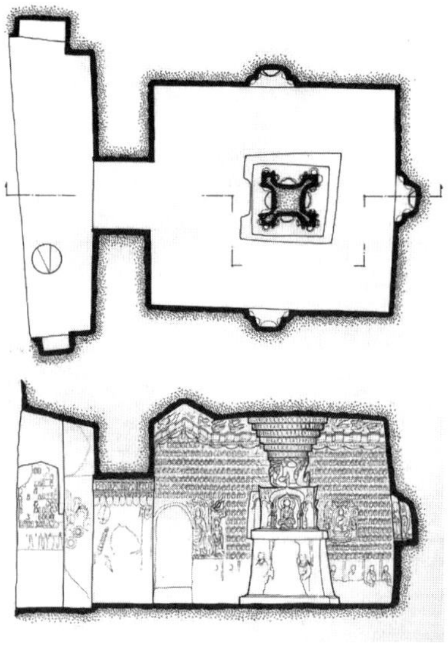

图8　莫高窟隋代第302窟窟形平、剖面图（采自数字敦煌网站）

302窟与303窟为少有的须弥山形中心柱窟。第302窟整个洞窟由主室、甬道和前室三部分构成。主室为中心塔柱窟，窟顶前部人字披，后部平顶。中心塔柱顶部与窟顶相连，作须弥山状，上部为圆形七级倒塔，下部由方形两层台座组成，共承倒塔，台座上层四面各开一圆券形龛。中心柱底座北向面下层壁画隐约可见“开皇四年六月十一日”等字样，据此可知此窟开凿于开皇四年（584）左右，故此窟又称“开皇四年窟”。洞窟主室西壁中央开一内外层佛龛。303窟与302窟大致相同。

从现存的隋代石窟供养人画像和题名来看，这一时期营建洞窟的主要力量为僧人、地方官员和普通百姓。值得注意的是，隋代出现了家窟这一新的石窟寺类型，给洞窟附加了家庙的功能，拓展了石窟寺的功能，加强了佛教石窟与社会的联系。62窟是目前最早由一家祖孙三代为施主修建的洞窟。此窟供养人像清楚，题记保存较完整，西壁北端至北壁为一组供养人像，第一身为引导僧普济，题记为“比丘普济供养”，后面是亡祖成天赐（题记为“亡祖成天赐供养”）、亡父成僧奴（题记为“亡父成僧奴供养”）、三位亡兄（题记分别为“亡兄成……”“亡兄成保相供养”“亡兄成波相供养”）、成陀罗本人（题记为“信士成陀罗供养”）、弟文达（题记为“弟文达供养”）等，[①]从供养人题名看，此窟乃是成氏家族开凿的家窟。家窟的出现是传统的“孝”文化、祖先崇敬与佛教信仰融合在石窟开凿上的一个体现。

隋代敦煌莫高窟中有3个洞窟有明确纪年。302窟中心柱西向面下方有开皇四年（584）发愿文中明确标识“开皇四年六月十一日”。[②]305窟北壁龛下发愿文2方，均有“开皇五年元月”纪年；南壁龛下有开皇四年（584）发愿文提及“□（开）皇□（四）□（年）□（三）月十五日……”；西壁北侧发愿文题记中有“大业□（元）年八月十六日”。[③]282窟西壁龛有“大业□（九）年七月十一日造讫”题记。[④]

又390窟北壁下部上排供养人题名中有“□（大）□（觉）□（修）□（明）幽州总管府□□（长史）……供养”，[⑤]总管府在隋至唐初一段时间内两置两废，隋开皇元年（581）置，隋炀帝即位罢之，唐高祖武德元年（618）又置，武德五年（622）“八月辛亥，以洛、荆、并、幽、交五州为大总管府”，[⑥]武德七

① 敦煌研究院编《敦煌莫高窟供养人题记》，第25—26页。
② 敦煌研究院编《敦煌莫高窟供养人题记》，第125页。
③ 敦煌研究院编《敦煌莫高窟供养人题记》，第127页。
④ 敦煌研究院编《敦煌莫高窟供养人题记》，第114页。
⑤ 此处因文字漫漶，不易释读，本文依据《敦煌莫高窟供养人题记》，见敦煌研究院编《敦煌莫高窟供养人题记》，第149页。前揭樊锦诗等文录为：“因□□□幽州总管府□□（长史）……供养”，见樊锦诗、关友惠、刘玉权《莫高窟隋代石窟分期》，敦煌研究院编《敦煌研究文集：敦煌石窟考古篇》，第133页。王惠民指出：“‘大觉修明’不好理解，笔者也无法释读出，后面省略符号表示的漫漶文字大约有6字。”氏著《敦煌佛教与石窟营建》，第329页。
⑥［后晋］刘昫等撰《旧唐书》卷1《高祖纪》，第13页。

年（624）二月“改大总管府为大都督府”[①]，因此幽州总管府只存在于隋文帝时期或唐武德元年（618）至五年（622）之间，樊锦诗等依据390窟的位置断定，390窟在诸隋窟中开窟时间较晚，因此定为第三期390窟为唐初洞窟。[②]据王惠民猜测，此窟的“幽州总管府长史”很有可能是李崇。[③]《隋书》卷55《周摇传》：“开皇初，突厥寇边，燕、蓟多被其患，前总管李崇为虏所杀。上思所以镇之，临朝曰：‘无以加周摇者。’拜为幽州总管六州五十镇诸军事。摇修鄣塞，谨斥候，边民以安。后六载，徙为寿州。”[④]由《隋书·高祖纪》记载开皇三年（583）五月“幽州总管阴寿卒。……（七月）以豫州刺史周摇为幽州总管”[⑤]。中间无李崇之名，则李崇很可能在开皇三年五月至七月为幽州总管。又王惠民推断第390窟或许与李家存在关联，窟主可能就是李克让之祖、李达之父李操。根据其研究，第390窟

图9　莫高窟隋代第390窟题记特写（采自数字敦煌网站）

① ［后晋］刘昫等撰《旧唐书》卷1《高祖纪》，第14页。

② 樊锦诗、关友惠、刘玉权《莫高窟隋代石窟的分期》，敦煌研究院编《敦煌研究文集：敦煌石窟考古篇》，第134页。

③ 王惠民《敦煌莫高窟第390窟“幽州总管府长史”题记考》，氏著《敦煌历史与佛教文化》，兰州：甘肃文化出版社，2020年，第39—49页。

④ ［唐］魏徵等撰《隋书》卷55《周摇传》，第1376页。

⑤ ［唐］魏徵等撰《隋书》卷1《高祖纪》，第19页。

“幽州总管府长史”的完整文字可能是“故上柱国幽州总管府长史广宗公崇一心供养”[①]。

（二）唐前期莫高窟营建

唐前期敦煌历史160多年，开凿、改绘石窟120多个，史苇湘粗略地将唐前期石窟分为初唐三期和盛唐三期，共六期的石窟分期。他的《唐代敦煌石窟分期与莫高窟初唐艺术》中将初唐石窟分为“武德（公元618—626）、贞观（公元627—649）、武周（公元650—704）”三期。[②]他又在《敦煌莫高窟盛唐壁画》一文中将盛唐石窟分为“神龙（705）—太极（712）”“开元（713）—天宝（755）”“至德（756）—建中二年（781）”三期。[③]但是两文都没有详细地列举石窟编号，其举出来的例子也仅81个石窟，远不足唐前期莫高窟数量。

樊锦诗、刘玉权《敦煌莫高窟唐前期洞窟分期》将唐前期129个石窟分为4期：第一期大致是高祖、太宗、高宗初期（龙朔二年），这一期共15个石窟；第二期大致在高宗、武则天时期，最晚不过中宗神龙年间，共29个石窟；第三期大致为中宗、睿宗、玄宗初期，晚不过开元十四年，这一时期的石窟49个；第四期大致是玄宗开元十四年后之肃宗、代宗时期，这一时期石窟有36个。[④]相对来说，樊、刘的分期更加科学，涵盖也较广，以下

---

① 王惠民《敦煌莫高窟第390窟“幽州总管府长史”题记考》，氏著《敦煌历史与佛教文化》，第39—49页。

② 史苇湘《唐代敦煌石窟分期与莫高窟初唐艺术》，氏著《敦煌历史与莫高窟艺术研究》，兰州：甘肃教育出版社，2002年，第259页。

③ 史苇湘《敦煌莫高窟盛唐壁画》，氏著《敦煌历史与莫高窟艺术研究》，第269、271页。

④ 樊锦诗、刘玉权《敦煌莫高窟唐前期洞窟分期》，敦煌研究院编《敦煌研究文集：敦煌石窟考古篇》，第143—181页。

按樊、刘的四期分期法分别叙述。

1. 高祖、太宗、高宗初期的石窟营建

武德元年（618）唐朝建立，次年灭李轨，在敦煌设置瓜州，后来敦煌地区虽一度有过叛乱，但很快被平息，此后敦煌地区一直在唐中央政府的管辖之下。此一时期的敦煌石窟营建，继续在隋代的基础上发展，洞窟形制有覆斗顶龛窟和覆斗顶佛坛窟两类，其中覆斗顶龛窟为主要窟形，多数仍然是延续了隋代的“覆斗顶一龛窟”的凸字形双重龛、浅方龛、浅敞口龛等形制。[①]但是也对隋代石窟有所突破，329窟为覆斗顶深敞口龛窟，但是还未流行使用，鲜明的唐前期石窟的特征尚未出现。

322窟建于初唐，为覆斗形殿堂式小型窟，平面方形，主室

图10　莫高窟初唐第322窟 主室西壁佛龛（采自数字敦煌网站）

①樊锦诗、刘玉权《敦煌莫高窟唐前期洞窟分期》，敦煌研究院编《敦煌研究文集：敦煌石窟考古篇》，第144页。

西壁开双层龛，内塑一佛、二弟子、二菩萨、二天王，塑像共七身。窟顶四披均绘千佛。四披与四壁之间连接处镶于藤枝。南壁绘千佛，北壁绘千佛，东壁门上绘说法图三铺。该窟题记中有“龙年”字样，此为突厥纪年法，应该是武德三年（620）或者贞观六年（632）。此窟题记还有似乎是粟特人模仿的“安”等字。因此322窟可能与突厥或粟特文化有关。

220窟为初唐时期翟氏家族修建，是莫高窟营造史上划时代的洞窟，也是唐代前期莫高窟崖面上的标志性洞窟。其位于莫高窟崖壁南边第二层，形制为覆斗顶，西壁开一龛。西壁龛下底层中央有初唐题字“翟家窟”，所以可以确认此窟就是由敦煌翟氏所修建的家族窟。甬道南壁有五代时期翟奉达所做的《检家谱》：

> 大成元年己亥岁□□迁于三危□□镌龛□□□圣容立□（像），唐任朝议郎敦煌郡司仓参军□□子翟通乡贡明经授朝议郎行敦煌郡博士复于两大像中□造龛窟一所，庄严素质图写尊容，至龙朔二年壬戌岁卒即此窟是也。……九代曾孙节□□□守随军参谋兼侍御史翟奉达检家谱……[①]

可知，220窟建成于龙朔二年（662），窟主人为乡贡明经授朝议郎行敦煌郡博士翟通。1963年莫高窟第98窟窟前挖出了《大唐伊吾郡司马上柱国浔阳翟府君修功德碑》（简称《翟直碑》），碑文上有兴建第220窟主要功德主的情况，陈菊霞对此碑进行考释和研究后认为此碑就是翟通父子修建莫高窟第220窟的功德碑。

① 敦煌研究院编《敦煌莫高窟供养人题记》，第101页。

图11 莫高窟第220窟甬道南壁题记 佛龛及说法图（采自数字敦煌网站）

翟通死后，由通子翟直继续修建，所以《翟直碑》就是以翟直的名义而造。[①]

220窟供养人题记："……道公翟思□（远）一心供养""……翟□□□□供养""翟家窟""大云寺僧道□一心供养俗姓翟氏""……一心供养"[②]。以上这几位初唐时期的翟氏供养人与翟通一家应该是同族同宗，并且史苇湘认为翟思远很有可能就是翟通[③]。同时通过上面的供养人题记我们还可以知道翟氏当时还有出家为僧者：大云寺僧道□，可见翟氏家族当时的佛教氛围十分的浓厚。又北壁药师净土变下方供养人题记："贞观十六年岁次壬寅奉为天（大）云寺律师道弘法师□奉□"[④]。此处的"天（大）云寺律师道弘法师□奉□"和前文的"大云寺僧道"应该是同一人。220窟主室东壁门上方中央发愿文"弟子昭武校尉柏堡镇将……

①陈菊霞《〈大唐伊吾郡司马上柱国浔阳翟直修功德碑记〉考释》，《敦煌研究》2003年第2期，第8—16页。

② 敦煌研究院编《敦煌莫高窟供养人题记》，第103页。

③ 史苇湘《世族与石窟》，敦煌文物研究所编《敦煌研究文集》，兰州：甘肃人民出版社，1982年，第155页。

④ 敦煌研究院编《敦煌莫高窟供养人题记》，第102页。

工……玄迈敬造释迦……铺□严功毕谨申诵……大师释迦如来弥勒化及……贞观十有六年敬造奉”[①]，结合前文的北壁药师净土变下方供养人题记，说明贞观十六年（642）为翟氏修建220窟、绘制经变图及发愿文的时间。所以莫高窟220窟是以翟通为首的翟家人修建的家族窟，经历了贞观年间，最终在龙朔二年（662）完成建造。

220窟建成后，张氏归义军时期被九代孙翟奉达予以重修和维护，说明翟氏家族有着良好的佛教信仰传统，对于维护和重修窟龛非常重视。同时第220窟也是莫高窟营造史上具有划时代意义的石窟，窟中绘制的大幅经变图反映了敦煌地区唐朝初期的佛教信仰特征。

2. 高宗、武则天时期的石窟营建

此一时期，洞窟形制比较多样：覆斗顶一龛窟、佛坛窟、中心柱窟、大像窟。特别是第一期出现的覆斗顶深敞口龛窟已经大量出现（共18个）。与第一期相比，有些洞窟龛外两侧设置与龛底等高的方台，台上塑像，这是第一期所没有的洞窟形式。

第96窟为大像窟，正壁造摩崖大像，前有木构窟檐，这种形制在敦煌石窟中前所未见。此窟就是著名的北大像，是敦煌阴氏在武周时期建造的石窟，也是阴氏家族为了迎合武则天建立武周政权，为帝王造势所建造的石窟。这个洞窟的主体造像是一尊高达36米的弥勒佛，弥勒佛的造型为女性形象，衣服为当时非常流行的抹胸装，所以学者们普遍认为这尊造像是武则天的化身。第96窟的这尊弥勒佛像是倚坐的姿势，两腿自然下垂，目光下视，给人以高大威严的感觉。大佛的右手上扬作“施无畏印”，意思是拔除众生的痛苦；左手平伸作“与愿印”，意思是满足众生的

① 敦煌研究院编《敦煌莫高窟供养人题记》，第101—102页。

图12　莫高窟初唐第96窟弥勒像（采自敦煌研究院官网）

愿望。正是因为阴氏在敦煌为武则天的造势活动使其很快就得到了统治者的重视和嘉奖，在此时期家族实力得到了很大的提升。可以说，阴氏利用佛教使得自己家族得到了进一步的发展。据第156窟前室北壁题记《莫高窟记》载：“延载二年禅师灵隐共居士阴祖等造北大像，高一百卌尺。”延载二年即证圣元年（695）为武则天的年号。还可以知道第96窟是由灵隐禅师和阴祖居士共同修建的，根据记载此窟主要是由敦煌阴氏建造而成的，所以我们可以猜测灵隐禅师也是阴氏家族的人物。可见，第96窟的窟主为阴祖、阴守忠一家。

322窟是李氏家族在唐朝初期所修建的家族窟，由李克让兄弟共同建造的洞窟。又名“圣历窟”“李克让窟”，于初唐圣历元年（698）建造，是唐代初期的经典洞窟之一，五代时期由李家后人进行了重修。第332窟的石窟形制为：窟顶前半部人字披，后半部平顶，有中心方柱，柱东向西与南、北壁前部各塑立佛一铺，西壁开一龛。这种形式的洞窟，在莫高窟并不多见，它充分利用空间增加了壁画和塑像的内容。

此窟原存有李克让所建的武周圣历元年（698）重修莫高窟佛龛碑，民国十年（1921）为居留俄军所断，现仅存残石，藏敦煌研究院，编号Z1101。残碑宽74厘米、高76厘米，28行，每行存8—29字不等。残碑碑阳文字尚清晰，碑阴全毁，不遗一文，有录文。其后，张维《陇右金石录补》、罗振玉《西陲石刻录》等亦录其文。该碑的碑文又见于P.2551背面（正面为道经《太上业报因缘经》），两个版本可互校，大致可整理出一个相对完整的版本，缺文仅90余字，王重民、李永宁、陈祚龙、宿白等先生均据P.2551对此碑进行过录文与释读，而以宿白先生录校最佳。

碑首篆额“大周李君□佛之碑”，以“左玉钤卫效谷府校尉上柱国李克让”身份著文，张大忠书、索洪亮镌字、沙门寥廓立碑，上述4人仅见于此碑，其他事迹无从稽考。李克让即李怀让，为莫高窟第148窟大历十一年（776）《唐陇西李府君修功德碑》及《唐宗子陇西李氏再修功德记》碑之功德主李家的先辈。立碑时代，据碑文记载为“武周圣历元年（698）岁次戊戌伍月庚申朔十四日癸酉”，故略称“圣历碑”。碑文有2600余字，碑中“星、日、月、天、地、人、初、圣”等均使用武周新字。

碑文详细介绍了李氏的来历，上溯三代，从中我们得知李克让一系的李氏与敦煌的密切关系。李克让本人也在敦煌“任左玉钤卫、效谷府校尉、上柱国。”其余家族成员有在甘州、西州任职者，可知这一李氏家族主要在河西一带活动。曾祖李穆（509—585）北周时担任敦煌郡司马。《隋书·李穆传》记载，大业十一年（615）“诛浑（李穆子）、敏（李贤孙）等宗族三十二人，自余无少长，皆徙岭外。”[①]《旧唐书》记载，武德元年（618）五月隋亡唐立，八月高祖李渊下诏：“隋右骁卫大将军李金才（即李浑）、左光禄大夫李敏，并鼎族高门，元功世胄，横受屠杀，朝野称冤。然李氏将兴，天祚有应，冥契深隐，妄肆诛夷。朕受命君临，志存刷荡，申冤旌善，无忘寤寐。金才可赠上柱国、申国公，敏可赠柱国、观国公。又前代酷滥，子孙被流者，并放还乡里。”[②]李氏家族这次从流放地“放还乡里”，从本碑推测，可能是回到敦煌。

据碑文，李克让之祖、李达之父、李穆之子为李操，“祖操，隋大黄府上大都督、车骑将军。并多艺多能，谋身谋国。文由德进，武以功升。为将，有御远之方；作牧，得安边之术。”但《隋书·李穆传》只记载李穆长子李惇，惇弟怡、雅、恒、荣、直、雄、浑，李雄弟李浑为第十子，最有名。上述只列举八子，没有李操，疑李操为庶出，这可能是隋末逃过诛灭“宗族三十二人”之难的原因。

李穆之兄李贤（504—569），北周时担任瓜州刺史（562—564），《周书》卷25有传，李贤担任瓜州刺史时开凿了今290窟。1983年在宁夏固原发现他的墓葬，根据墓志，他卒于569年，终年66岁（史书误作68岁）。妻吴辉（510—547）早卒，李贤死后合茔而葬。李贤之所以葬于固原，乃其祖父李斌“袭领父兵，镇于高平（固原），因家焉”。李贤有子李询、李崇等。其中李崇子李敏，敏女李静训（600—608）早卒，墓葬于1957年在西安附近发掘，出土大量文物，是隋代物质文化研究的重要资料。这支李氏家族在初唐“放还乡里”，对敦煌石窟产生很大影响。今332窟为李克让窟，碑文云洞窟开凿在其父李达窟旁，学者认为就是

---

① ［唐］魏徵等撰《隋书》卷37《李穆传》，第1121页。

② ［后晋］刘昫等撰《旧唐书》卷1《高祖纪》，第7—8页。

今331窟，二窟的壁画均内容完整、画面精美。李氏家族在隋代和初唐早期在敦煌的活动情况尚不清楚。李达另一子李怀操的后人还开凿了今148窟，功德碑仍立于148窟前室南厢，保存完好，立碑时间是大历十一年（776）。

《李君莫高窟佛龛碑》除记录李氏家谱、开凿洞窟外，还概述了莫高窟营建史并描绘了莫高窟的景色，其中提到："莫高窟者，厥初秦建元二年（366），有沙门乐僔，戒行清虚，执心恬静。尝杖锡林野，行至此山，忽见金光，状有千佛，遂架空凿岩，造窟一龛。次有法良禅师，从东届此，又于僔师窟侧，更即营造。伽蓝之起，滥觞于二僧。复有刺史建平公、东阳王等，各修一大窟。自后合州黎庶，造作相仍。"这段文字是莫高窟营建史的名句，晚唐张议潮功德窟（156窟）前室的《莫高窟记》内容也参考了这段文字。

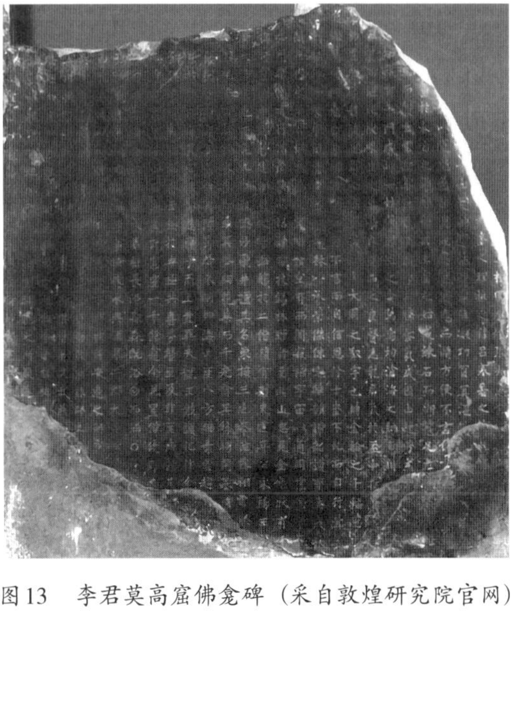

图13　李君莫高窟佛龛碑（采自敦煌研究院官网）

3. 中宗至玄宗开元十四年（726）的石窟营建

此时期石窟有覆斗形顶一龛窟、覆斗形顶三龛窟、覆斗形顶无龛窟、佛坛窟、中心柱窟、大像窟等六种。前一期出现的龛外两侧置方台的覆斗顶深敞口龛窟，为这一时期的主要窟形，共25个。覆斗形顶一龛窟也出现了121窟这种新的方形盝顶龛。此期只有39窟一个中心柱窟，分别在中心柱正面、南北两侧壁的前部人字披下开三敞口龛，这也是本期的一个独特的现象。

130窟位于南区崖面南段中层，窟形为覆斗形顶，洞窟呈上小下大的方锥形，西壁开龛，东壁上有两层明窗，甬道南、北壁各开一龛。由敦煌人马思忠和僧人处谚于开元九年（721）开凿，前后费时约三十年。窟中仅塑一尊通顶大佛，为石胎泥塑倚坐弥勒佛像，整个洞窟高28.2米，底部宽17.26米，顶部宽11.95米，佛像高26米。大佛雄伟的身形倚崖而坐，双腿下垂，两脚着地，左手扶膝，轻柔自然，右手施无畏印，头部微俯，双眼微合下视，略含笑意，神情庄重慈祥。古代匠师在塑造这尊大佛时，有意放大了头部的体量，佛像通高26米，仅佛头就高达7米，这显然超出了人体的正常比例。但是这却解决了礼佛者仰视大佛所造成的头小体大的视差，使得观者在仰视的情况下，仍

图14　莫高窟第130窟弥勒像（南大像）（采自数字敦煌网站）

然能清晰地看到佛面部的表情。这一颇具匠心的艺术处理，充分显示了我国古代艺术匠师的聪明才智。这是莫高窟仅次于第96窟“北大像”的第二大佛像。该佛像形体圆浑饱满，姿态庄静，气度雍容，充分显示了盛唐艺术风格。因为这尊大佛位于“北大像”之南，所以在唐代文献中将其称为“南大像”。

225窟为覆斗形顶三龛窟，南、西、北壁各开一龛。西壁平顶敞口龛内塑倚坐佛一身，弟子二身，北壁斜顶敞口龛内塑释迦涅槃像一身，身后弟子、天人十九身。

图15　莫高窟第225窟北壁涅槃佛（采自兰州大学敦煌学研究所等编《敦煌莫高窟百年图录·伯希和敦煌图录》，兰州：甘肃人民出版社，2008年，卷2图103）

4. 玄宗开元后期至代宗时期的石窟营建

此时期的洞窟有覆斗形一龛窟、覆斗形顶佛坛窟、中心塔柱窟、佛坛双龛券顶窟等四种。其中深敞口龛的覆斗形一龛窟有14个，上期新出现的方形盝顶龛的覆斗形一龛窟有15个。148窟是佛坛双龛券顶窟。

180窟为覆斗形窟。龛内塑像存一倚坐弥勒佛、五弟子、二兽（清修），西壁南侧题记“清信佛弟子张承庆为身染患发心造二菩萨，天宝七载（748）五月十三日毕功”①。南壁药师经变像旁有“观世音菩萨，弟子阚日荣奉为慈亲蕃中隔别敬造”题记。②

148窟位于莫高窟南部第130窟以南的第二层崖面上，在吐蕃占领之前修建完成，窟主为李氏家族的李大宾。该窟是莫高窟千年营造历史的前期和后期的分界，在莫高窟修建史上有划时代的意义。此窟修建于唐代宗大历年间，为李氏家族所开凿的大型涅槃窟。148窟是在初唐第332窟涅槃经变的基础上发展而来的。“涅槃窟是将涅槃像作为洞窟的主体，前后没有遮挡而使卧佛赫然横陈在观众的面前”“涅槃窟平面一般都作长方形”。第148窟

图16　P.3608V《大唐陇西李氏莫高窟修功德记》局部（采自IDP）

① 敦煌研究院编《敦煌莫高窟供养人题记》，第81页。
② 敦煌研究院编《敦煌莫高窟供养人题记》，第81页。

就是莫高窟中少有的涅槃窟，是李氏家族窟中最具特色的窟龛。

此窟前室南壁存有《大唐陇西李府君修功德碑》，其背面为《唐宗子陇西李氏再修功德记碑》。《大唐陇西李府君修功德碑》于大历十一年（776）由李大宾所建，故又称《大历碑》（下文均简称《大历碑》）。《大历碑》碑文有抄本P.3608V《大唐陇西李氏莫高窟修功德记》，P.6203、P.4640《陇西李氏家先代碑记》。

从《大历碑》碑文所载，可知第148窟的功德碑建造于大历十一年（776），故可以推测该窟营造于大历十一年（776）以前，也就是盛唐时期。《大历碑》的碑文和抄本皆记载了石窟内的造像题材和内容，与148窟内的实际内容布局基本相同 。第148窟为拱形顶，西壁设涅槃佛坛，南、北壁各开一龛。窟内的主题以涅槃为主题，应该与当时的时代背景有关，因为这个时候正是吐蕃进攻河西地区的时期，战争频繁，人们向往安定的生活和祈祷和平，所以李氏家族通过此窟将吐蕃占领之前人们的思想向往反映在了石窟中。

四、敦煌文书所见隋及唐初三阶教

三阶教思想起源于佛教的末法思想，末法思想是指佛陀涅槃后，佛教经历正法、像法、末法三个阶段后，走向消亡。末法思想“真正成为一种时代观念或危机意识，且有组织体系则属于中国佛教界”[①]。在十六国北凉河西地区大乘经典《涅槃经》得到了大量的译传与盛行，加之动荡不安的社会环境，以及446年北魏太武帝的灭佛活动等一系列的影响，末法思想在河西甚至是中

① （日）藤堂恭俊、塩入良道《中国佛教史》，台北：华宇出版社，1986年，第249—250页。

原地区都有一定的流传。殷光明则具体指出，末法思想最初由北凉僧人昙无谶、道朗等人倡导，传入中原后，北齐僧人释慧思明确提出中土从434年进入末法时期。[①]S.4528北魏建明二年（531）东阳王元荣《仁王般若经》就有“佛弟子元荣，既居末劫”的题记。[②]S.1329《大般涅槃经》题记中有“生遭末代，沈罗生死”之语。[③]

隋代僧人信行（540—594）受末法思想影响创建了三阶教。他认为当时佛教经历了五百年正法时期，一千年像法时期，已经走到了末法阶段，众生根机低下，所以三阶教以末法为立教基础。三阶教思想主张“第一阶（即正法时期）根机的人学一乘法，第二阶（即像法时期）根机的人学三乘法，第三阶（末法时期）根机的末法众生只能学普法，而不能学别法。”[④]即信行认为，当前已经处于第三阶末法时期，众生出生于五浊恶世界，都是恶众生、是空见有见众生，正法时期的一乘法、像法时期的三乘法，亦即各大、小乘佛教佛法，已经无法再使人们得到解脱，所以处于末法时期的人们要信普法：

> 普法有七普之说，即普凡普圣、普邪普正、普大乘普小乘、普空普有、普世间普出世，郭朋先生指出：普法实有本体论与信向两层含义，即其既指如来藏、真如、佛性，即体遍法界的根本佛法，也指第三阶实行的普佛信仰——

① 殷光明《试论末法思想与北凉佛教及其影响》，《敦煌研究》1998年第2期，第89—102页。

② （日）池田温编《中國古代寫本識語集錄》，第115页。

③ 图版见方广锠、（英）吴芳思主编《英国国家图书馆藏敦煌遗书》第21册，桂林：广西师范大学出版社，2013年，第26页。

④ 杨学勇《三阶教史研究》，兰州：甘肃文化出版社，2017年，第5页。

> “于一切佛乘及三乘法，不论是非，皆能信”的信向。普法之中更显核心的是从信向实践出发的普敬与认恶。①

三阶教的普敬思想，就是教人不去分别所敬的对象，广泛吸收诸经内容，注重实践，提倡苦修、乞食、一日一餐、一切众生皆有佛性而见人一概礼拜、建立“无尽藏”作为施舍与佛事诸用、死后尸体置野外供鸟兽食等。因为犹如盲者不辨方向，所以被称为“生盲佛法”，又称“普法宗”。

三阶教信徒众多，力量强大，经济实力雄厚，但三阶教所宣扬的末法时期的社会昏暗，众生罪孽深重，与隋唐王朝想要建立光明盛世的理念不符，所以被隋唐政府视为异端，受到镇压。《开元释教录》卷18载：

> 信行所撰，虽引经文，皆党其偏见，妄生穿凿，既乖反圣旨，复冒真宗。开皇二十年，有敕禁断，不听传行。而其徒既众，蔓延弥广。同习相党，朋援繁多。即以信行为教主，别行异法，似同天授，立邪三宝。隋文虽断流行，不能杜其根本。我唐天后证圣之元，有制令定伪经及杂符录，遣送祠部进内。前件教门既违背佛意，别构异端，即是伪杂符录之限。又准天后圣历二年敕，其有学三阶者，唯得乞食，长斋绝谷，持戒，坐禅。此外辄行，皆是违法。逮我开元神武皇帝，圣德光被，普洽黎元，圣日丽天，无幽不烛，知彼反真构妄，出制断之。开元十三年乙丑岁六月三日，敕诸寺三阶院，并令除去隔障，使与大院相通，众僧错居，

① 张总《中国三阶教史：一个佛教史上湮灭的教派》，北京：社会科学文献出版社，2013年，第638页。

不得别住。所行集录，悉禁断除毁。若纲维纵其行化诱人而不纠者，勒还俗。幸承明旨，使革往非，不敢妄编在于正录，并从刊削，以示将来。[1]

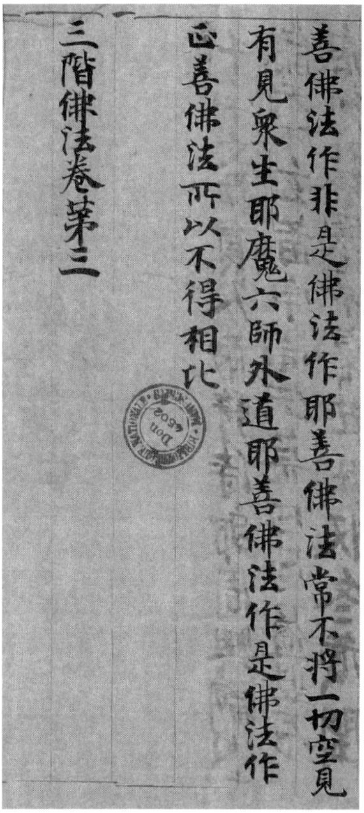
善佛法作非是佛法作耶善佛法常不將一切空見
有見衆生耶魔六師外道耶善佛法作是佛法作
正善佛法所以不得相比
三階佛法卷第三

图17 P.2059三阶教文献《三阶佛法卷第三》局部（采自IDP）

《开元释教录》一共提到了三阶教四次被禁：开皇二十年（600）、证圣元年（695）、圣历二年（699）、开元十三年（725）。又对于三阶教重要基础“无尽藏”进行了破坏，《全唐文》卷28开元九年（721）《分散化度寺无尽藏财物诏》：

化度寺无尽藏财物田宅六畜，并宜散施京城观寺。先用修理破坏尊像堂殿桥梁，有余入常住，不得分与私房，从贫观寺给。仍令御史张樽与礼部侍郎崔据、京兆尹孟温礼取元奏数，拣京城大德戒行灼然者共检校，量事均融，处置讫奏闻。诸州长官及按察司所察钱物，以委州使准此共勾当，散配处分讫申所司。[2]

---

① ［唐］智昇撰，富世平点校《开元释教录》卷18，北京：中华书局，2018年，第1267页。

② ［清］董诰等编《全唐文》卷28唐玄宗《分散化度寺无尽藏财物诏》，第322页。

所以三阶教经历了以上五次大的禁令。之后三阶教资料多数失传，敦煌文献中保存下来的相关资料成为最主要的研究材料。自敦煌藏经洞发现以来，中外学者，尤其是日本学者对敦焊文献中的三阶教相关材料进行整理和归纳，现今已经发现30余种50余件。可见三阶教在敦煌地区也颇为流行。杨学勇《三阶教典籍发现史》对于隋以来三阶教典籍的发现整理过程有详细的梳理。[①]敦煌文献中的三阶教文献，张总《中国三阶教史：一个佛教史上湮灭的教派》附录二《三阶教文献情况》[②]、西本照真《三阶教写本研究的现状与展望》[③]均有整理。

① 杨学勇《三阶教典籍发现史》，氏著《三阶教史研究》，第195—262页。

② 张总《中国三阶教史：一个佛教史上湮灭的教派》，第673—684页。

③（日）西本照真著，刘宏梅译《三阶教写本研究的现状与展望》，《敦煌学辑刊》2011年第4期，第161—170页。

第二节 隋及唐前期敦煌的道教

隋朝统一天下后，原来多在江南地区流行的上清、灵宝等符咒派别与在北方地区流行的天师道派别，在教义及科仪方术上交流融合有了长足的发展。尤其是唐代，由于皇室的崇奉，道教发展到鼎盛时期，上至皇室，下至平民均有笃信道教者，如唐高宗就曾三次下诏令天下各州兴建道观，乾封元年（666），唐高宗封禅于泰山，离开泰山前下诏："兖州界置紫云、仙鹤、万岁观，封峦、非烟、重轮三寺。天下诸州置观、寺一所。"[①]在全国范围内，首次有了全国性的道观网络。隋唐时期，中西交通兴盛，不仅是中原地区道教繁荣兴盛，敦煌及河西地区的道教亦日渐繁盛，刘永明认为，唐前期"敦煌道教一同内地，可以视为唐代道教的缩影"[②]。这一点，虽然在传世文献中记载不多，但是因为敦煌吐鲁番文献的出土，其中的道教文献，不但弥补传世文献记载的缺失，同样为我们考察隋唐时期道教在敦煌的发展和变化提

① ［后晋］刘昫等撰《旧唐书》卷5《高宗纪下》，第90页。《册府元龟》卷36《帝王部·封禅二》所载略同："兖州置寺观各三所，观以紫云、仙鹤、万岁为称，寺以封峦、非烟、重轮为名。"北京：中华书局，1960年，第394页。

② 刘永明《略论敦煌区域道教研究的意义》，《世界宗教文化》2019年第1期，第121页。

供了绝佳的材料线索。按照李正宇《唐宋时代的敦煌学校》等考察，唐代开元、天宝时期，敦煌地区设有道学，在敦煌文献中，《老子》《庄子》等道教文献的写本，除了少数是六朝时期的写本之外，大多数抄写于唐前期。有关隋唐敦煌道教的研究，姜伯勤在《道释相激：道教在敦煌》一文中，自云试图从敦煌所提供的事实，研究敦煌“佛教从道教中吸取了什么”，研究敦煌“道教从佛教没有吸取什么”以及研究在道释相激中如何致力于超越性的中国式智慧的创造。[1]

一、敦煌文献中隋及唐前期的道教及相关文献

在敦煌文献中，有不少道教或与道教相关的文献，这是我们研究道教史、敦煌道教的重要材料。随着敦煌文献不断刊布，中外学者对道教文献的搜集与研究不断更新。其中以中国学者陈国符、王卡，日本学者吉冈义丰、大渊忍尔最具代表性。陈国符在其名著《道藏源流考》[2]一书中，以《敦煌卷子中之道藏佚书》为名，首次对英藏、法藏、中国藏部分道经抄本进行了著录，并对某些现存《道藏》中不存的佚书进行了考释。因为当时各国藏敦煌文献并未全部刊布，故陈国符编著的目录不是很完备。20世纪60年代，日本东洋文库组织编写《西域出土汉文文献分类目录》，吉冈义丰负责编写其中《道教の部》，分为三洞、四辅、古佚、其他四个部分。其后，大渊忍尔在吸收吉冈目录的基础上，数十年间一直不断搜集散藏于世界各地的敦煌文献中的道经

---

① 姜伯勤《道释相激：道教在敦煌》，陈鼓应主编《道家文化研究》第13辑，北京：生活·读书·新知三联书店，1998年，第65—68页。

② 陈国符《道藏源流考（新修订版）》，北京：中华书局，2014年，第165—179页。

抄本，在1978年出版的《敦煌道经·目录编》[1]一书中，著录了与道教有关的抄本496件（含少数吐鲁番文献）。王卡在《敦煌道教文献研究——综述、目录、索引》[2]一书中整理道教文献计800余件，其中已考定或拟定经名的道教文献约有160种，包括三洞经典、论疏、道家诸子、科仪法术、道教类书、诗集、话本、讲经文、斋愿文、镇宅文等等，在一定程度上弥补了现存《道藏》的不足，成为敦煌道教研究的基本材料。王卡在书中，按照后期《道藏》三洞四辅的分类法，并结合唐代道经传承次序，将敦煌道教文献分为十二部，如下表[3]：

序号	部类	具体
1	洞真上清部	六朝隋唐道教上清派经书
2	洞玄灵宝部上	灵宝经目所见古灵宝经书
3	洞玄灵宝部下	升玄经及其他灵宝部经书
4	洞神/洞渊部	三皇经神咒经及符咒道法
5	太玄部上	老子经注及道家诸子经论
6	太玄部下	本际经海空经等隋唐经书
7	太平部	太平经及太上济众经
8	太清部	服食炼丹及摄养类经书
9	正一部	天师道经戒法箓及科仪
10	道教类书丛书	无上秘要道典论等类书
11	道教相关文书	官方文书/法事文书/诗文
12	其他	失题道经/佛道相关经书

① （日）大渊忍尔著，隽雪艳、赵蓉译《敦煌道经·目录编》，济南：齐鲁书社，2016年。

② 王卡《敦煌道教文献研究——综述·目录·索引》，北京：中国社会科学出版社，2004年。

③ 王卡《敦煌道教文献研究——综述·目录·索引》，第32页。王卡在《敦煌道教文献分类叙录》中，也是按照这个分类对敦煌文献中的道教文献进行缀合叙录的。

在敦煌道教文献中，现存的抄本主要集中在南北朝末期至唐前期（大约是六世纪中期至八世纪中期）。其中，最早出现的年号是南朝梁元帝承圣三年（554），最晚的纪年是唐肃宗至德二载（757），数量最多的是唐高宗、武后、玄宗时期的抄本，而且多是使用优质纸张、工楷精校的道经。与后期的纸张粗劣，字迹潦草形成鲜明对比，这也从一个侧面展示了唐代前期敦煌道教的鼎盛与中晚期的衰落。

有关敦煌道教文献的研究不胜枚举，大陆学者刘屹、台湾地区学者林雪玲有关敦煌道教文献研究成果的梳理值得关注。刘屹《论20世纪的敦煌道教文献研究》一文回顾了敦煌道教文献研究史，得出了三点认识：第一，敦煌道书研究不能脱开相应的道教史背景，两者的紧密结合，是敦煌道书研究取得进展和突破的前提条件。第二，研究立场上的两次根本性转变值得注意。第一次转变是从最初按照中国传统的四部书概念来研究子部道家书，到以饶宗颐《老子想尔注校笺》为标志的真正意义上的道教经典研究的开始。第二次转变是从20世纪80年代开始，研究者逐渐站在道教本身的立场上来进行道教研究，而不是站在道教之外或是在佛教学影响下的道教学立场。第三，意义重大，任重道远。[①]敦煌道经的成形大体上在十六国至隋唐时期，与明道藏本相比，有些地方差异很明显，二者的这些差异往往蕴含了很高的学术价值和历史价值。

① 刘屹《论20世纪的敦煌道教文献研究》，季羡林、饶宗颐主编《敦煌吐鲁番研究》第7卷，北京：中华书局，2004年，第199—222页。

林雪玲《敦煌道经研究的回顾与展望》一文则从敦煌道经略说、敦煌道经研究分期、敦煌道经研究的整体观察和展望三部分展开论述，对2003年之前的敦煌道经研究进行了仔细的梳理，尤其是日本、法国等国外学者及我国台湾地区学者的研究成果搜集较为全面，具有参考价值。[①]

二、隋及唐前期敦煌的道观

《唐六典·尚书礼部》记载："凡天下观总一千六百八十七所。一千一百三十七所道士，五百五十所女道士。每观观主一人，上座一人，监斋一人，共纲统众事。而道士修行有三号：其一曰法师，其二曰威仪师，其三曰律师。其德高思精谓之练师。"[②]这里记载的道观1687所，是开元二十四年（736）道观改隶宗正寺之前的数据。王卡按照当时全国328个州计算平均每州大约有道观5.14座。[③]那么地处西陲的沙州，道观的数量又是多少呢？李正宇在《敦煌地区古代祠庙寺观简志》中统计敦煌地区的道观有十座，分别是：灵图观、神泉观、开元观、龙兴观、冲虚观、玉女娘子观、西云观、老君堂、王母宫、紫极宫，其中，西云观、老君堂、王母宫并非唐代道观。[④]陈祚龙根据敦煌文献统计，在敦煌文献中出现的唐代道观名称有：灵图观、龙兴观、开元观、神泉观、冲虚观、紫极宫、玄中观、白鹤观等八个，玄中观和白

---

① 林雪玲《敦煌道经研究的回顾与展望》，《敦煌学》第24辑，台北：乐学书局有限公司，2003年，第47—59页。

② ［唐］李林甫等撰，陈仲夫点校《唐六典》卷4"祠部郎中"，第125页。

③ 王卡《敦煌道教文献研究——综述·目录·索引》，第8页。

④ 李正宇《敦煌地区古代祠庙寺观简志》，《敦煌学辑刊》1988年第1、2期合刊，第70—85页。

鹤观，是否设在敦煌，学界颇有争议。

陈祚龙在《敦煌学识小》一文中，根据P.3562V《道教斋醮度亡祈愿文集》[①]第5篇中提到白鹤观[②]，第6篇中出现玄中观，故而认为："这两个道观，即：白鹤观与玄中观，当年殆设在沙州地区。"[③]马德在《敦煌文书〈道家杂斋文范集〉及有关问题述略》[④]一文中，根据敦煌研究院藏敦煌文献敦研096《金刚般若波罗蜜经注》尾题："大唐天宝元年五月日，白鹤观御注。"[⑤]认为唐玄宗不可能到敦煌来注释《金刚经》，白鹤观不设在沙州地区，当在长安。而玄中观则是设在四川成都的海内名观。其余六座设在敦煌，当无疑问。

（一）灵图观

灵图观系唐乾封元年（666）因沙州献瑞石而奉命所建，在沙州城北二十里。P.2005《沙州都督府图经》：

瑞石。右乾封元年，有百姓严洪爽者，于城西李先/王

---

① 图版见上海古籍出版社、法国国家图书馆编《法藏敦煌西域文献》第25册，上海：上海古籍出版社，2002年，第325—330页。

② 白鹤观一名亦见P.2257《太上大道玉清经卷二》尾题，"天宝十二载五月日，白鹤观奉为皇帝敬写。"图版见上海古籍出版社、法国国家图书馆编《法藏敦煌西域文献》第10册，上海：上海古籍出版社，1999年，第163页。

③ 陈祚龙《敦煌学识小》，《敦煌学》第16辑，台北：新文丰出版公司，1990年，第9—40页。

④ 马德《敦煌文书〈道家杂斋文范集〉及有关问题述略》，陈鼓应主编《道家文化研究》第13辑，第226—248页。

⑤ 图版见段文杰主编《甘肃藏敦煌文献》第1卷，兰州：甘肃人民出版社，1999年，第140页。

庙[①]侧得上件石。其色翠碧，上有赤文，作/古字云："下（卜）代卅，卜年七百。"其表奏为上瑞，当/为封岳，并天［下］咸置寺、观，号为"万寿"。此州以得此瑞石，遂寺、观自号"灵图"。/[②]

此外，在敦煌文献P.3669《周大足元年（701）沙州敦煌县效谷乡籍》中也有灵图观的记载：

（80）一段玖亩口分，城北廿里无穷渠，东伯威，西渠，南思思，北灵图观。[③]

由此可知，乾封元年下诏天下诸州置寺、观一所时，都是以"万

① 有关敦煌李先王庙，亦见S.5448《敦煌录一本》，文曰："州西南有李先王庙，即西凉昭王先世之庙。乾封年，庙侧得瑞石，其色翠碧，有赤文古字，云：'卜世三十，卜年七百。'今人呼为李庙。"图版见中国社会科学院历史研究所等编《英藏敦煌文献（汉文佛经以外部分）》第7卷，成都：四川人民出版社，1992年，第91—97页。录文见郑炳林《敦煌地理文书汇集校注》，第86—89页。

② 图版见上海古籍出版社、法国国家图书馆编《法藏敦煌西域文献》第1册，上海：上海古籍出版社，1995年，第43—64页。录文见郑炳林《敦煌地理文书汇辑校注》，第18页。又，P.2695《沙州都督府图经》所载基本相同，文曰："瑞石。右唐乾封元年，有□□（百姓）严洪爽，于城西李先王庙侧得上件石。其色翠碧，上有赤文作古字云：'下（卜）代卅，卜年七百。'其表奏为上瑞，当为封岳并天，咸置寺、观，号为'万寿'，此州以得此瑞石，遂寺、观自号'灵图'"。图版见上海古籍出版社、法国国家图书馆编《法藏敦煌西域文献》第17册，上海：上海古籍出版社，2001年，第288—289页。录文见郑炳林《敦煌地理文书汇辑校注》，第34—38页。

③ 图版见上海古籍出版社、法国国家图书馆编《法藏敦煌西域文献》第26册，第280—281页。录文见（日）池田温著，龚泽铣译《中国古代籍帐研究·录文与插图》，第26页。

寿”命名。但因瑞石现于沙州，石上有“赤文灵图”，故单独以“灵图”命名寺、观。至大足元年（701）尚存。

（二）龙兴观

龙兴观系唐中宗采纳右补阙张景源的建议，降敕将之前的“中兴”寺、观改名为“龙兴”而来。

《唐会要》有详细记载：

> 至神龙元年二月，（众香寺）改为中兴寺，右补阙张景源上疏曰：“伏见天下诸州，各置一大唐‘中兴’寺观，……中兴立号，未益前规。以臣愚见，所置大唐‘中兴’寺观及图史，并出制诰，咸请除‘中兴’之字，直‘唐龙兴’为名。”……上（唐中宗）纳之，因降敕曰：“……自今已后，不得言‘中兴’之号，其天下大唐‘中兴’寺观，宜改为‘龙兴’寺观。诸如此例，并即令改。”①

P.4053V《天宝十三载（754）龙兴观道士杨神岳便麦契》中也记载到龙兴观道士杨神岳，向某人借麦八硕，限期八月归还，如若违限不还，则用观主的车、牛杂物充抵。②

（三）开元观

开元观为官立大观，开元二十六年（738），奉唐玄宗命于本地选取形胜俱佳的道观改名而来，S.6454《十戒经》附的张玄誓盟文有载：

---

①［宋］王溥撰《唐会要》卷48《寺》，第992—993页。

② 图版见上海古籍出版社、法国国家图书馆编《法藏敦煌西域文献》第31册，第46页。录文见唐耕耦、陆宏基编《敦煌社会经济文献真迹释录》第2辑，第77页。

大唐天宝十载岁次辛卯正月乙丑朔廿六日庚戌，敦煌郡敦煌县玉关乡/丰义里开元观男生清信弟子张玄䍐，载廿七……谨诣三洞法/师中岳先生马，奉受十戒十四持身之品，修行供养，永为/身宝，愆盟负约，长夜地狱，不敢蒙原。/①

（四）神泉观

神泉观是敦煌地区著名的道观，李正宇据P.2255《老子道德经》题记认为此观位于沙州城南神沙乡阳沙里，而杨富学、李永平认为在沙州城东四十里清泉驿。此观的始设与观名来源，在敦煌文献中没有明确的记载，敦煌文献中有关此观的记载较多：

《太玄真一本际经卷第二》尾题：

大周长寿二年九月一日，沙州神泉观道/士索玄洞，于京东明观为亡妹写本际经一部。/②

P.2806《太玄真一本际经道性品第四》尾题：

证圣元年闰二月廿九日，神泉观［法］师氾思庄发/心敬写，奉为一切法界苍生同会此福。/③

P.2361《本际经疏卷第三》题记：

---

① 题记录文见敦煌研究院编，施萍婷主撰稿，邰惠莉助编《敦煌遗书总目索引新编》，北京：中华书局，2000年，第201页。

② 图版见上海图书馆等编《上海图书馆藏敦煌吐鲁番文献》第2册，上海：上海古籍出版社，1999年，第266页。

③ 图版见上海古籍出版社、法国国家图书馆编《法藏敦煌西域文献》第18册，上海：上海古籍出版社，2001年，第327页。

景龙二年三月十四日，于神泉观写了。/①

甘博017《[十戒经]道士索澄空题记盟文》：

大唐景龙三年岁次己酉正月己未朔四日壬戌，沙州敦煌县平康/乡修武里神泉观道士清信弟子索澄空，年廿一岁。/②

P.2371《无上秘要卷第卅三》题记：

开元六年二月八日，沙州敦煌县神泉观道士马处/幽并侄道士马抱一，奉为七代先亡及所生父/母，法界苍生，敬写此经供养。/③

S.80《无上秘要卷第十》题记：

开元六年二月八日，沙州敦煌县神泉观［道］士马处/幽并侄道士马抱一，奉为七代先亡及所生/父母，法界苍生，敬写此经供养。/④

---

① 图版见上海古籍出版社、法国国家图书馆编《法藏敦煌西域文献》第12册，上海：上海古籍出版社，2000年，第383页。

② 图版见段文杰主编《甘肃藏敦煌文献》第4卷，第143页。相关研究参见杨富学、李永平《甘肃省博物馆藏道教〈十戒经传授盟文〉》，《宗教学研究》2001年第1期，第97—100、111页。

③ 图版见上海古籍出版社、法国国家图书馆编《法藏敦煌西域文献》第13册，上海：上海古籍出版社，2000年，第55页。

④ 录文见郝春文等编著《英藏敦煌社会历史文献释录》第1卷（修订版），北京：社会科学文献出版社，2018年，第214页。

珍020《无上秘要卷第五十二》题记：

> 开元六年（718）二月八日，沙州敦煌县神泉观道士/马处幽并侄道士马抱一，奉为七代先亡/及所生父母，法界苍生，敬写此经供养。/①

P.2255+ P.2421+ P.2417《老子道德经》题记：

> 大唐天宝十载（751）岁次辛卯正月乙酉朔廿六日庚戌，敦煌郡敦煌县神沙乡阳沙里/神泉观男生清信弟子索栖岳，载三十一岁。/②

由上述的抄经题记可知，神泉观自武周长寿二年开始，直至天宝十载（751）均存在于敦煌。

（五）冲虚观

冲虚观为敦煌当地女冠庙，观中女道士抄经和授经比较活跃。

P.2347b《十戒经》附盟文：

> 大唐景龙三年（709）岁次己酉五月丁巳朔十八日甲戌，沙州/敦煌县洪润乡长沙里冲虚观女官清信弟子唐真/戒，年十七岁。/③

---

① 题记录文见敦煌研究院编，施萍婷主撰稿，邰惠莉助编《敦煌遗书总目索引新编》，第497页。

② 图版见上海古籍出版社、法国国家图书馆编《法藏敦煌西域文献》第10册，第136页。

③ 图版见上海古籍出版社、法国国家图书馆编《法藏敦煌西域文献》第12册，第276页。

又，P.2347a《老子德经下》附盟文：

> 大唐景龙三年岁次己酉五月丁巳朔十八日甲戌，沙州敦煌县洪/润乡长沙里女官清信弟子唐真戒，年十七岁。/[①]

（六）紫极宫

紫极宫乃天宝二年（743）奉诏由玄元皇帝庙改名而来。P.4053V《天宝十三载（754）龙兴观道士杨神岳便麦粟契》中第二件为龙兴观道士杨神岳向人借麦八硕的契约，后列保人中就有紫极宫道士贺通□。[②]可知天宝十三载（754）敦煌有紫极宫。

三、敦煌文献中隋唐前期的道教斋醮活动

道教斋醮科仪俗称“道场”，谓之“依科演教”，简称“科教”，是道教特有的宗教仪式。既是道士传经授戒、日常修行的功课，又是为君主帝王、世俗民众祈福禳灾、超度亡灵、祷告保佑的宗教仪式。隋唐道教中最流行的祈福、度亡仪式，主要有金箓、黄箓两种斋法，这两种斋法仪式都源自东晋南朝的灵宝斋法，金箓用于调和阴阳，消灾伏异，为帝王国主请福延祚，黄箓用于为百姓忏罪谢过，拔度九祖恶对罪根。

在中国道教历史上，唐末高道杜光庭对后世道教仪法的形成有重要的影响，现存《道藏》中所保存的早期道教斋仪文本都是由杜光庭在唐末删定的，甚至唐代以后的道教斋仪文本都受到杜光庭删定本的影响。因此，保存在敦煌道教文献中的唐代前期的

---

① 图版见上海古籍出版社、法国国家图书馆编《法藏敦煌西域文献》第12册，第275页。

② 图版见上海古籍出版社、法国国家图书馆编《法藏敦煌西域文献》第31册，第46页。

道教斋仪文本，恰好可作为研究道教斋仪发展的重要资料，在中国道教史研究中也有重大意义。

其中，道教斋仪抄本有：

S.4652→P.4965→S.10605《灵宝金录斋行道仪》

WB32（3）→S.3071；P.2989；S.10576《灵宝金录斋忏方仪》

P.3148→P.3663；Дx0158+BD14841《灵宝下元黄录简文威仪经》

P.3282→S.6841+ BD15636+P.2455《灵宝自然斋戒威仪经》

北大D171；P.3484《灵宝自然斋行道仪》

P.2436《灵宝自然斋宿启仪》

属于天师道派的有：

P.2394+S.1020《太上正一阅众录仪》

P.2457《太上正一阅紫录仪》

Дx5628+BD2983《太上洞渊三昧神咒斋仪》

按照文本的记载，各种斋仪都有斋戒沐浴、设坛上供、焚香化符、请神降临、诵经念咒、向神官上章启告、忏悔罪过、盟誓发愿、礼拜赞颂神灵等程序，最后复炉解坛。对这些道教斋仪之中各种安排都有详细的规定。①

隋唐时期，道教投龙醮仪正式成为官方祭典，尤其在唐朝前期的高宗、武后②、玄宗三朝最为盛行，成为国家常用的祭典，因此在唐朝境内或者其属地，有名山大川的地方，频繁举行醮祭山川及投龙简的活动。

《唐会要》载开元二十四年五月十三日敕曰：

---

① 王卡《敦煌道教文献研究——综述·目录·索引》，第39—40页。

② 有关武周时期的岳渎投龙及其政治意涵，参见雷闻《郊庙之外——隋唐国家祭祀与宗教》，北京：生活·读书·新知三联书店，2009年，第153—166页。

每年春季，镇金龙王殿功德事毕，合献投山水龙璧。出日，宜差散官给驿送，合投州县，便取当处送出，准式投告。①

虽然唐前期的投龙简实物及记载不断出现，如清道光年间，在湖南省南岳衡山发现了唐玄宗时期的"南岳投龙铜简"；1982年，在河南省登封县嵩山峻极峰发现了武则天时期的"中岳投龙金简"。此外，各地的道家碑刻中也有相关记载，如《唐岱岳观碑》《大房山投龙璧碑记》②等。如前引开元二十四年五月十三日敕文，在投龙仪式中是有官方规定的投龙"准式"，但在传世道教文献中并没有这样的文本。

在敦煌文献中学者发现了两件投龙"准式"文本抄本，即P.2354③、BD14841，其中，P.2354，在《敦煌遗书总目索引新编》④中依照黄永武的意见，定名为《投金龙玉璧仪》，《法藏敦煌西域文献》也定名为《投金龙玉璧仪》，王卡则认为定名为《投金龙玉璧仪》不确，应定名为《大唐开元立成投龙章醮威仪法则》。⑤

P.2354《大唐开元立成投龙章醮威仪法则》：

今功德院修撰《立成投龙章醮威仪法则》，/所投龙璧州

① ［宋］王溥撰《唐会要》卷50，第1029页。

② 两碑碑文参见陈垣编纂，陈智超、曾庆瑛校补《道家金石略》，北京：文物出版社，1988年，第108—109、123页。

③ 有关此件文书的录文及研究，请参见周西波《敦煌写卷P.2354与唐代道教投龙活动》，《敦煌学》第22辑，1999年，第91—109页。

④ 敦煌研究院编，施萍婷主撰稿，邰惠莉助编《敦煌遗书总目索引新编》，第234页。

⑤ 王卡《敦煌道教文献研究——综述·目录·索引》，第42页。

各附一本，并坛图铺设次序，/非直出使省功，天下诸州皆得悞解，功德/圆满，神灵欢泰。①

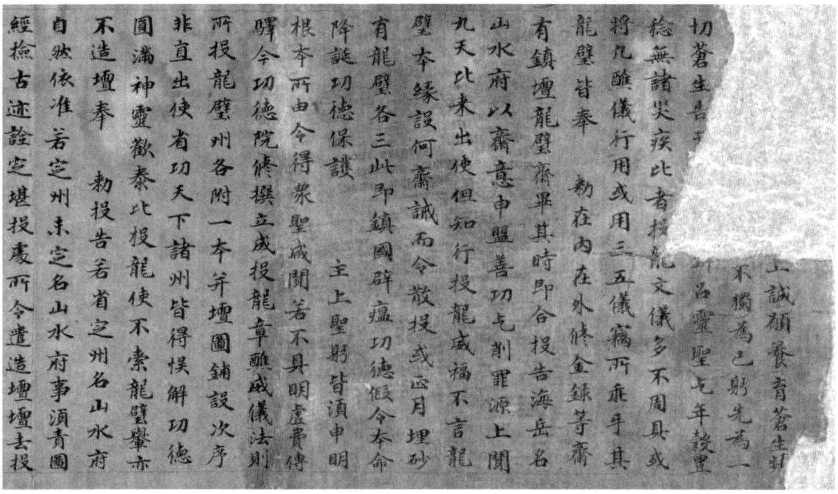

图18　P.2354《大唐开元立成投龙章醮威仪法则》局部（采自IDP）

BD14841号F：

维大唐开元厶年太岁厶子厶月朔厶日/吉时，系天师厶化厶炁、臣厶乙、监官/□□□，奉为大唐开元神武皇帝上/②

结合前引敕文，这两件文献应该就是开元年间唐玄宗敕令功德院修撰的投龙仪式文本，为什么会出现在敦煌文献中？虽然没有唐代的直接记载，但在S.5448《敦煌录一本》中却记载隋时沙州州

① 图版见上海古籍出版社、法国国家图书馆编《法藏敦煌西域文献》第12册，第334—335页。

② 图版见任继愈主编《中国国家图书馆藏敦煌遗书》，第134册，北京：国家图书馆出版社，2010年，第266页。

北乌山，隋政府“遣道士皇甫德琮等七人祭醮”[1]一事，可推知隋唐时期，沙州也是官方认可奉敕举行投龙醮仪的州，而这两件文献是作为仪式标准文本，由中央颁发到沙州的。

四、隋及唐前期敦煌道教抄经

南北朝隋唐时期，道教开始吸收佛教抄经修造福田的做法，也要求信徒写经造像，作为消灾祛病、超度亡灵的功德。在现存道教写经中，从题记中可以看到，道士不仅为百姓写经祈福，还为皇室显贵抄经求福。

敦煌现存的道教文献中，保存着一些明显是中原流入的经典，虽然沙州远在西北边陲，我们还是可以看到当时敦煌的道教与中原主流的道教是有紧密联系的。

P.2444《洞渊神咒经斩鬼品第七》题记：“麟德元年七月廿一日，奉敕为皇太子于灵应观写。/道士李览初校，/道士辅俨再校，/道士马诠三校，/专使右崇掖卫兵曹参军事蔡崇节，/使司藩大夫李文暕。”[2]又，P.3233《洞渊神咒经誓魔品第一》题记：“麟德元年七月廿一日，奉敕为皇太子于灵应观写。/初校道士李览，/再校道士严智，/三校道士王感，/专使右崇掖卫兵曹参军事蔡崇节，/使人司藩大夫李文暕。/”[3]因为这两则题记中并未明

---

① 文云：“石膏山，在州北二百五十六里乌山烽，山石间出其膏，开皇十九年，乌山变白，中验不虚，遣道士皇甫德琮等七人祭醮，自后望如雪峰。”图版见中国社会科学院历史研究所等编《英藏敦煌文献（汉文佛经以外部分）》第7卷，第91—97页。录文见郑炳林《敦煌地理文书汇集校注》，第86—89页。

② 图版见上海古籍出版社、法国国家图书馆编《法藏敦煌西域文献》第14册，上海：上海古籍出版社，2001年，第70页。

③ 图版见上海古籍出版社、法国国家图书馆编《法藏敦煌西域文献》第22册，第225页。

言“太子”是谁，故唐长孺认为“麟德元年为太子写《洞渊神咒经》可能正为了表示李弘是应谶当王，废忠立弘合乎天意。”①

S.1513《老子十方像名经卷上并御制一切道经序》：“孝敬皇帝，前星赋象，贞列纬于乾枢，少海/澄澜，奠名区于震域。问安视膳，体恭孝以端/仪，……今者，黄/离遽殒，碧题旋虚，翔鹤可羁，奄促游仙之驾；鸣鸡载响，无复入谒之期。……拂虚怅而/摧心，俯空筵而咽泪，兴言鞠育，感痛难胜。故/展哀情，为写《一切道经》卅六部。”②“孝敬皇帝”是高宗与武后之子李弘的谥号，按照御制经序中的说法，此经是高宗、武后为李弘去世而敕写道经祈福。

P.3556V《道教斋文》：“伏惟高宗天皇大帝，提衡驭宇，握/镜承天……悠示鼎湖，乘披云而遂远。/哀缠万国，痛结九天。弟子谬奉遗恩，叨/膺重托……今，故奉为大帝，敬/造绣玄真万福天尊等一千铺。/”③据文意当是高宗去世后，道教徒为高宗度亡造像祈福。

除了为皇室贵胄抄经祈福之外，还有道教信众为师友或者亡故父母写经度亡祈福。北大D117《天尊说济苦经一卷》尾题：“文明元年三月，弟子胡宽为亡考敬/写《天尊说济苦经》一卷，愿亡者得入升/仙，同登大道。/”④在敦煌道教写经中，道教徒

① 唐长孺《史籍与道经中所见的李弘》，收入氏著《魏晋南北朝史论拾遗》，北京：中华书局，2011年，第210—219页。

② 图版见中国社会科学院历史研究所等编《英藏敦煌文献（汉文佛经以外部分）》第3卷，成都：四川人民出版社，1990年，第84页。

③ 图版见上海古籍出版社、法国国家图书馆编《法藏敦煌西域文献》第25册，第258页。

④ 图版见北京大学图书馆等编《北京大学图书馆藏敦煌文献》第2册，上海：上海古籍出版社，1995年，第87页。

发愿祈福、治病度亡，最常见的是《太玄真一本际经》。据唐释玄嶷《甄正论》所载，隋代道士刘进喜造《本际经》五卷，唐初道士李仲卿续成十卷。南宋道士谢守灏《混元圣记》载："天下诸观自来年正月一日至年终以来，常转《本际经》。老君所降，以富国安民者也。"注曰："汉天师女孙玉兰，梦天降赤光入口，觉而有娠。人疑之，乃剖腹以自明。有物如莲花，自腹中出，中有金篆素书，即此经。"《太玄真一本际经》在唐代受到皇室尊崇，成为道教徒发愿祈福、治病度亡常用的经书，因此在敦煌道教文献中有大量的抄本存在，多达一百四十余件。

> S.3135：仪凤三年三月廿二日，三洞女官郭金基奉为亡/师敬写《本际经》一部，以此胜福，资益亡师，惟愿道/契九仙，神游八境。/[1]
>
> 上图078：大周长寿二年九月一日，沙州神泉观道/士索玄洞，于京东明观为亡妹写《本际经》一部。/[2]
>
> P.2806：证圣元年闰二月廿九日，神泉观［法］师氾思庄发/心敬写，奉为一切法界苍生，同会此福。/[3]

五、唐代道士传法诵经的等级与次序——以敦煌文献为例

在中国道教发展的历史上，自南北朝以后，随着正统道派的

---

① 图版见中国社会科学院历史研究所等编《英藏敦煌文献（汉文佛经以外部分）》第5卷，成都：四川人民出版社，1992年，第19页。

② 图版见上海图书馆等编《上海图书馆藏敦煌吐鲁番文献》第2册，第266页。

③ 图版见上海古籍出版社、法国国家图书馆编《法藏敦煌西域文献》第18册，第327页。

形成，道教在传播过程中逐渐形成了传经授箓的制度，至隋唐时趋于完备。传经授箓制度规定了道教内部不同等级的徒众应该接受和诵习不同的经戒法箓，并需要举行传度盟誓仪式。因此，宫观道教形成之后，道教系统内部形成了一种等级制度——道教法位制度，主要体现在道士所受经戒法律不同。施舟人指出，对俗人和儿童授"正一部"经典，受箓弟子称"男官""女官"，"正一弟子"继续受戒，接受"清信弟子"的阶位，称"天尊十戒十四持身品"①。隋唐时期，道士都需要由师傅传授经文——《道德经》及《十戒经》，在现存的敦煌道教文献中保存了不少《五千文》《十戒经》的合抄本，一般在尾部都会附有弟子受经戒的证明文书——盟文。在已知的五十多件敦煌《道德经》抄本中有五件附有盟文，在十一件《十戒经》抄本中有八件附有盟文，这十三篇道教徒受经戒法箓盟文，不见于传世《道藏》，是敦煌文献中重要的唐代道教文献，说明这段时间敦煌道教实施着经戒传授科仪。

按照时间先后，移录受《道德经》盟文如下：

P.2347a《老子德经下》附唐真戒盟文：

> 大唐景龙三年岁次己酉五月丁巳朔十八日甲戌，沙州敦煌县洪/闰乡长沙里女官清信弟子唐真戒，年十七岁，甲午生。既耳目贪于/声色，身心染于荣宠，常在有欲，无由自返。伏闻老子以无/极元年七月甲子日，将欲西度，而关令尹喜好乐长生，欲/从明君受一言之经。老子曰：善哉，子之问也。吾道甚深，/不可妄传。生道入腹，神明皆存，百

① （日）金岡照光等《講座敦煌》4《敦煌と中国道教》，東京：大東出版社，1983年，第325—345页。

节开孔，六甲相连，/徘徊身中，错综无端，胎息守中，上与天连，行之立仙，/拜为真人。传不得法，殃及其身，身死名灭，下流子孙。真/戒既宍人无识，窃好不已，专志颙颙，实希奉受。今依具/盟科法，赍信誓心。诣三洞法师、北岳先生阎履明，求受/道德五千文经，修行供养，永为身宝。断金为盟，违科/犯约，幽牢长夜，不敢有言。/[①]

P.2350a《老子道德经》附李无上盟文：

老子以无极元年七月甲子日将度关，关令尹喜/稽首再拜［曰］：小令好乐长生，欲从明君受一言之书。老/子曰：善哉，子之问也。吾道甚深，不可妄传。生道/入腹，神明皆存，百节开孔，六甲相连，徘徊身中，/错综无端，胎息守中，上与天连，行之立仙，拜为真/人。传不得法，殃及其身，身死名灭，下流子孙。今/谨［以］太岁甲寅正月庚申朔廿二日辛巳[②]，沙州/敦煌县龙勒乡常安里清信弟子李无上，年/廿七岁。具依明科，诣师中岳先生张仁邃，/受道德五千文，修行供养，永为身宝。断金/为盟，违科负誓，幽牢长夜，不敢有言。/[③]

① 图版见上海古籍出版社、法国国家图书馆编《法藏敦煌西域文献》第12册，第275页。录文参见王卡《敦煌道教文献研究——综述·目录·索引》，第166页。

② 据陈垣《二十史朔闰表》，开元二年岁次甲寅正月庚申朔，可推知该年当是开元二年（714）。

③ 图版见上海古籍出版社、法国国家图书馆编《法藏敦煌西域文献》第12册，第297页。录文见王卡《敦煌道教文献研究——综述·目录·索引》，第164页。

P.2255+2421+2417《老子道德经》附索栖岳盟文：

大唐天宝十载岁次辛卯正月乙酉朔廿六日庚戌，敦煌郡敦煌县神沙乡阳沙里/神泉观男生清信弟子索栖岳，载三十一岁。既耳目贪于声色，身心染于荣宠，/常在有欲，无由自返。伏闻老子以无极元年七月甲子日将欲西度关，关令尹/喜好乐长生，欲从明君受一言之经。老子曰：善哉，子之问也。吾道甚深，不/可妄传。生道入腹，神明皆存，百节开孔，六甲相连，徘徊身中，错综无端，胎息/守中，上与天连，行之立仙，拜为真人。传不得法，殃及其身，身死名灭，下流子/孙。栖岳宍人无识，窃好不已，专志颙颙，实希奉受。今依具盟科法，赍/信誓心。今诣三洞法师中岳先生马游岳，求受道德五千文经，修/行供养，永为身宝。断金为盟，违科犯约，幽牢长夜，不敢有言。/①

S.6453《道德经》附张玄誓盟文：

大唐天宝十载岁次辛卯正月乙酉朔廿六日庚戌，敦煌郡敦煌县玉关乡（后缺）②

① 图版见上海古籍出版社、法国国家图书馆编《法藏敦煌西域文献》第10册，第136页。录文见王卡《敦煌道教文献研究——综述·目录·索引》，第162—163页。

② 录文见敦煌研究院编，施萍婷主撰稿，邰惠莉助编《敦煌遗书总目索引新编》，第201页。因文书尾部残缺，仅存盟文前部少许，但是根据S.6454《十戒经》所附盟文，可知S.6453与S.6454当与P.2347、P.2350形制相似，都是《道德经》+盟文+《十戒经》+盟文的形式，只是因为中间断开，并缺失一部分盟文，才导致分裂成两卷，又依据P.2255+2421+2417《老子道德经》及所附索栖岳盟文，可推知，两件经文由法师马游岳分别授予弟子张玄誓和索栖岳。

P.2735《道德经白文》附吴紫阳盟文：

> 老子以无极元年七月甲子日将度关，关令尹/喜稽首再拜［曰］：小令好乐长生，欲从明君受/一言之书。老子曰：善哉，子之问也。吾道甚深，/不可妄传。生道入腹，神明皆存，百节开孔，六/甲相连，徘徊身中，错综无端，胎息守中，上/与天连，行之立仙，拜为真人。传不得法，殃及其身，身死名灭，下流子孙。今谨以至德/二载岁次丁酉五月戊申朔十四日辛酉，敦煌郡敦/煌县敦煌乡忧泠里清信弟子吴紫阳，载/十七岁，五月八日生。具依明科，诣师中岳先生/张仙翼，先受道德五千文，修行供养，永为/身宝。断金为盟，违科犯约，幽牢长夜，不敢有/(后残)①

在这五件受《道德经》盟文中，除一件残存起首部分之外，其余四件基本完整，因不见于明《道藏》更显其珍贵。其次，依时间先后移录受《十戒经》盟文如下：

甘博017《[十戒经] 道士索澄空题记盟文》：

> 大唐景龙三年（709）己酉正月己未朔四日壬戌，沙州敦煌县平康/乡修武里神泉观道士清信弟子索澄空，年廿一岁。但为宍人无识，既受/纳有形，形染六情，六情一染，动之弊［秽］，惑于所见，昧于所著世务，因缘以次而发，/招引罪垢，历世弥积。轮回于三界，漂浪而忘返；流转于五道，长沦而弗悟。/伏闻天尊大圣演说十戒十四持身之品，

① 图版见上海古籍出版社、法国国家图书馆编《法藏敦煌西域文献》第18册，第22页。录文见王卡《敦煌道教文献研究——综述·目录·索引》，第164页。

> 依法行者，可以超升三界，位极/上清。澄空性虽愚昧，愿求奉受。谨赍信如法，谨诣/三洞法师北岳先生阎履明，奉受十戒十四持身之/品，修行供养，永为身宝，愆盟负约，长幽地狱，不敢蒙原。/[①]

P.2347b《十戒经》附唐真戒盟文：

> 大唐景龙三年岁次己酉五月丁巳朔十八日甲戌，沙州/敦煌县洪闰乡长沙里冲虚观女官清信弟子唐真/戒，年十七岁，但为宍人无识，既受纳有形，形染六情，六/情一染，动之弊秽，惑于所见，昧于所著世务，因缘以次/而发，招引罪垢，历世弥积，轮回于三界，漂浪而忘返，/流转于五道，长沦而弗悟。伏闻天尊大圣演说十戒/十四持身之品，依法修行者，可以超升三界，位极上清。/真戒性虽愚昧，愿求奉受。谨赍法信，谨诣北岳先生/阎履明，奉受十戒十四持身之品，修行供养，永为身宝，/愆盟负约，长幽地狱，不敢蒙原。/[②]

P.3417《十戒经》附周景仙盟文：

---

① 图版见段文杰主编《甘肃藏敦煌文献》第4卷，第143页。录文见王卡《敦煌道教文献研究——综述·目录·索引》，第134页。相关研究参见杨富学、李永平《甘肃省博物馆藏道教〈十戒经传授盟文〉》，第97—100、111页。

② 图版见上海古籍出版社、法国国家图书馆编《法藏敦煌西域文献》第12册，第276页。录文见王卡《敦煌道教文献研究——综述·目录·索引》，第134页。

大唐景云二年太岁辛亥八月生，三月景午朔廿四日己巳，雍州/栎阳县龙泉乡凉台里男生清信弟子周景仙，年廿七［岁］。景仙宍/人无识，受纳有形，形染六情，六情一染，动之弊秽，惑于所见，昧/于所著世务，因缘以次而发，招引罪垢，历世弥积。轮回于/三界，漂浪而忘返；流转于五道，长沦而弗悟。伏闻天尊大/圣演说十戒十四持身之品，依法修行，行者可以超升三/界，位极上清。景仙虽昧，愿求奉受。谨赍信如法，诣雍州/长安县怀阴乡东明观里中三洞法师中岳先生张泰，/受十戒十四持身之品，修行供养，永为身宝，愆盟负/约，长幽地狱，不敢蒙原。/①

P.2350b《十戒经》附李无上盟文：

太岁甲寅正月庚申朔廿二日辛巳，沙州敦/煌县龙勒乡常安里男官清信弟子李无上，/年廿七岁。赍信如法。今诣沙州敦煌县效谷/乡无穷里三洞法师、中岳先生张仁邃，求受/十戒十四持身之品。无上宍人，既受纳有形，/形染六情，六情一染，动之弊秽，惑于所见，昧于所/著世务，因缘以次而发，招引罪垢，历世弥积，/轮回于三界，漂浪而［忘］返，流转于五道，长沦/而弗悟。辄依［玄］科，赍信如法，乞求奉受，修/行供养，永为身宝，愆盟负约，长幽地狱，不敢蒙原。/②

① 图版见上海古籍出版社、法国国家图书馆编《法藏敦煌西域文献》第24册，上海：上海古籍出版社，2002年，第145页。

② 图版见上海古籍出版社、法国国家图书馆编《法藏敦煌西域文献》第12册，第298页。录文见王卡《敦煌道教文献研究——综述·目录·索引》，第136页。

BD14523《十戒经》附阴志清盟文：

太岁甲寅正月庚申朔廿二日辛巳，沙州敦煌/县洪池乡神农里女官清信弟子阴志清，年十一/岁。赍信如法。今诣沙州敦煌县效谷乡无穷里三洞法师、中岳先生张仁邃，求受十戒/十四持身之品。志清肉人，既受纳有形，形染/六情，六情一染，动之弊秽，惑于所/见，昧于所著世务，因缘以次而发，招引罪垢，历世弥/积，轮回于三界，漂浪而亡（忘）返，流转于五道，/长沦而弗悟。辄依［玄］科，赍信如法，求乞奉/受，修行供养，永为身宝，愆盟负约，长幽/地狱，不敢蒙原。/[①]

S.6454《十戒经》附张玄訔盟文

大唐天宝十载岁次辛卯正月乙酉朔廿六日庚戌，敦煌郡敦煌县玉门乡/丰义里开元观男生清信弟子张玄訔，载廿七岁。但为宍人无识，既受/纳有形，形染六情，六情一染，动之弊秽，惑于所见，昧于所著世务，因缘/以次而发，招引罪垢，历世弥积，轮回于三界，漂浪而忘返，流转于五/道，长沦而不悟。伏闻天尊大圣演说十戒十四持身之品，依法修行，可/以超升三界，位极上清。玄訔性虽愚昧，愿求奉受。谨诣三洞法/师中岳先生马游岳，奉受十戒十四持身之品，修行供养，永/为身宝，愆盟负约，长夜地狱，不敢蒙原。/[②]

---

① 王卡《敦煌道教文献研究——综述·目录·索引》，第136页。

② 录文见王卡《敦煌道教文献研究——综述·目录·索引》，第135页。

P.3770《十戒经》附王玉真盟文：

至德二载岁次丁酉五月戊申朔十四日辛酉，/敦煌郡敦煌县平康乡洪文里男生清信弟/子王玉真，载十六岁。赍信如法，今诣敦煌郡敦煌/县平康乡安昌里三洞法师、中岳先生索/崇术，求受十戒十四持身之品。玉真肉人，既受纳有形，形染/六情，六情一染，动之弊秽，惑于所见，昧于所著/世务，因缘以次而发，招引罪垢，历世弥积，轮回于三/界，漂浪而亡（忘）返，流转于五道，长沦而弗悟。辄依/玄科，赍信如法，求乞奉受，修行供养，永为/身宝，愆盟负约，长幽地狱，不敢蒙原。/[1]

羽003R《十戒经》附吴紫阳盟文：[2]

至德二载岁次丁酉五月戊申朔十四日辛酉，敦煌郡敦煌县敦煌乡忧洽里男生清信弟子吴紫阳，载十七载，五月八日生。赍信如法，今诣敦煌郡敦煌县效谷乡无穷里三洞法师、中岳先生张仙翼求受十戒十四持身之品。紫阳宍人，既受纳有形，形染六情，六情一染，动之弊秽，或（惑）于所见，昧于所著，世务因缘，以次而发。招引罪垢，历世弥积，轮回于三界，漂浪而亡（忘）返；流转于五道，长沦而弗悟。辄依玄科，赍信如法，求乞奉受，修行供养，

① 图版见上海古籍出版社、法国国家图书馆编《法藏敦煌西域文献》第27册，上海：上海古籍出版社，2004年，第356页。录文见王卡《敦煌道教文献研究——综述·目录·索引》，第135—136页。

② 该件文书与P.2735《道德经白文》可以全面缀合，为至德二载（757）三洞法师、中岳先生张仙翼为弟子吴紫阳授戒之本，

> 永为身宝，愆盟负约，长幽地狱，不敢蒙原。①

在上述八篇盟文中，除一件为长安流入敦煌外，其余七件均是敦煌本地写本。有关敦煌本《洞玄灵宝天尊说十戒经》（简称《十戒经》），敦煌文献中现存十一个卷号，按照尾部所附盟文的记载，抄写时间从唐中宗景龙三年（709），到唐肃宗至德二载（757）。刘永明认为"由于这一经戒传授针对的是在家的初级信仰者清信弟子，于是成为道教通往社会的一座重要桥梁，从而有利于道教的传播，并对社会基层的宗教信仰乃至道德教化产生一定的影响。"②

施舟人认为，唐代敦煌实行的传授经戒制度与唐张万福《洞玄灵宝道士受三洞戒法箓择日历》所载相合。通过对敦煌文献中六件受十戒十四持身品的男官、女官、男生、女生及授戒法师以及盟文的分析，他指出：

> "清信弟子"与"三洞法师"，并非全体属于"出家"的组织形态，大抵其中相当多数目的人居住在一般民众中。大约唐代执行"灵宝"祭祀者，可能是生活在民间中的，也可能不是出家人。③

---

① 本件盟文与其他盟文之间最大的差异是写有受戒者的出生月日，图版见《敦煌秘笈》（影片册1），第37页。录文见刘永明《日本杏雨书屋藏敦煌道教及相关文献研读札记》，《敦煌学辑刊》2010年第3期，第68—81页。

② 刘永明《敦煌本道教〈十戒经〉考论》，《历史研究》2016年第1期，第178—189页。

③（日）金岡照光等《講座敦煌》4《敦煌と中国道教》，第335页。

日本学者小林正美认为唐代道士传授经戒的法事活动，不仅有传习教义教规、确定道士身份品级的宗教意义，而且还是道士出家后取得度牒和田地的凭据。[①]

① （日）小林正美著，王皓月、李之美译《唐代的道教与天师道》，济南：齐鲁书社，2013年，第19—28页。

第三节　隋及唐前期敦煌的三夷教

隋唐时期，尽管儒释道三教依然占据着思想领域的主导地位，但是由于国家的开放和统治者的开明，人们勇于接受新鲜事物，因此流行于西亚的三种宗教：祆教、摩尼教和景教在此时正式传入中国，对中国文化产生了或多或少的影响。由于无法像佛教那样成为统治者们扶持并信仰的宗教，三夷教并没有在中国发扬光大，只流行于外来人士或当地的上层人士间，唐武宗灭法之时三夷教信徒的总数只有三千余人，当时人称“合天下三夷寺，不足当吾释寺一小邑之数也”。①

一、隋及唐前期敦煌的祆教

祆教以天为神，又名拜火教，火祆教。唐慧琳《一切经音义》卷三十六“祆祠”条：“胡人谓神明曰‘天’，语转呼天为‘祆’。”陈垣认为“祆”字是隋唐时期才被创造出来的，专指拜

① ［清］董诰等编《全唐文》卷727舒元舆《唐鄂州永兴县重岩寺碑铭并序》，第7498页。

胡天的信仰[①]。在唐以前中国的典籍中就可以看到有关火祆教的记载，但是因为在入华之初祆教只在粟特人之间传播，而且粟特人并不热衷于向外传教，所以早期祆教受众较少，直到现在也没有发现流传下来的汉文经典，人们一直对祆教不甚了解。祆教的初传问题也一直困扰着学术界，我国祆教研究的奠基人陈垣根据《魏书》和《梁书》的记载认为祆教是在北魏传入中国的，但唐长孺根据《晋书》中的记载认为祆教应该于4世纪前半叶传入中国，但是由于只有《晋书》这一孤证，所以唐长孺的说法并没有引起应有的重视。直到1995年荣新江发表《祆教初传中国年代考》一文，将《晋书》中的记载与一位伊朗语学者对敦煌西北长城烽燧中发现的一组粟特文古信札的研究成果进行比对，确认祆教入华的年代最晚是西晋末叶，使魏晋说开始在学术界盛行。

（一）隋及唐前期敦煌的祆寺

传世文献对于祆教寺庙的称谓有所区别，有祆祠、祆神祠、胡祆祠、祆庙、火祆庙、祆寺、祆舍、胡天等。敦煌祆寺明确出现在文献记载中是公元7世纪晚期，P.2005《沙州都督府图经》“四所杂神”条：

> 祆神，右在州东一里。立舍，画神主，总有廿龛。其院周回一百步。[②]

《沙州都督府图经》编纂于武则天万岁通天元年（696），原称

① 陈垣《火祆教入中国考》，《国学季刊》第1卷第1号，1923年，第31—33页。校定稿收入《陈垣学术论文集》第1集，北京：中华书局，1980年，第308—311页。

② 图版见上海古籍出版社、法国国家图书馆编《法藏敦煌西域文献》第1册，第54页。

《沙州图经》，开元四年（716）后，曾略加增修。至永泰二年（765），沙州升为都督府，所以后世称其为《沙州都督府图经》。可见《沙州都督府图经》所载内容应反映的是武周时期（690—705）的情况。

（二）敦煌地区的祆教崇拜与中古社会

隋唐时期敦煌地区所流行的祆教与正统的祆教有所不同，因为它是由在中亚生活的粟特人所带进中国的，所以在一定程度上受到了粟特人的影响，祆教在当时的敦煌地区主要是粟特人信奉，其教并不符合当时的中国社会，所以祆教不能像佛教、景教甚至它的分支摩尼教那样为广大民众所接受，总的来说，祆教在中国只能以习俗的方式影响着人们，走进广大民众的日常生活中，融合进中土的民俗中，渐渐地民间化，它的一些神谱和习俗也慢慢地被当时敦煌地区的佛教吸收融合，和佛教共同构成了中国古代民间信仰的一部分。①

唐朝时期祠部还设有专门管理火祆教的祀官——萨宝府官，他的职责主要是主持火祆教的祭祀事务。我们可以从传世的文献中看到，在敦煌民间举行的大傩、祭赛等各种仪式当中，祆教的祭祀仪式也在其中扮演着非常重要的角色，成为敦煌民间信仰的有机组成部分，与当时内地相比有着其独特的性质。

（三）敦煌地区的祆教祭祀活动

1. 祈雨

敦煌的祆教祭祀在敦煌民间祭祀或者官方祭祀系统中可以看到。P.2005《沙州都督府图经》“四所杂神”条中记载：

---

① 林悟殊《唐代三夷教的社会走向》，氏著《中古三夷教辨证》，北京：中华书局，2005年，第356—359页；蔡鸿生《粟特人在中国的再检讨》，陈春声编《蔡鸿生教授执教中山大学五十周年纪念文集》，香港：博士苑出版社，2007年，第10—11页。

> 土地神。右在州南一里。立舍，画神主。境内有灾患不安，因以祈焉，不知起在何代。
>
> 风伯神。右在州西北五十步。立舍，画神主。境内风不调，因即祈焉，不知起在何代。
>
> 雨师神。右在州东二里。立舍，画神主。境内亢旱，因即祈焉，不知起在何代。
>
> 祆神。右在州东一里。立舍，画神主。总有廿龛。其院周回一百步。①

武周时期祆神与中国本土的土地神、风伯神和雨师神并列，上述文献中对于土地、风伯和雨师神的职责有着明确的介绍，但是对于祆神的职能却无明确的说明，那是因为作为从带有宗教属性的神到进入祭祀系统的神需要一些时间来明确自己的职责与定位。随着时间的推移，祆神在祭祀系统中的职能明晰了起来，通过对各种文献的分析，池田温认为祆神在我国祭祀系统中的主要功能是祈雨："祆祠之所以能成为祈雨的场所，推察其起因，也是基于祆教祭火坛的存在。燃火飞烟是祈雨时普遍举行的仪式。而祆祠圣火坛上经常焰起烟生，自然会被人们视为灵验显著的祈雨场所。"②

2. 驱傩

在敦煌地区祆神除了被祈雨仪式外，还被纳入了另一祭祀系统——驱傩。开元二十年（732）颁定的《大唐开元礼》对州县

① 图版见上海古籍出版社、法国国家图书馆编《法藏敦煌西域文献》第1册，第53—54页。

②（日）池田温《8世纪中叶における敦煌のソグド人聚落》，《ユーラシア文化研究》第1号，1965年，辛德勇中译文题《八世纪中叶敦煌的粟特人聚落》，收入氏著《唐研究论文选集》，第5—6页。

傩礼作了明确的规定，《大唐开元礼》卷90《军礼》“诸州县傩”条载：

> 方相四人，俱执戈楯，唱帅四人。戈今以小戟，方相、唱帅俱以杂职充之。侲子都督及上州六十人，中下州四十人，县皆二十人。其方相、唱帅，县皆二人。取人年十五以下、十三以上。杂职八人，四人执鼓鞉，四人执鞭。
>
> 前一日之夕，所司帅领宿于州府门外。其县门亦如之。未辩色，所司白刺史，请引傩者入。其县令则所司白县令。将辨色，宦者二人出门，各执青麾引傩者入。无宦者外人引导。于是傩者击鼓鞉，俱噪呼、鼓鞭、击戈、扬楯而入。……宦者引之，遍索诸室及门巷，讫宦者引出，出中门。所司接引出，仍鼓噪而出。出大门外分为四部，各趣城四门，出郭而止。初，傩者入，祝五人各帅执事者，以酒脯各诣州门及城四门。其县门亦准此。傩者出，便酌酒奠脯于门右，禳祝而止，乃举酒脯，埋于西南……①

根据上述记载可以看出唐代州县的大傩是由刺史县令的下属官员主持的国家礼仪活动，当时的敦煌地区也必然要举行驱傩之礼，也融入了一些地方特色，在傩礼中加入了袄神，敦煌袄神在官方祭礼中与本土神一起接受官方祭祀，这是本土化的袄神崇拜在敦煌的另一种表现形式。

二、隋及唐前期敦煌的摩尼教

摩尼教是3世纪在波斯兴起的一种宗教，因其创始人为摩尼

---

①［唐］萧嵩等撰《大唐开元礼》卷90，北京：民族出版社，2000年，第424页。

而得名。中国旧译明教、明尊教、二尊教、末尼教、牟尼教等。该教在拜火教的理论基础上吸收了基督教、诺斯替教和佛教等教教义形成自己的思想体系，而学界一般认为摩尼教是祆教的一个分支。

（一）摩尼教的入华

武则天统治时期，摩尼教首次进入中原的官方视野，取得了武氏政权的承认，获准公开传教。与摩尼教对立的佛教经典中有对此事的描述，《佛祖统纪》：

> 延载元年，……波斯国人拂多诞持《二宗经》伪教来朝。①

此记载只能说明摩尼教在694年开始在官方的承认下传教，而宗教还依靠非官方途径传播，所以要确定摩尼教在中国的初传时间还是非常困难的。目前大致存在三种观点：第一种就是武后延载元年，第二种是唐以前，第三种是唐高宗时期。观点虽然有异，但是学者们对于延载元年之前摩尼教就已传入中国的事实已基本达成了共识。

摩尼教在武则天时期得到了承认，其实背后隐藏了复杂的宗教与政治原因。首先是摩尼教的教义并无煽动性，符合当时的社会政治需要，因为武则天要用宗教宣传来证明自己登基的合理性，其次就是在摩尼教的教义神话中，有两位非常重要的女性神灵，当时拂多诞为武则天讲经的时候可能暗示武则天为某位女神转世或将之比作某位女神，由此来满足武则天的政治心理，使得摩尼教得到统治者的支持，开始在中国官方层面上的传播。在武则天退位，统治权重归李氏后，摩尼教的命运也出现了转折。开

① ［宋］志磐撰，释道法校注《佛祖统纪校注》卷40，第931页。

元二十年七月，唐玄宗敕令：“末摩尼法本是邪见，妄称佛教，诳惑黎元，宜严加禁断。以其西胡等既是乡法，当身自行，不须科罪者。”①此后摩尼教的发展就受到了打击和阻碍，它变成只能在粟特人中传播的“邪教”了。

（二）敦煌文献中的摩尼教写经

摩尼教真正的研究热潮出现在20世纪初敦煌藏经洞发现的三件汉文摩尼教写经：《摩尼教残经》《摩尼光佛教法仪略》以及《下部赞》。这三件汉文摩尼教写经都曾流行于唐代中国，对我们理解摩尼教在唐代的传播有着非凡的意义。

《摩尼教残经》现藏于北京国家图书馆，原编号为宇字第56，缩微胶卷编号北8470，现编号BD00256号。②该经首尾俱残，现余

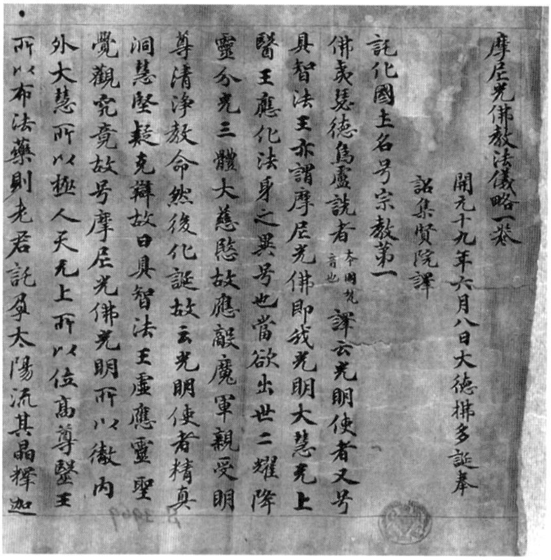
摩尼光佛教法儀略一卷
開元十九年六月八日大德拂多誕奉
詔集賢院譯
託化國主名号宗教第一
佛夷瑟德烏盧詵者本國梵音也譯云光明使者又号
具智法王亦謂摩尼光佛即我光明大慧无上
醫王應化法身之異号也當欲出世二耀降
靈分光三體大慈愍故應敵魔軍親受明
尊清淨教命然後化誕故云光明使者精真
洞慧堅疑克辯故曰具智法王虛應靈聖
覺觀究竟故号摩尼光佛光明所以徹內
外大慧所以極人天无上所以位高尊醫王
所以布法藥則老君託孕太陽流其晶輝迦

图19　S.3969《摩尼光佛教法仪略》局部（采自IDP）

① ［唐］杜佑撰，王文锦等点校《通典》卷40，第1103页。
② 图版见任继愈主编《国家图书馆藏敦煌遗书》第4册，北京：北京图书馆出版社，2005年，第357—366页。

345行，是敦煌藏经洞发现的三件汉文摩尼教写经中唯一一件留在国内的。

《摩尼光佛教法仪略》实为两截残卷。上半截现藏于伦敦大英博物馆，编号为S.3969，下半截现藏于巴黎法国国家图书馆，编号为P.3884。林悟殊根据这两篇经文的文书书写格式、前后文义、摩尼教教义以及篇幅结构等方面入手，综合前人的考察，认为英藏S.3969与法藏P.3884可以完全缀合，两残卷间并未脱漏一字。①

《摩尼光佛教法仪略》现存1540字，内容分为6个部分，其全文如下：②

摩尼光佛教法仪略一卷/

开元十九年六月八日大德拂多诞奉诏集贤院译/

托化国主名号宗教第一/

佛夷瑟德乌卢诜者本国梵音也，译云光明使者，又号/具智法王，亦谓摩尼光佛，即我光明大慧无上/医王应化法身之异号也。当欲出世，二耀降/灵，分光三体；大慈愍故，应敌魔军。亲受明/尊清净教命，然后化诞，故云光明使者；

① 林悟殊《〈摩尼光佛教法仪略〉残卷的缀合》，氏著《摩尼教及其东渐》，北京：中华书局，1987年，第198—203页。

② 《摩尼光佛教法仪略》上半部分（S.3969）图版，参见中国社会科学院历史研究所、中国敦煌吐鲁番学会敦煌古文献编辑委员会、英国国家图书馆、伦敦大学亚非学院编《英藏敦煌文献（汉文佛经以外部分）》第5卷，成都：四川人民出版社，1992年，第223—225页；《摩尼光佛教法仪略》下半部分（P.3884）图版，参见上海古籍出版社、法国国家图书馆编《法藏敦煌西域文献》第29册，上海：上海古籍出版社，2003年，第86页。以下录文参林悟殊《英法藏摩尼光佛教法仪略》（S.3969、P.3884）释文，氏著《林悟殊敦煌文书与夷教研究》，上海：上海古籍出版社，2011年，第429—433页。

精真/洞慧，坚疑克辩，故曰具智法王；虚应灵圣，/觉观究竟，故号摩尼光佛。光明所以彻内/外，大慧所以极人天，无上所以位高尊，医王/所以布法药。则老君托孕，太阳流其晶；释迦/受胎，日轮叶其象。资灵本本，三圣亦何殊？成/性存存，一贯皆悟道。

按彼波斯婆毗长历，自/开辟初有十二辰，掌分年代。至第十一辰，名/“讷”，管代二百廿七年，释迦出现。至第十二辰，/名“魔谢”，管代五百廿七年，摩尼光佛诞苏邻/国跋帝王宫，金萨健种夫人满艳之所生也。/婆毗长历，当汉献帝建安十三年二月八日而生，泯然悬合矣。至若资禀天符而受胎，/斋戒严洁而怀孕者，本清净也；自胸前化诞，/卓世殊伦，神验九征，灵瑞五应者，生非凡也。又/以三愿、四寂、五真、八种无畏，众德圆备，其可/胜言；自天及人，拔苦与乐，谀德而论矣。若不/然者，曷有身诞王宫，神凝道慧，明宗真本，智/谋特正，体质孤秀，量包乾坤，识洞日月？开两/元大义，示自性各殊；演三际深文，辩因缘瓦/合。诛邪祐正，激浊扬清。其词简，其理直，其行/正，其证真。六十年内，开示方便。感四圣以为/威力，腾七部以作舟航；应三官而建三尊，法/五明而列五级。妙门殊特，福被存亡也。

按/《摩诃摩耶经》云：“佛灭度后一千三百年，袈裟/变白，不受染色。”《观佛三昧海经》云：“摩尼光佛/出现世时，常施光明，以作佛事。”《老子化胡经》云：“/我乘自然光明道气，飞入西那玉界苏邻/国中，示为太子。舍家入道，号曰‘摩尼’。转大法轮，/说经、戒、律、定、慧等法，乃至三际及二宗门。上/从明界，下及幽途，所有众生，皆由此度。摩尼/之后，年垂五九，我法当盛者。”五九四十五，四/百五十年，教合传于中国。至晋太始二年正/月四日，乃息化身，还归真寂。教流诸国，接化/苍生。从晋太始至今开十九岁，计四百六十/年。证记合同，圣迹照著。

教阐明宗，用除暗/惑；法开两性，分别为门。故释经云："若人舍/分别，是则灭诸法；如有修行人，不应共其住。"又/云："鸟归虚空，兽归林薮；义归分别，道归涅/槃。"不覈宗本，将何归趣？行门真实，果证三宫。/性离无明，名为一相。今此教中，是称解脱。略/举微分，以表进修。梵本颇具，此未繁载。/

形相仪第二/

摩尼光佛顶圆十二光王胜相，体备大明，无/量秘义;妙形特绝，人天无比；串以素帔，仿四/净法身；其居白座，像五金刚地；二界合离，初/后旨趣，宛在真容，观之可晓。诸有灵相，百千/胜妙，实难备陈。/

经图仪策三　凡七部并图一/

第一，大应轮部，译云《彻尽万法根源智经》；/

第二，寻提贺部，译云《净命宝藏经》；/

第三，泥万部，译云　《律藏经》，亦称　《药藏经》；/

第四，阿罗瓒部，译云《秘密法藏经》；/

第五，钵迦摩帝夜部，译云《证明过去教经》；/

第六，俱缓部，译云《大力士经》；/

第七，阿拂胤部，译云《赞愿经》；/

大门荷翼图一，译云《大二宗图》/

右七部大经及图，摩尼光佛当欲降代，/众圣赞助，出应有缘；置法之日，传受五级。/其余六十年间，宣说正法，诸弟子等随/事记录，此不载列。/

五级仪第四/

第一，十二慕阇，译云承法教道者；/

第二，七十二萨波塞，译云侍法者，亦号拂多诞；/

第三，三百六十默奚悉德，译云法堂主；/

第四，阿罗缓，译云一切纯善人；/

第五，耨沙喭，译云一切净信听者。/

右阿罗缓已上，并素冠服；唯耨沙喭一/位，听仍旧服。如是五位，禀受相依，咸遵教/命，坚持禁戒，名解脱路。若慕阇犯戒，即/不得承其教命；假使精通七部，才辩卓/然，为有愆违，五位不摄。如树滋茂，皆因其/根；根若惫者，树必干枯。阿罗缓犯戒，视/之如死，表白众知，逐令出法。海虽至广，不/宿死尸。若有覆藏，还同破戒。/

寺宇仪第五/

经图堂一，斋讲堂一，礼忏堂一，教授堂一，/病僧堂一。/

右置五堂，法众共居，精修善业；不得别立/私室厨库。每日斋食，俨然待施；若无施/者，乞丐以充，唯使听人，勿畜奴婢及六畜/等非法之具。/

每寺尊首，诠简三人：/

第一，阿拂胤萨，译云赞愿首，专知法事；/

第二，呼嚧唤，译云教道首，专知奖劝；/

第三，遏换健塞波塞，/译云月直，专知供施。皆须依命，不得擅意。/

出家仪第六/

初辩二宗：/求出家者，须知明暗各宗，性情悬隔；若不辨/识，何以修为？/

次明三际：/一，初际；/二，中际；/三，后际。

初际者，未有天地，但殊明暗；明性智慧，暗性/愚痴；

诸所动静，无不相背。/

中际者，暗既侵明，恣情驰逐，明来入暗，委质/推移。大患厌离于形体，火宅愿求于出离。劳/身救性，圣教固然。即妄为真，孰敢闻命？事须/辩折，求解脱缘。/

后际者，教化事毕，真妄归根；明既归于大明，/暗亦归于积暗。二宗各复，两者交归/次观四寂法身。/

四法……（后缺）

《摩尼光佛教法仪略》的价值在于它既保存了唐代摩尼教的经典，又介绍了摩尼教僧职、寺院等方面的情况。这篇经文在开头的时候就为我们说明了此经是拂多诞奉唐玄宗之命于集贤院译成，但在《仪略》写成的仅一年后，玄宗便下令禁止摩尼教在汉人中传播，其中缘由令人深思。在玄宗颁布的诏令之中有着“妄称佛教”四个字，说明摩尼教的禁断必然和佛教有关。玄宗在位期间其实对佛教并无特殊的好感，他更加推崇中国本土的道教，但是他在位期间对密教产生了不一样的关注，开元二十年摩尼教的禁断很可能跟当时密教有着很大的关联。摩尼教和密教在很多方面上都有着相似之处，但是在对比两教经典的时候，密教可能找到了摩尼教“伪装”佛教的证据，最后导致摩尼教在开元二十年被禁断。

《下部赞》现藏于伦敦大英博物馆，编号为S.2659，它是专为摩尼教听者，即一般信徒所选用之赞美诗。该经卷全长约1044厘米，双面书写。摩尼教《下部赞》抄写于正面，现存423行。

三、隋及唐前期敦煌的景教

景教是唐代对来华基督教中一支的中文称呼，其名称源自明代天启年间（1621—1627）出土的《大秦景教流行中国碑》。根据景教碑可知，唐贞观九年（635），景教大德僧阿罗本带其经典入长安，太宗诏准建寺传教。初称波斯经教，后称景教。

有关景教在敦煌地区的流传我们知道的很少，传世文献几乎没有涉及这一地区的景教遗存，可以依赖的材料只有一些写本文献以及出土文献中所提及的景教僧侣。敦煌大约在7世纪上半叶接触到了景教。当时敦煌称为瓜州，根据景教碑的记载，景教大德僧阿罗本“占青云而载真经，望风律以驰艰险”，于贞观九年（635）到达长安，太宗命令房玄龄到长安西郊迎接。根据碑文的记载我们可以大致推测阿罗本应该是从西域远道而来，很可能在敦煌停留休息。这之后有关敦煌景教活动的材料就非常稀少了。景教碑云高宗时期“于诸州各置景寺”，后来“法流十道，国富元休，寺满百城，家殷景福”可能也包括瓜州和敦煌地区，即当时这里也设立了景寺，称为波斯寺，到天宝四载（745），始改波斯寺为大秦寺。

第五章

隋及唐前期敦煌的世家大族

第一节　隋及唐前期敦煌家族概说

中古时期的敦煌是个典型的家族社会。隋唐以来，从数任敦煌地方长官的姓氏来判断，当地依旧承袭着北朝以来的多民族结构，鲜卑、高车（铁勒）等血统的官吏依旧活跃在敦煌地方政治舞台上，从史书记载来看，唐初的敦煌地区并非平静如水，胡胡、胡汉等各种势力在不断积蓄力量，终于在唐高祖时代，爆发了数次少数民族与汉族间的冲突，导致敦煌地区陷入短暂的混乱时期。

武德三年（620），鲜卑系的达奚暠被铁勒系的贺拔行威推翻，《资治通鉴》载："（唐高祖武德三年十二月）己酉，瓜州刺史贺拔行威执骠骑将军达奚暠，举兵反。"①武德五年（622）瓜沙当地土豪王幹杀贺拔行威事件，《资治通鉴》载："（唐高祖武德五年）五月，庚寅，瓜州土豪王幹斩贺拔行威以降，瓜州平。"②贺拔行威在唐初武德时期割据敦煌三年左右，其他事迹不可考，但在敦煌文献中曾记载其在敦煌有纪念堂一类的建筑，《敦煌古迹廿咏》："十六、贺拔堂咏：英雄传贺拔，割据王敦

① ［宋］司马光编著，［元］胡三省音注《资治通鉴》卷188，第5898页。
② ［宋］司马光编著，［元］胡三省音注《资治通鉴》卷190，第5951页。

煌。五郡征埒近，千金造寝堂。绮檐安兽瓦，粉壁架虹梁。峻宇称无德，何曾有不亡。”[①]由此可知贺拔行威大概在当地有相当的势力。[②]武德六年（623），作为敦煌当地军事首领的鲜卑系瓜州总管贺若怀广巡视至沙州时，正好碰上州人张护、李通叛乱，贺若怀广被困子城，凉州总管杨恭派兵营救，却遭遇失败。《资治通鉴》载：“（唐高祖武德六年）瓜州总管贺若怀广按部至沙州，值州人张护、李通反，怀广以数百人保子城；凉州总管杨恭仁遣兵救之，为护等所败。……秋，七月……张护、李通杀贺拔（若）怀广，立汝（沙）州别驾窦伏明为主，进逼瓜州；长史赵孝伦击却之。……（九月）乙未，窦伏明以沙州降”[③]。《新唐书·高祖纪》作：“（武德六年）七月丙子，沙州别驾窦伏明反，杀其总管贺若怀廓。”[④]

拓跋族瓜州总管贺若怀广、瓜州道行军总管元韶等，前两人的统治先后被推翻；而铁勒族的瓜州刺史贺拔行威及汉族土豪王

---

① 《敦煌古迹廿咏》共有P.2983、P.3870、P.2690、P.2929、P.2748、S.6167等六个卷号，其中P.2690号仅存一首，P.2983号残存六首，其他四卷首尾俱全，但又有所不同，S.6167号有《题隐士咏》而无《分流泉咏》，P.2929、P.2748号正相反，P.3870号两首并有，成二十一首。录文见郑炳林《敦煌地理文书汇辑校注》，第138—143页。

② ［宋］司马光编著，［元］胡三省音注《资治通鉴》卷190，第5951页。此事不见于《旧唐书》，在《新唐书·高祖纪》作：“庚寅，瓜州人王幹杀贺拔行威以降。”［宋］欧阳修、宋祁撰《新唐书》卷1《高祖纪》，第14页。

③ ［宋］司马光编著，［元］胡三省音注《资治通鉴》卷190，第5969、5972页。有关窦伏明以沙州归降唐廷，《实录》记载不同，故此处有一段考异，兹录如下：“《考异》曰：《实录》云：‘伏明斩贺拔威，以城来降。’按五年五月《实录》，瓜州人王幹杀贺拔威以降。则威死久矣，此误也。按上文作贺若怀广死，而立窦伏明为沙州主，当考。”

④ ［宋］欧阳修、宋祁撰《新唐书》卷1《高祖纪》，第16页。

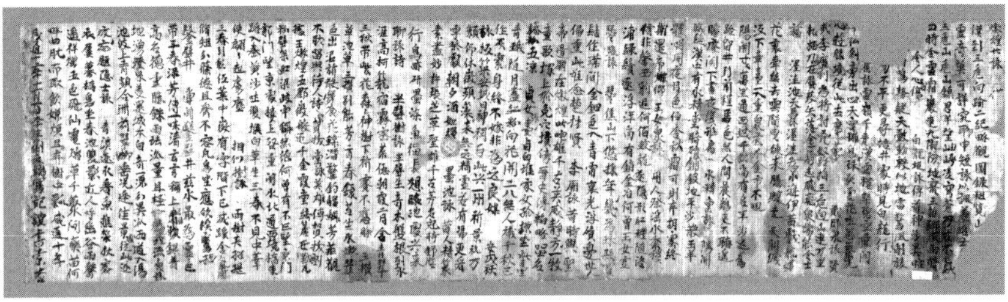

图1 P.3870《敦煌古迹廿咏》（采自IDP）

斡、张护、李通、沙州别驾窦伏明等，掀起了反对鲜卑贵族的反抗斗争，势力亦不可小看。而汉姓家族也在不断积聚实力，最终爆发了大规模的冲突，前引《资治通鉴》瓜州土豪王斡杀贺拔行威事，说明了隋唐之际敦煌地区兴起了像王姓一样的土豪。郭锋将这次瓜州土豪王斡杀贺拔行威的事件视作敦煌地方新起家族势力之间的冲突，王斡是汉姓势力，贺拔行威是少数民族地方势力的代表，事件的目的是为了掌握地方社会的领导权，而谁会取得胜利则取决于谁与中央政权合作。

郭锋认为："唐前期的敦煌社会，缺乏类似汉末魏晋那样的地方大族势力圈，家族的政治作用减弱了。均田制的土地政策，也从经济上制约着敦煌地方家族的活动方式。由于经济上不大需要以家族为单位进行生存竞争，所以唐前期敦煌的家族观念似乎有些淡薄，虽然家族关系仍然是生活的重要组成部分。"[1]郭锋通过对唐代前期6件户籍、差科簿[2]等进行了具体的统计分析，

---

① 郭锋《唐五代敦煌的家族与家族关系》，收入杨际平、郭锋、张和平《五—十世纪敦煌的家庭与家族关系》，第130页。

② 这6件户籍、差科簿分别是：《天宝六载（747）敦煌县龙勒乡都乡里户籍》《天宝十载（751）敦煌县差科簿》《武周大足元年（701）敦煌县效谷乡户籍》《先天二年（713）敦煌县平康县户籍》《开元四年（716）敦煌县慈惠乡户籍》《开元十年（722）敦煌县悬泉乡户籍》等。

得出关于该时期敦煌诸乡居民的姓氏分布情况统计数据："张、王、李、索、曹、令狐、汜（氾）、阴等东汉以来的敦煌人口大姓，在开元时期的敦煌诸乡中仍在人口数量上占有优势。同一姓氏诸人户，又分散于不同乡里中。统计的四个乡中，索、令狐、汜（氾）三姓以悬泉乡人户为多。曹、王二姓在龙勒乡都乡里比例不小。阴、李二姓集中在慈惠乡。张姓则在诸乡皆为人口大姓，在慈惠乡又相对多一些。"[①]这些具体的统计数据虽然只是当时敦煌地区家族社会一个断面，但是对我们了解该时期敦煌社会的家族姓氏，尤其是汉姓家庭的构成有很大的帮助。

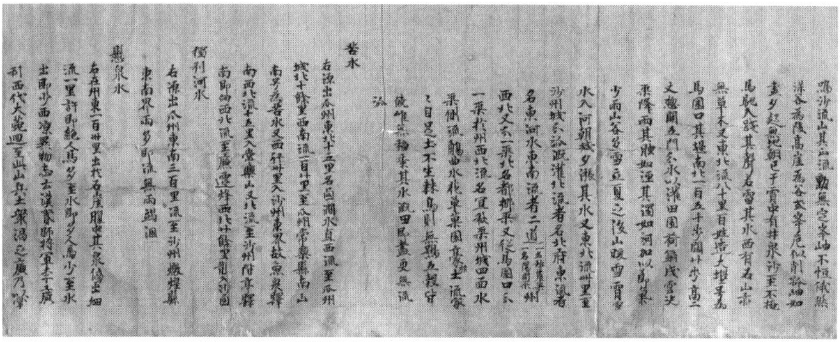

图2　P.2005《沙州都督府图经》局部（采自IDP）

素有丝路明珠之称的敦煌，是沿丝绸之路进入中原的门户，也是东西方贸易路线中的重要节点城市，自然是胡人入华途径中很重要的一个据点，因此，当时敦煌有不少胡人家族存在，其中

① 郭锋《唐五代敦煌的家族与家族关系》，收入杨际平、郭锋、张和平《五—十世纪敦煌的家庭与家族关系》，第132—142页。

的粟特人是中外学界研究的热点。[①]

敦煌文献P.2657+P.2803+P.3018+P.3559+P.3664可以缀合为一件完整的《唐天宝十载（751）敦煌县差科簿》[②]，记载了敦煌地区人口组成情况，其中有很多是粟特人。王永兴、石田幹之助、池田温等学者均有研究。冯培红在《汉宋间敦煌家族史研究回顾与述评（上）》中有详细的梳理。[③]

陈国灿在《唐五代敦煌县乡里制的演变》一文中认为大谷文

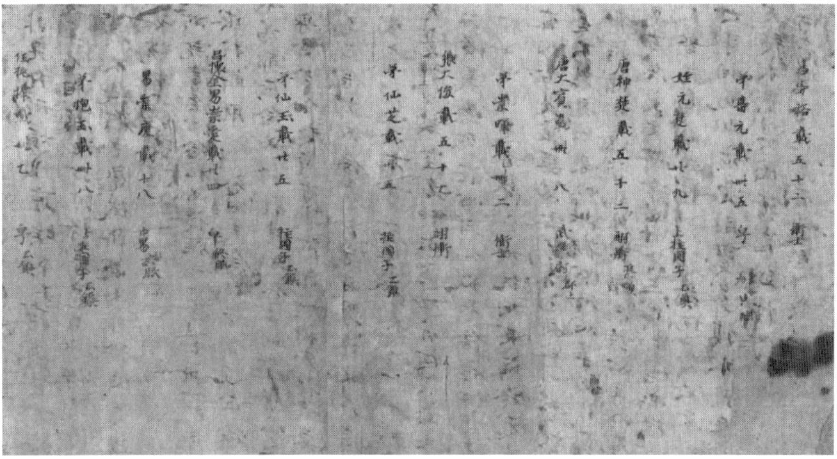

图3　P.2657《唐天宝十载（751）敦煌县差科簿》局部（采自IDP）

① 有关敦煌的粟特人聚落，可参见荣新江《北朝隋唐粟特人之迁徙及其聚落·敦煌/沙州》，原载《国学研究》第6卷，北京：北京大学出版社，1999年，第27—85页。收入氏著《中古中国与外来文明（修订版）》，北京：生活·读书·新知三联书店，2014年，第34—105页。

② 王永兴《敦煌唐代差科簿考释》，《历史研究》1957年第12期，第71—100页。后收入氏著《陈门问学丛稿》，第21—44页。

③ 冯培红《汉宋间敦煌家族史研究回顾与述评（上）》，《敦煌学辑刊》2008年第3期，第44—45页。

书二八三六号长安三年（703）三月《敦煌县录事董文彻牒》[①]中还没有从化乡，推断从化乡的出现是和景龙元年（707），西域地区发生西突厥阿史那阙啜忠节攻于阗坎城之乱，[②]大概迫使播仙镇和石城镇的粟特人东迁敦煌有关。[③]

---

①（日）小田義久《大谷文書集成》第1卷，図版一二二，录文见第107页。

② 有关此事件之来龙去脉，《旧唐书·郭元振传》记载颇详，具体可参见［后晋］刘昫等撰《旧唐书》卷97《郭元振传》，第3042—3049页。

③ 陈国灿《唐五代敦煌县乡里制的演变》，第39—50、100页，修订后收入氏著《敦煌学史事新证》，第360—383页。

第二节 P.2625《敦煌名族志》及相关问题研究①

敦煌文献P.2625《敦煌名族志》，学界公认是唐代前期的写本，记录了敦煌本地张、阴、索三族的家族谱系，知名人物等。该件文书前残后缺，张氏存有尾部部分内容，中间阴氏完整，但是没有涉及隋代之前的情况。索氏则存有前部部分内容。由于该件文书对敦煌家族史研究具有极高的价值，受到中日学者的关注，研究成果丰富。

日本学者池田温有关敦煌学研究的两篇宏文均与此件文书有关，被认为是对这件文书及8世纪初的敦煌家族研究具有开创性

① 有关P.2625号文书的定名，因为该文书首残尾缺，没有明确的定名依据，李锦绣对学界普遍定名的《敦煌名族志》提出了不同的意见："由于文书未表出书名，'名族志'可能不是文书原名。《新唐书·艺文志》记录了《冀州姓族谱》七卷、《洪州诸姓谱》九卷、《袁州诸姓谱》七卷。文书存阴氏、索氏等，列其族名人事迹，但较《别传》简略，因而可能也是诸姓谱、姓族谱之类，故将此卷暂定名为'敦煌诸姓谱'。"见氏著《敦煌吐鲁番文书与唐史研究》，第425—426页。

的作用。《唐朝氏族志研究——关于〈敦煌名族志〉残卷》[1]一文中，在对进行文本整理和校订的基础上，推定P.2625《敦煌名族志》的撰写年代为景龙四年（710）之前，还考察了文书制作的背景与唐朝对氏族的政策，认为P.2625《敦煌名族志》是唐中央为了编撰《大唐姓族系录》而由沙州官府经过加工整理后提交的本地区氏族资料。《八世纪初における敦煌の氏族》[2]一文中，池田温氏仍以这件P.2625《敦煌名族志》为基础，首先对敦煌家族的姓氏、分布、来源、系谱的传承、势力的消长等作了全面系统的概观，其次分别考论了张、阴、索及其他宋、氾、令狐、李、曹、王、薛、翟、马等氏，最后指出他们对中原王朝的志向。[3]

陈国灿《武周瓜、沙地区的吐谷浑归朝案卷研究》[4]一文，

---

① （日）池田温《唐代氏族志の一考察：いわゆる敦煌名族志殘卷をめぐって》，《北海道大學文學部紀要》第13卷第2号，第3—64页，1965年1月，此据中文译本（日）池田温撰，韩昇译《唐朝氏族志研究——关于〈敦煌名族志〉残卷》，收入氏著《唐研究论文选集》，第68—121页。

② （日）池田温《八世紀初における敦煌の氏族》，《東洋史研究》第24卷第3号，1965年，第28—52页。

③ 冯培红《汉宋间敦煌家族史研究回顾与述评（上）》，第31—49页。

④ 这篇文章是陈国灿学术生涯中很重要的一篇文章，自1983年首次会议发表，至2012年共三次收入会议论文集或本人学术文集中。初次以《武周瓜、沙地区的吐谷浑归朝事迹——对吐鲁番墓葬新出敦煌军事文书的探讨》为题，收入敦煌文物研究所编《1983年全国敦煌学术讨论会文集》（文史·遗书编）上册，兰州：甘肃人民出版社，1987年，第1—26页。后修订本以《武周瓜沙地区的吐谷浑归朝案卷研究》为题，收入氏著《敦煌学史事新证》，第167—197页。最后以《武周瓜、沙地区的吐谷浑归朝案卷研究》为题，收入氏著《陈国灿吐鲁番敦煌出土文献史事论集》，上海：上海古籍出版社，2012年，第464—513页，本文依据此版本。

将吐鲁番阿斯塔那二二五号墓葬出土的一组“豆卢军”军务文书中多次出现的豆卢军军职人员“张令端”“张端”“端”，与P.2625《敦煌名族志》中所载“北府张氏”后裔“游击将军、上柱国、西州岸头府果毅都尉张端”联系在一起，认为“张端可能以岸头府果毅都尉的身份，带领了相当部分的西州岸头府府兵来豆卢军驻防，因而兼任了豆卢军的子总管”，再据阿斯塔那二二五号墓中出土的三件纪年文书的年代，判断P.2625《敦煌名族志》“无武周新字，只能是成于神龙元年（705）武后退位之后不久的作品”。

从20世纪80年代末开始，郑炳林师一直关注P.2625《敦煌名族志》残卷的研究并且不断深入研究。在其专著《敦煌地理文书汇辑校注》中，将P.2625《敦煌名族志》作为姓氏地理文书移录全文并进行了仔细校注[①]；2007年，在《敦煌写本P.2625〈敦煌名族志〉残卷撰写时间和张氏族源考释》[②]一文中，经过考证认为该文书撰写时间在开元十一年（723）到开元十五年（727）间。结合传世文献，考证认为文书中收录的敦煌张氏族源主要有清河、南阳、安定和江东，从唐朝初年开始，吐鲁番地区已经将南阳与清河混为一谈。

有关P.2625《敦煌名族志》的撰写时间等问题，池田温、陈国灿、郑炳林师的观点均不尽相同，冯培红在《汉宋间敦煌家族史研究回顾与述评（上）》一文有过评述，其中对池田温、郑炳林师的结论提出商榷意见：“不过池田氏分析的四个推论并不确切，如：认为文书不可能撰于713年，郭元振失意困死之后就未

① 郑炳林《敦煌地理文书汇辑校注》，第110—113页。

② 郑炳林、安毅《敦煌写本P.2625〈敦煌名族志〉残卷撰写时间和张氏族源考释》，《敦煌学辑刊》2007年第1期，第1—14页。

必对，利用大赦、版授来确定文书的年代也存在着风险；郑、安二氏根据文书中出现“节度使”一词而判定文书年代必在景云二年（711）之后，也是池田氏论文存在的一个要害的漏洞。然而，郑、安二氏接下来进一步判定文书撰成于723—727年间，其论据尚嫌不足。”①

P.2625《敦煌名族志》②：

（前缺）

（1）□校尉□

（2）□□□尉张瓘领兵东来，

（3）□郡城东南七里。子凭，因

（4）□凭子瑝，字仲严，汉豫

（5）□以晋凉兴令，自晋已后，

（6）□郎将张庆方即其后也。

（7）□时有司隶校尉张襄者，赵王敖

（8）□□□准襄奏霍光妻显毒煞许后。帝以光有

（9）大功，寝其事。襄惧。以地节元年自清河绎幕，举

（10）家西奔，天水病卒。子□□□年来适此郡，家于北

① 冯培红《汉宋间敦煌家族史研究回顾与述评（上）》，第31—49页。

② 图版见上海古籍出版社等编《法藏敦煌西域文献》第16册，第329—331页。在前人研究池田温、唐耕耦、陆宏基、郑炳林师等学者均有录文，参见（日）池田温《唐代氏族志の一考察：いわゆる敦煌名族志殘卷をめぐって》，《北海道大學文學部紀要》第13卷第2号，第3—64页，1965年1月，此据中文译本（日）池田温撰，韩昇译《唐朝氏族志研究——关于〈敦煌名族志〉残卷》，收入氏著《唐研究论文选集》，第68—121页。唐耕耦、陆宏基《敦煌社会经济文献真迹释录》第1辑，第98—103页。郑炳林《敦煌地理文书汇辑校注》，第110—113页。姜伯勤《敦煌社会文书导论》，台北：新文丰出版公司，1992年，第43—46页。

（11）府，俗号北府张。史策□□（具载），子孙莫睹。游击将军、

（12）上柱国、西州岸头府果毅都尉张端，自云是其

（13）后也。

（14）阴氏

（15）随（隋）唐已来，尤为望族。有阴稠者，立忆清高，不

（16）求荣禄，身九十八，板授邓州刺史。长子仁干，神

（17）监（鉴）明朗，气量含弘，世号智囊，时称理窟，唐

（18）任昭武校尉、沙州子亭镇将、上柱国。次子仁果，

（19）志慕三军，情敦八阵，远除戎丑，拓定边壃，唐

（20）任游骑将军、甘州甘峻府左果毅都尉、上柱国。

（21）次子仁协，禀灵敦直，爱抚字人，□兼五材，聘高九

（22）德，织仁徂义，令问斯彰，唐任正议大夫使持节岷

（23）州诸军事行岷州刺史、上柱国、［□］阳郡开国公。次子仁

（24）希，性蕴九流，情含五典，作牧能理，素好兵钤，据

（25）德齐贤；清风峻远，唐任麾［□］将军守左武卫

（26）将军、上柱国、敦煌郡开国公。干长［子］嗣业，自天

（27）聪明，博谚经史，训渚方岳，爱好琴书，令问久彰，

（28）清声远著，唐任正议大夫使持节岷州诸军

（29）事行岷州刺史、上柱国、敦煌郡开国公。次子嗣监，

（30）幼而岐嶷，植种天听，作牧字人，明闲妙术，行

（31）高智远，预代师谋，唐现任正议大夫、北庭副

（32）大都护、瀚海军使、兼营［田］支度等使、上柱国。

(33) 果子嗣璋，素好琴歌，情含五韵，作牧能抚，擅预
(34) 兵钤，唐任朝散大夫使持节瓜州诸军事、检
(35) 校瓜州刺史、上柱国。希长子琛，情自温和，行
(36) 敦仁信，琴书养志，智达幽徵，唐任昭武校尉行
(37) 瓜州雍归镇将、上柱国。希次子嗣瑷，素蕴忠贞，志
(38) 存仁孝，孙吴秘术，上崇有闻，处代名超，无绪
(39) 逯之见，任昭武校尉、左金吾卫、陇州源汧府左
(40) 果毅都尉、赏绯、上柱国、豆卢军子总管。协超（长）子
(41) 思谏，孝友能仁，行彰名誉，素好儒雅，志列能
(42) 仁，唐任昭武校尉、原州安善府左果毅都尉、
(43) 上柱国。次子思言，忠直敦信，仁孝文闻，行预声
(44) 超，时材美著，唐任昭武校尉、秦州成纪府别将、
(45) 上柱国。果长子嗣宗，仁周宗党，贤友忠贞，名誉
(46) 有闻，光粘永古，唐任昭武校尉、庭州咸泉镇将、
(47) 上柱国。果次子元祥，立性贤和，悛敦诗礼，能仁
(48) 亦物，处代名光，唐任昭武校尉、甘州三水镇将、上
(49) 柱国。果子嗣王，志敦经史，博览天听，奉国忠贞，
(50) 承家孝悌，唐见任刑（邢）州平乡县尉。幹子嗣环，志
(51) 气骁雄，情素多谋略，超闲秘术，明达孙吴，
(55) 唐任昭武校尉、岐州邵吉府别将、上柱国。业
(53) 子庭蕴，唐现任歧州望云府别将、上柱国。
(54) 五代义居，承家孝悌，忠诚奉国，各受其班，阳
(55) 祖乡闾，令望州县轨仪，年八十四，板授秦州
(56) 清水县令、上柱国。祖子守忠，唐任壮武将军、
(57) 行西州岸头府折冲兼充豆卢军副使，又

(58) 改授忠武将军行左领军卫、凉州丽水府折
(59) 冲都尉摄本卫郎将、借鱼袋，仍充墨离军
(60) 副使、上柱国。以父老请侍，孝诚恳切。蒙凉州
(61) 都督郭元振判录奏：谋略克宣，勤劳久著，
(62) 当王凉之西面，处四镇之东门。弹压山川，控御
(63) 缓急，寇不敢犯，尘不得飞。将士有投醪之欢，
(64) 吏人承挟纩之惠。防授既众，功效实多，利润倍
(65) 深，孽课尤剩。赵充国之为将，省而成功；甘延
(66) 寿之居边，惠而能利。长子修己，右卫勋，二
(67) 府勋卫，材兼文武，蹈礼依仁，少习父风，乡间
(68) 挹以其干略，节度使差专知本州军兵马。次
(69) 子修义，见任文州平府别将。
(70) 索氏
(71) 右其先商王帝甲封子丹于京索，因而氏焉。
(72) 武王灭商，迁之于鲁，封之为侯。秦并六国，庄
(73) 侯索番致仕，国除。汉武帝时太中大夫索
(74) 抚、丞相赵周直谏忤旨，徙边，以元鼎六年
(75) 从钜鹿南和迁于敦煌。凡有二祖，号南索、
(76) 北索。初，索抚在东，居巨鹿之北，号为北索。
(77) 至王莽天凤三年，鸣开都尉索骏复西敦煌，
(78) 骏在东，居巨鹿之南，号为南索。莫知其长
(79) 幼，咸累代官族。后汉有索頵，明帝永平中为
(80) 西域代（戊）己校尉，居高昌城。頵子堪，字伯高，才
(81) 明，举孝廉、明经，对策高弟（第），拜尚书郎，禾页 迁
(82) 幽州刺史。其抚玄孙翊，字厚山，有文武才，明

(83) 兵法，汉安帝永初六年拜行西域长史。弟

(84) 华除为郎。华之后衾，字文长，师事太尉杨

(85) 赐展。孙翰，字子曾，师事司徒王即，咸致士官。

(86) 宗人德，字孟济。祖毅，太尉椽。父桓，杜陵。德

(87) 举孝廉，拜驸马都尉，桓帝延熹元年，拜东

(88) 平太守。子韶，西部长史。族子降，字祖，其父

(89) 宜，清灵洁净，好黄老，沉沉笃学，事继母以孝闻。

(90) 族父靖，父堪，北地太字（守）。靖少有逸群之量，与

(91) 闻不应辟召，乡人号曰腐儒。隆子苺，蜀郡太

(92) 守。族父靖，字幼［安］，［与］乡人张彪、索紾、氾衷、索绾等

(93) 五人俱游太学，号称“敦煌五龙”。四人早亡，唯靖

(94) 得聘□□□

(后缺)

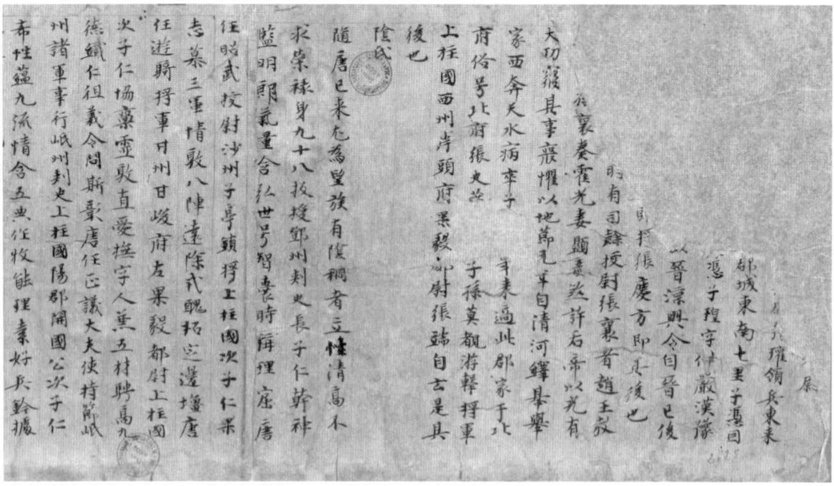

图4 P.2625《敦煌名族志》局部(采自IDP)

第三节 隋及唐前期敦煌名族

自从汉代开始在敦煌设置郡县，历代不断有官员到敦煌任职。出于躲避中原战乱等原因，不少百姓从中原地区移民到边邑敦煌定居，繁衍生息，逐渐形成了李氏、张氏、索氏、令狐氏、翟氏等大族豪强。史苇湘在《世族与石窟》一文中写道："敦煌这些大族包揽了地方上的一切权利，有时候要包括州刺史、军使、县令、参军、都尉、兵马使、将头到文职中的祭酒、州学博士、行军参谋，宗教事务中的僧统、僧正、寺主……他们之间又相互通婚，构成了一个相当强大的统治集团。"[①]这是基本符合事实的说法。下面我们将分别对隋及唐前期敦煌地区的李氏、张氏、索氏、翟氏、阴氏、氾氏、令狐氏、宋氏等家族进行考察。

一、李氏

敦煌李氏，根据《新唐书·宰相世系表》的记载，源出陇西

① 史苇湘《世族与石窟》，收入敦煌文物研究所编《敦煌研究文集》，第151—164页。

李氏，与武阳房、姑臧房、丹杨房同为中古陇西李氏之定著四房，《新唐书·宰相世系表》云：“陇西李氏定著四房：其一曰武阳，二曰姑臧，三曰燉煌，四曰丹杨。”[①]由于敦煌房在唐代并未出过宰相，同时在今辑本唐人林宝所撰《元和姓纂》，宋人邓名世所撰《古今姓氏书辩证》为代表的中古姓氏书中，也无敦煌李氏的世系记载，因此具体世系无闻。李氏与敦煌发生关系，开始于凉武昭王李暠（李玄盛），即西凉国创建者，《晋书·凉武昭王李玄盛传》：

> 武昭王讳暠，字玄盛，小字长生，陇西成纪人，姓李氏，汉前将军广之十六世孙也。广曾祖仲翔，汉初为将军，讨叛羌于素昌，素昌即狄道也，众寡不敌，死之。仲翔子伯考奔丧，因葬于狄道之东川，遂家焉。世为西州右姓。高祖雍，曾祖柔，仕晋并历位郡守。祖弇，仕张轨为武卫将军、安世亭侯。父昶，幼有令名，早卒，遗腹生玄盛……尝与吕光太史令郭黁及其同母弟宋繇同宿。[②]

根据这段文字可知，李暠其父早卒，其母大约改嫁敦煌宋氏，因此有同母弟宋繇，同时也迁居敦煌，在北凉段业时代担任效谷县令，在敦煌太守孟敏卒后，被当时的敦煌护军冯翊郭谦、沙州治中敦煌索仙等人推为敦煌太守，并向段业称臣。西凉是比较弱小的一个政权，公元417年，李暠死，其长子李歆即位。至421年，李歆被北凉所灭，其弟李恂继立，不久即失败。李恂之弟李翻之子李宝先被北凉流放在敦煌，后逃奔柔然控制下的西域伊吾地

---

① ［宋］欧阳修、宋祁撰《新唐书》卷72上《宰相世系表二上》，第2473页。
② ［唐］房玄龄等撰《晋书》卷87《凉武昭王李玄盛传》，第2257页。

区，成为附属于柔然的伊吾王。至439年，北魏灭北凉之际，李宝自伊吾返回敦煌，力图恢复先祖的事业，《魏书·李宝传》：

> 李宝，字怀素，小字衍孙，陇西狄道人，私署凉王暠之孙也。父翻，小字武疆，私署骁骑将军，祁连、酒泉、晋昌三郡太守……宝自伊吾南归敦煌，遂修缮城府，规复先业。遣弟怀达奉表归诚。世祖嘉其忠款，拜怀达散骑常侍、敦煌太守，别遣使授宝使持节、侍中、都督西垂诸军事、镇西大将军、开府仪同三司、领护西戎校尉、沙州牧、敦煌公，仍镇敦煌，四品以下听承制假授。①

从此敦煌李氏移居代北，出仕北魏，成为当时高门。虽然从家族史的角度来看，文献记载中并未出现敦煌李氏的提法，大多数时候这支李氏还是以陇西李氏自称。②之后偶尔有李姓人物将敦煌作为自己的籍贯，如隋代长安净远寺僧人慧远“释慧远，姓李氏，敦煌人也，后居上党之高都焉。”③

五凉时代以后直至唐初，不论传世文献中的记载，还是敦煌文献中的痕迹，与敦煌相关的李氏人物似乎并不多。据目前的调

---

① ［北齐］魏收撰《魏书》卷39《李宝传》，第885—900页。

② 有关迁居代北的敦煌李氏，张金龙有过深入的研究，参见张金龙《陇西李氏初论——北朝时期的陇西李氏》，《兰州大学学报（社会科学版）》1994年第4期，第108—113页。

③ ［唐］道宣撰，郭绍林点校《续高僧传》卷8《慧远传》，第280—288页。有关敦煌慧远的研究参见杜斗城《释慧远》，《敦煌学辑刊》创刊号，1983年，第144—150页；《敦煌慧远述评》，《法音》1988年第9期，第32—38页，后收入氏著《北凉译经论》，兰州：甘肃文化出版社，1995年，第8—20页。

查可知，在敦煌文献及保存至今的莫高窟石碑中，保留了大量有关李氏家族人物的资料，时间跨度从唐至宋初，李氏家族活跃在敦煌社会各个层面，俨然是当地的名门望族。其中，以现存敦煌莫高窟的唐代“李氏三碑”——即圣历元年（698）五月十四日《李君莫高窟佛龛碑》（简称《圣历碑》）、大历十一年（776）八月十五日《大唐陇西李府君（大宾）修功德碑记》（简称《大历碑》）、乾宁元年（894）十月《大唐宗子陇西李氏再修功德记碑》（简称《乾宁碑》）[①]最为著名。在“李氏三碑”碑文中，有关唐代敦煌李氏家族的记载翔实，并且除石本现存外，尤为难得的是在敦煌文献中均有抄本保存[②]。因此在考察唐五代宋初活跃于敦煌地区的李氏家族相关问题如族源、世系、开窟活动等等时，李氏三碑成为首选材料，受到自清代以来治西北史地与敦煌学者所关注，产生了丰硕的研究成果。

李永宁《敦煌莫高窟碑文录及有关问题（一）》[③]、孙修身《敦煌李姓先氏考》认为：“敦煌这个李姓，即非出自西凉武昭王之后，也同李唐宗室毫无关系，其称‘唐宗子’‘陇西李氏’

---

① 有关“李氏三碑”的命名，诸家所拟全称各不相同、简称相同，因为郑炳林在《敦煌碑铭赞辑释》中综合考察石碑原文及三碑在敦煌文献中的抄本，较为全面深入，故此处全称采用郑氏定名。

② 有关石本与抄本的关系问题，请参见荣新江最新的研究成果，荣新江《石碑的力量——从敦煌写本看碑志的抄写与流传》，氏主编《唐研究》第23卷，北京：北京大学出版社，2017年，第307—324页。文中刊布的“李氏三碑”早年清晰拓片图版十分珍贵。

③ 李永宁《敦煌莫高窟碑文录及有关问题（一）》，《敦煌研究》试刊第1期，兰州：甘肃人民出版社，1981年，第56—79页。

者，全系出自攀附为自高其身之辞。”[①]张书诚《敦煌莫高窟的李白近宗》《〈新唐书〉陇西李氏敦煌房辨疑》[②]、姜伯勤《敦煌社会文书导论》[③]、马德《敦煌李氏世系订误》释读出任“隋大黄府都督、车骑将军”是李操，进而推断李操即李直：“《圣历碑》所记李操职务与正史诸传所记李直职务均为‘隋大黄府上大都督、车骑将军’，知此论当无误。至于李直改名李操事，可能同隋末李氏之难及其迁居敦煌有关。”[④]谢生保《敦煌李氏三碑》[⑤]、刘雯《陇西李氏家族研究》[⑥]提出李广十八代孙李茂为敦煌房始祖，刘可维《陇西李氏敦煌房考辨》认为陇西李氏敦煌房应该是凉武昭王之后李茂一支，而且李茂的后代至唐代还保留着敦煌爵位。[⑦]冯培红、孔令梅在《汉宋间敦煌家族史研

---

① 孙修身《敦煌李姓先氏考》，《西北史地》1983年第2期，第36—48页。孙修身在之后发表的文章中，继续阐述这一观点，认为敦煌三碑中所记的敦煌李氏实则源自“胡汉血统相混后形成之代北李氏。其家族真正的渊源，即《李克让修莫高窟佛龛碑》所记李穆之后人也”。详参孙修身《伯3718〈李府君邈真赞〉有关问题考》，《敦煌研究》1991年第1期，第71—73页。

② 张书城《敦煌莫高窟的李白近宗》，《敦煌学辑刊》1986年第2期，第117—124页；《〈新唐书〉陇西李氏敦煌房辨疑》，《敦煌研究》1997年第1期，第113—119页。

③ 姜伯勤《敦煌社会文书导论》第2章《氏族》第2节《敦煌名族志与家传》，第63—68页。

④ 马德《敦煌李氏世系订误》，《敦煌研究》1992年第4期，第87—90页。

⑤ 谢生保《敦煌李氏三碑研究综述》，《敦煌研究》2000年第2期，第105—112页。

⑥ 刘雯《陇西李氏家族研究》，《敦煌学辑刊》1996年第2期，第88—93页。

⑦ 李可维《陇西李氏敦煌房考辨》，《敦煌研究》2008年第4期，第109—111页。

究回顾与述评（中）》[①]对其进行了详细的学术史梳理与回顾工作。

1.圣历元年（698）五月十四日《沙州效谷府校尉李君莫高窟佛龛碑并序》[②]：

大周李君□佛龛之碑

大周□□□□□（沙州效谷府）校尉上柱国李君修慈悲莫高窟修慈悲佛龛碑并序

首望宿卫上柱国敦煌张大忠书

弟应制举□□□□□□□/

原夫容万物者，天地也；容天地者，太虚焉。星辰日月，天之文；卉木山河，地之理。推之律吕，寒暑之节□□；□□□□，□□□□可□。/然而三家不定，四术犹迷。事申臆断之辞，竟起异端之论。矧乎正觉冲邃，法身常往，凝功（窅）冥，湛然无□，□□减（灭）而归寂灭，□鹜一/乘，绝有为而□无为，独尊三界。若乃非相示相，总权实以运慈悲；非身是身，苞真应而开方便；不言作言，□□□□□□无。□象为/有象之宗，神仪广现。至若吉祥菩萨，宝应真人，效灵于太古之初，启圣于上皇之始。或练石而断鼇足，立四□□□□□□；□□□而/察龟文，调五行而建八节。复有儒童叹凤，生震旦而郁玄云，迦叶犹龙，下阎浮而腾紫气。或因山起号，或□□□□。□道德以宣风，/删《诗》《书》而立训。莫不分条共贯，异派同源。是

① 冯培红、孔令梅《汉宋间敦煌家族史研究回顾与述评（中）》，《敦煌学辑刊》2008年第4期，第53—74页。

② 有关此碑的定名，诸家并不相同，此处定名采用郑炳林的定名。

知法有千门，咸归一性，等碧空之含万象，均沧海之纳百川。其道大焉，其功远矣。故/能使三千国界，悉奉赆而输琛；百亿人天，并承风而偃化。拔众生之毒箭，作群品之良医。恚龙屏气于盂中，狂象亡情于□□。□□□/感，洒法雨而随根；无愿不从，嗷慈光而逐物。丰功厚利，诚无得而称焉。我大周之驭宇也，转金轮之千福，运□□□□，□□□/谛于心田，皎三伊于智藏。慈云共舜云交映，慧日与尧日分晖。德被四天，不言而自信；恩隆十地，不化而自行。蓂荚生阶，凤凰巢阁。/物不召而自至，瑞无名而毕臻。川岳精灵，列韬钤而受职；风云秀气，俨槐棘以承荣。僸佅兜离，韵谐韶护；蛮夷戎狄，饰□□□□□。/更绍真乘，初隆正法；大云遍布，宝雨滂流。阐无内之至言，恢无外之宏唱；谈空有而闻寂，括宇宙以通同。荡荡乎，巍巍乎，不可得而/名言者也。莫高窟者，厥初秦建元二年，有沙门乐僔，戒行清虚，执心恬静。尝仗锡林野，行止此山，忽见金光，状有千佛，遂架空凿岩，/造窟一龛。次有法良禅师，从东届次，又与僔师窟侧，更即营建。伽蓝之起，滥觞于二僧。复有刺史建平公、东阳王等，各修一大窟。自/后合州黎庶，造作相仍。实神秀之幽岩，灵奇之净域也。西连九陇坂，鸣沙飞井擅其名。东接三危峰，泫露翔云腾其美。左右形胜，前/后显敞。川原丽，物色新。仙禽瑞兽育其阿，班羽毛而百彩。珍木嘉卉生其谷，绚花叶而千光。尔其镌崿开基，植端（桧）而概日；礠山为/塔，构层台以造天。刻石穷阿育之工，雕檀极优阗之妙。每至景躔丹陛，节启朱明。四海士人，八方缁素；云趋兮艳赫，波委兮沸腾。如/归鸡足之山，似赴鹫头之岭。升其栏槛，疑绝累于人间；窥其宫阙，似游神乎天上。岂异夫龙王散馥，化作金台；梵王飞花，变成云盖。/幢幡五色而焕烂，钟磬八音而铿锵。香积之饼俱臻，纯陀之供齐至。极于无极，共喜芬馨，人及非人，咸歆晟（盛）馔。爰自秦建元之日，迄/大周圣历之辰；乐僔法良发其宗，建平东阳弘其迹；推甲子四百余岁，计窟室一千余龛；今见置僧徒，即为崇教寺也。君讳义，字克让，/敦煌人也。高阳顼之裔，太尉颌之苗。李广以猿臂标奇，李固以龟文表相。长源淼淼，既浴日而涵星；层构峨峨，亦排云而霮汉。曾/祖穆，周敦煌郡司马、使持节张掖郡诸军事、张掖太守、兼河右道诸军事、检校永兴酒泉二郡大中正、荡寇将军。祖操，隋大黄府上/大都督、车骑将军。并多艺多能，谋身谋国。文由德进，武以功升。为将有御远之方，作牧得安边之术。庭抽孝□，罗戮力而事亲；山涌忠/泉，竭诚而奉上。谦光下物，不自骄矜。流令誉于当年，钟余庆于身后。考达，左玉钤卫效谷府旅帅、上护军。渥洼骥子，丹穴凤雏，豹韬/倜傥之姿，夙负不羁之节。荆山虹玉，不能比其内润；宋国骊珠，无以方其外朗。行能双美，文武兼优。临池擅飞翰之工，射叶逞弯弧/之妙。尝叹息而言曰：夫人生一代，难保百龄；修短久定于遭随，穷通已赋于冥兆；假令手能拉日，力可拔山；性同□□□□，喻若□/条之露；何用区禄荣利，弃掷光阴者哉！于是涤胸襟，疏耳目，坦心智之所滞，开视听之所疑。遂讽诵金言，□得□□。□□道□，咸令/归正舍邪，遇善恭虔，必能尊重赞叹。乃于斯胜岫，造窟一龛，藻饰圆周，庄严具备，妙宫建四庐之观，宁惭波（般）若之言；瑞兮涌千枝之/□，不谢华严之说。其上寥廓，其下峥嵘，悬日月于岩中，吐风云于涧曲。岧峣而郁律，杳䆉而穹窿。初霞焕而栏槛明，落歺沉而/山谷静。每年盛夏，奉竭尊容；就窟设斋，燔香作礼。爰届兹日，斯道初弘，接武归依，信根逾固者矣。亡兄感，昭武校尉、甘州禾平/镇将、上柱国。誉表髫初，名扬绮际，材称刈楚，器是拔茅。涧松以磊落见寻，岩菊以芳菲入用。其体量也，瑶明而镜鉴，其清肃也，/雪冷而风寒。因与昆季闲居，论苦空之理，乃相谓曰：是身无常，生死不息；既如幻如化，亦随起随灭；前尊考先有规，今小子□/岂无放习。乃齐声唱和，应诺风从。复于窟侧，更造佛刹。穿凿向毕，而兄遂亡。公任左玉钤卫效谷府校尉、上柱国。弟怀操，昭武/校尉、行紫金镇将、上柱国。并奇才卓荦，逸调昂庄。泰初之晓月圆圆，玄度之清风肃肃。羽垂天而鳞横海，驰千里而响九皋。晟（盛）/德之后必昌，象贤之踪无绝。乃召巧匠，选工师，穷天下谲诡，尽人间之丽饰，驰心八解脱，缔想六神通。远扣寂灭之乐，后起涅/槃之变。中浮宝刹，匝四面以环通；旁列金姿，严千灵而侍卫。璿题留月，玉牖来风。露滴砌而飞珠，霞映梁而散锦。既似龙/宫之表，还同鹿苑之游。尊以圣历元年五月十四日，修葺功毕，设供塔前，陈桂馔以薰空，尊兰羞而味野。伏愿一人有庆，九/域无虞。万邦销伪末之萌，群品沐淳源之始。拂轻衣而石尽，释教长流；去纤芥而城空，法轮恒转。且夫立功立事，尚光扬于竹/素；何况大慈大悲，不宣畅于金册。辄课庸浅，敬勒丰碑，合掌曲躬，乃为词曰：

法身常住，佛性难原。形色化应，亦显真权。无/为卓尔，寂灭凝玄。乘机逐果，示度随缘。大周广运，普济含灵。金轮启圣，玉册延祯。长离入阁，屈轶抽庭。四夷偃化，重译输诚。/爰有名窟，实为妙镜。雁塔浮空，蜂台架回。珠箔星缀，璿题月蓥。自秦创兴，于周转盛。西连九陇，东接三危。川坻绮错，物产瑰/奇。花开德水，鸟哢禅枝。十方会合，四辈交驰。彫甍跂凤，镂槛盘龙。锦披石砌，绣点山葱。云萦宝盖，日灼金幢。芳羞味野，香气/浮空。粤惟信士，披诚回向。脱屣尘劳，拂衣高尚。旁求巧妙，广选名匠。陈披钩绳，凿斯岩嶂。代修七觉，门袭三归。取与有信，/仁义无违。彫镌宝刹，绚饰金辉。真仪若在，灵卫若飞。营葺兮既终，丹青兮已毕。相好备兮圆满，福祥臻兮贞吉。百劫千劫兮/作年，青莲赤莲兮为日。著如来之衣，入如来之室，佛道兮旷荡，法源兮迆溢。勒丰碑兮塔前，度后昆兮/可悉。

维大周圣历元年岁次戊戌伍月庚申朔拾肆日癸酉敬造。/

李氏之先，出自帝颛顼高阳氏之苗裔。其后咎繇，身佐唐虞，代为大理。既奉命为理官，因而以锡其姓。洎殷之季年，有理微，字/德灵，得罪于纣，其子理贞违难，避地居殷，食李以全其寿，因改为李。其后汉武开拓四郡，辟李翔，持节为破羌将军督西戎/都护，建功狄道，名高四海，殒命寇场，追赠太尉，遂葬此县，因而家焉，其后为陇西之人。逮凉昭食邑敦煌，又为敦煌人也。/

（下文为李氏世系，碑中分上中下三列，以下为上列）

远祖颀，汉太尉公，历幽、豫二州刺史，食邑赤园宕□。/

显祖昭，魏使持节、武、张、酒、瓜等四州诸军事，四州刺/史，河右道大中正，辅国大将军。/

曾祖穆，周敦煌郡司马、使持节张掖郡诸军事、张掖/太守，兼河右道诸军事、检校永兴酒泉二郡大中/正、荡寇

将军。/

□□（祖操），隋大黄府上大都督、车骑将军。/

考达，左玉钤卫效谷府旅帅、上护军□□□军。/

（以下中列）

亡兄感，昭武校尉、甘州禾/平镇将、上柱国。/

弟怀节，上柱国。/

弟怀忠，骑都尉。/

弟怀恩，昭武校尉、行西/州白水镇将、上柱国。/

弟怀操，昭武校尉、行紫/金镇将、上柱国。/

（以下下列）

侄奉基，翊麾副尉、行庭州/盐池戍主、上骑都尉。/

侄奉逸，翊卫，上柱国。/

男奉诚，翊卫。/

侄奉国，翊卫。/

男奉裕，翊卫。/

孙令秀，翊卫。/

造碑僧寥廓。上柱国镌字索洪亮。/[1]

通过此碑中所记载的人物及传承情况，我们可以梳理李克让家族世系如下：

① P.2551V中有此碑文的抄本，录文及图版见郑炳林、郑怡楠辑释《敦煌碑铭赞辑释（增订本）》，第20—31页。宿白《〈李君莫高窟佛龛碑〉合校》，收入中国敦煌吐鲁番学会编《敦煌吐鲁番学研究论文集》，上海：汉语大词典出版社，1991年，第42—58页。后以《〈武周圣历李君莫高窟佛龛碑〉合校》为题，并新刊《〈李君莫高窟佛龛碑〉三种拓本与两种录文合校》作为该书附录三收入氏著《中国石窟寺研究》，第330—342，472—473页。

昭,魏武张酒瓜四州刺史。						
穆,周敦煌郡司马、张掖太守。						
操,隋大黄府上大都督、车骑将军。						
达,唐左玉钤卫效谷府旅帅、上护军。						
感,唐昭武校尉、甘州禾平镇将。	义。		怀节。	怀忠。	怀恩。	怀操。
奉国,翊卫。	奉诚。	奉裕。				
	令秀。					

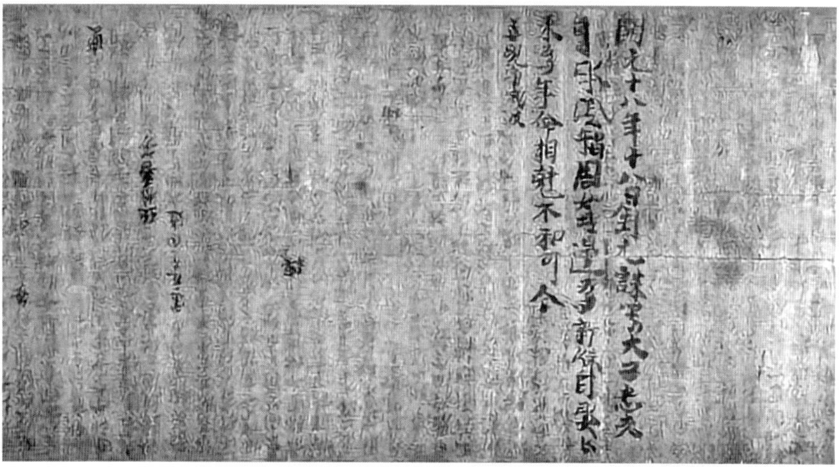

图5 P.2551V《沙州效谷府校尉李君莫高窟佛龛碑并序》局部（采自IDP）

2.大历十一年（776）八月十五日《大唐陇西李氏莫高窟修功德记》

大唐陇西李氏莫高窟修功德记

节度留后使朝议大夫尚书刑部郎中兼侍御史杨绶述/

敦煌之东南，有山曰三危。结积阴之气，坤为德；成凝质之形，艮为象。崚嶒千峰，磅礴万里。呀豁中绝，坱圠相廞（嵌）。凿为灵龛，上下云矗；构以飞/阁，南北霞连。依然地居，杳出人境。圣灯时照，一川星悬；神钟乍鸣，四山雷发。灵仙贵物，往往而在。属以贼臣干纪，劾寇幸灾；磔裂地维，/暴殄天物。东自陇坂，旧陌走狐兔之群；西尽阳关，遗邑聚豺狼之窟。柝木夜惊，和门昼扃；塔中委尘，禅处生草。时有住信士朝散大夫、郑/王府咨议参军陇西李大宾，其先指树命氏，紫气度流沙之西；刺山腾芳，鸿名感悬泉之下。时高射虎，人望登龙。开土西凉，称藩东晋。咨议即/兴圣皇帝十三代孙。远派天分，世济其美；灵根地植，代不乏贤。六代祖宝，随使持节、侍中、西陲诸军事、镇西大将军、领护西戎校/尉、开府议（仪）同三司、沙州牧、敦煌公、玉门西封邑三千户。曾王父达，皇敦煌司马，其后因家焉。王父操，皇大黄府车骑将。烈/考奉国，皇照（昭）武校尉、甘州和平镇将。早逢昌运，得展雄材。一命是凌云之姿，百龄怀捧日下之庆。垂条布颖，业继/弓裘。筑室连闳，里成冠盖。难兄令弟，卓然履道之贤；翼子谋孙，宛尔保家之主。咨议天授淳粹，神假正直。交游仰其信，乡党称其仁。义泉/深沉，酌而不竭；道气灵远，感而遂通。尝以［为］挹江海者，莫测其深浅，望乾坤者，不究其方圆。况色空皆空，性相无相，岂可以名言/悟，岂可以文字知？夫然，故方丈小室，默然入不二之妙；智度大道，法尔表无念之真。以其虚谷腾声，洪钟应物。所以魔宫山圻，佛日天开；/爱水朝清，昏衢夜晓；一音演法，四众随缘；直解髻珠，密传心印。凡依有相，即是所依；若住无为，还成有住。由是巡山作礼，历险经行；盘回/未周，轩槛屹断；劖削有地，梯（缔）构无人。遂千金贸工，百堵兴役。奋锤聋壑，楬石聒山。素涅槃像一铺，如意轮菩萨、不空羂索菩萨各一铺；画/西方净土、东方药师、弥勒上生下生、天请问、涅槃、报恩、如意轮、不空羂索、千手千眼观世音菩萨等变各一铺，贤劫/千佛一千躯，文殊师利菩萨、普贤菩萨各一躯。初坯土涂，旋布错彩。豁开石壁，俨现金容。本自不生，示生于千界；今则无灭，示灭于双林。考经寻源，备物象设。梵王奔世，佛母/下天。如意圣轮，圆转三有；不空妙索，维持四生。人其报恩，天则请问。六牙象宝，摇紫佩以栖真；五色兽王，戴青莲而捧圣。十二上愿，列/于净刹；十六观门，开于乐土。大悲来仪于鹫领（岭），慈氏降迹于龙花（华）。丕休哉，千佛分身，聚成沙界；八部敷众，重围铁山。希夷无声，悉窣欲动。/尔其檐飞雁翅，砌盘龙鳞，云雾生于户牖，雷霆走于阶陛。左豁平陆，目极远山。前流长河，波映重阁。风鸣道树，每韵苦空之声；露滴禅池，/更澄清净之趣。时节度观察处置使、开府仪同三司、御史大夫、蔡国公周公，道洽生知，才膺命世。清明内照，英华外敷；气迈风云，/心悬日月。文物居执宪之重，武威当杖钺之雄。括囊九流，住持十信。爰因蒐练之暇，以申礼敬之诚。揭竿操矛，闟戟以从。蓬头胼胁，傍车/而趋。熊罴启行，鹓鸾陪乘。隐隐轸轸，荡谷摇川而至于斯窟也。层轩九空，复道一带。前引箫唱，上干云霓。虽以身容身，投迹无地；而举足/下足，登天有阶。目穷二仪，心出三界。有若僧政沙门释灵悟法师，即咨议之爱弟也。戒珠圆明，心镜朗彻；学探万偈，辩折千人。出火宅于/一乘，破空遣相；指化城于四坐，虚往实归。于是引兄大宾、弟朝英、侄子良、子液、子望、子羽等，拜手于阶下。法师及侄僧志融，敛袂于堂上/曰："主君恤人求瘼，勘难济时。井税且均，家财自给。是得傍开虚洞，横敞危楼。将以翼大化，将以福先烈。休庇一郡，光照六亲。/况祖孙五支（枝），图素四刹。堂构免坠，诒厥无慚。非石何以表其贞，非文何以记其远？且登［高］能赋，古或无遗；遇物斯铭，今岂遐弃！”纷然递进，/来以求蒙。蔡公乃指精庐而谓愚曰：“操斧伐柯，取则不远。属词比事，固可当仁。”仰恭指归，俯就诚恳，敢扑略其狂简，庶彷佛于真宗。/

时大唐大历十一年龙集景辰八月旬有十五日辛未建。①

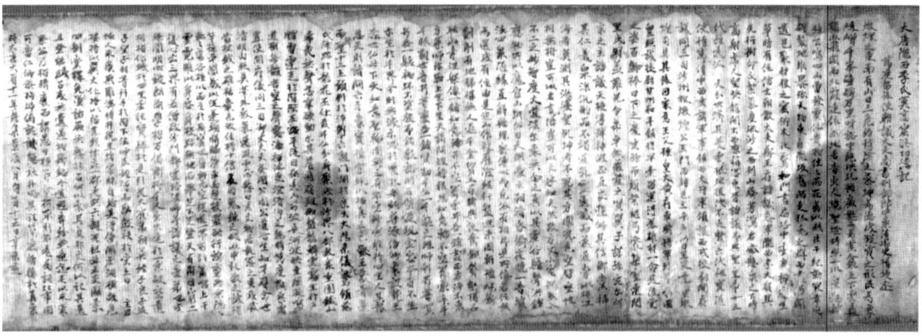

图6 P.3608V《大唐陇西李氏莫高窟修功德记》局部（采自IDP）

3.乾宁元年（894）十月《大唐宗子陇西李氏再修功德记碑》（简称《乾宁碑》）

大唐宗子陇西李氏再修功德记碑

原夫天垂万像，以遵中极之官；四辅匡持，翼一人于元首。固有承/乾御宇，继玉叶之贞芳；赞佐金门，必维城之可尚。所以帝室千/房，宗城万里。因（固）本根而枝叶遂繁，承皇族而图籍縻广。/乃有故府君讳明振，字九皋，即

① 此碑保存完好，现存莫高窟第148窟前室南侧北向面。在敦煌文献中有P.3608、P.4640、S.6203等三个抄本，其中P.3608保存完整，录文及图版见郑炳林、郑怡楠辑释《敦煌碑铭赞辑释（增订本）》，第42—52页。

西凉武昭王之系也。曾祖颢/等，英髦骧驷，河岳粹灵。皆以稽古微言，留心儒素。或（武）登华/第，更高拔燧之名；文战都堂，每中甲科之的。虽云流陷，居/戎而不坠弓裘；暂冠蕃朝，犹自（次）将军之列。子既承恩凤阙，/父乃擢处貉蝉。朱门不愧于五侯，竖戟崇隆于贵簇（族）。至/而源分特秀，门继簪裾，家承九锡之枝，流派祥云之胤。/时遭西陲汩没，洎于至德年中，十郡土崩，殄绝玉关之路。/凡二甲子，运偶大中之初，中兴启途，是金星曜芒之岁。皇/化溥洽，通于八宏；遐占雪山，绵邈万里。府君春秋才方/弱冠，文艺卓荦，进止规常，迥然独秀。时则妻父河西十/一州节度使张公，慕公之高望，籍（藉）公之文武。于是乃为秦/晋，遂申伉俪之仪；将奉承祧，世祚潘阳之美。公其时也，始/蒙表荐，因依献捷，亲拜彤廷。宣宗临轩，问其所以。/公［具］家谍，面奏玉阶。上亦冲融破颜，群公愕视。乃从别敕/授凉州司马，赐金银宝贝。诏命陪臣，乃归戎幕。二十余/载，河右麾戈，拔帜抉囊，龙韬尽展，克复神乌，而一戎衣。殄/勍寇于河兰，馘獯戎于瀚海。加以陇头雾卷，金河泯湍濑/之波；蒲海枭鲸，流沙弛列烽之患。复天宝之子孙，致唐/尧之寿域晏如也。百［城］无拜井之虞，十郡丰登，吏士贺来苏/之政。此乃三槐神异，百辟稀功；英雄半千，名流万古。公又/累蒙朝奖，恩渥日深，方佩隼旟，用坚磐石。勋犹未萃，/俄已云亡。享龄五十有二，终于敦煌之私第。亡叔僧妙弁，在蕃以/行高才俊，远迩瞻依，名达戎王。赞普追召，特留在内，兼假/临坛供奉之号。师以擅持谈柄，海辩吞流；恩洽敦煌，庇庥/家井。高僧宝月，取以为俦。僧叡余踪，扇于河陇。亡妣氾氏/［太］夫人，龙沙鼎鼐，盛族孤标。庭训而保子谋孙，轨范而清/资

> 回，偕殿廷英俊，枢密杞材，遐耀天威，呈祥塞表，/因凿乐石，共记太平。余所不材，斐然强（狂）简。/[1]

“李氏三碑”都自称是西凉李暠的后裔，但是三碑都无法将自己与李暠的世系叙述清楚。根据《圣历碑》的记载，李克让家族似乎是北朝隋唐时期因为任职敦煌而来到敦煌地区定居的，而《大历碑》则明确记载：“曾祖达，皇敦煌司马，其后因家焉。”将李大宾家族迁居敦煌定于唐代，始于曾祖李达。

如果只是粗粗阅读，貌似“李氏三碑”中所叙各自家族世系可以通过某位或者某几位相同的人物而联系起来，但是仔细分析就会发现其中的问题，如：

《圣历碑》和《大历碑》中都记载了李操、李达、李奉国，看似可以将两碑中所记载的世系串联起来，通过分析，冯培红、孔令梅总结了五点疑问：

> 第一，以李奉国为基准，李达的辈分虽然两碑相同，但官衔却异，而李操与李达的父子关系刚好出现了颠倒；
>
> 第二，李操的官衔虽然两碑一致，但任职的朝代却异；
>
> 第三，《圣历碑》中李感《大历碑》中李奉国的官衔完全一样，但辈分却错了一辈；
>
> 第四，《圣历碑》中李穆与《大历碑》中李达的官衔都有敦煌司马，但任职朝代却异；
>
> 第五，《大历碑》中的李宝，从官职上看显然就是北魏时期的李宝，但在朝代上却换作了隋。[2]

---

① 录文及图版见郑炳林、郑怡楠辑释《敦煌碑铭赞辑释（增订本）》，第228—256页。

② 冯培红、孔令梅《汉宋间敦煌家族史研究回顾与述评（中）》，第53—74页。

《大历碑》与《乾宁碑》虽然都出现了李大宾，但在两碑中的任职不同，仔细分析这些辈分错乱、官衔互异、朝代错位的现象，给我们试图利用三碑中的记载来考察隋及唐前期敦煌李氏家族造成了困扰，学界虽然对此研究甚众，但是至今尚无令人完全信服的结论。

二、张氏

敦煌张氏自两汉开始，到十六国北朝时期是河西人口大姓，很多著名人物纷纷参与政治，为其家族赢得了区域性的政治、社会地位荣誉。按照郭锋的观点，北魏初年，北魏灭北凉，敦煌张氏家族中张湛一支由河西迁居中原，进入北魏政治生活，则是中古时期，全国姓的张氏郡望——敦煌张氏形成的直接原因。①

敦煌张氏在唐代知名的张氏四十三望中，排名第五，在敦煌以外的地区，视作全国性知名郡望。有关唐代敦煌地区张氏的郡望、源起等问题，除了P.2625《敦煌名族志》中所记载的源自汉代张襄的“北府张氏”，有关归义军政权创始人张议潮家族的起源，之前一直众说纷纭，莫衷一是，在敦煌文献中，张议潮家族大多自称是南阳张氏。②姜伯勤认为张议潮自称南阳郡望，与其

① 具体参见郭锋《唐代士族个案研究——以吴郡、清河、范阳、敦煌张氏为中心》，第60—62页。仇鹿鸣《制作郡望：中古南阳张氏的形成》，《历史研究》2016年第3期，第21—39页。

② 有关张议潮家族郡望的研究亦可参见邓文宽《归义军张氏家族的封爵与郡望》，收入中国敦煌吐鲁番学会编《敦煌吐鲁番学研究论文集》，第600—614页。但是也有例外，如张戒珠乃张议潮侄女，自称却自称清河，P.3556《敦煌郡灵修寺张戒珠邈真赞并序》云：“阇梨乃莲府豪宗，叶巫山之瑞彩；清河贵派，禀洛雪之奇姿。”图版及录文见郑炳林、郑怡楠辑释《敦煌碑铭赞辑释（增订本）》，第947—950页。

受封南阳公有关系，“在张氏归义军首领享有‘南阳郡开国公’封爵之后，称南阳望者日多”。[①]

据吐鲁番出土墓志及文书中，不少将南阳白水作为敦煌张氏的源头，其中以《张怀寂墓志》作为典型：“君讳怀寂，字德璋，南阳白水人也。昔轩后诞孕，手文疏的姓之源；锡壤崇基，白水为封侯之邑。贤明继轨，代有人焉。佐汉相韩，备该策史。襄避霍难，西宅敦煌，余裔迁波，淹居蒲渚，遂为高昌人也。”[②]通过考察吐鲁番出土张姓砖志，可以发现到高昌时期，都自称是敦煌张氏，直到唐灭高昌，设西州后，才出现南阳白水张氏这一郡望符号。根据関尾史郎的统计，唐平高昌之后，所见张氏墓志共十方，除了一方自称清河张氏外，其余九方皆称望出南阳。[③]仇鹿鸣通过研究认为：“南阳白水郡望的流行是高昌归唐后，方才从中原获得的新知识，《张怀寂墓志》不过是将这一叙事进一步整齐化，并构建起如何迁至西州的一整套叙事，而张善和、张怀寂这些高昌灭亡后先被迁往中原，再返回西州者，或成为郡望知识传播的中介。另外我们可以发现这一关于张姓源流的叙事在敦煌、吐鲁番地区已成为一种典范化的记忆。《张怀寂墓志》对于张氏先世的叙事与P.2625《敦煌名族志》中关于张氏源流的文字非常接近，可见这一文本并非某个家族的个体化叙事，而是经

① 姜伯勤《敦煌邈真赞与敦煌名族》，收入饶宗颐主编《敦煌邈真赞校录并研究》，台北：新文丰出版公司，1994年，第2—3页。

② 陈国灿《跋〈武周张怀寂墓志〉》，《文物》1981年第1期，第47—50页。后收入氏著《陈国灿吐鲁番敦煌出土文献史事论集》，第189—199页。拓片图版及录文见侯灿、吴美琳《吐鲁番出土砖志集》，成都：巴蜀书社，2003年，第595—597页。

③（日）関尾史郎《本貫の記憶与記録——敦煌張氏の場合》，氏编《環東アジア地域の歴史と「情報」》，東京：知泉書館，2014年，第5—26页。

过有意识的梳理之后，形成了一种在当地被广泛认可的集体记忆。这种对敦煌张氏先世记忆典范化的过程，或许与身处边邑敦煌、高昌之地的汉人需要通过祖先记忆的环节，维系自身对于中原文化的认同有关。”①精彩地分析了敦煌张氏放弃全国性的知名郡望“敦煌张氏”不用，却攀附“南阳张氏”郡望的深层次原因。

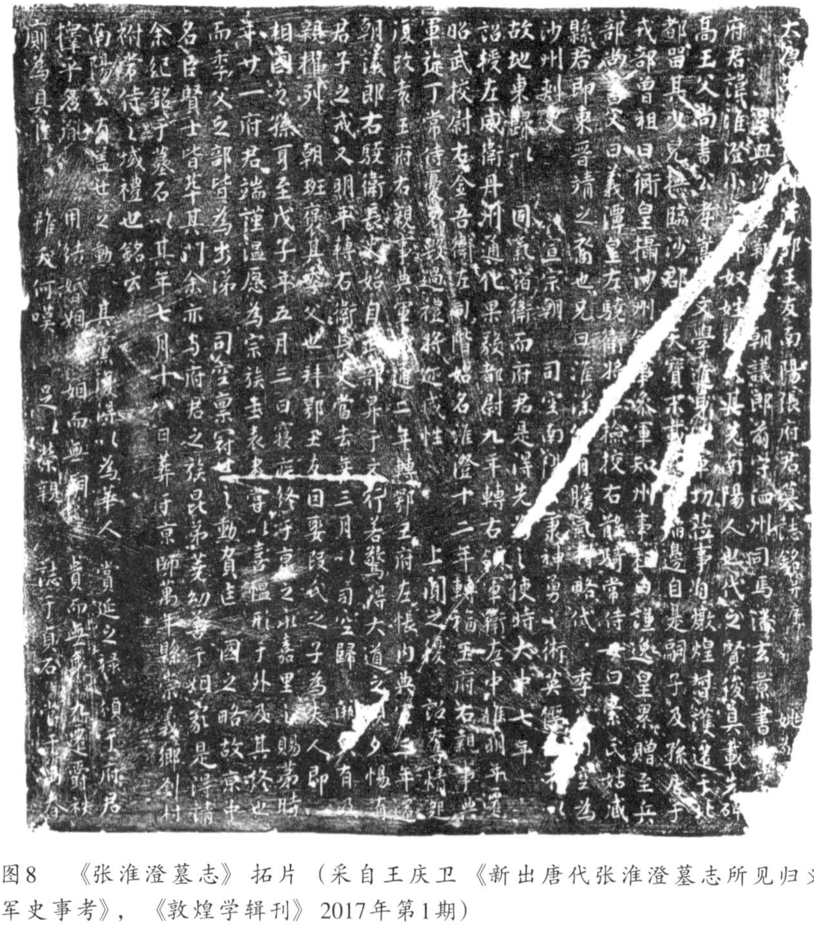

图8　《张淮澄墓志》拓片（采自王庆卫《新出唐代张淮澄墓志所见归义军史事考》，《敦煌学辑刊》2017年第1期）

① 仇鹿鸣《制作郡望：中古南阳张氏的形成》，第21—39页。

最近，在西安地区出土了张议潮侄张淮澄墓志，志中有关郡望、族源的记载，为我们研究自称郡望南阳的敦煌张议潮家族的族源问题提供了新资料。为讨论方便，移录《张淮澄墓志》如下：

大唐故朝议郎守鄂王友南阳张府君墓志铭并序

姚敬□/ 吴兴沈云翔文 朝议郎前守泗州司马潘玄景书并纂□/

府君讳淮澄，小字佛奴，姓张氏，其先南阳人也。代之贤俊，具载先碑。/高王父尚书公孝嵩，以文学进身，以军功莅事。自敦煌督护迁于北/都留，其少儿抚临沙郡。至天宝末载□□陷边，自是嗣子及孙居于/戎部。曾祖曰徧，皇摄沙州录事参军、知州事。祖曰谦逸，皇累赠至兵/部尚书。父曰义潭，皇左骁卫将军、检校右散骑常侍。母曰索氏，姑臧/县君，即东晋靖之裔也。兄曰淮深，幼有胆气材略，代季父司空为/沙州刺史。宣宗朝，司空南阳公秉神勇之术，英杰之材，以/故地东归。以同气宿卫，而府君是得先为之使，时大中七年，/诏授左威卫丹州通化果毅都尉。九年，转右领军卫左中候。明年，迁/昭武校尉、右金吾卫左司阶，始名淮澄。十二年，转福王府右亲事典/军。旋丁常侍忧，哀毁过礼，将迩灭性。上闻之，优诏夺情起/复，改袁王府右亲事典军。咸通二年，转鄂王府帐内典军。三年，迁/朝议郎、右骁卫长史。始自武部，升于文行。若惊得大道之□，夕惕有/君子之戒。又明年，转右卫长史。当去年三月，以司空归阙，典有及/亲， 擢列朝班，褒其季父也，拜鄂王友。因娶段氏之子为夫人，即/相国之孙耳。至戊子年五月三日，寝疾终于京之永嘉里之赐第，时/年廿一。府君端谨温愿，为宗族圭表，未尝以喜愠形于外。及其终也，/而季父之部皆为出涕。司空禀冠世之勋，负匡国之略，故京中/名臣贤士皆萃其门。余亦与府君之族昆弟莬幼善于姻家，是得请/余纪铭于墓石。以其年七月十八日葬于京师万年县崇义乡刘村，/祔常侍之域，礼也。铭云：/

南阳公有盖世之勋，其党复得以为华人。赏延之禄，颁于府君。/择乎名胤，用结婚姻。姻而无嗣，贵而无身。九迁爵秩，/厕为具臣。虽夭何叹，足以荣亲。志于贞石，当于万春。/[1]

墓志中记载敦煌归义军首任节度使张议潮家族乃曾任沙州刺史的张孝嵩后人，王庆卫在文章中认为："关于孝嵩之后张氏流散到敦煌的情况，从相关史料来看难以确定，而淮澄墓志撰写更可能是出于家族世系附会的需要。"[2]

有关唐代张孝嵩任职敦煌，在敦煌文献中亦有大量记载，如：

S.788V《沙州图经》：

玉女泉，县西北七十里，绞（蛟）龙曾沉此也。唐贞观刺史张孝养（嵩）铸铁潜之龙口，/逸出于肠，子祚。今长安有龙舌，代见存，今有千称官在言。/[3]

P.3721《瓜沙两郡史事编年并序》：

---

① 拓片图版及录文见王庆卫《新出唐代张淮澄墓志所见归义军史事考》，《敦煌学辑刊》2017年第1期，第12—21页。

② 王庆卫《新出唐代张淮澄墓志所见归义军史事考》，第14页。

③ 录文见郑炳林《敦煌地理文书汇辑校注》，第56页。

乙卯，张嵩刺史京来。开元三年张嵩刺史赴任敦煌，到郡日，问郡人曰：“此州有/何利害？”郡人悲泣而言：”州城西八十五里，瓜、沙二州水尾下，/有一玉女泉，每年各索童男童女二人祭享。如若不依，即降霜/雹，损害田苗。其童男童女初闻惊惧，哀恋父母，既/出城外，被神收摄魂魄，全无顾恋之情，第相把手，自入/泉中。”太守怒曰：“岂有妖怪害我生灵！”乃密设坛场，/兼税铜铁百万余斤，统领军兵诣其泉侧，告神曰：“从/我者福，逆我者殃，请神出现就坛，我欲面自祭享。其/神良久不现。太守怒曰：“神若不现，我即将污秽之物，施/入泉中，兼遣三军推砂石填却此泉。”其神怕惧，乃现/一龙，身长数丈，出现就檀（坛），嗜于牲酒，久而不去。或侧傍/瞻人物，或侧仰望云霞，摆头摇尾，都不舍身。刺史遂/乃密索弓箭，射著龙喉，便即拔剑，斫下龙头。其尸由/有神通，却入泉内。将军遂置炉冶六所，销铜铁汁灌入/泉中，其龙尸发声腾空而走，至州西二里遗却二茎燋/肋，恐为后患，便于龙肋上置佛图两所。莎萁铺遗下小肋/壹滕，又置佛图一所，至今号为龙肋佛图。自此已后，一郡黎人，并/无生离之苦。遂差衙前总管李思敬赍表进其龙/头，皇帝大悦，敕命所司断其龙舌，却赐张嵩，永为勋/荫，仍锡号曰“龙

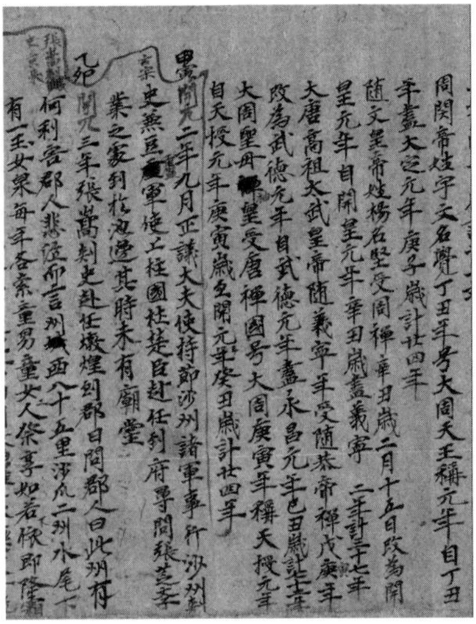

图9 P.3721《瓜沙两郡史事编年并序》局部（采自IDP）

舌张氏”，并赐明珠七颗及锦彩、器皿、敕书/等优奖。仍轻不烦申谢，遂差中使就敦煌送其龙舌也。/[①]

S.5448《敦煌录一本》：

城西八十五里/有玉女泉，人传颇有虚，每岁此/郡率童男童女各一人充祭湫神，/年则顺成，不尔损苗。父母虽苦/生离，儿女为神所录，欢然携/手而没。神龙中，刺史张孝嵩/下车，求郡人告之，太守怒曰：“岂有/川原妖怪，害我生灵！”遂设坛备牲/泉侧曰：“愿见本身，欲亲享，”神乃/化为一龙，从水而出。太守应弦中喉，/拔剑斩首，亲诣阙进上。/玄宗嘉称再三，遂赐龙舌，/敕号龙舌张氏，编在简书。[②]

在《太平广记》卷420“沙州黑河”条同样记载张孝嵩斩龙事件：

北庭西北沙州有黑河，深可驾舟，其水往往泛滥，荡室庐，潴原野，由是西北之禾稼尽去，地荒而不可治，居人亦远徙，用逃垫溺之患。其吏于北庭沙州者，皆先备牲酎，望祀于河浒，然后敢视政，否即淫雨连月，或大水激射，圮城邑，则里中民尽鱼其族也。唐开元中，南阳张嵩奉诏都护于北庭，挈符印至境上，且召郊迎吏讯其事。或曰：“黑河中有巨龙，嗜羔特犬彘，故往往漂浪腾水，以觊郡人

① 图版见IDP网站，录文见郑炳林《敦煌地理文书汇辑校注》，第83—84页。
② 录文见郑炳林《敦煌地理文书汇辑校注》，第86—88页。

> 望祀河浒。我知之久矣。”即命致牢醴，布筵席。密召左右，执弓矢以俟于侧。嵩率僚吏，班于河上，峨冠敛板，罄折肃躬。俄顷，有龙长百尺自波中跃而出。俄然升岸，目有火光射人。离人约有数十步，嵩即命彀矢引满以伺焉。既而果及于几筵，身渐短而长数尺。方将食，未及，而嵩发矢。一时众矢共发，而龙势不能施而摧。龙既死，里中俱来观之，哗然若市。嵩喜已除民害，遂以献上，上壮其果断，诏断其舌，函以赐嵩，且子孙承袭在沙州为刺史，至今号为龙舌张氏。[①]

郑怡楠在《新出〈唐代张淮澄墓志铭并序〉考释》一文中，依据《张淮澄墓志铭并序》中有关张淮澄家族世系的记载，并结合S.788V《沙州图经》、S.5448《敦煌录一本》、P.3721《瓜沙两郡史事编年并序》等敦煌文献，[②]《资治通鉴》《太平广记》等传世文献的记载，认为：“张孝嵩，南阳人，于开元三年任沙州刺史。因在敦煌改变祭祀川原妖怪的恶习，在敦煌影响很大。后历任北庭节度使、太原尹、北都留后使，封南阳郡公。敦煌有其后裔，称‘龙舌张氏’。从两《唐书》记载证实，张孝嵩出任沙州

---

① ［宋］李昉等编《太平广记》卷420，北京：中华书局，1961年，第3423—3424页。

② 有学者认为张孝嵩玉女泉斩龙故事是张议潮归唐后，请求唐王朝授节所需，才来攀附张孝嵩，是为了得到南阳郡公的爵位。见赵红、高启安《张孝嵩斩龙传说探微》，《西北师范大学学报（社会科学版）》2004年第1期，第70—76页；《张孝嵩斩龙传说历史背景研究》，《敦煌研究》2004年第2期，第63—65页。

刺史是在开元年间。”[1]

三、翟氏

在隋及唐前期的敦煌，翟氏家族是敦煌地区的高门大族，也是学界关注的重点。[2]在有关敦煌翟氏研究中，在敦煌莫高窟发现的《翟直碑》是一篇重要的文献，有关此碑，陈菊霞在《〈大唐伊吾郡司马上柱国浔阳翟府君修功德碑记〉考释》一文中有过仔细考释，该功德碑录文如下：[3]

碑阳：

（1）□□□□□□□□吾郡司马上柱国浔阳□□□□□□碑记

嗣子□□□□□□阳郡景从公撰

（2）□□□□□汉置敦煌，至今甲午八□□□□□□□□□□踵而生未□□□□□□□府君□其门矣。公讳直。

（3）□□□□□□常其□帝□之次子丹□□□□□□□

① 具体参见郑怡楠《新出〈唐敦煌张淮澄墓志铭并序〉考释》，《敦煌学辑刊》2017年第1期，第22—36页。

② 其中，陈菊霞以敦煌翟氏家族为中心，围绕其族源发展、开窟造像、社会地位等等开展了深入的研究，产生了一系列的研究成果，最后以《敦煌翟氏研究》为题，取得博士学位。参见陈菊霞《敦煌翟氏郡望和族源新探》，《敦煌研究》2004年第2期，第66—71页；陈菊霞《〈大唐伊吾郡司马上柱国浔阳翟府君修功德碑记〉考释》，第8—16页；陈菊霞《敦煌翟氏研究》，北京：民族出版社，2012年。

③ 陈菊霞《〈大唐伊吾郡司马上柱国浔阳翟府君修功德碑记〉考释》，《敦煌研究》2003年第2期，第8—16页。此碑于1963年在莫高窟第98窟前清理发掘时出土，出土时已经被打成碎石若干，后经贺世哲拼合，但是原石图版或拓片图版一直未见公布，马德认为该碑立于唐天宝甲午（754），马德《敦煌莫高窟史研究》，兰州：甘肃教育出版社，1996年，第85—87页。

□其手曰翟，遂□□□□□□□□其□□者纳士于周

（4）□□□□□为天下□□□璜于魏以□□□□□□□□山河，接绪五代，□□□□□□进为汉丞相，封高陵侯。

（5）□□□□□□□□□□进少子义，□□□□□□□□莽篡位。义四代孙□□□□□□，康帝时□为散骑常侍。

（6）□□□□□□□□□子矫，不仕，矫子法赐，□□□□帝以散骑侍郎。后□□□□□□□帝崩迁，勍孙珍，济阴侯。

（7）□□□□□□□□□□此郡大家也。珍生显，□议大夫，陇西郡□□□□□□□□□□朝议郎、上柱国、玉门令。

（8）□□□□□□□□□□□军生我王父讳迁，□议郎，敦煌郡□□□□□□□□□□□议郎、上柱国、本郡博士。

（9）□□□□□□□□□□□子也。望重人伦，德高士族，经国之□□□□□□□□□□□犯边，将未敢敌，公□假

（10）□□□□□□□□□□□□之，莫不朝推其能。帝俞其美□□□□□□□□□□□□公才高位卑，奏摄伊。

（11）□□□□□□□□□□□□□□孕质，门绝私经，节志弥□（高）□□□□□□□□□□□□闬曷云岁聿□暮春

（12）□□□□□□□□□□□□□□□□之域，于大城东长河北附庄□□□□□□禅□□塔，兼于山阙莫高，先

（13）人别□（凿）□□□□□□□□□□□□□像形□□□素严质，何图□□□□□□□十有四，唐□三载正月廿五

（14）日卒。□□□□□□□□□□□□□□汉司空十

□代孙。皇朝□□□□□□□□□德洲，善□从尧彰，仁孝

（15）□□维亲□□□□□□□□□□□□□享年不永，春秋六十有□。□□□□□□□□□私室。其载十二月卅日

（16）□地顺食合□□，我曾□□□□□□□□□□□□□□□□□□□□□□□□□□□□□□君理□（家）督仓储出纳。龙

（17）悋判军务，每□□□乡□□□□□□□□□□□□□□□□□□□□□□□□□□□□□□器物无鄙。

（18）临池山阙莫□□□载八□□□□□□□□□□□□□□□□□□□□□□□□□□□□时即临池，宿心净

（19）寂也。不谓中□□□将未□□□□□□□□□□□□□□□□□□为伊□□□□□□□□县□奏以公之宅立官

（20）矣。是时天□归，庆拜盈□（门）□□□□□□□□居敦□□□牙□□□□□□□□□□□将于官东楹下，上为

（21）皇帝，下及□□□□□□□□□□□□□□宁塞□□国南□□□□□□□□□□□□润□白在躬，方夺其

（22）□□征□（王）□□□□□□□□□（土）□□□即□开十□□□□□□□事□□□□龟□，光赞千里，始终

（23）如□□□□□□□□□□□□□□一□□□□□自□□□□□□□□□嗣□□□额□记镌诸佛、菩萨，

（24）镂先亡□□□□□□□□□□□□□□（天）□□□□□□□弟□□□□□□□□□□□□贵斯为美谈也。若

（25）不□□记石，□□□□□□□□□□□□□□□□（十）□□□□□□□□□□□□□□□衣婴弈叶兮簪

鼎家。

（26）其□□兮承□□□□□□□□□□□□□□□□□□□□□□□□□□□□□□□□□□岁兮无朽坏。

碑阴为供养人像及题名，分为上下四排，第一排为佛像，绝大部分残损。

第二排：

（1）堂兄昭武校尉、金城镇将、上柱国英□

（2）□骑将军、武威洪池府果毅都尉（后缺）

第三排：

（1）息（中缺）校尉、骑都□日（后缺）

（2）弟陪戎校尉、上柱国（后缺）

图10　《翟直碑》（采自敦煌研究院官网）

第四排：

（1）堂侄陪戎校尉、骑都尉日新
（2）（前缺）校尉、骑都尉日信
（3）（前缺）卫（中缺）日幸
（4）（前缺）骑都尉日均
（5）息（中缺）上柱国、子日进
（6）子良用，字天王

有关此碑的刊立时代，史苇湘、马德认为碑中的“至今甲午”是天宝十三载（754），陈菊霞也同意此定年，认为碑中“敦煌郡”“载”等用词都是该碑立于天宝十三载（754）的证据。然而据莫高窟第220窟东壁和北壁有贞观十六年（642）的题记，《检家谱》又记载龙朔二年（662）时，第220窟已经竣工。为何会在该洞窟竣工近一个世纪之后才立功德碑？陈菊霞有详细的考证：“一方面与翟直家族的具体情况有关……或许翟直在第220窟即将建成或建成不久就去世了，由其子孙奏请在翟直的宅所‘立宫’。从‘天口归庆拜’，‘将于宫东楹下，上为皇帝，下及二’等记载来看，立的这个‘宫’应具一定规模，需很长时间才能完成。第220窟一经建成翟直子孙就又忙于‘立宫’了，第220窟家窟的立碑一事只好暂时搁置。另一方面，推迟立碑还与河西一直处于军事防御和战争态势有关。河陇僻处唐王朝的西北边陲，与突厥、吐蕃、吐谷浑等少数民族政权毗邻。自唐建国起，突厥、吐谷浑就经常侵扰河陇边境。为防御突厥、吐谷浑，唐太宗加强了西部的军事力量。尽管如此，突厥与吐谷浑还是不断入寇。贞观三年（629），随着东突厥的灭亡，唐王朝集中兵力与西突厥展开了争夺西域的战争，先后平定了高昌、龟兹等，设安西四镇。

此时，西部的吐蕃日益强大，自松赞干布以来与唐确立的友好关系业已破裂。吐蕃开始入侵西域和河陇地区，唐王朝又与吐蕃在西域和河陇一线燃起战火，战争持续不断，总的来说，前期各有胜负。自天宝元年（742）至天宝十三载（754）间，唐军开始占优势。此时久经战火的河陇才稍有安定。”[①]而至于此碑的史料价值，陈菊霞有言：“《翟氏碑》不同于莫高窟和敦煌文献其他功德碑记的是，它非常详尽地序列了自上古尧帝以来一直到翟直的世系关系，这对研究敦煌翟氏乃至中原翟氏的族源都具有珍贵的史料价值。”[②]

翟姓源于商代的“鬼方”，春秋时发展为狄族，在与中原各国的交往中部分融合于华夏民族，子孙以“狄”或“翟”为姓，留在北方的部落逐渐发展融合于丁零、高车、回鹘等族群中。汉武帝收服河西地区后历代都有向河西地区移民的举措，如陈菊霞所言，翟氏居于敦煌的来源可能有三种：“首先，他们可能是匈奴部落中丁零翟氏之后裔。河西之战后，虽然匈奴主体部落被汉武帝外迁河西，但仍有少量的匈奴人（包括丁零人）留在了河西。其次，他们可能是建武时期逃至河西的丁零翟氏之后裔。前文已提及，建武时期，匈奴衰落，其奴婢亡匿在酒泉北等地，这些奴婢中有相当数量的丁零人。再次，他们可能是迁自内地的汉姓翟氏之后裔。”[③]敦煌翟氏多以浔阳或上蔡为郡望，然据陈菊霞研究，此为附会之说，敦煌翟氏大族大概率来源于西秦政权，“敦煌翟氏的最早族源是高车或丁零族，当其祖世随乞伏部鲜卑

① 陈菊霞《〈大唐伊吾郡司马上柱国浔阳翟府君修功德碑记〉考释》，第8—16页。

② 陈菊霞《〈大唐伊吾郡司马上柱国浔阳翟府君修功德碑记〉考释》，第13页。

③ 陈菊霞《敦煌翟氏研究》，第31页。

定居陇西时，其族属为乞伏部鲜卑或陇西鲜卑，但自乞伏政权灭亡后，陇西翟氏顺应历史的潮流走上了汉化的历程，至西迁敦煌的翟氏时，已完全以汉人自居。这从它攀附中原翟姓望族，世代精通儒学等方面能反映出来。”[①]此外，隋唐时期的敦煌还有很多翟姓粟特人，陈菊霞曾总结了翟姓粟特人的特点：“①从上述这些翟氏的名字来看，他们基本都已粟特化。《唐垂拱元年（685）康义罗施等请过所案卷》中的翟那你潘还担当译语人，说明他通晓粟特语。②据《高昌内藏奏得称价钱帐》知，翟陀头和翟萨畔也“善商贾”，是来自粟特地区从事金、银、香等物品交易的批发商，可以说，他们与粟特人有着相同的经济生活。③翟氏与粟特人频繁通婚。④翟氏信奉祆教，并担任祆主和萨宝之职。”[②]可见，敦煌翟氏的来源和族属的多样性和复杂性。

在敦煌地区，翟姓人口的数量较多，广泛分布于敦煌各城乡，土肥义和曾统计唐后期，翟姓人口位列敦煌姓氏人口之第16位。[③]陈菊霞对S.2669《沙州诸寺尼籍》所登记的敦煌县262位比丘尼作了统计：“结果显示，在诸姓比丘尼中，翟姓位列第15位，与土肥义和先生的统计基本一致。”[④]而对于翟氏在敦煌地区的社会地位，陈菊霞总结：“由于敦煌翟氏的来源不一，家族发展情况不同，所以他们的族势也各不相同。浔阳翟氏和上蔡翟氏迁自陇西，他们原本是西秦乞伏鲜卑政权的核心力量，其族势很强，迁入敦煌后也一直保持着大族的地位。但是，这只是一个

① 陈菊霞《敦煌翟氏郡望和族源新探》，第66—71页。

② 陈菊霞《敦煌翟氏研究》，第60页。

③（日）土肥義和《歸義軍（唐後期·五代·宋初）時代》，收入（日）榎一雄主编《講座敦煌》2《敦煌の歷史》，東京：大東出版社，1980年，第254页。

④ 陈菊霞《敦煌翟氏研究》，第110页。

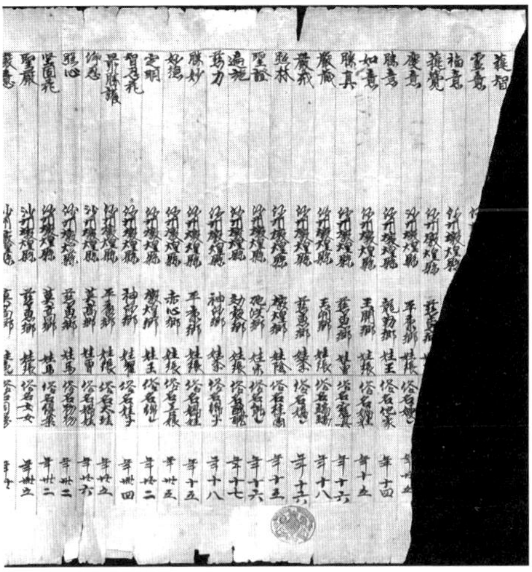

图11 S.2669《沙州诸寺尼籍》(局部)(采自IDP)

总体趋势。浔阳翟氏家族和上蔡翟氏家族在几百年的发展历程中又出现贫富分化，其中一部分族支始终保持较强的发展态势，而少部分族支却开始没落。”[①]

此外，翟氏家族对于佛教的重视程度很高，热心于建造石窟。北周大成元年（579），翟迁就曾在莫高窟开窟建圣容立像。[②]唐代，翟氏又在莫高窟开凿了第220、85窟。

四、索氏

索氏家族是敦煌大族的典型代表。据P.2625《敦煌名族志》的记载，敦煌索氏是在汉武帝时期，王莽时期先后两次迁入，郡望都是巨鹿。池田温经过研究认为P.2625中所记录的并不是索氏家族完整的族谱，而是汇集索氏各家的记载而成的，同时，他还

① 陈菊霞《敦煌翟氏研究》，第113页

② 莫高窟第220窟甬道南壁《检家谱》有：“大成元年己亥岁□□迁于三危□□镌龛□□□圣容立□（像）。”参见敦煌研究院编《敦煌莫高窟供养人题记》，北京：文物出版社，1986年，第101页。

指出了文书在传抄过程中产生了错行和记载错误。[1]刘雯在其硕士学位论文《敦煌索氏家族研究》[2]中对汉宋间敦煌索氏家族作了较为系统的探讨。

P.2625《敦煌名族志》记索氏：

> 索氏/
>
> 右其先商王帝甲封子丹于京索，因而氏焉。/武王灭商，迁之于鲁，封之为侯。秦并六国，庄/侯索番钹仕，国除。汉武帝时太中大夫索/抚、丞相赵周直谏忤旨，徙边，以元鼎六年/从钜鹿南和迁于敦煌。凡有二祖，号南索、/北索。初，索抚在东，居巨鹿之北，号为北索。/至王莽天凤三年，鸣开都尉索骏复西敦煌，/骏在东，居巨鹿之南，号为南索。莫知其长/幼，咸累代官族。后汉有索頵，明帝永平中为/西域代（戊）己校尉，居高昌城。頵子堪，字伯高，才/明，举孝廉、明经，对策高弟（第），拜尚书郎，稍迁/幽州刺史。其抚玄孙翊，字厚山，有文武才，明/兵法，汉安帝永初六年拜行西域长史。弟/华除为郎。华之后衾，字文长，师事太尉杨/赐展。孙翰，字子曾，师事司徒,即咸致仕官。/宗人德，字孟济。祖毅，太尉椽。父桓，杜陵令。德/举孝廉，拜驸马都尉，桓帝延熹元年，拜东/平太守。子韶，西部长史。族子降，字桓，其父/宜，清灵洁净，好黄老，沉渗笃学，事结（继）母以孝闻。/族父靖，父堪，北地太字

---

① （日）池田温《唐朝氏族志の一考察：いわゆる敦煌名族志殘卷をめぐって》，《北海道大學文學部紀要》第13卷第2号，第3—64页，1965年1月，此据中文译本（日）池田温撰，韩昇译《唐朝氏族志研究——关于〈敦煌名族志〉残卷》，收入氏著《唐研究论文选集》，第68—121页。

② 刘雯《敦煌索氏家族研究》，兰州大学硕士学位论文，1998年。

(守)。靖少有逸群之量，与/闻不应辟召，乡人号曰腐儒。隆子苺，蜀郡太/守。族父靖，字幼［安］，［与］乡人张彪、索紾、氾衷、索绾等/五人俱游太学，号称“敦煌五龙”。四人早亡，唯靖/得（后缺）①

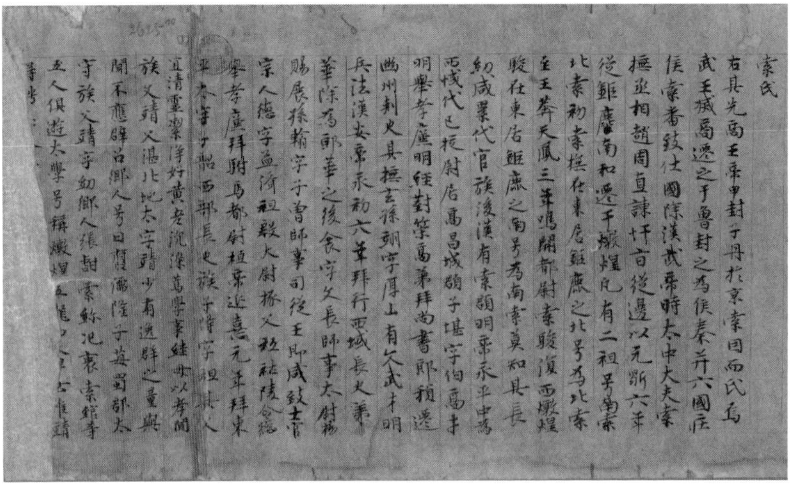

图12 P.2625《敦煌名族志》“索氏”部分（采自IDP）

敦煌索氏为西汉太中大夫索抚之后，原居河北巨鹿，于元鼎六年（前111）迁入敦煌，这一支后来被称为“北索”。王莽天凤三年（16），索氏家族又有一支由巨鹿西迁而至，这一支为鸣开都尉索骏之后，称为“南索”。在历史长河中，“北索”影响较大，名人众多。西晋大政治家、书法家索靖和执掌归义军政权的索勋都属于北索。而南索势力弱小，影响较小，逐渐为人遗忘。后代敦煌索氏追根溯源，都将郡望称为“巨鹿”。又因为索氏家族在建都凉州（今甘肃武威）的前凉政权中影响甚大，后来被列入“凉州六姓”之中。

① 录文参郑炳林《敦煌地理文书汇辑校注》，第112—113页。

在从汉末到唐末的八百年间，索氏族人一直活跃在变化纷繁的敦煌历史舞台上，对当时社会政治、经济、文化、宗教各方面都产生了深远的影响。索氏家族移民至敦煌以后，重视农业生产，逐步奠定了家族发展的经济基础，凭借其努力在敦煌地区形成郡望，成为当地有名的望族。到五凉时期，索氏家族内部涌现出一批优秀的人才，与政治的挂钩使得家族的地位迅速上升，家族内部也逐步形成了一股以儒学传家的家学、家风，为以后家族教育的发展奠定了基本的发展方向。由于五凉时期河西统治阶层对儒学教育的重视和提倡，索氏家族内部也涌现出一大批在儒学方面有相当造诣的优秀人才，表现出家族文化繁荣发展的迹象。然在隋及唐前期，索氏趋于湮没，直到吐蕃统治时期再度兴盛，甚至在归义军时一度攫取节度使大权。

五、阴氏

阴氏家族是长期活跃在敦煌历史舞台上的大族，从魏晋直至宋初，努力为敦煌历史发展做出贡献。武威阴氏[①]自魏晋时期便

---

① 有关敦煌阴氏的研究，除了早期池田温、白須淨真（《講座敦煌》3《敦煌の社会》，東京：大東出版社，1980年，第3—49页）等日本学者的研究外，中国学者中，姜伯勤（《敦煌邈真赞与敦煌名族》，收入饶宗颐主编《敦煌邈真赞校录并研究》，第1—55页）、马德（《敦煌阴氏与莫高窟阴家窟》，《敦煌学辑刊》1997年第1期，第90—95页）、杨学勇（《敦煌阴氏族源与郡望》，《寻根》2004年第4期，第96—100页；《敦煌阴氏与佛教的关系及相关问题》，第165—174页）、张清涛（《武则天时期的敦煌阴氏与莫高窟家窟浅议》，《2004年石窟研究国际学术会议论文集》，上海：上海古籍出版社，2006年，第425—430页）、张永安（《敦煌阴氏地位研究》，《敦煌研究》2007年第2期，第61—69页）张景峰自硕士学位开始，一直围绕敦煌阴氏与莫高窟开展研究，2014年，以《敦煌阴氏与莫高窟研究》为题，获得兰州大学博士学位，后博士论文出版，见氏著《敦煌阴氏与莫高窟》，兰州：甘肃教育出版社，2017年。

是河西大族，至前凉张骏统治时期，家族遭到重创，“（张）轨保凉州，阴澹之力，骏以阴氏门宗强盛，忌之，乃逼澹弟鉴，令自杀，由是大失人情。”①阴澹也受到排挤，回到敦煌。有关敦煌阴氏的渊源，郑炳林师排比传世文献、敦煌文献、石窟题记中相关资料，认为“阴氏源出说法有二，源自帝喾苗裔及商王武丁之后；源自管仲七世修之后。自南阳新野先徙居始平、武威，而后西徙敦煌”。②有关隋及唐前期的敦煌阴氏，最重要的记载莫过于P.2625《敦煌名族志》：

阴氏/

随（隋）唐已来，尤为望族。有阴稠者，立不改清高，不/求荣禄，身（年）九十八，板授邓州刺史。长子仁干，神/监（鉴）明朗，气量含弘，世号智囊，时称理窟，唐/任昭武校尉、沙州子亭镇将、上柱国。次子仁果，/志慕三军，情敦八阵，远除戎丑，拓定边疆，唐/任游骑将军、甘州甘峻府左果毅都尉，上柱国。/次子仁协，禀灵敦直，爱抚字人，兼五材，聘高九/德，织仁徂义，令问斯彰，唐任正议大夫、使持节岷/州诸军事、行岷州刺史、上柱国、阳郡开国公。次子仁/希，性蕴九流，情含五典，作牧能理，素好兵钤，据/德齐贤，清风峻远，唐任麾将军守左武卫/将军、上柱国、敦煌郡开国公。干长［子］嗣业，自天/聪明，博谚经史，训诸方岳，爱好琴书，令问久彰，/清声远著，唐任正议大夫使持节岷州诸军/事行岷州刺史、上柱国、敦煌郡开国公。次子嗣监，/幼而岐嶷，植种天听，作牧字人，

① ［北齐］魏收撰《魏书》卷99《张骏传》，第2195页。
② 郑炳林、郑怡楠辑释《敦煌碑铭赞辑释（增订本）》，第635页。

明闲妙术，行/高智远，预代师谋，唐现任正议大夫、北庭副/大都护、瀚海军使、兼营［田］支度等使、上柱国。/果子嗣璋，素好琴歌，情含五韵，作牧能抚，擅预/兵钤，唐任朝散大夫使持节瓜州诸军事、检/校瓜州刺史、上柱国。希长子琛，情自温和，行/敦仁信，琴书养志，智达幽彻，唐任昭武校尉行/瓜州雍归镇将、上柱国。希次子嗣瑗，素蕴忠贞，志/存仁孝，孙吴秘术，上崇有闻，处代名超，无绪/逯之见，任昭武校尉、左金吾卫陇州源汧府左/果毅都尉、赏绯、上柱国、豆卢军子总管。协超子/思谏，孝友能仁，行彰名誉，素好儒雅，志列能/仁，唐任昭武校尉、原州安善府左果毅都尉、/上柱国。次子思言，忠直敦信，仁孝交闻，行预声/超，时材美著，唐任昭武校尉、秦州成纪府别将、/上柱国。果长子嗣宗，仁周宗党，贤友忠贞，名誉/有闻，光粘永古，唐任昭武校尉、庭州咸泉镇将、/上柱国。果次子元祥，立性贤和，悛敦诗礼，能仁/亦物，处代名光，唐任昭武校尉、甘州三水镇将、上/柱国。果子嗣玉，志敦经史，博览天听，奉国忠贞，/承家孝悌，唐见任刑（邢）州平乡县尉。干子嗣瑰，志/气骁雄，情素多谋略，超闲秘术，明达孙吴，/唐任昭武校尉、岐州邵吉府别将、上柱国。业/子庭蕴，唐现任岐州望云府别将、上柱国。/五代义居，承家孝悌，忠诚奉国，各受其班，阳/祖，乡间令望，州县轨仪，年八十四，板授秦州/清水县令、上柱国。祖子守忠，唐任壮武将军、/行西州岸头府折冲、兼充豆卢军副使，又/改授忠武将军行左领军卫、凉州丽水府折/冲都尉、摄本卫郎将、借鱼袋，仍充墨离军/副使、上柱国。以父老请侍，孝诚恳切。蒙凉州/都督郭元振判录奏：谋略克宣，勤劳久著，/当王凉之西面，处四镇之东门。弹压山川，控御/缓急，寇不敢犯，尘不得飞。将士有投醪之欢，/吏人承狭纩之惠。防授既众，功效实多，利润倍/深，孽课尤剩。赵充国之为将，省而成功；甘延/寿之居边，惠而能利。长子循已，右卫勋，二/府勋卫，材兼文武，蹈礼依仁，少习父风，乡闾/挹以其干略，节度使差专知本州军兵马。次/子循义，见任文州平府别将。/①

首先，依据文书中"隋唐以来，尤为望族"的说法，似乎敦煌阴氏家族是隋唐时期才逐渐兴起，隋唐以前并不十分显赫，事实上阴氏名族志中并未提及其源自于隋唐以前的世系。有关敦煌阴氏的来源，在P.4640、P.4638《阴处士碑》中有这样的记载："公姓阴，字嘉政，其先源南阳新野人也。……野战十年，留连已此，至今为敦煌县人矣。曾皇祖讳嗣瑗，唐朝正议大夫、检校豆卢军事，兼长行坊转运支度等使，赐紫金鱼袋、上柱国、开国侯。"②

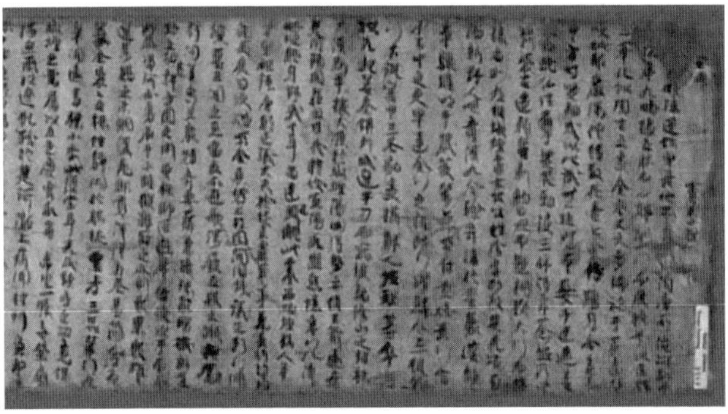

图13 P.4640《阴处士碑》抄本局部（采自IDP）

① 录文参郑炳林《敦煌地理文书汇辑校注》，第110—112页。
② 图版及录文见郑炳林、郑怡楠辑释《敦煌碑铭赞辑释（增订本）》，第214—225页。

其次，我们见到在名族志中出现的敦煌阴氏人物基本都任武职，可推知，这是一个以武功显赫于敦煌的豪族。比如在名族志中出现的阴嗣瑗，在景龙二年（708）之前曾任兰州金城镇副，见北图律字2号（BD02602）《金刚般若波罗蜜经》题记："景龙二年九月廿日，昭武校尉，前行兰州金城镇副阴嗣瑗受持读诵。"

第三，我们依据名族志中记载的敦煌阴氏阴稠、阴祖两支相关人物，可梳理出这两支在唐代前期的世系。

阴稠一支：

稠										
仁幹			仁果				仁协		仁希	
嗣业	嗣监	嗣瑰	嗣宗	元祥	嗣璋	嗣玉			琛	嗣瑗
庭蕴							思谏	思言		

阴祖一支：

祖	
守忠	
修己。	修义。

敦煌阴氏家族在隋及唐前期重修或者创建了431、96、217、321等著名洞窟，为敦煌莫高窟的繁荣贡献了自己的力量。

六、氾氏

敦煌氾氏，是敦煌当地以儒学为家传的大族。S.1889《敦煌氾氏家传并序》[①]对敦煌氾氏的源流有记载：

> 氾氏之先，出自有周，帝喾之苗裔也。帝妃姜原，履大人之迹，/感而有娠，十二月生弃，即帝尧弟也。能播植百谷，为稷官，曰稷。历夏殷，常为农正，世世居于西戎。后迁于豳。大王为狄所侵，［止］于岐阳，/百姓从之，若归于市。招辑戎俗，筑城墎，立宗庙。王道之端始于此矣。
>
> 后/稷受封于邰，赐姓曰姬。稷生不窋，不窋孙公刘，受封于邵陵。公刘［孙］皇濮受/国于邠。濮生差弗，弗生毁舆，舆生公非，非生高圉，圉生亚圉，亚圉生祖累，累生古/公亶甫，甫生大王季历，历生文王昌，［昌］生武王发。武王受命，封弟旦于周，故/《春秋左氏传》曰：凡、蒋、邢，茅、胙、祭，周公之胤，享国者七子，凡是其一焉，隐/公七年凡伯来朝是也。杜预云：汲郡共县城东南有凡城，当是。其/国于周之世，常为诸侯，遭秦乱避于氾水，遂改为氾焉。汉司空/何武所封氾乡侯，是其地也。
>
> 王沈《魏书》曰：氾氏之先，出自皇帝之/支庶，帝喾之苗裔也，周公之子，凡伯夏之后也。皇甫士安《世纪》

① 学者根据文字避讳、纸质、形状等，判断此件文书为归义军时期抄本，参见张弓主编《敦煌典籍与唐五代历史文化》，北京：中国社会科学出版社，2006年，第431—432页。图版见中国社会科学院历史研究所等编《英藏敦煌文献（汉文佛经以外部分）》第3卷，成都：四川人民出版社，1990年，第168—169页。录文见（日）池田温《敦煌氾氏家伝残巻について》，《東方学》第24辑，1962年，第14—29页。郑炳林《敦煌地理文书汇辑校注》，第120—126页。又，郝春文、周尚兵、赵贞、陈于柱编著《英藏敦煌社会历史文献释录》第8卷，北京：社科文献出版社，2012年，第176—189页。

曰：/氾氏之先，出周凡伯之后也。当周之世，或为诸侯，或为蒸庶，遭/秦乱，避于氾国。中间遗漏，绝灭无依。自氾赦已下，至于氾璜、氾毓之/徒，虽传芳已久，绝而不录。成帝御史中丞氾雄，直道见惮，河平/元年，自济北卢县徙居敦煌。代代相生，遂为敦煌望族，孝廉/纪世，声誉有闻，略述宗枝，乃为颂曰：/

于显远祖，巍巍帝皇。翘足鼎湖，祉胤余祥。祚流帝喾，/迺稷公流（刘）。绵绵瓜瓠（瓞），赫赫隆周。文王受命，武王重集。/万国是达，弈世蕃邑。文公鲁邦，崇勋休祖。曰德远嗣，/曰仁流楚。孝躬泮涣，顷遘其难。避暴瑯耶，归德从汉。/司农表德，著书民要。三辅是赖，九流先道。其惟中丞，/世笃忠贞。面折庭争，惮慑公卿。祸福斯易，子孙罗骈。/冠盖西土，朱紫腾名。/

氾讳锲，字孔明，蜀郡太守吉之第二子也。高才通经史，举孝廉，擢/拜为尚书，后迁左丞相，出洛阳城，京都贵人送者千余乘。性清/严高亮，言不妄出，时人为之语曰：宁为刑法所加，不为氾君所非。/

氾孚，字仲夏，蜀郡太守吉之孙。通经笃行，州辟为从事。太守马艾/甚重之，征为州辟司空，屡辞不起。孚志节尤高，耽道乐业，州/累辟命，司空曹公察孝廉，皆不就。下惟潜思，不辟门庭，或半/年百，日吟咏古文，欣然犹笑，精黄老术。苍梧太守令狐溥与太/常张鱼韦曰：仲夏居高笃学，有梁鸿周党之伦。其见重如/此。病卒。

氾续，字弘基，昭武令，先之吉孙也。续/有名称，博学有才。庶族叔上洛太守毗拊其首曰：汝吾宗/千里驹也。历事三朝，士有服其清亮，举秀才，为郎中，迁中部/谒者。部内有连理之瑞，续图形上，颂文甚清丽，重华览而/嘉之，礼以束帛，迁小府参军，转右军都尉。

氾祎，字休臧，晋冥安太守，素刚直。祎少好学，事师司空索静（靖），通三礼、三传、三/易、河洛图书，玄明究算，历性高义，居家不简堕，昏行不改节，/不偶众，以素名不畏毁以求誉，举孝廉、贤良、方正，对策第一，/拜驸马都尉，除护羌将军、驸马都尉，徙禄福（福禄）令。性刚直，不事/上府，酒泉太守马模遣督邮张休祖劾祎，曰："君不闻宁逢三千/头狼，不逢氾休臧。"

氾毗，字公辅，西海太守祎之弟也。清素有/节行，学通经礼，好之然诺之信，曾夜行，得遗綵数十匹，追求亡主归/之，主分綵遗毗，毗曰："吾若取此，岂若尽取之乎？"毗后遗缣百匹，人得而/归毗，毗分之以半，人曰："吾安敢忘君昔者敢取之言邪。"轨闻嘉叹。察/孝廉，辟治中别驾，皆不就。永兴二年举秀才，除郎中、酒泉令、太/宰参军。讨虏有功，封乐安亭侯，食邑二百户。好雅贤致仕，荐/酒泉赵彝平、田祐皆至二千石，而不知毗之达己，毗终亦不言。永嘉五年，除/上洛太守，路隔不行。时人为之颂曰：穆穆安乐，高才硕德，/行为世轨，言为物则，擢秀西州，声扬上国，剖符千里，众望允塞，阴荐田祐，/潜举赵彝。见公谢世，恸哭之悲，禹贡在朝，王阳弹冠，钟生早世（逝），伯牙绝弦。/今氾生逝矣，吾属处世，若乘舟之无楫。其世上见思如此。/

氾瑗，字世震，西海太守祎之孙也。为护羌参军、番禾太守。世［震］刚鲠峻/直，博学属文，容狼短小，弱冠屡陈时正（政）损益。凉文王张骏嘉之，辟/为都官从事，明笔直绳，好刺举，为朝士豪贵所忌。托以他事还郡，/为沙州记室从事，称孝廉。文王廿二年令追还台，因上书曰：

“臣闻弃/有生之形，遭有事之会，曾不能尊主建勋，没无休声，以遗后世，非人，/豪也，每惟齐客以高欢作翼，重华以纛粮佐命，末始未曾不现，夙/霄慨叹，有怀高风，往遇殿下，应其革运，开辟四门，剖砾求珠，含瑕/访玉，臣得危言于初祚之际，邀福于九天之上。”凉文王骏大悦，纳之。擢/为儒林郎中，亲宠管要。

氾咸，字宣合，为侍御史辅之玄孙也。咸/弱冠从苍梧太守同郡令狐溥受学，明通经纬，行不苟合。初，咸当世/非政不合，门无杂客。太常鱼致书与令狐溥曰：“宣合独怀白玉，进退/由道，是以尤屈。”咸轻财好施，奉禄虽丰而家常不足。中子玮为咸立庙，/从王孟曾之孙买石人石兽等置于庙中，铭其背曰：此是神石人。后有人/辄推破之，遂乃流血。事具《实录·王琴传》。/

氾昭，字嗣光，处士之孙也。昭弱冠从贤良同郡索袭受业，善属文，/与武威段遐论圣人之道，甚有条理。为人方正，好面折直言，退不谈人/之非。凉武王轨辟为从事，迁主薄。在职清平好理枉屈，人曾于夜中/持金以报昭，昭告而遣之。张寔深器重之。寔既嗣位，今日天下有事/廿余年，众纲驰废，刑政不修，其高选十部从事以肃清上下。武威，十郡之/首，/绳举尤难。主薄氾昭刚毅雅亮，有二鲍之风，以昭部武威。“负公之/事，当知无不举如鹰鸢之逐鸟雀，虽吾儿有事皆得举之。”视/事，豪杰望风慄服，拜揝次长，黄龙见其界。/

氾曼者，晋时凉人也。性沉邃有志行，凉王举秀才，拜临津都尉。凉/桓王崩，张祚篡位，抚军张瓘兴义于枹罕，移檄郡国，郡国多应之，叹/曰：“凉国不夭，文桓早世（逝），储后幼冲，傍枝篡乱，吾生扰攘，位下官微，身/居小宰，当若之何？且瓘天性安忍，视高步远，非人臣也。”遂单马/去官，北突固都。至后梁（凉）主即位，曼以佐命之功，封安乐亭侯，拜凉兴/令。其丧母至诚，泣血毁瘠，遇礼征补理曹郎中、禁中监。后为湟河/太守，民夷歌德，加陵江将军，转振武将军，时年六十九，寿终矣。/

氾绪，字叔纵，为西域长史洋之曾孙也。敦方正直，尝于当郡别驾令/狐富授《春秋》、《尚书》。孤幼事母以孝廉，仕郡上计椽，坐法常救死罪，/死罪者于冥中持金数十两报恩，绪诃之曰：“君之免罪，恩由明主，何/得以此谢我？又吾自少及长，未曾授人毛分之遗，君速去，勿以相污。”/人曰：“今蒙宽宥，实在于君，故于冥中奉少物以达至心，人无知者。”/绪曰：“古人有言，‘谓天盖高；不敢不跼。’君何言之鄙乎？”卒以清廉著/闻，莫敢有交私者。/

氾瑗，字彦玉，晋永平令宗之孙也。父族有经学，郡旧时俗皆葬/于邑中，坟墓卑湿。叹曰：“陵之为言终也，终当山陵，胡为邑泽哉？”递/葬父于东石，为时所非，禁固（锢）十年。县令李充到官，称志孝合礼，/众心乃化，遂出葬东西石。瑗少刚果有壮节，州辟主薄、治中别/驾从事，举秀才。三王兴义，惠帝复祚，相国齐王国（冏）专权失和。/瑗切谏不从，自诡为护羌长史，来西凉。武王轨与语，不觉膝之/前席。瑗出，王谓左右曰：此真将相才，吾当与其济世难，遂周旋帷/幄，公干心膂，[　　　]

（后缺）

据《敦煌氾氏家传并序》记载，氾氏原籍济北卢县，迁入敦煌始于氾雄。河平元年（前28）时任御史中丞的氾雄由于“直道见惮”而徙居敦煌，之后“代代相生，遂为敦煌望族，孝廉纪世，

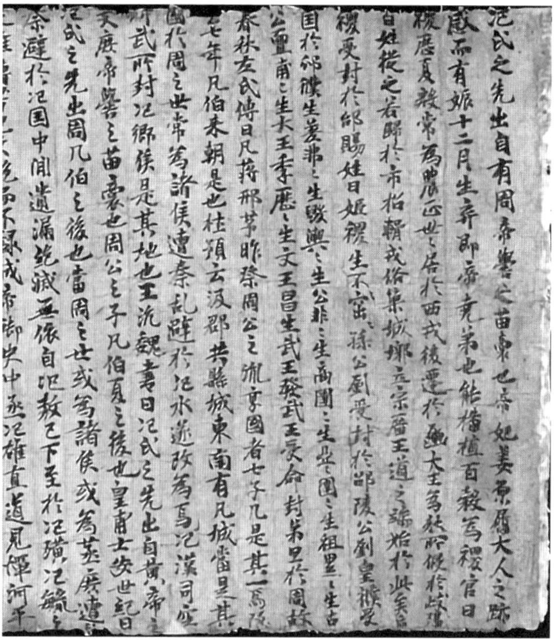

图14　S.1889《敦煌氾氏家传并序》抄本局部（采自IDP）

声誉有闻”，在本地的声望颇高。敦煌氾氏一族心中，氾胜之是先祖之一，在《敦煌氾氏家传并序》的颂文中有：“司农表德，著书以要。三辅是赖，九流先道。”“司农”当指氾胜之，[1]由于谱系的缺失，他与几乎生活在同时代的氾雄到底有何关系，则难以稽考了。[2]《敦煌氾氏家传并序》所叙人物从东汉氾奭到前

①《汉书·艺文志》载《氾胜之书》十八篇，下注曰：“成帝时议郎。”颜师古有注：“刘向《别录》云使教田三辅，有好田者师之，徙为御史。”参见［东汉］班固著，［唐］颜师古注《汉书》卷30《艺文志》，第1743页。

② 池田温曾对这件文书进行了录文与考释，他指出敦煌氾氏源自氾雄的说法并非历史事实。参见（日）池田温《敦煌氾氏家伝残巻について》，《東方学》第24辑，1962年9月，第8页。

凉汜瑗，总共十一人，其中东汉三人，西晋及前凉八人。其中东汉时期的三人具有浓郁的经学背景，与中原一带的儒学世家一样，以精通经史为其显著标签。西晋时期，敦煌汜氏在正史中崭露头角，《晋书·索靖传》载有汜衷，与索靖齐名，同号“敦煌五龙”但由于早夭而影响不大。《晋书·隐逸传》中还载有另外一位敦煌汜氏成员的事迹：“汜腾，字无忌，敦煌人也。举孝廉，除郎中。属天下兵乱，去官还家。太守张閟造之，闭门不见，礼遗一无所受。叹曰：‘生于乱世，贵而能贫，乃可以免。’散家财五十万，以施宗族，柴门灌园，琴书自适。张轨征之为府司马，腾曰：‘门一杜，其可开乎！’固辞。病两月余而卒。”[①]“柴门灌园，琴书自适”的生活方式与拒绝出仕的行为都显示出汜腾身上的名士风范，与当时中原名士的处世方式如出一辙。到西凉时期，汜氏家族成员积极参与到政治活动中。东晋隆安四年（400）李暠建国初期，汜德瑜被封为宁远将军、西都太守，可见其在西凉政权中的重要的地位，这与汜氏家族敦煌本地的势力有一定的关系。[②]北魏灭北凉后，汜氏在被迁之列。《魏书·胡叟传》记载：“时敦煌汜潜，家善酿酒，每节，送一壶与叟”[③]即汜氏被迁至平城的例证。汜氏与索氏的命运类似，北朝至唐初家族人物大多不显，仅于《元和姓纂》中见：“天宝有刑部郎中汜云、南郑县尉汜叔敖。”[④]。

另外还需注意的是，敦煌除了汜姓之外，还有范姓，《魏

① ［唐］房玄龄等撰《晋书》卷94《隐逸传》，第2438页。

② ［唐］房玄龄等撰《晋书》卷87《凉武昭王李玄盛传》，第2259页。

③ ［北齐］魏收撰《魏书》卷52《胡叟传》，第1151页。

④ ［唐］林宝撰，岑仲勉四校记，郁贤皓、陶敏整理，孙望审定《元和姓纂（附四校记）》卷9，北京：中华书局，1994年，第1400页。

书》有："范绍，字始孙，敦煌龙勒人也"。[①]《元和姓纂》卷7"范"有："敦煌：《状》云：范汪之后，职方郎中范季明，代居怀州，自云敦煌徙焉。"[②]范氏在敦煌地区佛教界地位颇高，P.3718《释门僧政范海印和尚写真赞并序》云："和尚俗姓范氏，香号海印，则济北郡寺门首净禅公之贵泒矣。裕像膺胎，时为龙沙人也。"[③]郑炳林根据S.1774V+S.3727V《寺门首立禅师赞》所载"昔禅师者，俗姓氾氏，法名惠净"，认为"济北郡寺门首净禅公"即"寺门首立禅师氾（范）惠净。"[④]范氏与氾氏郡望皆为济北，似氾即范。

七、令狐氏

《周书·令狐整传》有："令狐整字延保，敦煌人也，本名延，世为西土冠冕。曾祖嗣、祖诏安，并官至郡守，咸为良二千石。父虬，早以名德著闻，仕历瓜州司马、敦煌郡守、郢州刺史，封长城县子。大统末，卒于家。太祖伤悼之，遣使者监护丧事，又敕乡人为营坟垄。赠龙骧将军、瓜州刺史。"[⑤]敦煌令狐氏至北朝时已称为"世为西土冠冕"，到隋唐时，令狐德棻以文史扬名天下，令狐楚、令狐绹父子为相，其他如令狐滈、令狐涣、令狐澄等家族成员也在全国的政治、文化领域发挥重要影响，在敦煌大族中显得尤为突出。

---

① ［北齐］魏收撰《魏书》卷79《范绍传》，第1755—1757页。
② ［唐］林宝撰，岑仲勉四校记，郁贤皓、陶敏整理，孙望审定《元和姓纂（附四校记）》卷7，第1154页。
③ 郑炳林、郑怡楠辑释《敦煌碑铭赞辑释（增订本）》，第977—978页。
④ 郑炳林、郑怡楠辑释《敦煌碑铭赞辑释（增订本）》，第982页。
⑤ ［唐］令狐德棻等撰《周书》卷36《令狐整传》，第641页。

敦煌令狐氏的来源有四种说法[1]，一出《元和姓纂》："汉有令狐迈，避王莽乱，居敦煌，生称。"[2]二出《新唐书·宰相世系表·令狐氏》："汉建威将军迈，与翟义起兵讨王莽，兵败死之。三子：伯友、文公、称，皆奔敦煌。伯友入龟兹，文公入疏勒，称为故吏所匿，遂居效穀。"[3]三出《令狐梅墓志铭并序》载："西汉王莽居摄，将迁汉祚，远祖建威将军迈与翟义同谋匡复汉室，事泄为莽所害。迈子鸿逃匿敦煌，因家焉，遂为西州著姓。"[4]四出刘禹锡《彭阳侯令狐氏先庙碑》："令狐，晋邑也。晋大夫魏颗以辅氏之功始封焉。其易名曰文，国语所谓令狐文子是也。其先文王之昭，毕公高之裔。毕万为晋卿，始封于魏，自万至颗，盖四世。其后三十七世蓝田侯虬，仕拓跋魏为敦煌郡太守，子孙因家，遂占数为郡人。"[5]除刘禹锡外皆称令狐迈反抗王莽篡汉而避祸敦煌，大同小异，可视为令狐氏徙居敦煌之源。

自令狐迈以降，令狐氏在敦煌支胤繁衍数百年之久，世为敦煌地区长官，入隋以后，自令狐熙、令狐德棻始，家族外迁宦游四方，开始徙出河西，散落各地，并在中央政府崭露头角，敦煌彻底成为标榜家族地位的"郡望"而非实实在在的籍贯。然据孙晓林研究，在敦煌本地，令狐氏仍然人丁兴旺"八至十世纪间，

---

① 参见孙晓林《汉—十六国敦煌令狐氏述略》，《北京图书馆馆刊》1996年第4期，第92—96、24页；马强、潘玉渠《隋唐时期敦煌令狐家族谱系考略》，《敦煌研究》2013年第6期，第74—80页；潘玉渠《隋唐时期敦煌令狐氏家族述论——以令狐熙家族为中心》，西南大学硕士学位论文，2013年。

② ［唐］林宝撰，岑仲勉四校记，郁贤皓、陶敏整理，孙望审定《元和姓纂（附四校记）》卷5，第632页。

③ ［宋］欧阳修、宋祁撰《新唐书》卷75下《宰相世系表五下》，第3397页。

④ 吴钢主编《全唐文补遗》第6辑，西安：三秦出版社，1999年，第168页。

⑤ ［唐］刘禹锡著，卞孝萱校订《刘禹锡集》卷2，北京：中华书局，1990年，第23页。

令狐氏几乎遍布了敦煌地区。”如《天宝年代（750）敦煌郡敦煌县差科簿》中的P.3559残卷经研究认为属慈惠乡[1]，其中有令狐大贞及子：

（75）令狐大贞载六十　　上柱国
（76）　男仁节载卌二　　上柱国子土镇
（77）　男回回载廿二　　中男村正

又有令狐大方子：

（80）令狐大方男仁立载卌三　　骑都尉郡上
（81）　男恩有载卌一　　　白丁土镇

还有令狐贞会：

（131）令狐贞会载五十　　白丁残疾[2]

《天宝年代（750）敦煌郡敦煌县差科簿》中的P.2657属于龙勒乡，其中载令狐氏若干：

（32）令狐明仙载廿四　　柱国子土镇
（57）令狐伏保载五十　　品子土镇
（58）　侄进直载卌七　　白丁［郡典狱］

① 参见王永兴《唐天宝敦煌差科簿研究——兼论唐代色役制和其他问题》，收入氏著《陈门问学丛稿》，第45—133页。
② （日）池田温著，龚泽铣译《中国古代籍帐研究·录文与插图》，第125—126页。

(61) 令狐智明载五十二　上柱国纳资
(62) 令狐思珍载五十一　翊卫医学博士
(63) 侄琼鸾载廿六　上柱国子充傔
(64) 令狐崇珍卌七　卫士废疾
(65) 弟崇辟载廿四　品子土镇①

然而与其他大姓相比，令狐氏在敦煌本地的影响力确实逊色，如孙晓林所言："如果将遗书出现的姓氏名录按概率推算的话，令狐氏在敦煌人口总量中所占比例仍然不敌索、张、范、阴等姓，这个家族虽为著姓，却只能算著姓中的小宗了。令狐氏的经济实力和其在敦煌政治舞台上的角色地位，大体也处于这样的状态。"②

八、宋氏

《后汉书》载桓帝元嘉二年（152），于阗国发生内乱，于阗侯将输僰攻杀汉使，时任敦煌太守的马达听闻消息后"欲将诸郡兵出塞击于阗，桓帝不听，征达还，而以宋亮代为敦煌太守。亮到，开募于阗，令自斩输僰。时输僰死已经月。乃断死人头送敦煌，而不言其状。亮后知其诈，而竟不能出兵，于阗恃此遂骄。"③此为敦煌宋氏最早出现在史传之中。《元和姓纂》宋氏

① (日) 池田温著，龚泽铣译《中国古代籍帐研究·录文与插图》，第132—133页。
② 孙晓林《敦煌遗书所见唐宋间令狐氏在敦煌的分布——令狐氏札记之一》，朱雷主编《唐代的历史与社会》，武汉：武汉大学出版社，1974年，第526—539页。
③ [宋] 范晔撰，[唐] 李贤等注《后汉书》卷88《西域传》，第2916页。

图15　P.3559《唐天宝年代（750）敦煌郡敦煌县差科簿》“令狐”部分（采自IDP）

有敦煌郡望：“汉有宋谅。谅裔孙后魏清水公繇，曾孙游道。繇六代孙寿，唐同州郃阳县令。[①]宋谅当即宋亮。到西晋武帝泰始八年（272），敦煌郡功曹宋质扶立令狐丰为敦煌太守，东拒杨欣，废梁澄，显示出宋氏家族在敦煌本地的强大实力。孙晓林总结：“从《通鉴》的记述来看，此事件似乎始终由功曹宋质操纵，身为郡府上佐的宋质敢于抗命凉州刺史，自行废立，恐怕并非来自于功曹的权势，而当从宋氏的豪族地位上得到解释”；“而令狐丰所以被拥戴，恐怕主要也并不在其议郎身份，实因他所出身的令狐氏。被杨欣委任为郡守的前敦煌县令梁澄，大概没有大姓、高门的家族背景，杨欣所以任用他，意欲抑制势力膨胀的豪门望族。然而事与愿违，反被宋氏、令狐氏联手击败。在宋氏、令狐氏合作的这次事件中，我们还看到，宋氏和令狐氏的作

① ［唐］林宝撰，岑仲勉四校记，郁贤皓、陶敏整理，孙望审定《元和姓纂（附四校记）》卷8，第1171页。

用、角色并不一样，废梁澄、表立令狐丰，直至击败杨欣都是宋质所为，说明宋氏具备一定的武力，在他身上地方豪族的色彩似乎更多一些。”[①]宋氏能以武力与令狐氏合作，对抗中央，在当地的势力之大显而易见。五凉时期，作为地方豪族的宋氏更以尚武特征成为河西政权中不可或缺的势力，并在此期间完成了从单纯的武力强宗转变为儒家士族的转变。[②]

隋唐时期，敦煌地区的宋氏仍然有较强的影响力，但如学者所言："值得注意的是，这些敦煌宋氏人物从来不提西晋五凉的敦煌宋氏，也不像西晋五凉北朝那样称自己为敦煌郡望，而是一味追攀中原的广平、河内等郡望。"[③]这与之前敦煌宋氏虽徙居中原而仍称呼自己为敦煌人的情况截然相反，似乎可以反映出此时敦煌宋氏对自身郡望的心理变化。

---

① 孙晓林《汉—十六国敦煌令狐氏述略》，第92—96、24页。

② 施光明《西州大姓敦煌宋氏研究》一文考察了五凉时期的敦煌宋氏家族，叙述了宋氏家族人物在五凉政权中的仕宦浮沉及其与前、西、北凉诸政权的关系，分析了其所具有的崇尚武功与儒学等两种特征及其原因。参见施光明《西州大姓敦煌宋氏研究》，中国魏晋南北朝史学会编《魏晋南北朝史论文集》，济南：齐鲁书社，1991年，第166—177页。

③ 冯培红、孔令梅《汉宋间敦煌家族史研究回顾与评述（中）》，第53—74页。

附录一
隋及唐前期敦煌郡守刺史考①

一、隋代敦煌牧守编年

郁久闾可婆头　北齐——开皇五年（585）之前

开皇十二年（592）正月二十六日《隋故大将军九陇公郁久闾公墓志铭》："公讳可婆头，京兆长安人。其先出自卫国楚公子闾之后，导若水/而开源，跱轩台而启构，丽天形于星月，镇地象于山河，皆备尽缣/缃，可略而言也。自秦失其鹿，汉道未昌，中源（原）榛梗，九州幅裂，显考/避乱，渐跨北垂（陲），明德重光，世君沙漠。茹茹主莫（慕）容可汗，则公之［祖］，曾/祖乌稽可汗。祖贺根，吐豆弗、俟利弗。父巨明，吐豆弗，并王子王孙，/世官世禄，信义行于殊域，威恩被其区宇。公挺鸾凤之姿，挟金虎/之气，远同韩、白，暗合孙、吴。年十七，袭爵为吐豆弗。归齐，蒙授使持/节、沙州诸军事、沙州刺史、大贤真、备身、正都督，食平寝县干。寻加/伏波将军、假仪同三司。突厥寇扰，公手枭元恶，勋授仪同三司、安/德县开国公，邑五百户，赐物一千假（段）。三齐妖孽，四履横流，公六奇/暂

---

① 本附录以时间先后为顺序，在岑仲勉《隋书州郡牧守编年表》、郁贤皓《唐刺史考全编》相关内容的基础上增补而成，特此说明并致谢！

陈，一鼓而灭，还拜左卫大将军。入周，例授上开府、九陇郡开国/公，寻加大将军。大隋肇历，除北道行军总管。开皇五年，授长州/诸军事、长州刺史。十年，拜北道行军元帅。方欲刻石燕然，勒兵姑/衍，斩温禺而衅鼓，尸日逐以染锷，而与善无征，报施多爽。以二月/廿二日，遘疾薨于豳州邸舍，春秋六十有二。魏丧郭嘉，晋亡羊祜，/方之宸悼，未足相逾。粤以开皇十二年正月廿六日迁葬于京/兆之高阳原，礼也。灵輀戒路，旌旆启途，百辟对而伤嗟，三军闻而/掩泪。贻诸不朽，须勒泉阴。铭曰：/

赫赫宗源，于穆不已。滔滔江汉，南国之纪。爰暨龙庭，尚勖余祉。引/弓百万，岁历千祀。齐德远昌，实始宾玉。衣冠是袭，福禄攸长。体资/智勇，性会诚良；腰明玉具，身曜银章。爵冠通侯，家开莫（幕）府；具瞻王/佐，仪形公辅。城彼朔方，穷兹壮武；百身不赎，三军失抚。玄宫眇眇，/长夜漫漫；山坟冥寞，松槚深寒。不闻刀斗，长绝兵栏；如何大树，独/有铭刊。/”[①]

独孤罗　开皇十三年　总管凉甘瓜三州诸军事

《隋书·高祖纪下》载：“（开皇十七年五月）甲戌，以左卫将军独孤罗云为凉州总管。”[②]但开皇二十年二月十四日《大隋故使持节大将军凉州总管诸军事凉州刺史赵国独孤德公墓志铭》志文记为开皇十三年。志文云：“公讳罗，字罗仁，云内盛乐人，后居河南之洛阳县。昔魏膺天箓，肇基朔野，同德/迈于十人，从王逾于七姓。公灵根惠叶，遥胄华宗，犹贾邓之出穰宛，若萧曹之/居丰沛。大父太尉恭公，逸气标举，高情磊落，公才夭于垄隧，衮职贲于松槚。父/信，太师、上柱国、赵国景公，

① 拓片图版及录文见李明等主编《长安高阳原新出土隋唐墓志》，北京：文物出版社，2016年，第32—35页。

② ［唐］魏徵等撰《隋书》卷2《高祖纪下》，第42页。

攸纵自天，略不世出，秉文经武，匡国济时，实有魏之/栋甍，生民之龟镜。公即景公之元子，今皇后之长兄也。骏骨天挺，幼有绝电/之姿；全璞不雕，自成希世之宝。永熙之末，强臣擅命，长戟南指，銮旆西巡。景公/捐家奉国，秉诚卫主。公遂播越两河，流离三魏。而神剑虽隐，紫气恒存；宝鼎自/沉，黄云不灭。周平东夏，区宇一统，分悲之鸟，重集于桓山；韡盛之华，更茂于移/树。大象元年，授楚安郡守，导德齐礼，吏静民和。大象二年秋八月，除仪同大将/军。皇隋上叶五精，光临四海，繁数缛礼，义归贤戚。开皇元年三月，除使持节、/上开府仪同大将军，寻除领左右大将军。冬十一月，转右武卫将军。二年，袭爵/赵国公，邑一万户。十二年，拜大将军、太子右卫率。绛阙丹墀，尊同就日；凤条鹤/钥，义比前星。公宦成二宫，名重百辟，文武并运，声实兼举。十三年，除使持节、总/管凉甘瓜三州诸军事、凉州刺史。十八年，食益州阳安县封一千户。此蕃路出/玉门，山连梓岭，地多关塞，俗杂华戎。秋月满而胡骑嘶，朔风动而边笳咽。公威/能制寇，道足庇民，布政宣风，远怀迩服。而朝光夕影，未息于铜壶；却死还年，空/传于金灶。春秋六十有六，以十九年二月六日寝疾薨于位。陟岗靡见，哀结于/椒宫；辍膳兴嗟，悼深于黼扆。粤廿年岁次庚申二月庚申朔十四日癸酉，厝于/雍州泾阳县洪渎原奉贤乡静民里。王人吊祭，谥曰德公，礼也。惟公善风仪，有/器度，混臧否于外迹，苞阳秋于内府。物我莫见其异，愠喜不形于色，故能持盈/若虚，在终如始。可大可久，道著于生前；遗直遗爱，声传于殁后。而陇松百尺，讵/免于摧残；华表千年，终归于灰烬。乃为铭曰：/

邈矣崇基，猗欤远系。舄弈轩冕，婵连胤裔。于穆景公，英威冠世。濡足授手，师王/友帝。圆魄降灵，方祇荐祉。以兹鼎族，郁为戚里。惟公挺秀，渊渟岳峙。凤羽时戢，/龙翰终起。时逢启圣，运属惟新。升降丹陛，警卫紫宸。黼衣朱绂，畅毂文茵。

宣/威振远，树德临民。千月未穷，一生俄毕。哀铎夜动，灵骖晓出。霍凑黄肠，縢铭白/日。今来古往，飞声标实。/”①独孤罗开皇十三年总管凉甘瓜三州诸军事，亦以时间顺序附列于此。

刘方　开皇末

《隋书·刘方传》：“开皇三年，从卫王爽破突厥于白道，进位大将军。其后历甘、瓜二州刺史，尚未知名。仁寿中，会交州俚人李佛子作乱，据越王故城，遣其兄子大权据龙编城，其别帅李普鼎据乌延城。左仆射杨素言方有将帅之略，上于是诏方为交州道行军总管，以度支侍郎敬德亮为长史，统二十七营而进。”②《隋书·高祖纪下》：“（仁寿二年）十二月癸巳，……交州人李佛子举兵反，遣行军总管刘方讨平之。”③刘方开皇三年进位大将军，其后任瓜州刺史，史传不及其于瓜州之后别有他任，但至仁寿二年，已任交州道行军总管，其刺瓜州大概在开皇末。

姬威　大业四年（608）

大业六年（610）七月二十三日《隋故使持节金紫光禄大夫太子右卫率右备身将军司农卿龙泉敦煌二郡太守汾源良公姬府君之墓志铭》：“公讳威，字永兴，河南洛阳人也。本系轩皇，寔为农正。崇基与削成并峻，清澜随委壑俱/远。世传卿相，布在方册。曾祖懿，使持节、镇东将军、都督雍州诸军事、雍州刺史、骠骑大/将军、司空、东郡康公。祖亮，使持节、开府仪同三司、燕州诸军事、燕州刺史、东郡公。父肇，/使持节、骠骑

① 相关研究参见段锐超《隋〈独孤罗墓志〉考释及相关史志歧异问题辨正》，《陕西理工大学学报（社会科学版）》2021年第1期，第35—42页。

② ［唐］魏徵等撰《隋书》卷53《刘方传》，第1357页。

③ ［唐］魏徵等撰《隋书》卷2《高祖纪下》，第48页

大将军、开府仪同三司、左光禄大夫、侍中、东秦州诸军事、东秦州刺史、勋/晋绛建四州诸军事、勋州总管、神水郡开国公。并以雄图远略，柱镇邦基，轨范一时，见/称前代。公禀秀降生，含章挺出。峰仞孤竦，气调不群。幽并少年，遥推游侠；汝颍人物，远/谢多奇。释褐升朝，令名惟始。天和三年，以开府子长上宿卫。建德二年，授折冲上士。三/年五月，又授大都督。平邺之日，追齐主于青州，擒获之功，爰加宠命。六年十月，授仪同/三司。宣政元年四月，授承御大夫。大象元年，授右内侍。洎皇猷既建，霸府新开，乃授仪/同三司、领丞相府右帐内。大定元年，进授开府仪同三司、领右帐内如故。开皇元年，授/太子内率，其年九月，又授太子左内率。二年八月，封岢岚县开国侯，食邑五百户，式建/茅社，奄有征赋，光升上爵，实懋元勋。十二年八月，以相府长上，诏授上开府仪同三/司。十三年，又授太子右卫率。仁寿二年正月，又授右备身将军。武帐文轩，方劳直宿；昼/巡夜警，是惟屯卫，公之此举，实允时谈。三年二月，进封汾源县开国公，食邑一千户。大/业元年正月，授司农卿，三年四月十八日，诏授银青光禄大夫，十九日，诏授龙泉/太守。惟静为政，以德化民。豪右于焉敛迹，属城以之解印。四年，转为敦煌郡太守，獯戎/远窜，关塞无尘。循良之称，遐迩攸属。方当乘轩服冕，论道庙堂，具旃长戟，增荣里闬。造/化不仁，遽歼明哲，以六年四月十一日遘疾薨于京师，春秋六十有二。朝廷结痛悼之/哀，王人申赙赠之礼。丧葬所须，并资官给。易名之典，谥曰良公。惟公门承钟鼎，伏膺道/训。据德无怠，蹈义以行。性爱经史，尤长韬策。怀应变之才，居卿尹之位。宽以济物，贵不/骄人。治官以廉洁御下，植性以勤诚奉国。纮韦适用，文武兼宣。当世名臣，罔出其右。即/以其年岁次庚午七月庚申朔廿三日壬午，永窆于京兆郡大兴县浐川乡之白鹿原，/礼也。车徒扰扰，诸侯会同位之丧；道路纷纷，天子诏将军之葬。呜呼哀哉，世子武援等，/并孝性纯深，居丧过礼。飞鸟闻悲即下，坟树染泪便枯。所虑海变河迁，陵移谷徙。清徽/永閟，盛烈无闻。勒石幽扃，庶传遐绪。其辞曰：/

三十永世，七百长年。西降豳镐，东都涧瀍。重光累叶，克让相传。笃生公侯，继踵英贤。性/灵文武，意气风烟。芳猷亹亹，茂绪绵绵。论道槐庭，经邦绝域。亟总元戎，方登衮职。来朝/平乐，谒帝柏梁。容仪肃肃，珩佩锵锵。与善无验，遽落崦光。圣情轸悼，辍膳嗟伤。恩/深吴汉，泽甚张良。将亡星霣，相殁山颓。晨笳呜咽，夜薤酸哀。人喧鹤去，宾散狐来。原承/白鹿，地伏青龙。迍车有辙，隐马无踪。浐流百派，灞曲千重。壮丽碑碣，低昂柳松。风悲且/惨，云愁暮浓。芳徽茂绩，当铭景钟。/”①

姬威墓志，1954年在西安郭家滩出土。盖篆书题“隋金紫光禄大夫备身将军司农卿敦煌太守汾源良公姬君铭”二十五字。从志文结合《隋书·房陵王勇传》来看，姬威为当时太子勇之幸臣，但后来成为权臣杨素之亲信，亦为与杨素谋害太子勇之主要人物。志文三十三行，行三十三字。完好无缺，字体似楷似隶，兼有魏碑余风。

周法尚　大业六年（610）

大业十一年（615）十月廿三日《大隋故左武卫将军右光禄

① 杨震方编著《碑帖叙录》，上海：上海古籍出版社，1982年，第148页；陕西省文物管理委员会《西安郭家滩隋姬威墓清理简报》，《文物》1959年第8期，第4—7、81页；北京图书馆金石组编《北京图书馆藏中国历代石刻拓本汇编》第10册，郑州：中州古籍出版社，1989年，第35页；张宁等主编《隋唐五代墓志汇编·北京卷附辽宁卷》第1册，天津：天津古籍出版社，1991年，第25页；王壮弘、马成名编纂《六朝墓志检要》，上海：上海书画出版社，1985年，第330页；罗新、叶炜《新出魏晋南北朝墓志疏证（修订本）》，北京：中华书局，2016年，第529—532页。

大夫儒子周府君（法尚）之墓志铭》：“君讳法尚，字德迈，汝南安成人也……（大业）六年，检校敦煌太守。其年，寻改检校会宁太守。”[①]《资治通鉴》卷178隋文帝开皇十三年（593）二月胡三省注云：“隋制：未除授正官而领其务者为检校官。”[②]《隋书·周法尚传》：“炀帝嗣位，转云州刺史。后三岁，转定襄太守，进位金紫光禄大夫。时帝幸榆林，法尚朝于行宫。……明年，黔安夷向思多反，杀将军鹿愿，围太守萧造，法尚与将军李景分路讨之。法尚击思多于清江，破之，斩首三千级。还，从讨吐谷浑，法尚别出松州道，逐捕亡散，至于青海。赐奴婢一百口，物二百段，马七十匹。出为敦煌太守，寻领会宁太守。”[③]《隋书》本传不载具体的日期，只说在大业五年讨吐谷浑。据墓志所载可知，其任敦煌太守在大业六年，同年即转会宁太守。

荀法尚　约大业五年后

《陈书·荀法尚传》：“（法尚）入隋，历邵、观、绵、丰四州刺史，巴东、燉煌二郡太守。”[④]周法尚大业六年（610）任敦煌太守，而《陈书》明言荀法尚所任为敦煌太守，可定在大业三年隋炀帝改州为郡之后，故其任敦煌太守概在周法尚之后。

张则　隋

贞观十六年（642）九月廿七日《大唐故大将军张府君墓

---

① 录文及研究见赵振华、徐有钦《隋左武卫将军周法尚墓志研究》，杜文玉主编《唐史论丛》第13辑，西安：三秦出版社，2011年，第351—371页。

② ［宋］司马光编著，［元］胡三省音注《资治通鉴》卷178，第5539页。

③ ［唐］魏徵等撰《隋书》卷65《周法尚传》，第1528—1529页。

④ ［唐］姚思廉撰《陈书》卷13《荀法尚传》，北京：中华书局，1972年，第203页。

志》：“府君讳孝绪，字，南阳白水人也。祖勖，父则，隋任沙州刺史。”①

张奈　隋　瓜州司马

咸亨三年（672）十月二十七日《唐故河州大夏县主簿武骑尉张君（弘）墓志铭并序》：“（张弘）祖奈，隋任瓜州司马。”②

贾道真　隋

景云二年（711）七月二十九日《大唐故毛处士夫人贾氏（三胜）墓志铭并序》：“（贾氏）曾祖道真，隋沙州刺史。”③

二、唐前期敦煌牧守编年

于宣道　唐早期?

圣历二年（699）四月一日《大周故隰州刺史建平公于公（遂古）墓志铭并序》：“（遂古）祖宣道，周大将军，隋内史舍人、车骑将军、左卫率，唐甘肃瓜凉沙五州诸军事、凉州刺史、献公。普绩著旂裳，勋书彝鼎，职隆九命，荣冠三朝。”④

贺拔行威　武德三年至五年（620—622）

《新唐书·高祖纪》：“（武德三年）十二月己酉，瓜州刺史贺

---

① 拓片图版见王思礼等主编《隋唐五代墓志汇编·江苏山东卷》，天津：天津古籍出版社，1991年，第12页。录文见周绍良主编《唐代墓志汇编》贞观○八六，第63—64页。

② 拓片图版见洛阳市文物工作队《洛阳出土历代墓志辑绳》三二五，北京：中国社会科学出版社，1991年，第325页。

③ 拓片图版见洛阳市文物工作队《洛阳出土历代墓志辑绳》四四九，第449页。

④ 中国文物研究所、陕西省古籍整理办公室编《新中国出土墓志·陕西（一）》○九八，北京：文物出版社，2000年，第91页。

拔行威反。……（武德五年五月）庚寅，瓜州人王斡杀贺拔行威以降。”[①]又见两《唐书·杨恭仁传》。武德三年十二月贺拔行威反时已在瓜州刺史任上，至武德五年被杀，其间也应当视其为瓜州刺史。

元韶　武德中

《元和姓纂》卷4“河南洛阳元氏”：“孝方，顺阳公，生韶、震。韶，唐沙州刺史。”[②]《新唐书·高祖纪》记载武德五年（622）六月：“车骑将军元韶为瓜州道行军总管，以备突厥。”[③]郁贤皓《唐刺史考全编》疑元韶任沙州刺史在诛贺拔行威事件之后。

许世绪　武德中

显庆五年（660）十二月十三日《□故大府卿真定郡公许（绪）府君墓志铭并序》：“历司农太府卿，转鄂、瓜、豫三州刺史。”[④]

刘德敏　贞观十四年（640）

《西陲石刻录·姜行本纪功碑》：“诏使持节光禄大夫吏部尚书上柱国陈国公侯君集……乃统沙州刺史上柱国望都县开国侯刘德敏……等，并率骁雄，鼓行而进，以贞观十四年五月十日，师次伊吾析罗漫山……贞观十四年岁次庚子六月丁卯朔廿五日辛卯

---

① ［宋］欧阳修、宋祁撰《新唐书》卷1《高祖纪》，第11、14页。

② ［唐］林宝撰，岑仲勉校记，郁贤皓、陶敏整理，孙望审订《元和姓纂（附四校记）》卷4，第418页。

③ ［宋］欧阳修、宋祁撰《新唐书》卷1《高祖纪》，第14页。

④ 录文及研究见董卫《唐代许世绪、许洛仁家族考述》，杜文玉主编《唐史论丛》第18辑，西安：陕西师范大学出版总社有限公司，2014年，第214—228页。许世绪，避太宗讳称许绪。

立。”[1]又见《全唐文》卷162司马太贞《纪功碑》。

李宽　贞观十五年（641）

仪凤二年（677）二月三日《大唐故太常卿上柱国陇西公李府君之碑并序》：“（贞观）十五年，加云麾将军、右卫中郎将。是岁，授银青光禄大夫、沙州刺史。”[2]

张才　贞观中？

大历四年（769）二月三日《唐故开府仪同三司检校户部尚书知省事赠太子太师御史大夫邓国公张公（献诚）墓志铭并序》：“公则沙州刺史才之曾孙，同昌军使，赠蔚州刺史义福之孙，御史大夫、幽州节度等使、南阳郡开国公，赠兵部尚书守珪之子也。”[3]按张守珪开元二十一年（733）至二十七年（739）为幽州节度使，其祖疑仕贞观中。

苏海政　贞观二十一年至二十二年（647—648）

《旧唐书·龟兹传》：“（阿史那）社尔进军逼之，王乃轻骑而走，遂下其城，令孝恪守之。遣沙州刺史苏海政、尚辇奉御薛万备以精骑逼之。”[4]《新唐书·龟兹传》略同。又见《资治通鉴》

---

① 罗振玉《西陲石刻录》，《石刻史料新编》第2辑，台北：新文丰出版公司，1977年，第15册，第11032—11033页。

② 拓片图版及录文见权敏《新见〈唐太常卿陇西公李宽碑〉考释》，《文博》2016年第6期，第81—86页。相关研究有胡可先、徐焕《新出土唐代李宽碑志考论》，《浙江大学学报（人文社会科学版）》2018年第1期，第116—133页；李军《新出李宽碑志与唐初政局》，《东岳论丛》2018年第3期，第99—110页。

③ 拓片图版见陈长安主编《隋唐五代墓志汇编·洛阳卷》第12册，天津：天津古籍出版社，1991年，第33页。

④［后晋］刘昫等撰《旧唐书》卷198《龟兹传》，第5303—5304页。

贞观二十二年十二月条。《册府元龟》卷985作贞观二十一年闰十二月。

苏绩　约高宗时

景龙三年（709）二月十五日《大唐故左武卫郎将京兆苏公（通）墓志铭并序》："父绩，唐任沙州刺史。清以励俗，惠以安人，化往移风，恩流曳雨。氐羌引领，如闻邓训之名；戎羯洗心，似见然明之面。"本文著录贞观二十一年至二十二年苏海政，曾以精骑逼龟兹，未知与苏绩有关否。

平原公　永徽中

《全唐文》卷185王勃《常州刺史平原郡开国公行状》："永徽中，改沙州刺史……龙朔年中，授公熊津道总管。"

崔延朗　显庆二年（657）？

显庆二年七月二十七日《大唐薛王友行珍州荣德县丞杜君（询）故妻博陵崔氏（素）墓志铭并序》："夫人讳素，字瑶英……父延朗，左千牛卫将军、甘凉瓜沙四刺史、博陵郡开国公。"[①]崔素永徽元年适杜询，显庆二年（657）三月十五日卒，年二十四。疑其卒时其父尚在沙州刺史任上。

宋素　永徽中至显庆二年（657）任敦煌县令

唐咸亨元年（670）《大唐故沙州敦煌县令宋君（素）墓志

① 拓片图版见张宁等主编《隋唐五代墓志汇编·北京卷附辽宁卷》第1册，第50页。录文见周绍良主编《唐代墓志汇编》显庆〇四三，第255—256页。

图1 宋素墓志拓片图版（采自《考古与文物》2018年第3期）

铭并序》显示宋素在永徽中至显庆二年之间担任沙州敦煌县令。[①]志文录文如下：

> 君讳素，字，弘农华阴人也。原夫姚风静愠，敷教重乎招才；姒日云亡，代虐/崇乎锡智。将军翊汉，荣申夜拜之仪；大夫匡楚，响擅阳春之曲。疏源自淼，缔/业逾昌。组珮连华，珪缨袭彩。曾祖显，周万丰大监，青、徐、齐、兖四州刺史，元康/公。游雾骊首，垂云矫翼。立人伊信，衢多警竹之童；御众以宽，庭少鞭简之吏。/祖恭，周积弩司

① 该志2014年3月出土于陕西省华阴市夫水镇连村唐咸亨元年（670）沙州敦煌县令宋素与夫人王氏合葬墓。发掘报告与墓志拓片图版见陕西省考古研究院、华阴市文物旅游局《陕西华阴市唐宋素墓发掘简报》，《考古与文物》2018年第3期，第16—41页。其他相关研究又见赵占锐《读唐沙州敦煌县令宋素墓志》，《考古与文物》2019年第4期，第95—98页；黄瑞娜、马振颖《唐敦煌县令宋素墓志再考——敦煌相关金石整理研究之二》，《敦煌学辑刊》2020年第2期，第117—124页。宋素任敦煌县令在永徽中至显庆二年之间即依据黄、马之考证结论。宋素墓志乃近年考古发现，与敦煌相关的重要金石材料。宋素虽非敦煌地方牧守，亦以时间顺序，附列于此，特此说明。

马，殄难将军。谟矢沉沙，庸须坐树。弓开柘杪，鸣弦却月之营；/马控桃花，箫影浮云之阵。考真，唐右监门录事，果州西充令。韶仪柳践，秀馥/兰滋。彩翟彰仁，奏鸣弦于单父；紫云通感，偃神飚于灌坛。君濯润荆岩，胜光/汉渚。吐杨文之凤，荷戟驰英；登李闬之龙，通家缉誉。繁章绮合，烂成锦于春/葩；逸辩涛惊，注悬河于秋水。有彰滞颖，爰始荐名。弱冠明经高第，寻授□（昭）州/恭城主薄，又迁岳州源江县丞。蹠骏扬镳，纡铦展割。佐西门而阐德，虽洽无/欺；循南陔以企怀，而情怡取爱。于是辞荣去职，览兮归闲，蒸蒸然尽温清之/道，一十有五年矣。祭枕惟恭，庶穷欢于五起；励襟无怠，翻阻期于七旬。君枭/貌缠哀，凭心在疚。齐子羔之泣血，逾德雅之绝浆。爰以孝绩著闻，特降/纶綍，授君为沙州敦煌令。不择而仕，昔闻季路之言；无逮于亲，今睹曾元之/叹。君富人以教，立政在恒。郢境蝗移，旬乡凤集。皇唐弥六合而光宅，/奄四海而为家。大夏将成，洪材伫降。又有别敕，令君检校东都宫苑/事，赐物一百段，加阶一级。而千门万户，伫均西汉之图；左伊右瀍，俄阅东周/之水。以显庆四年十二月廿九日，终于洛州河南县旌善坊之私第，春秋六/十有四。呜呼哀哉！夫人太原王氏，蕣萼樆英，桃质毓美。暂分偕老，终结双魂。/粤以咸亨元年岁次庚午五月丁丑朔一日丁丑，合葬于华州华阴县龙腹/原，礼也。原隰千里，风萧萧而正寒；烟云百重，日沉沉而易晚。跃池翻影，俨楸/隧而回轮；雕础腾华，委松关而载德。其铭曰：/

锡壤巨唐，疏苗帝汤。命崇藩室，恭表循墙。本基岳峙，源派川长。国桢有劭，家/庆无疆。其一。诞惟□质，含芳秀出。凌云畅藻，深烟霏笔。月怀甫旦，岁□□笔。

□/骋高衢，累湮昇秩。其二。安仁辍仕，平子归田。模河引箭，写岳开远。晨觞□□，□/膳红鲜。邃扃重壤，奄恨终天。其三。痛结游凫，酸萦吊鹤。考德实感，王言畴若。位/表操制，功参作洛。铉玉行迁，相金坐铄。其四。倾舒掩兔，落义停马。亦□□穴，□/焉□野。暗水龙来，幽台凤下。誉春兰药，声秋松槚。/

李祖隆　咸亨四年（673）

P.2005《沙州都督府图经》“鱼泉驿”条：“右唐咸亨四年刺史李祖隆奏，奉敕置。”

马文举　约高宗时

景龙三年（709）七月《大唐故右武卫长史绛郡公马府君（大师）墓志铭并序》：“父文举，皇朝瓜、沙二州刺史，松州都督，右骁卫将军，上柱国，绛郡开国公。”①《资治通鉴》卷197唐太宗贞观十九年（645）：“（五月丁丑）超拜马文举中郎将，斩张君乂。”②又，《册府元龟·将帅部·勇敢门三》：“马文举，为果毅都尉，太宗征辽，新城国内二城步骑四万来援辽东。江夏王道宗率行军总管张君乂骑四千逆击之，及与贼遇，众寡势悬，士皆色动。文举自指其身，言于道宗曰：‘此壮士也，不逢敌寇，安能识健儿哉。’道宗目而壮之，文举遂策马突进，所

① 拓片图版及录文首刊樊波、李举纲《关于唐〈马元玚墓志〉的几点补正》，《陕西历史博物馆馆刊》第14辑，西安：三秦出版社，2007年，第146—149页。拓片图版及录文见赵力光主编《西安碑林博物馆新藏墓志续编》〇七二，西安：陕西师范大学出版总社有限公司，2014年，第224—226页。

②［宋］司马光编著，［元］胡三省音注《资治通鉴》卷197“唐太宗贞观十九年五月”，第6220页。

当皆鬿，众心始安。”[①]又《元和姓纂》卷7诸郡马氏：“唐左骁卫将军马文举，长安人。”[②]郁贤皓《唐刺史考全编》“沙州（瓜州、敦煌郡）”卷缺载马文举，文举乃武将，因征辽之战功，贞观十九年拜中郎将，推辞任沙州刺史约在高宗时。

王方翼　仪凤元年（676）【未之任】

张说《唐故夏州都督太原王公（方翼）神道碑》：“授沙州刺史。未至，改拜肃州……仪凤岁……诏公为波斯军副使，兼安西都护。”[③]王方翼至调露见任肃州刺史，见《新唐书·王方翼传》及《资治通鉴》“唐高宗调露元年六月”。

李无亏　载初元年（690）至延载元年（694）八月七日

P.2005《沙州都督府图经》“五色鸟”条：

> 右大周天授二年一月，百姓阴嗣鉴于平康/乡武孝通园内见五色鸟，头上有冠，翅/尾五色，丹嘴赤足，合州官人、百姓并往/看，见群鸟随之，青、黄、赤、白、黑五白色具/备，头上有冠，性甚驯善。刺史李无亏/表奏称：“谨检《瑞应图》曰：‘代乐鸟者，/天下有则见也。’止于武孝通园内，又阴/嗣鉴得之。臣以为，阴者，母道；鉴者，明/也，天显。/”

---

① ［宋］王钦若等编纂，周勋初等校订《册府元龟（校订本）》卷396《将帅部·勇敢门三》，南京：凤凰出版社，2006年，第4471页。

② ［唐］林宝撰，岑仲勉校记，郁贤皓、陶敏整理，孙望审订《元和姓纂（附四校记）》卷7，第1043页。

③ ［清］董诰等编《全唐文》卷228，第2303页。

“日扬光·庆云”条：

右大周天授二年冬至日得支庆（度）崔撝/等状称：“今日冬至卯时，有五色云扶日，阔/一丈已上，其时大明，大授（校）一倍以上，比至辰时，/复有五色云在日四边，抱日，光彩其（甚）鲜，见在官/人、百姓等同见，咸以为圣神皇帝陛下受命/之符。”刺史李无亏表奏：“谨检《瑞应图》曰：/‘圣人在上，有大光，天下和平。’又曰：‘天子孝，则/景云出游。’有人从巳西巳北巳东来者咸云：/‘诸处赦日，亦总见五色云抱日。/’”①

又，万岁登封元年（696）一月十八日《大周故太中大夫使持节沙州诸军事沙州刺史兼豆卢经略使上柱国长城县开国公赠使持节嘉州诸军事嘉州刺史李府君墓志铭并序》：

公讳无亏，字有待，本陇西成纪人。……载初元年，授公沙州刺史，兼豆卢军经略使。……长寿二年，加太中大夫，又进爵长城县开国公，并赏懋功也。……以延载元年八月七日终于官舍，时年五十八。②

郁贤皓《唐刺史考全编》“沙州（瓜州、燉煌郡）”卷仅据敦煌文献P.2005《沙州都督府图经》著录李无亏于天授二年。此志明

① 录文见郑炳林《敦煌地理文书汇辑校注》，第18—19页。

② 拓片图版及录文见王团战《大周沙州刺史李无亏墓及征集到的三方唐代墓志》，第20—26页。研究参见王惠民《〈沙州刺史李无亏墓志〉跋》，《敦煌研究》2004年第5期，第67—68页。李宗俊《读〈李无亏墓志铭〉》，《西域研究》2006年第2期，第95—98、120页。

确记载李无亏载初元年任沙州刺史，直至延载元年八月七日终于敦煌官舍。

陈玄珪　证圣元年（695）

P.2005《沙州都督府图经》“横涧驿”条：

> 右在州东北六十里，北去白亭驿廿里，刺史陈玄/珪为中间迂曲，奏请，奉证圣元年十二月卅日/敕置，驿侧有涧，因以为名。/①

据此条记载，陈玄珪证圣元年在任沙州刺史。

李庭光　不早于景龙元年（707）

S.1523+上博40《沙州刺史兼豆卢军使李庭光莫高灵岩佛窟碑并序》②。郁贤皓在《唐刺史考全编》中误将《沙州刺史兼豆卢军使李庭光莫高灵岩佛窟碑并序》等同于《唐文拾遗》卷63中收录的《武周圣历李君莫高窟佛龛碑》（《圣历碑》），进而采用《圣历碑》中圣历元年的纪年，故将李庭光任沙州刺史系于圣历元年。③荣新江因为S.1523中“国”字是武周新字，认为年代当

---

① 录文见郑炳林《敦煌地理文书汇辑校注》，第10页。

② 马德首次将两件文书进行缀合，见马德《三件莫高窟洞窟营造文书述略》，《敦煌研究》1994年第4期，第152—154页。图版及录文见郑炳林、郑怡楠辑释《敦煌碑铭赞辑释（增订本）》，第32—41页。录文又见郝春文、赵贞编著《英藏敦煌社会历史文献释录》第7卷，北京：社会科学文献出版社，2010年，第228—233页。

③ 郁贤皓《唐刺史考全编》，合肥：安徽大学出版社，2000年，第500页。

在武周后期。[1]戴春阳则分析罗列了马德、郑炳林、郁贤皓、荣新江等先生的论点，提出了此碑应当镌刻于中宗在位期间的707—710年间。[2]有关李庭光的研究当属郑炳林师等在《敦煌碑铭赞辑释（增订本）》中最为深入，认为此碑文的撰写应该不早于景龙元年（707）。[3]

李思贞 ？——长安四年（704）七月十日

神龙元年（705）七月五日《大唐故沙州刺史李府君（思贞）墓志铭并序》："公讳思贞，字惟洁，平原高堂人也。因官而徙，遂家于京兆之万年县，本姓华，犯周庙讳，改为李氏焉。……迁秦州司马，寻检校庭州刺史，又检校沙州刺史。……以长安四年七月十日，卒于沙州刺史之官舍，春秋六十有三。"[4]据此志所载，李思贞长安四年七月十日卒于沙州刺史任上。

汤允　约长安四年（704）至景龙四年（710）

贞元九年（793）七月六日《唐故宣武军节度副使正议大夫检校尚书户部郎中兼御史中丞上柱国赐紫金鱼袋赠汝州刺史范阳汤公（贲）墓志铭并序》：

> 公讳贲，字文叔，范阳人也。曾祖允，沙州刺史；生思

---

① 详见荣新江《〈唐刺史考〉补遗》，《文献》1990年第2期，第86—87页。

② 戴春阳《沙州刺史李庭光相关问题稽考》，《敦煌研究》2014年第5期，第46—58页。

③ 郑炳林、郑怡楠辑释《敦煌碑铭赞辑释（增订本）》，第32—41页。

④ 拓片图版见王仁波主编《隋唐五代墓志汇编·陕西卷》第1册，天津：天津古籍出版社，1991年，第81页。录文见周绍良、赵超主编《唐代墓志汇编续集》神龙〇〇二，上海：上海古籍出版社，2001年，第406—407页。

齐，福州侯官县令；生子融，杭州盐官县令。[1]

《唐刺史考全编》缺载汤允，龙成松据此志所记载汤允任沙州刺史，推测汤允任沙州刺史约在武后时期至开元时期，根据现有唐前期历任沙州刺史的资料，及曾任河西节度使汤嘉惠的记载，他推测汤允与汤嘉惠必定为同一人，虽然无确定的证据，姑且聊备一说。[2]

能昌仁 景云二年（711）

S.11287《景云二年七月九日赐沙州刺史能昌仁敕》：

敕沙州刺史能昌仁，使人主父/童至，省表所奏，额外支兵者，/别有处分，使人今还，指不多/及。/敕。/景云二年七月九日开府仪同三司、中书令、兼太子左庶子、监修国史、上柱国、郇国□□□□□□（公臣韦安石宣）。/正议大夫、行中书侍郎、上柱（下缺）。/朝请大夫、中书舍人、内供奉、上柱国臣（下缺）。/[3]

可知，景云二年能昌仁在任沙州刺史。又，长庆三年（823）十二月十日《唐故朝散大夫试光禄寺丞谯郡能府君（政）墓志铭并序》："府君讳政，谯郡人也，姓能氏。曾祖讳昌仁，皇正议大

① 拓片图版及录文见郭茂育、赵水森等编著《洛阳出土鸳鸯志辑录》，北京：国家图书馆出版社，2012年，第148页。

② 龙成松《新出墓志与唐代沙州刺史汤允献疑》，《西北民族大学学报（哲学社会科学版）》2019年第3期，第129—135页。

③ 题名依据荣新江编著《英国图书馆藏敦煌汉文非佛教文献残卷目录（S.6981—13624）》，台北：新文丰出版公司，1994年，第183—184页。彩色图版见IDP网站。

夫、使持节沙州诸军事、沙州刺史、兼充豆卢军使、上柱国，赠太保。”[①]能昌仁为乾元间齐州刺史能元皓之父。又，大和四年（830）十月二十日《唐故女道士前永穆观主能师铭志并序》：“师姓能氏，讳去尘，其先华阴人也。曾祖昌仁，皇沙州刺史，赠太子太保。”[②]能师卒于大和四年二月十五日，享年六十三。

图2　S.11287《景云二年七月九日赐沙州刺史能昌仁敕》（采自IDP）

杜楚臣　开元二年（714）

P.2005《沙州都督府图经》“张芝墨池”条：

张芝墨池，在县东北一里，效谷府东南五十步。/
右后汉献帝时，前件人于此池学书，其池尽/墨，书绝

---

① 拓片图版见《千唐志斋藏志》，北京：文物出版社，1984年，第1023页。录文又见周绍良主编《唐代墓志汇编》长庆〇二四，第2075—2076页。

② 录文见周绍良、赵超主编《唐代墓志汇编续集》大和〇二八，第902页。

世，天下名传。因兹王羲之《颧书论》/云：“临池学书，池水尽墨，好之绝伦，吾弗/及也。”又草书出自张芝，时人谓之［草］圣。其池/年代既远，并磨灭，古（故）老相传，池在前件所。/去开元二年九月，正义大夫、使持节沙州诸军/事、行沙州刺史、兼豆卢军使、上柱国杜楚臣赴/任，寻坟典，文武俱明。访睹此池，未获安惜。至/四年六月，敦煌县令赵智本到任，其令博览/经史，通达九经，寻诸古典，委张芝、索靖/俱是敦煌人，各检古迹，具知处所。其年九/月，拓上件池中得一石砚，长二尺，阔一尺五寸，/乃劝诸张族一十八代孙上柱国张仁会，上/柱国张履暹，上柱国张怀钦，上柱国张仁会，/上柱国张楚珪，上柱国张嗣业，文举人昭武/校尉、甘州三水镇将、上柱国张大爽，［□］学博士/上柱国张大忠，游击将军、守右玉钤卫西/州蒲昌府折冲都尉、摄本卫中郎将、充/于阗录守使、敦煌郡开国公张怀福，昭武校/尉、前行西州岸头府果毅都尉、上柱国张怀/立，壮武将军、行右屯卫岷州临洮府折冲都/尉、上柱国张燕容，昭武校尉、前西州岸/头府左果毅都尉、摄本府折冲、充墨离/军子将张履古等，令修茸墨池，中立庙/及张芝容。/[①]

又，P.3721《瓜沙两郡史事编年并序》：“玄宗开元二年九月，正议大夫、使持节沙州诸军事、行沙州刺史、兼豆卢军使、上柱国杜楚臣赴任到府。”据此可知，开元二年（714）九月，杜楚臣始任沙州刺史。

① 录文见郑炳林《敦煌地理文书汇辑校注》，第15—16页。

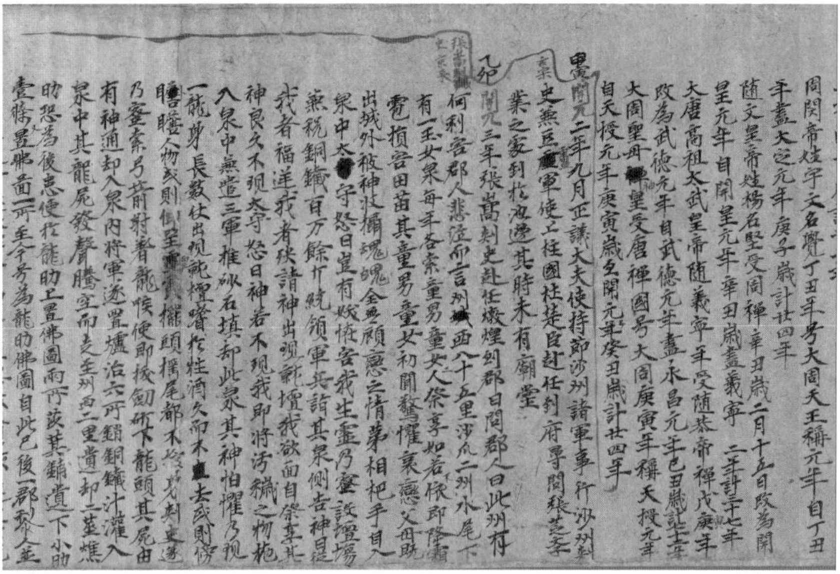

图3 P.3721《瓜沙两郡史事编年并序》局部（采自IDP）

张孝嵩 开元三年（715）

P.3721《瓜沙两郡史事编年并序》："开元三年，张嵩刺史赴任敦煌。到郡日，问郡人曰……"此张嵩即张孝嵩。S.5448《敦煌录一本》："神龙中，刺史张孝嵩下车求□，郡人告之。太守怒曰：岂有川源妖怪，害我生灵……亲诣阙进上，玄宗嘉称再三，遂赐龙舌，敕号龙舌张氏。"此处有"玄宗嘉称"的记录，"神龙中"显然是"开元中"之误。

魏远望 开元十年（722）至十七年（729）间

大历九年（774）五月四日《唐故安西大都护府长史瓜州刺史上柱国钜鹿魏府君墓志铭并序》：

> 公讳远望，字云期。……长寿初有诏旁求，时登科，授左执戟，从其志也。累迁营府别驾，檀、蓟、砂、瓜四州刺史，凡历职一十八政。……中年妄遭流谤，谪居陇外。朝廷知其非罪，寻授安西大都护府长史，转沙、瓜二州刺史。[①]

开元二十九年（741）四月十一日《唐永固府别将张季伯故妻魏夫人墓志铭并序》：

> 夫人讳淑，字阿诃，其先巨鹿人也。家代冠冕，史策详之。父远望，皇朝瓜州都督。

郁贤皓《唐刺史考全编》缺载魏远望，王庆昱、杨富学据此志及《魏远望墓志》考证魏远望任沙州刺史在开元十年至十七年之间。[②]

贾师顺　开元十七年（729）

《资治通鉴》卷213唐玄宗开元十七年："三月，瓜州都督张守珪、沙州刺史贾师顺击吐蕃大同军，大破之。"[③]《全唐文》卷40李隆基《赐瓜州刺史墨离军使张守珪沙州刺史贾师顺书》。《册府元龟》卷133引用此书，称在开元十七年三月。又见《册府元龟》卷128。

阎公润　约玄宗时

至德元载（756）十二月二十七日《唐故上轻车都尉阎君

---

① 拓片图版见赵文成、赵君平编《秦晋豫新出墓志蒐佚续编》，北京：国家图书馆出版社，2015年，第880—881页。

② 参见王庆昱、杨富学《新见唐瓜州刺史魏远望墓志考屑》，《敦煌研究》2018年第5期，第85—91页。

③［宋］司马光编著，［元］胡三省音注《资治通鉴》卷213，第6784页。

（神）墓志并序》：“君讳神，字思邦，……王父公润，牧砂州。”①唐无砂州，当是沙州之误。据此志所载，阎神至德元载卒，年六十六，其祖阎公润任沙州刺史约在玄宗初年。

王怀亮　永泰元年（765）前

敦煌写本P.2942《唐永泰年代（765—766）河西巡抚使判集》：“故沙州刺史王怀亮擅破官物充使料，征半放半。”

杨休明　大历元年（766）

《资治通鉴》“唐代宗大历元年”：“五月，河西节度使杨休明徙镇沙州。”②大中九年（855）八月《千唐志·故朝散大夫使持节丹州诸军事丹州刺史弘农杨公（乾光）墓志铭并序》：“祖休明，河西伊庭节度使，赠司空。”《全唐文》卷50德宗有《赠杨休明等官诏》，又见《旧唐书·德宗纪上》、《册府元龟》卷139。

杨预（志烈?）　约代宗时

敦煌博物馆藏《大唐都督杨公纪德颂》：“大唐都督杨公纪德颂　冥安县丞□□□□支度判官杨□撰……/汉太尉□□□□□□□□□□□□□东人也。曾祖讳言，隋举孝廉，累迁中散大夫、棣州蒲台□□□□/河州大夏□□□□□□□□□□皇云麾将军，右武卫大将军。河华之灵，貂蝉之族。世以□□□/缄封之□□□□□□□□□迈于往古，书不绝于青史。图牒焕发，其由可观。公幼而彰，中而立□□□/训非四□□□□□□□□之性，孰能坐致青云。壮室之余，作搢绅龟镜者也。初，大将军府君擅专经□

① 录文见周绍良、赵超主编《唐代墓志汇编续集》至德〇〇一，第670页。
② ［宋］司马光编著，［元］胡三省音注《资治通鉴》卷224，第7191页。

□/举秀才时□□□□□□□俟甲科，何必为儒，拾其青紫。公以温清，左右文艺，箕裘出将，冠关西之雄。□□/制授汧州□□□□□高平郡沁水府果毅，绛郡桐乡、京兆崇仁二府折冲。虽筮仕之初，子云屈□□□/展骐骥□□□□□□郎将，爪牙之任，社稷之心，不屑行间，屡回天眷，加左司御率府□□□□/式周庐□□□□□□失羽林之俳，时以山东余孽尚轸皇情分命我公宣慰四道，征甲□□□□/一身艰□。□□□来苏之咏，河湟怀挟纩之恩。二庭发貔武之师，四镇叙琅玕之贡。王室□□□彰义□□□□□麟阁，岂独议功云台而已哉！诏优公忠武将军，守左威卫将军，河西副持节□□/西□□□□□□□□路人有光，下车无何，能事日集，岂止才用不器，所谓知机其神，此州之创也。□□□/□□□□□□□□□郊有野马，资彼外府以成军兴。况时之艰，路之难，不去食存信，何猛而济宽。此□□/□□□□□□□□□郊祀，修羽仪，大张礼容。眷彼勋旧，有诏，诏公入朝，列郡居守，独□□□/□□□□□□□□曰除伊、西、庭节度等使，摄御史中丞，霜威夏寒，劲节秋凛，总我戎律，懿兹谋犹□□□/□□□□□□者饬装，不疑于衰，吾道

图4　敦煌博物馆藏《大唐都督杨公纪德颂》碑（采自杨永生主编《酒泉宝鉴》，兰州：甘肃文化出版社，2012年）

西矣。此又公之惠泽，若卸传甲仗，警候田畴，长幼夫妻，工□□□/□□□□□□□长史荥阳郑嶙谓司马东海徐止戈、大将军河南富去盈曰：公之施惠，不在报□□□□/□□□□□□□□汉水，徒有沉碑之心；人去陕郊，当铭听讼之所。余实不敏，有愧于文，颂曰：/

□□□□□□□天生公兮出微入幽，竟不知变化所极，吾将老聃以为俦。/□□□□□□□□言作而物，睹公之心镜，勋□□□□今古。/□□□□□□□□□□□修实□□□□□□□□□古之近名，黎庶异于木石，洋□□□□□□□□□□/……在□知□生……/”①

周鼎　大历二年（767）至大历十二年（777）

《金石萃编·唐广平文贞公碑侧记》称：第八子衡，谪居沙州，参佐戎幕，以功累拜工部郎中、河西节度行军司马,与节度周鼎保守燉煌十余岁,遂有中丞、常侍之拜。恩命未达，而吐蕃围城，兵尽矢躬，为所陷，大历十二年十二月，吐蕃以二百骑护归。《西陲石刻录·唐陇西李府君（大宝）修攻（功）德碑》：“时节度观察处置使开府仪同三司御史大夫蔡国公周公,道洽生知，才膺命世。”大历十一年立。此“周公”当即周鼎。《旧唐书·德宗纪上》建中三年五月丙申诏称：“故河西节度使周鼎……固

① 杨公碑原石现藏敦煌博物馆，相关录文参见罗振玉《西陲石刻录》，《石刻史料新编》第2辑，第15册，第11038页。张维《陇右金石录》卷三，第52页。安家瑶《唐永泰元年（765）—大历元年（766）河西巡抚使判集（伯二九四二）研究》，北京大学中国中古史研究中心编《敦煌吐鲁番文献研究论集》，第233页。研究参见吴景山、张洪《〈大唐都督杨公纪德颂〉碑校读》，《西域研究》2013年第1期，第16—22页，该文认为杨公即为杨志烈。

守西陲，以抗戎虏。殁身异域，多历岁年……鼎赠太保。”[①]又见《册府元龟》卷139，《全唐文》卷50德宗《赠杨休明等官诏》，《唐大诏令集》卷116常衮《喻安西北庭诸将制》。

麻元泰　建中三年（782）

建中三年二月廿五日《唐沙州刺史麻元泰妻梁氏墓记》：“夫人梁氏，试太常卿、摄沙州刺史麻元泰之妻。大历七年四月，殁于蕃部。”[②]《唐刺史考全编》“沙州（瓜州、敦煌郡）”卷缺载麻元泰，据此志所载，麻元泰夫人梁氏，大历七年殁于蕃部，

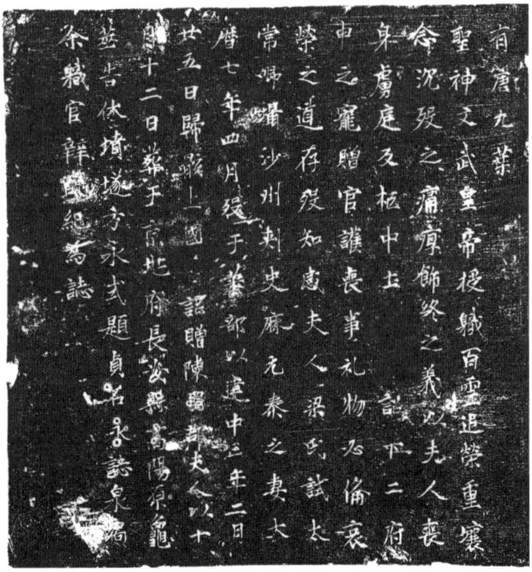

图5　《唐沙州刺史麻元泰妻梁氏墓记》拓片图版（采自西安市长安博物馆编《长安新出墓志》，北京，文物出版社，2011年）

---

① ［后晋］刘昫等撰《旧唐书》卷12《德宗纪上》，第333页。

② 拓片图版及录文见西安市长安博物馆编《长安新出墓志》，北京：文物出版社，2011年，第202—203页。

建中三年归葬长安。志文中于麻元泰官职之前无“前”“故”等字样，故疑此时麻元泰正在沙州刺史任上。一般认为大历十二年（777）阎朝杀周鼎自立后，至敦煌陷落一直任沙州刺史。今据此志可知，朝廷似乎有新的任命，即麻元泰建中三年（782）摄沙州刺史。

阎朝 大历十二年（777）至建中三年（782）或贞元二年（786）

《新唐书·吐蕃传下》：“始，沙州刺史周鼎为唐固守，赞普徙帐南山，使尚绮心儿攻之。鼎请救回鹘，逾年不至，议焚城郭，引众东奔，皆以为不可。鼎遣都知兵马使阎朝领壮士行视水草……（阎朝）执鼎而缢杀之，自领州事。城守者八年……又二岁，粮械皆竭……于是出降。自攻城至是凡十一年，赞普以绮心儿代守。后疑朝谋变，置毒靴中而死。”[1]按：上揭麻元泰条表明建中三年（782）麻元泰为沙州刺史，则阎朝为沙州守将，或有一段时间不领刺史。

① ［宋］欧阳修、宋祁撰《新唐书》卷216下《吐蕃传下》，第6101页。

附录二
武周《阎泰墓志》考证

作为中古名门的阎氏，在中古士族研究领域受到广泛关注，在充分挖掘传世文献的基础上，伴随着大量中古碑志的出土，在学者们的关注下，以新出土阎氏家族成员墓志为中心，形成了一系列有关中古阎氏家族人物或世系的研究成果，主要有：臧振对陕西师范大学博物馆所藏阎立德第二子阎庄墓志的考证，[①]郭子直则对《唐阎庄墓志》文字进行了注释。[②]邢富华等根据墓志对阎立德之女——秀容县君阎氏进行了研究。[③]根据在西安地区新出土墓志资料，[④]杨军凯立足阎立德之孙阎识微墓志[⑤]、李阳则针

① 臧振《西安新出阎立德之子阎庄墓志铭》，荣新江主编《唐研究》第2卷，北京：北京大学出版社，1996年，第455—462页。

② 郭子直《〈唐阎庄墓志〉注》，西安碑林博物馆编《碑林集刊》第4辑，西安：陕西人民美术出版社，1996年，第79—86页。

③ 邢富华、高金照、李德方《唐府君夫人秀容县君阎氏墓志考略》，《考古与文物》1998年第4期，第65—67页。

④ 西安市文物保护考古研究院《西安马家沟唐太州司马阎识微夫妇墓发掘简报》，《文物》2014第10期，第44—45页。

⑤ 杨军凯《唐阎识微及夫人裴氏墓志考释》，《文物》2014年10期，第68—73页。

对阎识微之子阎灵墓志[①]、梁雨昕依据新出阎用之墓志[②]等展开了有关阎氏家族的研究。此外，景遐东在研究萧氏文学世家姻亲的同时，也涉及到了对新出土的阎立德侄孙阎仲连墓志的考察[③]，侯纪润则以出土阎氏家族墓志材料为中心，梳理了阎立德家族的世系[④]。对新出土碑志资料的利用，已经成为中古家族世系研究中不可或缺的基本“常识”，但是囿于出土新材料的公布进程及研究者的视域，以往的研究或有不足。随着中古碑志材料的不断出土，为我们深入研究唐代阎氏家族提供了新材料。近年来出土的阎泰墓志则为我们将敦煌学与碑刻文献学纳入同一研究视阈提供了绝好的资料。该墓志首题：“大周故尚方监丞阎府君墓志铭并序”，据云出土于陕西省西安市，志主阎泰（字玄道）为唐初工部尚书阎立德第三子。有关其人，传世文献中并不见记载，但是在敦煌藏经洞所出唐代宫廷写经中却有他的记录，上元至仪凤中，曾在武则天为其父母追福的抄经活动中担任使职，监督此项工程，但仅仅记载其当时的散官、职事官等基本信息。有关其人，其事，其家族，因为史料的缺失，无法详考，由于这方墓志的出土，为我们提供了直接的材料，本文拟结合新旧出土墓志、敦煌文献、传世文献等等相关问题进行考证。

---

① 李阳《唐〈阎灵墓志〉考》，西安碑林博物馆编《碑林集刊》第10辑，西安：陕西人民美术出版社，2004年，第118—120页。

② 梁雨昕《新出〈阎用之墓志〉及阎氏家族源流事迹考释》，《文博》2020年第6期，第82—91页。

③ 景遐东《新出阎仲连、萧守规墓志与唐代萧氏及其他文学世家姻亲研究》，《苏州大学学报（哲学社会科学版）》2015年第1期，第177—183页。

④ 侯纪润《唐阎立德家族考疏——以墓志为中心》，裴建平主编《碑林集刊》第21辑，西安：三秦出版社，2015年，第120—127页。

一、墓志录文

据介绍，阎泰墓志出土时间、地点不详，32行，满行32字。拓片尺寸73×73厘米。铭文楷书，清秀。第三子前弘文馆学生阎安贞撰并书。现录文如下：

大周故尚方监丞阎府君（泰）墓志铭并序

第三息前弘文馆学生安贞篹并书

府君讳泰，字玄道，河南洛阳人也。其先出自晋成公之后，阎乡启邑，因而氏焉。曾祖/庆，魏龙骧将军，周司空、上柱国、荆州总管、大安县开国公，谥曰成。祖毗，周上仪同三/司、驸马都尉，隋殿内监、石保县开国公，谥曰恭。父立德，唐工部尚书、大安县开国公，/赠吏部尚书、并州大都督，谥曰康。并文武兼资，忠孝不匮。固以详诸国史，可略而言/焉。君即康公之第三子，起家国子生，唐文皇帝挽郎。解褐许王府户曹参军。/丁康公忧。服阕，授隆州司功参军、洛州司兵参军，转符玺郎、太府丞。有制，十/五年清勤无负犯者，各加一阶。蒙授朝散大夫。明年，除尚舍奉御，寻缘典吏犯法，别/敕徙居桂州。未几而还，舍于巩洛，闭门不预人事，唯以琴书自娱。野服葛巾，怡/散终日。田园独得，未尝至于城寺。恬澹外物，十有余年。清高之士，以为不惊宠辱。属/大周革命，推择旧臣，起为荣州司马。因面陈时事，圣上垂聪，旬日复除尚方/监丞。敕曰："新除荣州司马，志尚公清，干力强举，宜回半刺之任。以申艺事之/能。"其年遘疾，奄垂弃背，春秋六十六。君行已立身，有首有止，方垂来裔，安可无述。初/康公寝疾，医云："若大便味苦，疾迺有愈。"君深情恳至，遂亲尝之。暨乎居丧，殆至灭性，/此孝之始也。自家形国，背私徇公。时命不俱，终始若一，此忠之原也。积而能散，和而/不同，人有不及，每以情恕，仁之厚也。闺门肃雍，内外无怨，言不及利，劳而后禄，义之/本也。谨身节用，先亲后疏，兄友弟恭，出忠入孝，此礼之由也。疾恶远害，防萌虑微，博/考经籍，穷览子史，此智之广也。口无择言，室不欺暗，洁白之操，夷险匪易，此信之弘/也。总斯七德，光被百行，古人云："闻伯夷之风，懦夫知立志矣"。况/我府君懿范洪烈之如是乎！皇天无亲，惟德是辅。降祸于我，何其爽欤！以长寿三年/五月十九日迁窆于京兆洪固乡之少陵原，礼也。孤子贞一等，陟岵崩心，过庭抽恸，/痛风枝之不待，哀远日之行及。永惟事迹，备诸人野。衔哀追叙，宁穷万一。非唯文不/代意，亦自口不忍言，且臣子之述君父，有自来矣。询谟故事，敢作铭云：/

缅惟我祖，重规沓矩。忠孝代兴，公侯踵武。晋国开邑，阎乡胙土。因地承家，蝉联珪组。/爰暨中叶，声芳弗愆。里为冠盖，门嗣英贤。司空位重，尚书行全。我君袭庆，生德自天。/弱冠从政，勤劳王国。慎终如始，其仪不忒。时属休明，运遭屯塞，体兹至理。何往非得。/陶潜归去，潘岳闲居。优游讌语，萧散琴书。林园志逸，风月情疏。异代连类，方斯蔑如。/乾坤改旦，廊庙求材。我君应物，宸眷斯回。始承天涣，未变星灰。明神/何负，奄及梁摧。哀予小子，孤子何怙。彼苍者天，谁谓荼苦。长号靡托，永慕焉睹。我躬/不死，歼我慈父。烦冤谁诉，愊抑何申。宅兆云及，蓍龟载陈。一扃泉路，永隔幽神。知我/如此，不如无身。叫叫长夜，哀哀短晨。昊天罔极，空勒贞珉。[①]

图1　武周《阎泰墓志》拓片

二、阎泰（玄道）之家族世系

有关阎立德之家族系谱，现在我们能够从《元和姓纂》《新唐书·宰相世系表》（以下简称《表》）中看到保存至今的记载，

① 拓片图版见赵文成、赵君平编《秦晋豫新出墓志蒐佚续编》三四四，北京：国家图书馆出版社，2015年，第436页。录文据此图版过录，之后又读到张应桥《唐画家阎立本郡望考辨》一文（《洛阳理工学院学报（社会科学版）》2014年第3期，第7—11页），张氏已经在文中以附录形式刊出《阎泰墓志》录文，又取之对读，特此说明，以记先后。又，拓片图版、录文见胡戟《珍稀墓志百品》三四，西安：陕西师范大学出版总社有限公司，2016年，第96—99页。志中所使用的碑别字、异体字、武周新字一律改为通行正字，平阙式中的空格全部删除，用“/”表示转行。

但是已经不是原来的面貌。或因为政治的原因有意隐去一些家族人物，或因为官卑不显而失载另一些家族人物。近年来，随着阎氏家族成员墓志的不断出土，我们可以藉此补订家族人物谱系。有关该支阎氏的谱系，相关的记载及研究如下：

（一）前人有关阎氏家族谱系的考察

有关该支阎氏的谱系，相关记载及研究如下：

1.《元和姓纂》卷5“二十四盐·阎”记载了阎立德家族之世系：

> 【河南】代人。本居云阳。魏有阎满，孙善。善曾孙庆，周少司空、太安公，赐姓大野氏；生毗，隋将作少监、石保公。毗生立德、立行、立本。
>
> 立德，唐工部尚书、大安公；生邃，司农少卿。邃生知微、巨源。知微，春官尚书。巨源生用之，左金吾将军。用之生寀，吉州刺史。
>
> 立行，少府监；生元秀，岐州刺史。
>
> 立本，中书舍人，生克俭、嘉宾。克俭生叔子，同州刺史。嘉宾，司农卿。①

2.《表》亦收录阎立德家族的世系（表1）：②

① ［唐］林宝撰，岑仲勉校记，郁贤皓、陶敏整理，孙望校订《元和姓纂（附四校记）》卷5，第771—773页。

② ［宋］欧阳修、宋祁撰《新唐书》卷73下《宰相世系表三下》，北京：中华书局，1975年，第2986—2988页。

表1　《新唐书宰相世系表》“阎氏”

							毗，隋将作少监、石保公。
	立本，相高宗。	立行，少府监。					立德，工部尚书、大安公。
嘉宾，司农卿。	克俭。	玄秀，岐州刺史。					玄邃，司农少卿、泽州刺史。
	叔子，同州刺史。					巨源，射洪县令。	知微，左豹韬将军。
						用之[①]，左金吾将军。	
			宣。	宰。	寀。	定。	

有关《元和姓纂》与《表》的因袭关系，前辈学者岑仲勉早有论证[②]，且已为学界所接受。对比发现，有关阎氏家族的世系记载，《表》基本上是以《元和姓纂》作为底本的，两书的记载基本相合。赵超《新唐书宰相世系表集校》[③]一书也只是辑录了岑仲勉《元和姓纂四校记》中相关部分，囿于材料，几无发明。随着该支阎氏家族人物墓志的不断出土，学界开始结合传世文

① ［宋］李昉等编《文苑英华》卷949独孤及《右金吾卫将军阎公墓志铭》，北京：中华书局，1966年，第4993—4994页。又见［清］董诰等编《全唐文》卷392独孤及《唐故左金吾卫将军河南阎公墓志铭》，第3985—3986页。亦见［唐］独孤及撰《毘陵集》，上海商务印书馆缩印赵氏亦有生斋校刊本，此据四部丛刊初编缩本第148册，上海：商务印书馆，1936年，第75—76页。

② 岑仲勉《元和姓纂四校记》，台北：“中央研究院”历史语言研究所，1991年，第1—33页。

③ 赵超编著《新唐书宰相世系表集校》，北京：中华书局，1998年，第574—578页。

献、出土文献对阎立德之家族谱系进行不断的考订与研究。[1]其中，杨军凯在《唐阎识微及夫人裴氏墓志考释》一文中，绘制了阎识微夫妇世系图[2]，清楚明了，极便利用。

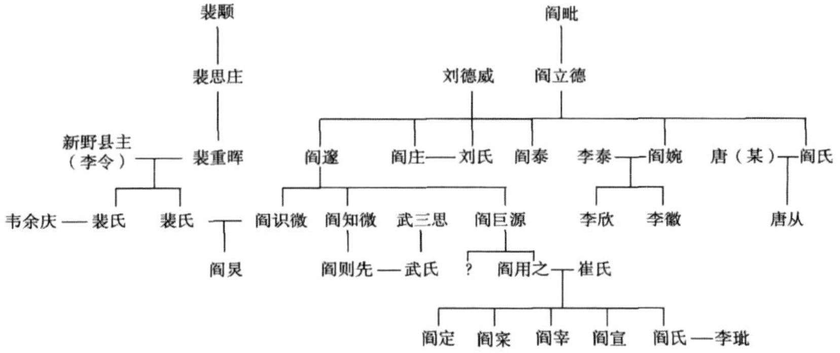

图2 阎识微夫妇世系图

图2中，阎立德之下已经补入阎泰。因为在两《唐书·阎立德传》《元和姓纂》《表》等传世文献中均不载阎泰，起初，我们以为是杨军凯利用了“新材料”，但是通读全文，并无一处提及阎泰及其出处。

（二）阎玄道家族世系考察

今据《阎泰墓志》可知，阎泰（字玄道）确系阎立德之子，志中也详述了其家族世系。

长寿三年（694）五月十九日《阎泰墓志》叙述志主之家世谱系云：

府君讳泰，字玄道，河南洛阳人也。其先出自晋成公之

① 侯纪润《唐阎立德家族考疏——以墓志为中心》，第120—127页。
② 杨军凯《唐阎识微及夫人裴氏墓志考释》，第68—73页。

> 后，阎乡启邑，因而氏焉。曾祖庆，魏龙骧将军，周司空、上柱国、荆州总管、大安县开国公，谥曰成。祖毗，周上仪同三司、驸马都尉，隋殿内监、石保县开国公，谥曰恭。父立德，唐工部尚书、大安县开国公，赠吏部尚书、并州大都督，谥曰康。并文武兼资，忠孝不匮。固以详诸国史，可略而言焉。君即康公之第三子。

可知阎泰（字玄道）是唐初曾任工部尚书[①]阎立德的第三子，虽然在传世文献中不见阎玄道其人，但在敦煌文献中保存的唐代宫廷写经中却频频出现阎玄道的名字，两者是否为同一人呢，赵和平经过考证认为：

> 阎玄道又是何许人呢？检《旧唐书》卷77《阎立德传》，“子玄邃，官至司农少卿”；《新唐书》卷73下《宰相世系表三下》载，“子玄邃，司农少卿、泽州刺史”，同表内，立德兄弟阎立行子名玄秀，立本子名克俭、嘉宾，依中国古人兄弟名字的命名方法，阎玄道中间一字为“玄”，末一字带“辶”，推测其应为阎玄邃之亲兄弟，即阎立德的次子或诸子。阎立德为书画名家，其子为监督造经的使职也应是顺理成章的选择。[②]

① 有关阎立德、阎立本任工部尚书的时间及相关记载，参见严耕望《唐仆尚丞郎表》，上海：上海古籍出版社，2007年，第1043—1044页。又，卫丽《唐代工部尚书研究》，山东大学博士学位论文，2010年，第133—135页。
② 赵和平《武则天为已逝父母写经发愿文及相关敦煌写卷综合研究》，《敦煌学辑刊》2006年第3期，第1—22页。

虽然赵和平没有直接的文献证明阎玄道即阎立德之子，但是依据阎立德子侄辈的取名规律，发现两《唐书·阎立本传》《表》所载阎立德之子阎玄邃，与敦煌文献中出现的“朝散大夫守尚舍奉御阎玄道”，两者名字间的联系：名字中的第一个字都是“玄”，而相异的一字均从“辶”，进而准确地推测出两人是兄弟。今阎泰墓志的出土则提供了更为直接的证据，证明阎玄道即阎立德之第三子，与阎玄邃是兄弟关系。

在阎泰墓志出土之前，陕西西安已经出土了阎立德第二子阎庄的墓志，上元三年（676）十一月八日《□□（大唐）故太中大夫太子家令轻车都尉阎君（庄）墓志铭并序》：

> □讳庄，字当时，河南人也。翦桐分壤，胙晋以开基；食采承家，居阎而得姓。……曾祖庆，魏侍中、骠骑大将□（军），周少司空、上柱国、宁州大总管、大安郡公，隋赠司空，谥曰成。祖毗，周驸马都尉、开府仪同三司，隋将作少匠、殿内监、石保恭公。父立德，皇朝将作大匠、工部尚书、上护军、大安郡公，赠吏部尚书、使持节并州大都督，谥曰康。……君即康公之第二子也。[①]

通过上引两方墓志的记载，我们可以在《表》中补入阎立德次子阎庄，字当时，墓志中不载后嗣情况；三子阎泰，字玄道；阎泰生贞一、安贞等。同时，我们还可以得出几点认识：首先，阎立

① 志石现藏陕西师范大学博物馆，拓片图版及录文见臧振《西安新出阎立德之子阎庄墓志铭》，荣新江主编《唐研究》第2卷，第455—462页。录文又收入吴钢主编《全唐文补遗》第5辑，西安：三秦出版社，1998年，第10—11页。周绍良总主编《全唐文新编》第4册，长春：吉林文史出版社，2007年，第2293页。

德长子阎玄邃，史书有载："（阎立德）子玄邃，官至司农少卿。"①我们发现在传世文献中记述阎玄邃之时，往往有所不同，如阎玄邃、阎元邃、阎邃等，到底孰是孰非，岑仲勉在《元和姓纂四校记》中考证云：

> 罗校云："按'邃'，《旧唐书·阎立德传》及《唐书·世系表》作'玄邃'。"今《郎官柱》度中有阎元通。劳《考》一三疑是"元邃"，然"元""玄"字不同（劳《考》不讳"玄"字，如卷三著录徐玄之）。考《毗陵集》一二《阎用之墓志》："立德生元邃，……官至泽州刺史。"或本名作"元"不作"玄"欤？②

猜测阎立德之子"阎玄邃"③本名作"阎元邃"。

通过上引《阎泰墓志》，可知阎玄邃与其弟阎玄道一样，"玄邃"可能是其字。他们兄弟三人的命名原则一样，都是单名复字。此外，除了二子阎庄外，长子玄邃与三子玄泰与其父阎立德"阎让字立德，以字行"④一样，均以字行世，名讳反而渐渐不显，以致湮没无闻。而在阎玄邃后人墓志的记述之中，又往往按照中古隋唐时期复名单称⑤的习惯，将"玄邃"省为"邃"，认为"玄"系联名之字，并非具有实际意义，故而多将其省略，

① ［后晋］刘昫等撰《旧唐书》卷77《阎立德传》，第2679页。
② 岑仲勉《元和姓纂四校记》，第528页。
③ 清人赵钺认为郎官石柱题名中的度支郎中阎玄通即阎玄邃。［清］劳格、赵钺著，徐敏霞、王桂珍点校《唐尚书省郎官石柱题名考》，北京：中华书局，1992年，第666页。
④ ［宋］欧阳修、宋祁撰《新唐书》卷100《阎立德传》，第3941页。
⑤ 张涌泉《敦煌写本文献学》，兰州：甘肃教育出版社，2013年，第444页。

所以阎邃、阎元邃均非其本名。其次，阎立德次子阎庄字当时，正史无载，为唐高宗与武则天之长子李弘为太子时之东宫太子家令，据臧振研究，其死与李弘之死有重大关系。再次，阎立德三子阎泰字玄道，正史无载，盖后以字行，故在敦煌文献中出现的都是“阎玄道”而非“阎泰”。

除阎庄、阎泰两兄弟之墓志外，最近还出土了阎立德之孙，阎玄邃之子阎识微墓志；阎立德之曾孙、阎玄邃之孙、阎识微之子阎炅墓志。《表》亦不载，可补入。

神龙二年（706）十一月九日《唐故朝议大夫行太州司马阎君（识微）墓志文》：

> 君讳智，字识微，河南人。曾祖毗，周驸马都尉、殿中监、石保恭公。……祖立德，唐礼部尚书、并州大都督、大安康公。……父邃，唐司农少卿、大安公。……圣历二年腊月廿一日，坐弟知微，忽从非命。①

圣历二年（699）十二月廿一日卒《唐故崇文生阎君（炅）墓志文》：

> 君讳炅，字季奴，河南洛阳人也。……曾祖立德，唐工部尚书、并州大督。祖邃，司农少卿，泽州刺史。父识微，太州司马。……俄以叔父知微衅犯国章，累及家族。……爰以圣历二年十二月廿一日弃于东都市。……顷□皇运中兴，

① 拓片图版及录文见西安市文物保护考古研究院《西安马家沟唐太州司马阎识微夫妇墓发掘简报》，第25—48页。考证又见杨军凯《唐阎识微及夫人裴氏墓志考释》，第68—73页。

> 鸿恩广被。掩骼埋胔，已轸于深仁；举枉申冤，特隆于至德。[①]

父子二人均是受阎知微投敌叛国案（详见下文）牵连而被杀。

岑氏在《元和姓纂四校记》中已经利用独孤及所撰《唐故左金吾卫将军河南阎公（用之）墓志铭》，近年来西安出土了阎用之墓志，新出石本文字与传世《毘陵集》等本文字稍有差异，有关家族世系部分内容主要体现在阎用之之四子，石本所记为“有子曰宁、寀、宰、寘”，[②]而集本则记为“有四子：宁、寀、宰、宣”，而《表》却记为“定、寀、宰、宣”，据此可知阎用之之四子，“定”当作“宁”，“宣”“寘”形近，是否存在形讹，尚待其他材料佐证。

此外，阎立德之弟阎立本一支也有家族成员墓志出土，如阎立本之孙阎仲连，《表》亦不载，可补入。景龙二年（708）十二月九日《大唐故朝议郎行道州唐兴县令武骑尉公士阎府君（仲连）之铭并序》：

> 君讳仲连，河南荥阳人也。……曾祖毗，周仪同三司、驸马都尉、石保县公。祖立本，皇朝中书令、上护军、博陵县公。父嘉宾，皇朝幽岐汾同四州刺史、宗正光

① 拓片图版及录文见西安碑林博物馆编，赵力光主编《西安碑林博物馆新藏墓志汇编》上册，北京：线装书局，2007年，第252—254页。有关此墓志的考证参见李阳《唐〈阎炅墓志〉考》，第118—120页，可惜太过简单。

② 据笔者所藏阎用之墓志拓片过录文字，亦参见梁雨昕《新出〈阎用之墓志〉及阎氏家族源流事迹考释》，第82—91页。

禄两寺大卿。[①]

阎氏女性家族成员墓志也有出土。如阎立德长女阎婉，嫁唐太宗子魏王李泰为妻。开元十二年（724）六月二日《大唐故濮恭王妃阎氏墓志铭并序》：

> 妃讳婉，字婉，河南人也。曾祖庆，魏龙骧将军、大安公。祖毗，隋殿内监、右（石）保公。父立德，工部尚书、大安公。妃即公之长女。年十一膺选归王。……以天授元年九月八日奄薨于邵州官舍，春秋六十有九。[②]

阎婉天授元年（690）卒，享年69岁，可推知其生于武德五年（622）。

载初元年（690）腊月廿五日《大唐故殿中少监上柱国唐府君夫人秀容县君阎氏墓志铭》：

> 夫人姓阎氏，河南河阴人也。曾祖庆，魏侍中。祖毗，周驸马都尉，隋殿内监，大安康公。……父立德，皇朝工部尚书，赠并州都督。……以载初元年十一月八日遘疾终于神都安业里，春秋五十有四。[③]

---

① 拓片图版见赵君平、赵文成编《秦晋豫新出墓志蒐佚》三〇九，北京：国家图书馆出版社，2012年，第395页。录文又见景遐东《新出阎仲连、萧守规墓志与唐代萧氏及其他文学世家姻亲研究》，第177—183页。赵文成《唐代画家阎立本祖籍世系考略》，《中国美术研究》2013年第1期，第69—70页。

② 湖北省博物馆、郧县博物馆《湖北郧县唐李徽、阎婉墓发掘简报》，《文物》1987年第8期，第30—42页。

③ 邢富华、高金照、李德方《唐府君夫人秀容县君阎氏墓志考略》，第65—67页。

阎氏载初元年卒，享年54岁，可推知其生于贞观十一年（637）。

根据上述考证，增补阎氏家族世系如表2：

表2　增补《新唐书宰相世系表·阎氏表》

											毗。
	立本。	立行。									立德。
嘉宾。	克俭。	玄秀。		泰字玄道。	庄字当时。						玄邃。
	叔子		安贞。	贞一。					巨源。	知微。	智字识微。
									用之。	则先。	灵字季奴。
						宣，一作寘。	宰。	寀。	宁。		

三、阎泰历官考实

在阎泰墓志出土之前，有关阎玄道的记载，只定格在敦煌文献中的“抄经使”，其他一无所知，在《阎泰墓志》中，有其完整的仕履，我们以此为线索，对其出仕历官的过程进行考证。

（一）《阎泰墓志》所见阎泰早年历官

作为高门子弟，阎玄道并非以科举入仕，而是以门荫“起家国子生、唐文皇帝挽郎”，通过担任唐太宗挽郎取得出身，而且迅速释褐授官。据吴丽娱的考证，唐前期挽郎的荫资较高[①]。阎玄道在唐太宗丧礼中担任挽郎应在贞观二十三年（649），其父阎立德此时正任工部尚书，为正三品高官。

墓志云：“解褐许王府户曹参军。丁康公忧。”阎玄道解褐

① 吴丽娱《助葬必执绋——唐代挽郎一角》，《首都师范大学学报（社会科学版）》2014年第2期，第1—7页。

之后的第一个官职是许王府户曹参军。高宗朝封许王者，查两《唐书》，大概就是高宗第二子李孝。“原王孝，高宗第二子也。永徽元年（650）封许王。三年，拜并州都督。显庆三年，累除遂州刺史。麟德元年薨，赠益州大都督，谥曰悼。神龙初，追赠原王、司徒、益州大都督。”[①]依唐制，亲王府置“户曹参军事一人，正七品上……户曹掌封户、田宅、僮仆、弋猎等事。”[②]根据《旧唐书》的记载，阎立德于显庆元年（656）去世，因此，阎玄道“丁康公忧”去职就在此年，开始为父服丧三年。

阎玄道服除再次为官，大约在显庆四年（659），授隆州司功参军事。隆州为上州[③]，故设“司功参军事一人，从七品下”。[④]只是由内到外，职事官品级下降一阶。

任职隆州司功参军之后，墓志记载，阎玄道任“洛州司兵参军，转符玺郎、太府丞。有制，十五年清勤无负犯者，各加一阶。蒙授朝散大夫。明年，除尚舍奉御，寻缘典吏犯法，别敕徙居桂州”。文体所限，墓志只是简单的以时间为序罗列所历官职而已，并未交代具体任职的起讫年代。假如阎玄道是一个官场的“模范生”，依《新唐书·选举志》所载“凡居官必四考，四考中中，进年劳一阶叙”。[⑤]所历职事官都是正常的经过四考而迁官，我们大致可以“理想化”地描述阎玄道自显庆四年后的升迁路径：

---

① ［后晋］刘昫等撰《旧唐书》卷86《高宗诸子传》，第2825页。

② ［唐］李林甫等撰，陈仲夫点校《唐六典》卷29，第730—731页。

③《旧唐书》卷41《地理志四》：“阆州　隋巴西郡。武德元年，改为隆州，领阆中、南部、苍溪、南充、相如、西水、三城、奉国、仪陇、大寅十县。……先天元年，改为阆州。”第1672页。

④ ［唐］李林甫等撰，陈仲夫点校《唐六典》卷30，第745页。

⑤ ［宋］欧阳修、宋祁撰《新唐书》卷45《选举志下》，第1173页。

龙朔三年（663），洛州司兵参军，正七品下。洛州即东都洛阳，唐初称司兵参军开元初才改称“兵曹参军事，二人，正七品下。”①

乾封二年（667），门下省符玺郎，从六品上阶，职掌“符宝郎掌天子之八宝及国之符节，辨其所用，有事则请于内，既事则奉而藏之。”②

咸亨二年（671），太府寺③丞，从六品上阶，职掌“丞掌判寺事。凡左、右藏库账禁人之有见者。若请受、输纳，人名、物数皆著于簿书。每月以大摹印纸四张为之簿，而丞、众官同署。”④

上元二年（675），本品：朝散大夫，从五品下阶；职事官：尚舍奉御，从五品上阶。但事实是否如此，我们试结合敦煌文献中有关阎玄道的记载进行考证。

（二）敦煌文献与《阎泰墓志》所见阎泰历官互证

在敦煌藏经洞出唐代长安宫廷写经的抄经列位中，“抄经使”阎玄道题名中有两个不同的结衔，分别是上元二年十一月廿六日《妙法莲华经》卷第二中的“朝议郎行太府寺丞”⑤和上元二年十二月七日《妙法莲华经》卷第三中的“朝散大夫守尚舍奉

① ［唐］李林甫等撰，陈仲夫点校《唐六典》卷30，第742页。

② ［唐］李林甫等撰，陈仲夫点校《唐六典》卷20，第251页。

③ 唐代太府寺是唐代中央重要的财务出纳机构，主管全国送京赋税正物和折租之物以及贡物的收纳、贮藏、保管和出给事宜。相关研究具体可参周云《唐代太府寺研究》，山东大学硕士学位论文，2013年。

④ ［唐］李林甫等撰，陈仲夫点校《唐六典》卷8，第542页。

⑤ 此卷为日本三井八郎右卫门藏卷《妙法莲华经》卷第二，施萍婷编号：北三井035（025—14—9），《日本公私收藏敦煌遗书叙录（一）——三井文库所藏敦煌遗书》，《敦煌研究》1993年第2期，第79—80页，后收入《敦煌习学集》下，兰州：甘肃民族出版社，2004年，第357—358页。

御”（详见表3），为什么会在上元二年的抄经中出现两个不同官衔，是因为迁升？但是从十一月廿六日到十二月七日，时间相隔不到半月，再则上元二年三月到十月四件宫廷写经中阎玄道的题署都是“朝散大夫守尚舍奉御”，是否因为阎玄道在很短的时间内遭贬，才会出现这样的情况，令人疑窦丛生。[①]

随后，赵和平在俄藏敦煌文献中又发现了一块仅存阎玄道部分结衔“太府寺丞”的宫廷写经残片，具体时间已残。赵和平推测，上件三井文库藏卷的抄经列位中出现的年代“上元二年”，可能是书手“上元元年”的误抄，“因为‘抄经列位’中有不少写本均有漏、误，‘元’字误为‘二’，或原卷即为‘々’（重文符号）”[②]。我们认为赵和平的考证是有道理的，通过墓志的记载，我们根据前面的考证可以推测出上元元年（674）时，阎玄道职事官的确是太府寺丞，上元二年，阎玄道才升任从五品下的尚舍奉御。现存有阎玄道题名的写卷中，除前引三井文库所藏残卷“《妙法莲华经》卷第二”及俄藏残片Дx04930外，均是上元二年及以后的宫廷写经，抄经列位中阎玄道的结衔也没有变化。

---

① 甚至连赵和平一度怀疑三井八郎右卫门藏卷《妙法莲华经》卷第二可能是伪卷，详见赵和平《两件高宗、武则天时代“敦煌藏经洞出宫廷写经”辨伪》，《敦煌研究》2006年第6期，第146—148页。

② 赵和平《唐代咸亨至仪凤中宫廷写经机构研究》，中国人民大学国学院主编《国学的传承与创新：冯其庸先生从事教学与科研六十周年庆贺学术文集》，上海：上海古籍出版社，2013年，第1026—1055页。

有关敦煌遗书中武则天为其父母追福而抄经三千部的活动，一直以来是敦煌学界研究的热点，包括日本学者藤枝晃[①]、中国学者郑炳林[②]、赵和平[③]、魏郭辉[④]、赵青山[⑤]、陈涛[⑥]等诸位先生。有关此次武则天为其父母抄写三千部《妙法莲华经》和《金刚般若波罗蜜经》的活动，已知的写卷中担任“抄经使”的主要有前期的虞昶和后期的阎玄道两人，现存以阎玄道充使检校抄经活动的写卷，可辑录如表3。

① 1961年，藤枝晃在《敦煌出土的长安宫廷写经》一文中，分析当时能够找到的24号唐代宫廷写经，进行了详细的论证。（日）藤枝晃《敦煌出土の長安宮廷寫經》，塚本博士頌壽記念會编《佛教史學論集：塚本博士頌壽記念》，京都：塚本博士頌壽記念會刊行，1961年，第647—667页。

②郑炳林《敦煌碑铭赞辑释》，兰州：甘肃教育出版社，1992年，第6—8页。

③ 赵和平一直关注唐代宫廷写经的问题，发表了一系列论文：赵和平《武则天为已逝父母写经发愿文及相关敦煌写卷综合研究》，《敦煌学辑刊》2006年第3期，第1—22页；前引赵和平《两件高宗、武则天时代“敦煌藏经洞出宫廷写经”辨伪》，第146—148页；赵和平《唐代咸亨至仪凤中的长安宫廷写经》，收入增勤主编《长安佛教学术研讨会论文集》第三编《慈恩懿情——长安佛教的历史演进与传播》（下），2009年，第299—316页；赵和平《俄藏三件敦煌宫廷写经初步研究》，《敦煌研究》2013年第3期，第153—156页。

④ 魏郭辉《敦煌写本佛经题记研究——以唐宋写经为中心》，第34页。

⑤ 赵青山《6—10世纪敦煌地区抄经史》，第215—246页。

⑥ 陈涛《日本杏雨书屋藏唐代宫廷写经略说》，《中国历史文物》2010年第5期，第11—16页。

表3 敦煌文书阎玄道充使检校抄经相关写卷一览表

序号	卷号	经名	时间	阎玄道列位
1	三井八郎右卫门藏卷	《妙法莲华经》卷第二	上元元年(674)十一月廿六日	使朝议郎行太府寺丞阎玄道监
2	书道博物馆藏070①	《金刚般若波罗蜜经》	上元二年(675)三月廿二日	使朝散大夫守上(尚)舍奉御阎玄道监
3	P.2195	《妙法莲华经》卷第六	上元二年(675)十月十五日	使朝散大夫守上(尚)舍奉御阎玄道监
4	上博030	《妙法莲华经》卷第三	上元二年(675)十月廿三日	使朝散大夫守尚舍奉御阎玄道监
5	羽006	《妙法莲华经》卷第四	上元二年(675)十月廿八日	使朝散大夫守尚舍奉御阎玄道监
6	京都博物馆藏	《妙法莲华经》卷第三	上元二年(675)十二月七日	使朝散大夫守尚舍奉御阎玄道监
7	S.513	《金刚般若波罗蜜经》	上元三年(676)闰三月十一日	使朝［散］大夫守上(尚)舍奉御阎玄道监
8	S.2181	《妙法莲华经》卷第二	上元三年(676)四月十五日	使朝散大夫守尚舍奉御阎玄道监
9	上博053	《妙法莲华经》卷第二	上元三年(676)四月十九日	使朝散大夫守尚舍奉御阎玄道监
10	S.1456	《妙法莲华经》卷第五	上元三年(676)五月十三日	使朝散大夫守尚舍奉御阎玄道监
11	S.3361	《妙法莲华经》卷第一	上元三年(676)七月廿八日	使朝散大夫守尚舍奉御阎玄道监
12	S.2637	《妙法莲华经》卷第三	上元三年(676)八月一日	使朝散大夫守尚舍奉御阎玄道监
13	S.4168	《妙法莲华经》卷第三	上元三年(676)九月八日	使朝散大夫守尚舍奉御阎玄道监

① （日）磯部彰编《台東區立書道博物館所藏中村不折舊藏禹域墨書集成》，第23页。

续表

序号	卷号	经名	时间	阎玄道列位
14	羽 045	《妙法莲华经》卷第四	上元三年(676)九月十一日	使朝散大夫守尚舍奉御阎玄道监
15	P.3278	《金刚般若经》	上元三年(676)九月十六[日]	使朝散大夫守尚舍奉御阎玄道监
16	三井八郎右门卫藏卷①	《妙法莲华经》卷第七	上元三年(676)九月十八日	使朝散大夫守尚舍奉御阎玄道监
17	羽 046	《妙法莲华经》卷第三	上元三年(676)九月廿五日	使朝散大夫守尚舍奉御阎玄道监
18	北新 0637	《妙法莲华经》卷第五	上元三年(676)十月十日	使朝散大夫守尚舍奉御阎玄道监
19	S.1048	《妙法莲华经》卷第五	上元三年(676)十一月五日	使朝散大夫守尚舍奉御阎玄道监
20	羽 009	《妙法莲华经》卷第六	上元三年(676)十一月十三日	使朝散大夫守尚舍奉御阎玄道监
21	北新 0690	《金刚般若波罗蜜经》	仪凤元年(676)十一月十五日	使朝散大夫守尚舍奉御阎玄道监
22	S.4353	《妙法莲华经》卷第一	上元三年(676)十一月廿三日	使朝散大夫守尚舍奉御阎玄道监
23	S.2956	《妙法莲华经》卷第七	上元三年(676)十二月廿一日	使朝散大夫守尚舍奉御阎玄道监
24	羽 007	《妙法莲华经》卷第五	仪凤二年(677)正月廿七日	使朝散大夫守尚舍奉御阎玄道监
25	S.3094	《妙法莲华经》卷第二	仪凤二年(677)五月廿一日	使朝散大夫守尚舍奉御阎玄道监
26	Дх04930②			(前缺)[行]太府寺丞阎玄道监

①此卷施萍婷编号北三井043（025-14-10），《日本公私收藏敦煌遗书叙录(一)——三井文库所藏敦煌遗书》，第79—80页，后收入同氏《敦煌习学集》下，第357—358页。

②俄罗斯科学院东方研究所圣彼得堡分所等编《俄藏敦煌文献》第11册，上海：上海古籍出版社，1999年，第361页。

在唐代，虽然规定了职事官与散官的升迁原则①，“职事则随才叙用，或去闲入剧，或去高就卑，迁徙出入，参差不定。散位则一切以门荫结品，然后以劳考进叙”②。但是除了正常升迁之外，还有一些特殊的超资加阶情况，往往会有一些具体的要求，假如官员符合条件，可以不论年劳，破格加阶。③由墓志的记载可知，阎玄道在其仕途上也曾有过一次破格加阶的情况，但墓志没有记载确切的年代，而本篇制书在后世也不传。通过前面的考证，我们大致可以推算此次加阶的时间。墓志云称：“有制：十五年清勤无负犯者，各加一阶。蒙授朝散大夫。明年，除尚舍奉御，寻缘典吏犯法，别敕徙居桂州。”阎玄道因为符合制书上所讲的破格加阶条件，散官加一阶，升至从五品下的朝散大夫。根据墓志所记“明年，除尚舍奉御”，结合上面的考证，阎玄道升任尚舍奉御是在上元二年（675），那么其依制超资加阶至朝散大夫是在前一年，即上元元年（674）。我们再按照破格加阶的条件来进行推算，阎玄道为其父阎立德服丧毕，再次出仕是在显庆四年（659），到上元元年（674），整整15年，因此符合“十五年清勤无负犯”的加阶要求。再则，按照当时居官凡四考的规定，阎玄道在正常情况下从太府寺丞升至尚舍奉御，就是在上元二年（675）。

唐代，无论职事官还是散官，五品是一条分界线，入了五

① 胡宝华《试论唐代循资制度》，史念海主编《唐史论丛》第4辑，西安：三秦出版社，1988年，第180—199页。

②［宋］司马光编著，［元］胡三省音注《资治通鉴》卷203，第6413页。

③［宋］王溥撰《唐会要》卷81“阶”记载了弘道元年（683）的一次加阶：“至弘道元年十二月四日赦文：‘见任内外官五品已上，经四考，及守五品，经三考，六品以下计满三考，政有清勤，状无私犯者，各加一阶。’……苏氏记曰：乾封以前，未有泛阶之恩，……自乾封已后，有泛阶入五品、三品。”第1768页。

品，即进入“通贵”行列。因此，由于上元元年（674）那次超资加阶，阎玄道本品由正六品的上阶的朝议郎升至从五品下阶的朝散大夫，对于阎玄道的仕途而言，意义甚至超过了职事官在上元二年（675）由从六品上阶的太府寺丞直升三阶至从五品上的尚舍奉御，所以在三子安贞为其所纂的墓志中会特别提及，其实是家族荣誉的具体体现。

尚舍局，殿中省下属机构六尚之一，“奉御二人，从五品上……掌殿庭张设，供其汤沐，而洁其洒扫”[①]。正如黄正建所论“六尚长官品高职闲，在当时人眼中是一种清选官，所谓‘六尚清严’是也。”“六尚长官又是‘衣冠之任’。担任其职的绝大部分是门荫起家，所谓‘以贵游当选’者不在少数。”[②]正因为如此，六尚长官成为贵胄子弟愿意获取的职位，这与阎玄道的出身也是相符的，其父阎立德在太宗朝末期、高宗朝初期，位至工部尚书；其叔阎立本亦官拜工部尚书，后贵为宰辅，是典型的贵胄子弟。更有趣的一点是，早在高祖武德中，其父阎立德就曾以专门的知识和技能担任尚衣奉御，父子两代同任六尚，也称得上是阎氏家族的仕宦中的佳话。更为重要的一点，大约在上元元年（674）开始，阎玄道接替虞昶，在武则天发愿为其父母写三千部《金刚般若波罗蜜经》《妙法莲华经》的大型写经工程中担

---

① ［唐］李林甫等撰，陈仲夫点校《唐六典》卷11，第328—329页。

② 黄正建《唐六尚长官考》，武汉大学中国三至九世纪研究所编《魏晋南北朝隋唐史资料》第21辑，武汉：武汉大学文科学报编辑部，2004年，第223—245页。

任“抄经使”[①]，监管此项工程，可知，当时阎玄道应该是得到武则天的信任和赏识的。至此，阎玄道的仕途看似已经是一帆风顺，一位政坛新贵已经逐步成长起来，不久的将来，也会沿着父辈们的足迹，官至三品，甚至位列宰辅。

（三）阎泰晚年履历

从墓志的记载可知，阎玄道之后的仕途却又是另一番景象。从现存敦煌文献中的长安宫廷写经可知，阎玄道至迟在上元元年（674）十一月已经接替虞昶，担任“抄经使”职，并延续到了仪凤二年（677）。按照墓志的说法，阎玄道在上元二年之后不久，就因为“寻缘典吏犯法，别敕徙居桂州。”真实情况是否就是如此？还是子为父隐，在墓志的书写中运用了回护的说法？在缺乏材料的情况下，已经不得而知了。也有学者认为“‘别敕徙居桂州’的处分原因，殆与上元二年（675）太子李弘之死导致其二兄阎庄“遘祸”的案子有关。”[②]我们大致可以了解到阎玄道虽然受到处分，徙居桂州，但是并未在桂州常居，很快就回到了中原，但是北返之后，他就远离了官场，优闲自得地在巩洛之间闲居了十余年，“未几而还，舍于巩洛，闭门不预人事，唯以琴书自娱。野服葛巾，怡散终日。田园独得，未尝至于城寺。恬澹外物，十有余年。清高之士，以为不惊宠辱。”直至天授元年

① 黄正建在《唐六尚长官考补——兼论李令问、井真成墓志》，已经据《杏雨书屋藏敦煌秘笈》补入阎玄道上元二年、上元三年、仪凤三年，在任尚舍奉御，《隋唐辽宋金元史论丛》第2辑，上海：上海古籍出版社，2012年，第35—53页。据本文的统计，敦煌写本中有关阎玄道充使所抄的佛经不仅在日本杏雨书屋所藏敦煌秘笈，在英藏、法藏、日本散藏、俄藏、中国国家图书馆藏敦煌文献中均有存在。

② 此说系陕西师范大学胡戟之高见，他还认为：“也是后来的阎泰‘闭门不预人事，唯以琴书自娱’消极生活的原因。墓志中交代受处分‘缘典吏犯法’，是打马虎眼的说法。”见前引《珍稀墓志百品》，第98页。

（690），武则天以唐为周，武周政权建立[①]，阎玄道作为武则天的“旧臣”，重新被起用，拜荣州司马。在很短的时间之后改授尚方监丞，朝廷知人善任，重新让他回到“艺事”岗位。“属大周革命，推择旧臣，起为荣州司马。因面陈时事，圣上垂聪，旬日复除尚方监丞。敕曰：“新除荣州司马，志尚公清，干力强举。宜回半刺之任，以申艺事之能。”

墓志中没有明确记载阎玄道卒于哪年，但是通过上述的考证，我们认为，墓志中“其年遘疾，奄垂弃背，春秋六十六”。其年应该就是武则天称帝的天授元年（690），以阎玄道享年66岁推算，阎玄泰生于唐高祖武德八年（625）。

至此阎玄道一生的仕履轨迹，已经基本清楚地展现在我们面前。河南阎氏，贵胄子弟；门荫入仕，官至五品；武后信任，监理抄经。这大致就是唐朝初年一位中级官僚的一生。

四、阎氏家族在初唐的政治道路

（一）中古河南阎氏家族的“立身之本”

陈寅恪在《隋唐制度渊源略论稿》中根据正史的记载，通过考证，认为阎立德之祖先有来华胡人的血统。

> 盖其人俱含有西域胡族血统，而又久为华夏文化所染习，故其事业皆藉西域家世之奇技，以饰中国经典之古制。
>
> 阎毗家世如新唐书宰相世系表所记者，其源当出于阎氏所自述，但与晋书肆捌阎缵传及陆拾阎鼎传不符，沈炳震新唐书宰相世系表订讹亦已言及，故其所谓阎鼎子昌避难

---

① 《资治通鉴》卷204“则天后天授元年”载：“（九月）庚辰，太后可皇帝及群臣之请。壬午，御则天楼，赦天下，以唐为周，改元。乙酉，上尊号曰圣神皇帝，以皇帝为皇嗣，赐姓武氏；以皇太子为皇孙。”第6467页。

奔于马邑者，乃胡族家谱冒充汉人，其关节所联系之通例，其为依托亦不待辨，质言之，阎氏家世所出必非华夏种类无疑也。[①]

高宗上元、仪凤间，阎立德三子阎玄道，因为出身于书画世家，虽然史籍中没有关于其书法、绘画技艺等才华的记载，但受累代门风的习染，自然在书画方面是有一定造诣的。因此，武则天在为其父母发愿抄写《金刚般若波罗蜜经》《妙法莲华经》各三千部这项大工程中，在继虞世南之子虞昶之后，选择了阎玄道作为此项工程的"抄经使"，作为此项抄经工程的监督者。这显然还与阎立德家族在高宗朝的社会地位以及与当时的最高统治者的关系是密不可分的。

通过之前阎氏家族的人物关系的梳理及考证，我们发现阎氏家族在初唐与最高统治阶层有着极为良好的关系。表现为：1.阎立德、阎立本兄弟，藉助家传累代的特殊工艺技能及"应物之才"，在太宗朝末年、高宗朝初年，兄弟二人相继为工部尚书，而阎立本更是在高宗朝官拜宰辅。阎立德作为当时工程建设领域的领军人物，他主持了唐初诸多重要的国家工程，诸如营造唐高祖献陵，"高祖崩，立德以营山陵功，擢为将作大匠。"营唐太宗昭陵，"贞观十年，文德皇后崩，又令摄司空，营昭陵……二十三年，摄司空，营护太宗山陵，事毕，进封为公"。从征高丽，负责军事工程建设，"十八年，从征高丽，及师旅至辽泽，东西二百余里泥淖，人马不通，立德填道造桥，兵无留碍。"造翠微、玉华二宫。[②]2.与李唐皇室在内的当时豪门权贵通婚。阎

① 陈寅恪《隋唐制度渊源略论稿》，上海：上海古籍出版社，1982年，第79—80页。
② ［后晋］刘昫等撰《旧唐书》卷77《阎立德传》，第2679页。

立德的长女阎婉，在十一岁时，膺选为唐太宗之子魏王李泰之妃。阎立德次子阎庄，娶初唐权贵刘德威之女。阎立德之孙、阎玄邃之子阎识微，娶新野县主李令与河东裴重晖之女。阎立德之曾孙、阎知微之子阎则先，娶武则天堂侄武三思之女。婚和宦是当时品评门第高下的两个主要标准，依据前文的叙述，这两方面来讲，阎氏家族在初唐可以算作高门显贵了。

（二）初唐河南阎氏家族的政坛沉浮

阎氏家族成员的从政之路在则天朝之前一直是一帆风顺的，直至圣历元年（698），阎立德之孙，阎玄邃之子阎知微护送武则天侄孙武延秀前往突厥和亲，①却因“投降突厥”一事，乃至整个家族受牵连，被夷三族。这是自初唐以来，阎氏家族在政治上所面临的一次危机事件。《旧唐书·阎立德传附阎知微传》②所叙较为简略：

> 玄邃子知微，圣历初，历位右豹韬卫将军。时突厥默啜有女请和亲，则天令淮阳王武延秀往纳其女，命知微摄春官尚书送赴虏廷。默啜以延秀非皇室诸王，大怒，遂拘之别所，与知微率众自恒岳道攻陷赵、定二州。知微经岁余自突厥所还，则天以其随贼入寇，令百官脔割，然后斩之，

---

① 卢向前《武则天和亲突厥辩》，杜文玉主编《唐史论丛》第13辑，西安：三秦出版社，2011年，第27—32页。

②《新唐书》卷100《阎立德传附阎知微传》所载略同：“知微，圣历初为豹韬卫将军。武后时，突厥默啜请和亲，后遣知微摄春官尚书，持金帛护送武延秀聘其女。默啜怒非天子子，囚武延秀，挟知微入寇赵、定，尊之如可汗，以示华人，自河以北萧然。朝廷以知微卖国，夷其族。知微不知，逃还。武后业已然，乃曰：‘恶臣疾子，赐百官甘心焉。’于是骨断脔分，非要职者不能得。子则先，以武三思壻免死。”第3942页。

并夷其三族。[①]

《资治通鉴》所叙较详，大致可以了解事件的前因后果：

> (圣历元年) 六月，甲午，命淮阳王武延秀入突厥，纳默啜女为妃；豹韬卫大将军阎知微摄春官尚书，右武卫郎将杨齐庄摄司宾卿，赍金帛巨亿以送之。延秀，承嗣之子也。
>
> 八月，戊子，武延秀至黑沙南庭。突厥默啜谓阎知微等曰："我欲以女嫁李氏，安用武氏儿邪！此岂天子之子乎！我突厥世受李氏恩，闻李氏尽灭，唯两儿在，我今将兵辅立之。"乃拘延秀于别所，以知微为南面可汗，言欲使之主唐民也。遂发兵袭静难、平狄、清夷等军，静难军使慕容玄崱以兵五千降之。虏势大振，进寇妫、檀等州。前从阎知微入突厥者，默啜皆赐之五品、三品之服，太后悉夺之。[②]

经历了阎知微投突厥卖国一事，不光是事主阎知微被冎于东都市，[③]其兄阎识微，其侄阎昊等均遭株连而被杀，受到牵连者甚众。唐中宗复位，阎知微一案开始平反，最主要的表现就是中宗神龙二年，受阎知微案牵连而同时被杀的阎识微、阎昊父子

---

① ［后晋］刘昫等撰《旧唐书》卷77《阎立德传附阎知微传》，第2679—2680页。

② ［宋］司马光编著，［元］胡三省音注《资治通鉴》卷206，第6646—6647页。

③ 借助新出土的阎识微墓志及阎昊墓志，杨军凯考证阎氏被族的具体时间，应该在圣历元年十二月二十一日，前引杨军凯《唐阎识微及夫人裴氏墓志考释》，第68—73页。

改葬。《阎识微墓志》云："粤以神龙二年（706）岁次景午十一月辛丑朔九月己酉，合袝于万年县崇道乡原，礼也。……中兴受命，洗雪流恩，爰有自出，返葬归魂。"《阎炅墓志》亦云："顷□皇运中兴，洪恩广被。掩骼埋胔，已轸于深仁；举枉申冤，特隆于至德。"

既然阎知微在则天朝是以叛国重罪被磔杀的，而依照杨军凯的推论，武则天诛阎知微，夷其三族，[①]"不仅仅可以显示朝威，也是对朝臣和百姓的一种警示"。那么为什么阎氏被夷三族七年之后的神龙二年，此案又被推翻呢？

神龙元年，中宗复位，唐朝又恢复了李唐的道统，对武则天时期的一些政治事件重新审视，并且开始纠正当时行政中的一些不当。基于此，阎知微叛国一案得以重新审视，乃至重按推翻。作为唐初的名门，河南阎氏，虽然不是一等一的高门，而且据陈寅恪的考证，该支阎氏极有可能不是华族，而是源出胡族。因为"丹青宰相"阎立本，该支阎氏得以在《新唐书·宰相世系表》中占据一席之地，而从咸亨元年（670）阎立本迁中书令，拜相，至圣历二年（699）侄孙阎知微被杀，家族蒙难，只有短短的三十年。我们仔细考察史传中有关阎知微"投突厥叛国"一案的记载，发现其实当时就有两种不同的声音。出于官方正统的需要，

---

① 有关阎知微被诛一事，或夷三族或夷九族，文献记载略有不同，［唐］张鷟著，赵守俨点校《朝野佥载》卷3："春官尚书阎知微和默啜，司宾丞田归道副焉。至牙帐下，知微舞蹈，宛转抱默啜靴而鼻臭之。田归道长揖不拜，默啜大怒，倒悬之。经一宿，明日将杀，元珍谏：'大国和亲使，若杀之不祥。'乃放之。后与知微争于殿廷，言默啜必不和；知微坚执以为和。默啜果反，陷赵、定，天后乃诛知微九族，拜归道夏官侍郎。"（北京：中华书局，1979年，第74页）《太平广记》卷240引《朝野佥载》，所载略同，均记载"夷九族"。第1849页。

阎知微投敌叛国行径是必须受到严惩的，武则天选择阎知微护送其侄孙武延秀入突厥和亲，而且阎知微是武三思的儿女亲家，应该说，当时朝中大臣对武则天与突厥和亲之事都持反对意见，而阎知微却力主此事可行，进而武则天选择阎知微随行入突厥，应该是对其抱有极大的信任的。但是，阎知微却没有很好地完成自己的使命，不论是真正的投敌叛国还是受胁迫被扣留，武则天此时需要的不是真相，而是“不仅仅可以显示朝威，也是对朝臣和百姓的一种警示。”所以，毫不留情地冎了逃归的事主阎知微，夷其三族。反之，虽然史书中没有明言，我们推测阎知微并非真正如武则天所对外宣称的那样投敌叛国，假如他已经投敌叛国，何须再逃归。所以，对于阎知微投敌叛国一案，当时的社会上是抱被冤枉的态度的，这也是阎氏家族在中宗朝得以平反的原因之一。

风云一时的河南阎氏，经过阎知微叛国一案的重创，虽然在中宗复位之后得到平反。后代也有不少出仕为官者，但是，往往都是中下级官僚，并未迈入高级官僚的行列。能够位至刺史一级者，已经是少数了。如《元和姓纂》所载阎“用之，左金吾将军。用之生宷，吉州刺史。”自盛唐开始，阎氏家族已经不复往昔的荣光，可能家族成员虽然也有出仕为官，但是祖先时代的光辉已经一去不复返了。

附录三
隋及唐前期（581—756）敦煌文献编年简编[①]

由于众所周知的原因，敦煌藏经洞出土文献为数众多，散藏于国内外不同机构或私人之手。[②]本编年对抄写于隋及唐前期（581—756）这段时期的已公布、发表或介绍的敦煌藏经洞出土文献尽可能地予以搜罗，按年号进行排序。[③]列出收藏编号或收藏机构、写卷名称以及写卷年代。需要指出的是，许多写本在题记或者卷中都有具体的纪年，可据此定出抄写时间。而许多没有直接信息的写卷，经过学者们的考证能够基本厘清的，也同样引证列出。另外，对尚不能准确定出抄写年代的敦煌文献，按其大致年代列出附在年号末尾。

本编主要参考《敦煌古籍叙录》《敦煌遗书总目索引》《敦煌遗书总目索引新编》《敦煌社会经济文献真迹释录》《敦煌宝藏》《中国古代籍帐研究》《敦煌典籍与唐五代历史文化》等。

---

① 附录三以《敦煌遗书汉文纪年卷编年》（长春：长春出版社，1990年）相关内容为基础，将隋及唐前期已公布、发表或介绍的敦煌藏经洞出土文献尽可能地予以搜罗，按时间进行排序，并列出收藏编号或收藏机构、写卷名称以及写卷年代，特此说明并致谢！

② 具体情况参看宋雪春《国内外藏敦煌文献的数量、内容及来源的介绍与考察》，《上海高校图书情报工作研究》2018年第4期，第83—88页。

③ 吐鲁番出土唐代文献纪年情况，参看王素、李方《吐鲁番出土敦煌文献研究述略》，季羡林、饶宗颐主编《敦煌吐鲁番研究》第7卷，第179—191页。

隋代

开皇元年（581）

守屋孝藏藏《大般涅槃经卷第三》。[①]纪年：大隋开皇元年正月十五日。

散0807、中村不折藏《大比丘弥沙塞戒本》。纪年：开皇元年五月一日。

北图新0744《大般涅槃经卷第廿八》。纪年：开皇元年岁次辛丑八月十一日。

开皇三年（583）

北图新1125《大方等大集经卷第廿六》。纪年：开皇三年岁在癸卯五月廿八日

S.3935《大集经卷第十八》。纪年：开皇三年岁在癸卯五月廿八日。

北三井051（025-14-2）《华严经卷第卌六》。纪年：大随（隋）开皇三年岁在癸卯五月十五日。图版参看三井文庫编《敦煌寫經：北三井家》（東京：三井文庫，2004年，第44页）。录文参看施萍婷《日本公私藏敦煌遗书叙录（一）——三井文库所藏敦煌遗书》（第81—82页）。

① 守屋孝藏收集的72件敦煌写经，后捐赠给京都国立博物馆。需要指出的是，藤枝晃《"德化李氏凡将阁珍藏"印について》（《京都国立博物館学叢》第7号，1986年，第153—173页）全面否定了其中大多数写本的真实性。池田温《中國古代寫本識語集録》也把大部分守屋孝藏收集品的纪年题记列为疑伪品。荣新江《海外敦煌吐鲁番文献知见录》（南昌：江西人民出版社，1996年，第172—173页）也有过探讨。

S.582《大集经卷第廿五》。盖写经题记与以上三件有关，年代当亦为开皇三年。

开皇六年（586）

散0537、李盛铎旧藏《人集录明诸经中对根浅深发菩提心法一卷》。纪年：开皇六年岁次丙午四月十五日。

开皇七年（陈后主至德四年，587）

P.2160《摩诃摩耶经卷上》。纪年：陈至德四年十二月十五日。

S.2137《开皇七年光严寺僧信行遗文》。纪年：开皇七年正月十日。

开皇八年（588）

S.4020《思益经卷第四》。纪年：大隋开皇八年岁次戊申四月八日。

S.3518《大般涅槃经卷第四》。纪年：开皇八年八月三日。颜廷亮《敦煌文学千年史》（北京：人民文学出版社，2013年，第405页）误系于开元八年。

开皇九年（589）

守屋孝藏藏《佛说月镫三昧经》。纪年：大隋开皇九年四月八日。

P.2413《大楼炭经卷第三》。纪年：大隋开皇九年四月八日。

S.2154《佛说甚深大回向经》。纪年：大隋开皇九年四月八日。

上博57《持世经卷第三》。纪年：大隋开皇九年四月八日。

甘博附135《佛经》。纪年：大隋开皇九年。

浙博004《太子慕魄经》。纪年：大隋开皇九年四月八日。参看方广锠、查永玲《浙江博物馆所藏敦煌遗书目录》（《敦煌学辑刊》1998年第1期，第64页）；黄征、张崇依《浙藏敦煌文献校录整理》（上海：上海古籍出版社，2012年，第290页）。

开皇十年（590）

散0709、大谷大学图书馆藏《大通方广经卷中》。纪年：开皇十年十一月二十日。

开皇十一年（591）

散0194、李盛铎旧藏《未曾有因缘经卷下》。纪年：开皇十一年。

散1083、清野兼次藏《摩诃般若波罗蜜经卷第十》。纪年：开皇十二年。

开皇十三年（593）

S.227《大智度论卷第卌一》。纪年：开皇十三年岁次癸丑四月八日。

S.5130《大智度论卷第卌二》。纪年：开皇十三年岁次癸丑四月八日。

S.457《大智度论卷第卌四》。纪年：开皇十三年岁次癸丑四月八日。

S.4967《大智度论卷第卌七》。纪年：开皇十三年岁次癸丑四月八日。

S.4954《大智度论卷第五十》。纪年：开皇十三年岁次癸丑四月八日。

P.2199《大智度论卷第五十一》。纪年：开皇十三年岁次癸丑四月八日。

散1057、山本悌二郎藏《大智度论卷第六十二》。纪年：开皇十三年岁次癸丑四月八日。

守屋孝藏藏《大智度论卷第六十二》。纪年：开皇十三年岁次癸丑四月八日。

散0894、中村不折藏《大般涅槃经第三十》。纪年：开皇十三年七月十五日。

天津艺术博物馆[①]藏4597《禅数杂事下》。纪年：开皇十三年十二月十八日。

开皇十四年（594）

P.2086《十地论法云地第十卷之十二》。纪年：开皇十四年四月廿五日。

开皇十五年（595）

P.4563《救疾病经》。纪年：开皇十五年九月一日。

散0773、中村不折藏《大方等大集经卷第二十》。纪年：大隋开皇十五年岁次乙卯十月十九日。

P.2866《大集经卷第六》。颜廷亮《敦煌文学千年史》（第401页）系于此年。

开皇十六年（596）

S.635《佛说佛名经卷第五》。纪年：开皇十六年五月八日。

开皇十七年（597）

散0771、中村不折藏《大方广佛华严经卷第四》。纪年：开

① 天津艺术博物馆藏写卷，参看刘国展、李桂英《天津市艺术博物馆藏敦煌遗书目录——附传世本写经》，《敦煌研究》1987年第2期，第74—95页。

皇十七年四月一日。

上图67《华严经卷第三十三》。纪年：开皇十七年四月一日。

上图22《华严经卷第十四》。纪年：开皇十七年四月一日。

上图92《华严经卷第七》。纪年：开皇十七年四月一日。

S.2527《华严经卷第九》。纪年：开皇十七年四月一日。

S.6650《华严经卷第卅》。纪年：开皇十七年四月一日。

P.2144《华严经卷第卅七》。纪年：开皇十七年四月一日。

S.4520《华严经卷第卌七》。纪年：开皇十七年四月一日。

S.1529《华严经卷第卌九》。纪年：开皇十七年四月一日。

S.5762《开皇十七年写经题记》。纪年：开皇十七年四月一日。

散0875、中村不折藏《摩诃衍经卷第二十九》。纪年：开皇十七年四月一日。

开皇十八年（598）

S.2791《大般涅槃经卷第卅八》。纪年：大隋开皇十八年四月八日。

开皇十九年（599）

S.2502《仁王护国般若波罗蜜经疏》。纪年：开皇十九年六月二日。

开皇二十年（600）

北图新0683《佛说仁王护国般若波罗蜜经卷下》。纪年：大隋开皇廿年二月十五日。

散1083、清野兼次藏《摩诃般若波罗蜜经卷第十》。纪年：开皇廿年。

散0649、刘幼云藏《佛说仁王护国般若波罗蜜经》。纪年：开皇廿年。

开皇年间（581—600）

S.5610《大乘三聚忏悔经一卷》。纪年：隋开皇年。

仁寿元年（601）

S.2048《摄论疏章卷第一》。纪年：仁寿元年八月廿八日。

仁寿二年（602）

散0200、李盛铎旧藏《法苑行仪一卷》。纪年：开皇廿二年五月。开皇共二十年，廿二年当为仁寿二年。

S.3548《阿修罗经第四》《中阿含经卷第八》。纪年：仁寿二年十二月廿日。

仁寿三年（603）

S.4553《大通方广经卷上》。纪年：大隋仁寿三年二月十四日。

守屋孝藏藏《大般涅槃经卷第十七》。纪年：仁寿三年五月。

仁寿四年（604）

S.4162《优婆塞戒经卷第二》。纪年：仁寿四年四月八日。

北大99《优婆塞戒经卷第二》。纪年：仁寿四年四月八日。

S.4570《优婆塞戒经卷第六》。纪年：仁寿四年四月八日。

甘博5《优婆塞经卷第十》。纪年：仁寿四年四月八日。

P.2276《优婆塞戒经卷第十一》。纪年：仁寿四年四月八日。

大业元年（605）

上图93《金光明经卷第五》。纪年：大业元年四月八日。

散0876、中村不折藏《大般涅槃经卷第十七》。纪年：大业元年九月廿三日。

招提17《大智度经论第八十三》。纪年：大业元年三月十五日。参看施萍婷《日本公私藏敦煌遗书叙录（二）》（《敦煌研究》1994年第3期，第104页）。

大业二年（606）

S.2598《大般涅槃经卷第十六》。纪年：大隋大业二年岁次丙寅。

首都博物馆藏32.537《妙法莲华经》。纪年：大业二年。参看余欣、王素、荣新江《首都博物馆藏敦煌吐鲁番文献经眼录》（高凯军主编《首都博物馆丛刊》第18期，北京：北京燕山出版社，2004年，第169页）。

首都博物馆藏32.540《金刚般若波罗蜜经》。纪年：仁寿四年。仁寿仅有两年。余欣等疑伪。参看余欣、王素、荣新江《首都博物馆藏敦煌吐鲁番文献经眼录》（第170页）。

大业三年（607）

散0933、西胁济三郎旧藏《大智度论卷第三十九》。纪年：大业三年三月十五日。

P.2138《大智度经论卷第九十一》。纪年：大业三年三月十五日。

散0710、大谷大学图书馆藏《大智度经论卷第九十五》。纪年：大业三年三月十五日。

北图新1524《妙法莲华经卷第六》。纪年：大业三年五月廿九日。

守屋孝藏藏《佛垂般涅槃略说教戒经》。纪年：大业三年八月。

北图新1217《妙法莲华卷第五》。纪年：大业三年。

大业四年（608）

守屋孝藏藏《大般涅槃经卷第十三》。纪年：大业四年二月十五日。

天津艺术博物馆藏4582《大般涅槃经卷第十七》。纪年：大业四年二月十五日。

散0068《大般涅槃经卷第十九》。纪年：大业四年二月十五日。

湖北博物馆藏13《大般涅槃经卷第十六》。纪年：大业四年二月十五日。参看王倚平、唐刚卯《湖北省博物馆藏敦煌经卷概述》（季羡林、饶宗颐、周一良主编《敦煌吐鲁番研究》第5卷，北京：北京大学出版社，2000年，第272页）。

散0023、台湾图书馆藏4741《大般涅槃经卷第十九》。纪年：大业四年二月十五日。

Φ690《大般涅槃经》。纪年：大业四年二月十五日。

招提02《大般涅槃经卷第三十七》。纪年：大业四年二月十五日。参看施萍婷《日本公私藏敦煌遗书叙录（二）》（第101页）。

S.2419《妙法莲华经卷第三》。纪年：大业四年四月十五日。

P.2205《大般涅槃经卷第八》。纪年：大业四年四月十五日。

P.2117《大般涅槃经卷第卅三》。纪年：大业四年四月十五日。

散0877、中村不折藏《大般涅槃经卷第二》。纪年：大业四年。

散1076、清野兼次藏《大般涅槃经卷第十三》。纪年：大业四年。

北三井060（025-14-7）《大般涅槃经卷第十一》。纪年：大业四年二月十五日。参看施萍婷《日本公私藏敦煌遗书叙录（一）——三井文库所藏敦煌遗书》（第83页）。

散0942、三井源右卫门藏《佛经》。纪年：大业四年。

台北傅斯年图书馆藏48《大般涅槃经卷第廿六》。纪年：隋大业四年十二月二十五日。参看郑阿财《台北“中研院”傅斯年图书馆藏敦煌卷子题记》（潘重规等《庆祝吴其昱先生八秩华诞敦煌学特刊》，台北：文津出版社，2000年，第392—393页）。

散0023、台湾图书馆藏《大般涅槃经》。纪年：大业四年二月十五日。参看潘重规《"国立中央图书馆"所藏敦煌卷子题记》，(香港新亚研究所敦煌学会编《敦煌学》第2辑，香港：香港新亚研究所敦煌学会，1975年，第30页）。

大业五年（609）

S.3111V《隋大业五年甲具弓箭勘检牒残片》。纪年：大业五年六月十五日。

散0895、中村不折藏《摩诃般若波罗蜜经第二》。纪年：延和八年。延和为高昌麴伯雅年号，延和八年为609年。

大业六年（610）

北图（制8）《法界体性门》。纪年：大业六年岁次庚午。

大业七年（611）

Дх180《大通方广经卷中》。纪年：大业七年八月八日。

大业八年（612）

S.2295《老子变化经》。纪年：大业八年八月十四日。

P.2153《观世音菩萨如意轮陀罗尼并别行法》。内有纪年：大业八年十二月八日。

大业九年（613）

天津艺术博物馆藏4509《金刚般若波罗蜜经》。纪年：大业九年四月廿六日。

P.2091号《胜鬘义记卷下》。纪年：大隋大业九年八月五日。

大业十一年（615）

北图（雨90）《涅槃义记卷第一》。纪年：大隋大业十一年。

P.3090《新翻药师经序》。纪年：大业十一年。

大业十二年（616）

散0772、中村不折藏《僧伽咤经卷第二》。纪年：大业十二年六月二十四日。

S.2605《佛说金刚般若经》。纪年：大隋大业十二年七月廿三日。

大业十三年（617）

散0774、中村不折藏《佛说妙好宝车经一卷》。纪年：大业十三年。

P.2334《妙法莲华经卷第五》。纪年：大隋大业十三年岁次丁丑月　日。

P.4518（2）V《天寿二年宝胜状》。隋丽枚《巴黎国家图书馆藏敦煌写本题记分年初录》（香港新亚研究所敦煌学会编《敦煌学》第1辑，香港：香港新亚研究所敦煌学会，1974年，第35页）系于617年。张广达、荣新江考证“天寿”为于阗国的年号，天寿二年即964年。参看《敦煌遗书总目索引新编》（第313页）。

隋代不明年份（581—617）

浙江博物馆藏009《大般涅槃经卷第十一》。《浙藏敦煌文献·叙录》认为是隋前后写本。参看黄征、张崇依《浙藏敦煌文献校录整理》（第335页）。

敦研356《文选运命论》。据林聪明《敦煌文书学》（台北：新文丰出版股份有限公司，1991年，第420页）。

S.4406、圣彼得堡藏《般若多心经》。据颜廷亮《敦煌文学千年史》（第402页）。

S.1329、中村不折藏《大般涅槃经》。据颜廷亮《敦煌文学千年史》（第402页）。

日本大谷大学图书馆《十方千五百佛名》。据颜廷亮《敦煌文学千年史》（第402页）。

S.767《大般涅槃经》。据颜廷亮《敦煌文学千年史》（第402页）。但石塚晴通认为写于六世纪，隋以前的写本。参看石塚晴通编《敦煌学·日本学——石塚晴通教授退职纪念论文集》（上海：上海辞书出版社，2005年，第8页）。

北图6460（潜15）《大般涅槃经》。据颜廷亮《敦煌文学千年史》（第402页）。

北图102（霜28）《无量寿经》。据颜廷亮《敦煌文学千年史》（第403页）。

P.2493《文选残卷》。王重民《敦煌古籍叙录》（北京：中华书局，1979年，第316页）认为是陈隋间写本。

散0827、中村不折藏《问憍尸迦经》。《敦煌遗书总目索引》括注“隋写”。

散0947、三井源右卫门藏《隋人写经大般涅槃第十四》。

散0950、三井源右卫门藏《隋书小品卷第二》。

散0951、三井源右卫门藏《隋书古写经》。

中国书店藏ZSD013《光赞经卷一》。图版参看中国书店整理《中国书店藏敦煌文献》（北京：中国书店，2007年，第7页）。

中国书店藏ZSD014《大般涅槃经卷七》。图版参看中国书店整理《中国书店藏敦煌文献》（第13页）。

台湾图书馆藏007543《佛说如幻三昧经》。潘重规疑为隋人所书。参看潘重规《“国立中央图书馆”所藏敦煌卷子题记》（第3页）。

散0026、台湾图书馆藏000506《大方等大集经》。卷背有启功题签："隋人写大集经"，注云"在开皇大业之间"。参看潘重规《"国立中央图书馆"所藏敦煌卷子题记》（第5—6页）。

台湾图书馆藏007538《大方便佛报恩经》。潘重规疑为隋人所书。参看潘重规《"国立中央图书馆"所藏敦煌卷子题记》（第12页）。

天津图书馆007《金刚般若波罗蜜经》。六至七世纪写本。参看天津图书馆历史文献部《天津图书馆藏敦煌遗书目录》（季羡林、饶宗颐主编《敦煌吐鲁番研究》第8卷，北京：中华书局，2005年，第314页）。

唐前期

武德二年（619）

散0779、中村不折藏《药师琉璃光如来本愿功德经》。纪年：大唐开国武德二年四月八日。

武德三年（620）

散0800、中村不折藏《维摩诘经》。纪年：安乐三年三月十四日。安乐为李轨年号，安乐三年当是武德三年。

武德四年（621）

P.2512《星占残卷》。纪年：至武德四年。邓文宽《敦煌天文历法文献辑校》（南京：江苏古籍出版社，1996年，第40页）拟名《玄像诗》认为其抄写年代当在武德四年及以后。

武德六年（623）

上博50《佛说救疾经一卷》。纪年：武德六年四月廿七日。

武德年间（618—626）

P.2525号《文选》。据林聪明《敦煌文书学》（第419页）、张弓《敦煌典籍与唐五代历史文化》（第546页）。

S.2053《汉书·萧望之传》。王重民《敦煌古籍叙录》（北京：中华书局，1979年，第76—79页）认为是唐初武德年写本。

P.4024《书仪》。张弓《敦煌典籍与唐五代历史文化》（第719页）判定为唐初书仪。

敦煌市博物馆藏4（10-370）《金刚般若波罗蜜经》。殷光明《敦煌市博物馆藏敦煌遗书目录补录》（《敦煌研究》1994年第3期，第113页）判定年代为初唐。

台湾图书馆藏007519《大般涅槃经》。唐初写卷。参看潘重规《“国立中央图书馆”所藏敦煌卷子题记》（第30—31页）。

散0021、台湾图书馆藏004767《大般涅槃经》。潘重规疑为唐初或隋代写本。参看潘重规《“国立中央图书馆”所藏敦煌卷子题记》（第31页）。

贞观元年（627）

S.2231《大般涅槃经卷第卅九》。纪年：贞观元年二月八日。

贞观二年（628）

S.1218《大般涅槃经卷第十二》。纪年：贞观二年二月廿二日。

西北师范大学藏006《大般若波罗蜜多经卷第二百七十一》（曹怀玉《西北师院历史系文物室藏敦煌经卷录》，《西北师大学报》1983年第4期，第45页）。纪年：贞观二年。

湖北博物馆藏06《大般涅槃经卷第四十》。纪年：贞观二年二月八日。参看王倚平、唐刚卯《湖北省博物馆藏敦煌经卷概述》（第271页）。

首都博物馆藏32.581《佛本行集经卷四》。纪年：贞观二年。荣新江、王素、余欣《首都博物馆馆藏敦煌吐鲁番文献经眼录》（首都博物馆编《首都博物馆丛刊》第21期，北京：北京燕山出版社，2007年，第131页）。

贞观三年（629）

北图新0794《金刚般若波罗蜜经》。纪年：贞观三年二月十一日。

散0704、傅增湘藏《鹖冠子》。纪年：贞观三年五月。

敦研0363《妙法莲华经卷第二》。纪年：贞观三年五月五日。

北图（宇6）《妙法莲华经卷第四》。纪年：贞观三年。

贞观四年（630）

北图（羽36）《四分戒本一卷》。纪年：贞观四年。

贞观五年（631）

北图新1365《妙法莲华经第七》。纪年：贞观五年十月。

上图58《大乘无量寿经》。纪年：贞观五年冬。池田温认为题记为伪题。参看池田温《中國古代寫本識語集録》（第182页）；荣新江、王素、余欣《首都博物馆馆藏敦煌吐鲁番文献经眼录》（第131页）。

贞观九年（635）

散0780、中村不折藏《妙法莲华经卷第六》。纪年：贞观九年二月八日。

贞观十一年（637）

S.2838《维摩诘经卷下》。纪年：延寿十四年岁次丁酉五月三日。延寿是高昌麴文泰年号，延寿十四年当是贞观十一年。

贞观十三年（639）

S.3888《大方等如来藏经》。纪年：延寿十六年十月十日。

贞观十五年（641）

敦博54《妙法莲华经》。纪年：唐贞观十五年四月朔三日。

P.3561《智永真草千字文》。纪年：贞观十五年七月八日。

S.4284《大方便佛报恩经卷第七》。纪年：贞观十五年七月八日。

招提03《金刚般若波罗蜜经卷》。纪年：维大唐贞观十五年四月八日。参看施萍婷《日本公私藏敦煌遗书叙录（二）》（第101页）。

贞观十六年（642）

P.3898《持诵法华经灵验记》。纪年：贞观十六年。

贞观十八年（644）

上图168《维摩诘经卷下》。纪年：唐贞观十有八年花月中旬。

贞观十九年（645）

P.3127《大唐三藏圣教序》《述圣记》。纪年：贞观十九年二月。

贞观二十一年（647）

北图新0211《摩诃般若波罗蜜经卷第六》。纪年：贞观二十有一年。

贞观二十二年（648）

北图新0760《大菩萨藏经卷第三》。纪年：贞观廿二年八月一日。

P.3709《佛地经》。纪年：贞观廿二年八月十九日。

P.2323《能断金刚般若波罗蜜多经一卷》。纪年：贞观廿二年十月一日。

北图新1443《能断金刚般若波罗蜜多经一卷》。纪年：贞观廿二年十月一日。

守屋孝藏藏《妙法莲华经卷第五》。纪年：贞观二十二年十月二日。

散0197、李盛铎旧藏《解深蜜经卷七》。纪年：贞观二十二年。

S.3663《啸赋》。颜廷亮系于此年。伏俊琏《敦煌文学总论》（上海：上海古籍出版社，2019年，第251页）根据避讳字指出“完全可能是武德九年六月到贞观二十三年六月间的写本”。

S.498《毛诗正义》。姜亮夫《莫高窟年表》（上海：上海古籍出版社，1985年，第219页）认为抄写时间在孔颖达卒后（648）不久。

贞观二十三年（649）

散0934、西胁济三郎藏《佛说灌顶章句拔除过罪生死得度经一卷》。纪年：贞观二十三年八月十五日。

贞观年间（627—649）

P.2529《诗经》。姜亮夫《敦煌学论文集》（上海：上海古籍出版社，1987年，第53—150页）认为是唐太宗之世所写。黄瑞云《敦煌古写本〈诗经〉校释札记》（《敦煌研究》1986年2期，第61—63页）认为是晚唐人手书。

P.2669《诗经残卷》。姜亮夫《敦煌本毛诗传笺校录》（《敦煌学论文集》，第59页）认为该卷为唐前写本。傅振伦《敦煌写本毛诗诂训传》（《续修四库全书总目提要》上册，北京：中华书局，1993年，第301页）认为是唐初武德时写本。日本小岛祐马《巴黎国立图书馆藏敦煌遗书所见录》认为是中晚唐之交的抄本。许建平《敦煌经籍叙录》从避讳字的考察认为小岛氏说法更接近实际。

P.3383《毛诗音残卷》。王重民《敦煌古籍叙录》（第36—38页）、刘诗孙《敦煌唐写本晋徐邈毛诗音考》（《真知学报》第1卷第1期，1942年，第18—24页）认为抄写时间在唐初。日本平山久雄《敦煌本〈毛诗音〉残卷反切的结构特点》（《古汉语研究》1990年第3期，第1—11页）认为是盛唐作品。

S.6271《卢楚、张季珣传》。张弓《敦煌典籍与唐五代历史文化》（第437页）认为是唐前期抄本。钟书林、张磊《敦煌文研究与校注》（武汉：武汉大学出版社，2014年，第483页）认为是唐代初期抄本。

P.2640V《沙门释法琳别传》。钟书林、张磊《敦煌文研究与校注》（第513页）认为写卷抄写时间在贞观十九年与贞观二十三年间。

P.3686+P.3901+P.4867《沙门释法琳别传》。钟书林、张磊《敦煌文研究与校注》（第515页）认为是贞观晚期抄写。

P.2124、S.1730《付法藏传》之别本。钟书林、张磊《敦煌文研究与校注》（第579—580页）认为可能是初唐抄本。

P.2627《史记残卷》。王重民《敦煌古籍叙录》（第76页）认为是武德初年写本。乔衍琯《敦煌卷子本史记残卷跋》（《台湾师大国文研究所集刊》2，1958年，第33—42页）也认为写于唐初。张弓《敦煌典籍与唐五代历史文化》（第347页）认为抄写时间应在武德至贞观年间。

P.2636《帝王略论》。张弓《敦煌典籍与唐五代历史文化》（第415页）认为当抄于贞观年间。

俄罗斯亚洲民族研究所敦煌特藏汉文写本L.1452《文选》。傅刚《〈文选〉版本研究》（北京：北京大学出版社，2000年，第278页）认为是太宗朝的写本。

散0783、中村不折藏《佛说随求即得大自在陀罗尼神咒经一卷》。《敦煌遗书总目索引》括注“初唐写”。

散0784、中村不折藏《金刚般若波罗蜜经一卷》。《敦煌遗书总目索引》括注“初唐沙门普朗写”。

散0785、中村不折藏《妙法莲华经妙音菩萨品》。《敦煌遗书总目索引》括注“初唐写”。

散0786、中村不折藏《妙法莲华经妙音菩萨品第二十四》。《敦煌遗书总目索引》括注“初唐写”。

散0787、中村不折藏《经名不详零本一卷》。《敦煌遗书总目索引》括注“初唐写”。

散0788、中村不折藏《礼忏文一卷》。《敦煌遗书总目索引》括注“初唐写”。

散0826、中村不折藏《金刚般若波罗蜜经》。《敦煌遗书总目索引》括注“初唐写”。

散0839、中村不折藏《佛名经》。《敦煌遗书总目索引》括注“初唐写”。

散0906、中村不折藏《写论语残卷》。《敦煌遗书总目索引》

括注“初唐写”。

散0962、三井源右卫门藏《初唐写经》。

永徽二年（651）

S.3375+S.11446+P.4634C2《永徽二年东宫诸府职员令》。纪年：永徽二年闰九月十四日。

浙江图书馆14《大般涅槃经卷第卌》。纪年：永徽二年。参看黄征、张崇依《浙藏敦煌文献校录整理》（第112页）。

永徽三年（652）

S.3394《维摩诘经卷中》。纪年：永徽三年五月十五日。

Дx1672《任强故事》。纪年：永徽三年十一月。

永徽四年（653）

P.3311《春秋正义衔名》。纪年：永徽四年二月廿四日。

P.4508《温泉铭》。纪年：永徽四年八月五日。

永徽五年（654）

P.3560V《唐沙州敦煌县灌溉浇田行施细则》。纪年：永徽五年太岁在壬寅。

永徽六年（655）

上图2《大般若波罗蜜多经第五十一》。纪年：永徽六年乙卯月廿二日。

显庆三年（658）

甘博28《摩诃般若波罗蜜经卷第二、第三》。纪年：显庆三年六月二十三日。

显庆四年（659）

S.5181《佛性海藏经卷第一》。纪年：显庆四年八月廿五日。

显庆五年（660）

P.2530《周易卷第三》。纪年：显庆五年六月十一日。罗振玉《雪堂校刊群书叙录·周易王弼注第三第四两卷跋》误认为是唐高祖时写本。

龙朔二年（662）

北图新0696《阿毗昙毗婆沙卷第五十一》。纪年：龙朔二年七月十五日。

P.2056《阿毗昙毗婆沙卷第五十二》。纪年：龙朔二年七月十五日。

S.4656《遗教经一卷》。纪年：龙朔二年十二月廿三日。

龙朔三年（663）

北图新1545《春秋谷梁传·桓公第二》。纪年：龙朔三年三月十八日。

P.2536《春秋谷梁传·庄公第三、闵公第四》。纪年：龙朔三年三月十九日。

P.2486《春秋谷梁传·哀公第十二》。纪年：龙朔三年三月　日。

P.2090《妙法莲华经卷第七》。纪年：龙朔三年十一月十三日。

P.2215《量处重轻物仪》。纪年：龙朔三年。

麟德元年（664）

P.3233《洞渊神咒经誓魔品第一》。纪年：麟德元年七月廿一日。

P.2444《洞渊神咒经斩鬼品第七》。纪年：麟德元年七月廿一日。

乾封元年（666）

北图（河55）《七阶佛名一卷》。纪年：乾封元年四月十七日。

P.2287《题记一则》。纪年：乾封元年五月九日。

乾封二年（667）

P.3714V《唐乾封二年诏》。纪年：乾封二年二月廿六日。

北图新1137《妙法莲华经卷第三》。纪年：乾封二年五月廿四日。

S碎042《牒》。纪年：维大唐乾封二年岁次丁卯□□丁丑朔十八日甲戌。（注：“S碎”为《敦煌宝藏》对英藏敦煌文献碎片的编号）

P.3714《新修本草》。王重民据卷背杂书乾封二年至总章二年伊西等州驿牒，认为该卷书写年代尚在乾封以前。

总章元年（668）

P.3714《唐总章元年（668）八九月沙州敦煌县传马坊文书》。参看卢向前《伯希和三七一四号背传马坊文书研究》（《敦煌吐鲁番文献研究论集》，第660—686页）、王冀青《唐前期西北地区用于交通的驿马、传马与长行马——敦煌吐鲁番发现的馆驿文书考察之二》（《敦煌学辑刊》1986年第2期，第56—65页）。

S.4496《妙法莲华经卷第三》。纪年：总章元年十一月廿三日。

总章二年（669）

P.3714V《唐总章二年八月九月传马坊牒案卷》。

总章三年（670）

P.2881《妙法莲华经卷第一》。纪年：总章三年三月廿四日。

咸亨元年（670）

S.3655《妙法莲华经卷第七》。纪年：咸亨元年闰九。

S.2215《妙法莲华经卷第二》。纪年：咸亨元年十二月。

S.2713《定光佛预言》。纪年：咸亨元年。

咸亨二年（671）

中村不折藏《账》。纪年：咸亨二年四月十八日。

S.5319《妙法莲华经卷第三》。纪年：咸亨二年五月廿二日。

S.3079《妙法莲华经卷第四》。纪年：咸亨二年十月十二日。

天津艺术博物馆藏060（77-5-4401）《咸亨二年沙州胡萨坊口户牒》。

浙江图书馆20《佛说如来相好经》。马叙伦跋疑该卷书于初唐人之手，纪年辛未年六月一日疑为高宗咸亨二年。参看黄征、张崇依《浙藏敦煌文献校录整理》（第150页）。

咸亨三年（672）

S.84《妙法莲华经卷第五》。纪年：咸亨三年十月十日。

敦博55《妙法莲华经卷第六》。纪年：咸亨三年二月廿一日。

P.4556《妙法莲华经卷第二》。纪年：咸亨三年二月廿五日。

P.2644《妙法莲华经卷第三》。纪年：咸亨三年三月七日。

S.4209《妙法莲华经卷第三》。纪年：咸亨三年四月十五日。

S.36《金刚般若波罗蜜经》。纪年：咸亨三年五月十九日。

散0201、李盛铎旧藏《金刚经一卷》。纪年：咸亨三年五月。

北图新1084《维摩经卷中》。纪年：咸亨三年六月上旬。

P.2550《某禅师语录残卷》。纪年：咸亨三年六月。

S.4551《妙法莲华经卷第四》。纪年：咸亨三年八月廿九日。

大东急纪念文库107-23-1《大般涅槃经卷第七》。纪年：唐咸亨三年。参看施萍婷《日本公私藏敦煌遗书叙录（三）》（《敦煌研究》1995年第3期，第65页）。

咸亨四年（673）

散0708、大谷大学图书馆藏《金刚般若经》。纪年：咸亨四年二月十一日。

S.2573《妙法莲华经卷第二》。纪年：咸亨四年九月十七日。

S.312《妙法莲华经卷第四》。纪年：咸亨四年九月廿一日。

北图新0622《金刚般若经》。纪年：咸亨四年十月廿八日。

散0659、刘幼云藏《金刚经一卷》。纪年：咸亨四年。

咸亨五年（674）

北图新0653《金刚般若波罗蜜经》。纪年：咸亨五年四月五日。

S.456《妙法莲华经卷第三》。纪年：咸亨五年八月二日。

散0658、刘幼云藏《金刚经一卷》。纪年：咸亨五年。

上元元年（674）

敦研0336《佛说大药善巧方便经卷上》。纪年：上元初癸酉岁。

S.3348《妙法莲华经卷第六》。纪年：上元元年九月廿五日。

上图53《妙法莲华经卷第一》。纪年：上元元年十月十日。

上元二年（675）

P.2195《妙法莲华经卷第六》。纪年：上元二年十月十五日。

甘博8《妙法莲华经卷第三》。纪年：上元二年十月二十三日。

散0195、李盛铎旧藏《妙法莲华经卷第四》。纪年：上元二年十月廿八日。

P.2900《药师经》。纪年：上元二年十一月廿七日。

守屋孝藏藏《妙法莲华经卷第三》。纪年：上元二年十二月七日。

散0959、三井源右卫门藏《妙法莲华经》。纪年：上元二年。

散1102《佛经》。纪年：上元二年。

上元三年（676）

北图（昆96）《佛说七阶礼佛名经》。纪年：上元三年正月五日。

S.513《金刚般若波罗蜜经》。纪年：上元三年闰三月十一日。

S.2181《妙法莲华经卷第二》。纪年：上元三年四月十五日。

S.1456《妙法莲华经卷第五》。纪年：上元三年五月十三日。

S.3361《妙法莲华经卷第一》。纪年：上元三年七月廿八日。

S.2637《妙法莲华经卷第三》。纪年：上元三年八月一日。

S.4168《妙法莲华经卷第三》。纪年：上元三年九月八日。

P.3278《金刚般若经》。纪年：上元三年九月十六日。

散0235、李盛铎旧藏《妙法莲华经卷第三》。纪年：上元三年九月。

北图新0637《妙法莲华经卷第五》。纪年：上元三年十月十日。

S.1048《妙法莲华经卷第五》。纪年：上元三年十一月五日。

S.2956《妙法莲华经卷第七》。纪年：上元三年十一月廿一日。

S.4353《妙法莲华经卷第一》。纪年：上元三年十一月廿三日。

散0198、李盛铎旧藏《妙法莲华经卷第六》。纪年：上元三年十一月。

散0960、三井源右卫门藏《妙法莲华经》。纪年：上元三年。

散1100《佛经》。纪年：上元三年。

散0576、李盛铎旧藏《妙法莲华经一卷》。纪年：上元三年。

散0234、李盛铎旧藏《妙法莲华卷第四》。纪年：上元三年。

S.114《妙法莲华经卷第七》。纪年：上元三年。

仪凤元年（676）

北图新0690《金刚般若波罗蜜经》。纪年：仪凤元年十一月十五日。

散0656、刘幼云藏《金刚经一卷》。纪年：仪凤元年。

仪凤二年（677）

散0196、李盛铎旧藏《妙法莲华经卷五》。纪年：仪凤二年正月。

P.2041《四分律删繁补阙行事钞下卷之下》。隋丽枚系于677年。据《敦煌遗书总目索引新编》（第220页）当为广德二年（764）抄写。

S.3094《妙法莲华经卷第二》。纪年：仪凤二年五月廿一日。

中村不折藏《牒》。纪年：仪凤二年十□。

中村不折藏《牒》。纪年：仪凤二年十一月廿三日。

上图《妙法莲华经》。纪年：仪凤二年四月上旬。

仪凤三年（678）

S.3135《太玄真一本际经卷第二》。纪年：仪凤三年三月廿二日。

Φ68《维摩疏卷第三》。纪年：仪凤三年八月十二日。

P.3573《残文书》。纪年：仪凤三年十月廿七日。

调露元年（679）

散0655、刘幼云藏《金刚经一卷》。纪年：调露元年。

首都博物馆藏32.542《妙法莲华经》。纪年：调露元年。参看余欣、王素、荣新江《首都博物馆藏敦煌吐鲁番文献经眼录》，第170页。

永隆元年（680）

北图新0698《金刚般若波罗蜜经》。纪年：大唐永隆元年四月卅日。

散0657、刘幼云藏《金刚经一卷》。纪年：永隆元年。

永隆二年（681）

P.2528《文选卷第二》。纪年：永隆年二月十九日。永隆元年为调露二年八月改元。

永淳二年（683）

守屋孝藏藏《观世音经一卷》。纪年：永淳二年三月九日。

文明元年（684）

北大97《天尊说济苦经一卷》。纪年：文明元年三月。

守屋孝藏藏《妙法莲华经卷第六》。纪年：文明元年五月。

守屋孝藏藏《十轮经卷第三》。纪年：文明元年五月。

S.2863《观音经》。纪年：文明元年六月五日。

垂拱元年（685）

S.83《七俱胝佛母心大准提陀罗尼经》。纪年：垂拱元年岁在乙酉。

散0662、刘幼云藏《观世音三昧经》。纪年：永淳四年。永淳仅有两年。

山东博物馆藏LB.003《大唐后三藏圣教序》。参看于芹《山东博物馆藏敦煌遗书叙录》（《敦煌研究》2012年第5期，第61页）。

垂拱二年（686）

守屋孝藏藏《妙法莲华经卷第五》。纪年：垂拱二年正月。

散1058、山本悌二郎藏《妙法莲华经卷第五》。纪年：垂拱二年正月。

北图新1171《大乘密严经卷上》。纪年：垂拱二年。

垂拱四年（688）

S.194《妙法莲华经卷第一》。纪年：垂拱四年六月　日。

中村不折藏《请准例免番状》。纪年：垂拱四年九月　日。

S.791《妙法莲华经卷第三》。纪年：垂拱四年十一月

山东博物馆藏LB.056《妙法莲华经卷五》。纪年：垂拱四年十一月。参看于芹《山东博物馆藏敦煌遗书叙录》（第67页）。

散0711、大谷大学图书馆藏《维摩诘经第四》。纪年：大唐垂拱四年岁次戊子十二月一日。

S.592《妙法莲华经卷第二》。纪年：垂拱四年十二月。

高宗朝（649—683）

S.6014《兴平县地志》。郑炳林《敦煌地理文书汇辑校注》

（第200页）认为系唐前期高宗时代作品。

P.2485《汉书·萧望之传》P2543《汉书·王莽传》。张弓《敦煌典籍与唐五代历史文化》（第362—363页）认为应抄写于唐高宗时。

S.1725《吉凶书仪》。张弓《敦煌典籍与唐五代历史文化》（718页）将其年代判定为贞观后期至高宗朝。

天授二年（691）

S.2157《妙法莲华经卷第四》。纪年：天授二年三月廿九日。

北大50《妙法莲华经》。纪年：天授二年九月卅日。

如意元年（692）

S.238《金真玉光八景飞经》。纪年：如意元年闰五月十三日。

长寿二年（693）

S碎019V《牒》。纪年：长寿二年四月　日。

大谷大学图书馆藏《阿毗昙经卷第二十六》。纪年：大周长寿二年岁次癸巳五月四日。

北图新0022《妙法莲华经卷第二》。纪年：长寿二年五月十五日。

上图78《太玄真一本际经卷第二》。纪年：大周长寿二年九月一日。

台北傅斯年图书馆藏《随求即得大自在陀罗尼神咒经》。纪年：唐长寿二年。参看郑阿财《台北“中研院”傅斯年图书馆藏敦煌卷子题记》（第363—364页）。

长寿三年（694）

S.5176《妙法莲华经卷第三》。纪年：大周长寿三年四月七日。

S.3542《佛说阿弥陀经》。纪年：长寿三年六月一日。

证圣元年（695）

P.2806《太玄真一本际经道性品卷第四》。纪年：证圣元年闰二月廿九日。

上图36《维摩疏卷第四》。纪年：证圣元年闰二月十八日。

S.2278《佛说宝雨经卷第九》。纪年：证圣元年岁次癸未四月戊寅朔八日乙酉。

S.5005《药师经一卷》。纪年：大周证圣元年四月十八日。

北图新0029《妙法莲华经卷第五》。纪年：大周证圣元年岁次乙未四戊寅朔廿一日戊戌。

散0199、李盛铎旧藏《妙法莲华经卷一》。纪年：证圣元年五月。

天册万岁元年（695）

散0814、中村不折藏《法华经普门品》。纪年：天册万岁元年正月一日。

P.2806《太玄真一本际经道性品卷第四》。颜廷亮《敦煌文学千年史》（第404页）系于此年。

散0809、中村不折藏《观世音经》。纪年：天册万岁元年正月一日。

万岁登封元年（695）

S.217《观世音经》。纪年：天册万岁二年元月十五日。天册万岁仅一年，疑为万岁登封元年。

万岁通天元年（696）

散0210、李盛铎旧藏《□疑论第二》。纪年：万岁通天元年。

P.5034《沙州地志》。参看李正宇《古本敦煌乡土志八种笺证》（第147—210页）。

圣历元年（698）

P.2551V《沙州效谷府校尉李君莫高窟佛龛碑并序》。纪年：维大周圣历元年岁次戊戌伍月庚申朔拾肆日。

散1082、清野兼次藏《妙法莲华经卷第七》。纪年：圣历元年。

P.3399《幽州都督张仁亶上九谏书》。陈祚龙《敦煌写本“九谏书”校诂》（《大陆杂志》第24卷第8期，1962年）考证张仁亶出任幽州都督在神功元年冬闰十月甲寅与圣历元年八月庚子之间，钟书林、张磊《敦煌文研究与校注》（第232页）认为创作时间也应在这一时期。

圣历二年（699）

P.2314《大方广佛花严经总目一卷》。纪年：圣历二年十月八日。

P.3749《武则天圣历二年汜承俨告身》。纪年：圣历二年十二月廿日。参看唐耕耦、陆宏基编《敦煌社会经济文献真迹释录》第4辑（第271页）。

七世纪期

山东博物馆藏LB.014《摩诃般若波罗蜜经卷二十六》。七世纪写本。参看于芹《山东博物馆藏敦煌遗书叙录》（第62页）。

南图008《妙法莲华经卷三》。七世纪写本。参看方广锠、徐忆农《南京图书馆藏敦煌遗书目录》（《敦煌研究》1998年第4期，第136页）。

南图009《唐中宗三藏圣教序》。方广锠等定为八世纪写本。笔者疑与山东博物馆藏同名卷子有关。参看方广锠、徐忆农《南京图书馆藏敦煌遗书目录》（第137页）。

南图012《妙法莲华经卷四》。七世纪写本。参看方广锠、徐忆农《南京图书馆藏敦煌遗书目录》（第137页）。

南图014《妙法莲华经卷七》。七世纪写本。参看方广锠、徐忆农《南京图书馆藏敦煌遗书目录》（第138页）。

南图015《妙法莲华经卷二》。七世纪写本。参看方广锠、徐忆农《南京图书馆藏敦煌遗书目录》（第138页）。

南图017《般若波罗蜜多心经》。七世纪写本。参看方广锠、徐忆农《南京图书馆藏敦煌遗书目录》（第138页）。

南图018《金刚般若波罗蜜经》。七世纪写本。参看方广锠、徐忆农《南京图书馆藏敦煌遗书目录》（第139页）。

南图028《大般涅槃经卷五》。七世纪写本。参看方广锠、徐忆农《南京图书馆藏敦煌遗书目录》（第142页）。

南图022《大般若波罗蜜多经卷二五〇》。七至八世纪写本。参看方广锠、徐忆农《南京图书馆藏敦煌遗书目录》（第140页）。

南图023《大般涅槃经卷一》。七至八世纪写本。参看方广锠、徐忆农《南京图书馆藏敦煌遗书目录》（第140页）。

山东博物馆藏LB.017《大般涅槃经卷三》。七至八世纪写本。参看于芹《山东博物馆藏敦煌遗书叙录》（第62—63页）。

山东博物馆藏LB.024《妙法莲华经卷四十》。七至八世纪写本。参看于芹《山东博物馆藏敦煌遗书叙录》（第64页）。

山东博物馆藏LB.025《妙法莲华经卷六》。七至八世纪写本。参看于芹《山东博物馆藏敦煌遗书叙录》（第64页）。

山东博物馆藏LB.026《金刚般若波罗蜜经》。七至八世纪写本。参看于芹《山东博物馆藏敦煌遗书叙录》（第64页）。

山东博物馆藏LB.030《维摩诘所说经卷中》。七至八世纪写本。参看于芹《山东博物馆藏敦煌遗书叙录》（第64页）。

山东博物馆藏LB.034《金刚般若波罗蜜经》。七至八世纪写本。参看于芹《山东博物馆藏敦煌遗书叙录》（第65页）。

山东博物馆藏LB.039《大方等大集经卷九》。七至八世纪写本。参看于芹《山东博物馆藏敦煌遗书叙录》（第65页）。

山东博物馆藏LB.044《大般涅槃经卷三十》。七至八世纪写本。参看于芹《山东博物馆藏敦煌遗书叙录》（第66页）。

山东博物馆藏LB.050《大方等大集经卷一》。七至八世纪写本。参看于芹《山东博物馆藏敦煌遗书叙录》（第67页）。

山东博物馆藏LB.058《妙法莲华经卷五》。七至八世纪写本。参看于芹《山东博物馆藏敦煌遗书叙录》（第68页）。

山东博物馆藏LB.061《妙法莲华经卷一》。七至八世纪写本。参看于芹《山东博物馆藏敦煌遗书叙录》（第68—69页）。

山东博物馆藏LB.064《妙法莲华经卷一》。七至八世纪写本。参看于芹《山东博物馆藏敦煌遗书叙录》（第69页）。

山东博物馆藏LB.065《妙法莲华经卷三》。七至八世纪写本。参看于芹《山东博物馆藏敦煌遗书叙录》（第69页）。

浙博001《黄仕强入冥记》。七至八世纪。参看方广锠、查永玲《浙江博物馆所藏敦煌遗书目录》（第61页）。

浙博02《普贤菩萨说证明经》。七至八世纪。参看方广锠、查永玲《浙江博物馆所藏敦煌遗书目录》（第61页）。

浙博005《妙法莲华经卷一》。七至八世纪。参看方广锠、查永玲《浙江博物馆所藏敦煌遗书目录》（第65页）。

浙博007《妙法莲华经卷三》。七世纪。参看方广锠、查永玲《浙江博物馆所藏敦煌遗书目录》（第66页）。

P.4745《唐年代未详（贞观或永徽）吏部格或式断片》。唐耕耦、陆宏基编《敦煌社会经济文献真迹释录》第2辑（第575页）认为书写年代为七世纪中期。

S.6343《唐（七世纪后期）沙州敦煌县龙勒乡籍》。录文参见池田温著，龚泽铣译《中国古代籍帐研究·录文与插图》（第23页）。

S.4682《唐（七世纪后期）西州高昌县籍》。录文参见池田温著，龚泽铣译《中国古代籍帐研究·录文与插图》（第92页）。

P.2506《毛诗》。石塚晴通《敦煌の加點本》（池田温编集《講座敦煌·5·敦煌漢文文獻》，東京：大東出版社，1992年，第247页）》认为是七世纪中后期抄写于中原的卷子。并参石塚晴通编《敦煌学·日本学——石塚晴通教授退职纪念论文集》（第11页）。

P.3788《妙法莲华经序品第一》。池田温《中國古代寫本識語集録》（第281页）指出题记"年次未详，大约八世纪初期"。黄征、吴伟《敦煌愿文集》（长沙：岳麓书社，1995年，第900页）认为题记写作时间"在六七一年至武周新字起用的六八九年之间"。

S.7003《论语集解卷第二》。石塚晴通认为是七世纪后期的写本。参看石塚晴通编《敦煌学·日本学——石塚晴通教授退职纪念论文集》（第10页）。

P.2533《古文尚书》。石塚晴通认为是七世纪后期写本。参看石塚晴通编《敦煌学·日本学——石塚晴通教授退职纪念论文集》（第11页）。

S.799《古文尚书》。石塚晴通认为是七世纪末期写本。参看石塚晴通编《敦煌学·日本学——石塚晴通教授退职纪念论文集》（第13页）。

天津图书馆001《大安般守意经卷下》。七至八世纪写本。参看天津图书馆历史文献部《天津图书馆藏敦煌遗书目录》（第312—313页）。

天津图书馆002《摩诃般若波罗蜜卷一》。七至八世纪写本。参看天津图书馆历史文献部《天津图书馆藏敦煌遗书目录》（第313页）。

天津图书馆004《药师琉璃光如来本愿功德经》。七至八世纪写本。参看天津图书馆历史文献部《天津图书馆藏敦煌遗书目录》（第313页）。

天津图书馆005《摩诃般若波罗蜜卷一》。七至八世纪写本。参看天津图书馆历史文献部《天津图书馆藏敦煌遗书目录》（第313页）。

天津图书馆006《维摩诘所说经卷上》。七至八世纪写本。参看天津图书馆历史文献部《天津图书馆藏敦煌遗书目录》（第313页）。

天津图书馆008《待考佛经》。七至八世纪写本。参看天津图书馆历史文献部《天津图书馆藏敦煌遗书目录》（第314页）。

天津图书馆009《妙法莲华经卷五》。七至八世纪写本。参看天津图书馆历史文献部《天津图书馆藏敦煌遗书目录》（第314页）。

天津图书馆010《阿弥陀经》。七至八世纪写本。参看天津图书馆历史文献部《天津图书馆藏敦煌遗书目录》（第314页）。

天津图书馆011《金刚般若波罗蜜经》。七至八世纪写本。参看天津图书馆历史文献部《天津图书馆藏敦煌遗书目录》（第315页）。

天津图书馆014《妙法莲华经卷一》。七至八世纪写本。参看天津图书馆历史文献部《天津图书馆藏敦煌遗书目录》（第315页）。

天津图书馆015《妙法莲华经卷一》。七至八世纪写本。参看天津图书馆历史文献部《天津图书馆藏敦煌遗书目录》（第315页）。

天津图书馆016《妙法莲华经卷四》。七至八世纪写本。参看天津图书馆历史文献部《天津图书馆藏敦煌遗书目录》（第316页）。

天津图书馆020《金刚般若波罗蜜经》。七至八世纪写本。参看天津图书馆历史文献部《天津图书馆藏敦煌遗书目录》（第316页）。

天津图书馆021《妙法莲华经卷二》。七至八世纪写本。参看天津图书馆历史文献部《天津图书馆藏敦煌遗书目录》（第317页）。

天津图书馆022《妙法莲华经卷五》。七至八世纪写本。参看天津图书馆历史文献部《天津图书馆藏敦煌遗书目录》（第317页）。

天津图书馆023《金光明经卷一》。七至八世纪写本。参看天津图书馆历史文献部《天津图书馆藏敦煌遗书目录》（第317页）。

天津图书馆024《妙法莲华经卷一》。七至八世纪写本。参看天津图书馆历史文献部《天津图书馆藏敦煌遗书目录》（第317页）。

天津图书馆025《妙法莲华经卷五》。七至八世纪写本。参看天津图书馆历史文献部《天津图书馆藏敦煌遗书目录》（第317—318页）。

天津图书馆027《妙法莲华经卷五》。七至八世纪写本。参看天津图书馆历史文献部《天津图书馆藏敦煌遗书目录》（第318页）。

天津图书馆028《金刚般若波罗蜜经》。七至八世纪写本。参看天津图书馆历史文献部《天津图书馆藏敦煌遗书目录》（第318页）。

天津图书馆030《妙法莲华经卷一》。七至八世纪写本。参看天津图书馆历史文献部《天津图书馆藏敦煌遗书目录》（第318页）。

天津图书馆031《妙法莲华经卷四》。七至八世纪写本。参看天津图书馆历史文献部《天津图书馆藏敦煌遗书目录》（第318—319页）。

天津图书馆032《杂宝藏经卷四》。七至八世纪写本。参看天津图书馆历史文献部《天津图书馆藏敦煌遗书目录》（第319页）。

天津图书馆033《妙法莲华经卷四》。七至八世纪写本。参看天津图书馆历史文献部《天津图书馆藏敦煌遗书目录》（第319页）。

天津图书馆038《佛名经卷六》。七至八世纪写本。参看天津图书馆历史文献部《天津图书馆藏敦煌遗书目录》（第320页）。

天津图书馆039《添品妙法莲华经卷六》。七至八世纪写本。参看天津图书馆历史文献部《天津图书馆藏敦煌遗书目录》（第320页）。

天津图书馆040《妙法莲华经卷三》。七至八世纪写本。参看天津图书馆历史文献部《天津图书馆藏敦煌遗书目录》（第320—321页）。

天津图书馆041《妙法莲华经卷三》。七至八世纪写本。参看天津图书馆历史文献部《天津图书馆藏敦煌遗书目录》（第321页）。

天津图书馆044《法华经疏》。七至八世纪写本。参看天津图书馆历史文献部《天津图书馆藏敦煌遗书目录》（第321—322页）。

天津图书馆045《妙法莲华经卷一》。七至八世纪写本。参看天津图书馆历史文献部《天津图书馆藏敦煌遗书目录》（第322页）。

天津图书馆047《维摩诘所说经卷下》。七至八世纪写本。参看天津图书馆历史文献部《天津图书馆藏敦煌遗书目录》（第323页）。

天津图书馆049《妙法莲华经卷六》。七至八世纪写本。参看天津图书馆历史文献部《天津图书馆藏敦煌遗书目录》（第323页）。

天津图书馆050《妙法莲华经卷七》。七至八世纪写本。参看天津图书馆历史文献部《天津图书馆藏敦煌遗书目录》（第324页）。

天津图书馆051《佛名经卷六》。七至八世纪写本。参看天津图书馆历史文献部《天津图书馆藏敦煌遗书目录》（第324页）。

天津图书馆052《大般涅槃经卷一〇》。七至八世纪写本。参看天津图书馆历史文献部《天津图书馆藏敦煌遗书目录》（第324页）。

天津图书馆053《维摩诘所说经卷下》。七至八世纪写本。参看天津图书馆历史文献部《天津图书馆藏敦煌遗书目录》（第324页）。

天津图书馆054《维摩诘所说经卷下》。七至八世纪写本。参看天津图书馆历史文献部《天津图书馆藏敦煌遗书目录》（第324页）。

天津图书馆055《金刚般若波罗蜜经》。七至八世纪写本。参看天津图书馆历史文献部《天津图书馆藏敦煌遗书目录》（第325页）。

天津图书馆056《金光明经卷四》。七至八世纪写本。参看天津图书馆历史文献部《天津图书馆藏敦煌遗书目录》（第325页）。

天津图书馆058《灌顶拔除过罪生死得度经》。七至八世纪写本。参看天津图书馆历史文献部《天津图书馆藏敦煌遗书目录》（第325页）。

天津图书馆059《药师琉璃光如来本愿功德经》。七至八世纪写本。参看天津图书馆历史文献部《天津图书馆藏敦煌遗书目录》（第325页）。

天津图书馆060《药师琉璃光如来本愿功德经》。七至八世纪写本。参看天津图书馆历史文献部《天津图书馆藏敦煌遗书目录》（第325—326页）。

天津图书馆061《称赞净土佛摄受经》。七至八世纪写本。参看天津图书馆历史文献部《天津图书馆藏敦煌遗书目录》（第326页）。

天津图书馆062《妙法莲华经卷四》。七至八世纪写本。参看天津图书馆历史文献部《天津图书馆藏敦煌遗书目录》（第326页）。

天津图书馆065《妙法莲华经卷一》。七至八世纪写本。参看天津图书馆历史文献部《天津图书馆藏敦煌遗书目录》（第327页）。

天津图书馆067《法句经》。七至八世纪写本。参看天津图书馆历史文献部《天津图书馆藏敦煌遗书目录》（第327页）。

天津图书馆069《妙法莲华经卷一》。七至八世纪写本。参看天津图书馆历史文献部《天津图书馆藏敦煌遗书目录》（第328页）。

天津图书馆072《妙法莲华经卷四》。七至八世纪写本。参看天津图书馆历史文献部《天津图书馆藏敦煌遗书目录》（第328页）。

天津图书馆073《药师琉璃光如来本愿功德经》。七至八世纪写本。参看天津图书馆历史文献部《天津图书馆藏敦煌遗书目录》（第329页）。

天津图书馆074《老子》。七至八世纪写本。参看天津图书馆历史文献部《天津图书馆藏敦煌遗书目录》（第329页）。

天津图书馆077《妙法莲华经卷七》。七至八世纪写本。参看天津图书馆历史文献部《天津图书馆藏敦煌遗书目录》（第330页）。

天津图书馆079《妙法莲华经卷三》。七至八世纪写本。参看天津图书馆历史文献部《天津图书馆藏敦煌遗书目录》（第330页）。

天津图书馆080《金刚般若波罗蜜经》。七至八世纪写本。参看天津图书馆历史文献部《天津图书馆藏敦煌遗书目录》（第330页）。

天津图书馆085《大乘密严经卷上》。七至八世纪写本。参看天津图书馆历史文献部《天津图书馆藏敦煌遗书目录》（第331页）。

天津图书馆086《添品妙法莲华经卷一》。七至八世纪写本。参看天津图书馆历史文献部《天津图书馆藏敦煌遗书目录》（第332页）。

天津图书馆089《金光明经卷四》。七至八世纪写本。参看天津图书馆历史文献部《天津图书馆藏敦煌遗书目录》（第333页）。

天津图书馆094《法华经疏》。七至八世纪写本。参看天津图书馆历史文献部《天津图书馆藏敦煌遗书目录》（第335—336页）。

天津图书馆098《大佛顶如来密因修证了义诸菩萨万行首楞严经卷七》。七至八世纪写本。参看天津图书馆历史文献部《天津图书馆藏敦煌遗书目录》（第336页）。

天津图书馆099《金刚般若波罗蜜经》。七至八世纪写本。参看天津图书馆历史文献部《天津图书馆藏敦煌遗书目录》（第337页）。

天津图书馆100《金刚般若波罗蜜经》。七至八世纪写本。参看天津图书馆历史文献部《天津图书馆藏敦煌遗书目录》（第337页）。

天津图书馆101《妙法莲华经卷六》。七至八世纪写本。参看天津图书馆历史文献部《天津图书馆藏敦煌遗书目录》（第337页）。

天津图书馆102《金刚般若波罗蜜经》。七至八世纪写本。参看天津图书馆历史文献部《天津图书馆藏敦煌遗书目录》（第337页）。

天津图书馆103《金刚般若波罗蜜经》。七至八世纪写本。参看天津图书馆历史文献部《天津图书馆藏敦煌遗书目录》（第337—338页）。

天津图书馆105《金刚般若波罗蜜经》。七至八世纪写本。参看天津图书馆历史文献部《天津图书馆藏敦煌遗书目录》（第339页）。

天津图书馆106《观弥勒菩萨上生兜率天经》。七至八世纪写本。参看天津图书馆历史文献部《天津图书馆藏敦煌遗书目录》（第339页）。

天津图书馆107《大佛顶如来密因修证了义诸菩萨万行首楞严经卷三》。七至八世纪写本。参看天津图书馆历史文献部《天津图书馆藏敦煌遗书目录》（第339页）。

天津图书馆108《菩萨地持经卷一〇》。七至八世纪写本。参看天津图书馆历史文献部《天津图书馆藏敦煌遗书目录》（第339—340页）。

天津图书馆115《观佛三昧海经卷九》。七至八世纪写本。参看天津图书馆历史文献部《天津图书馆藏敦煌遗书目录》（第342页）。

天津图书馆116《妙法莲华经卷三》。七至八世纪写本。参看天津图书馆历史文献部《天津图书馆藏敦煌遗书目录》（第342页）。

天津图书馆118《妙法莲华经卷一》。七至八世纪写本。参看天津图书馆历史文献部《天津图书馆藏敦煌遗书目录》（第342页）。

天津图书馆119《金刚般若波罗蜜经》。七至八世纪写本。参看天津图书馆历史文献部《天津图书馆藏敦煌遗书目录》（第342—343页）。

天津图书馆120《药师琉璃光如来本愿功德经》。七至八世纪写本。参看天津图书馆历史文献部《天津图书馆藏敦煌遗书目录》（第343页）。

天津图书馆121《妙法莲华经卷三》。七至八世纪写本。参看天津图书馆历史文献部《天津图书馆藏敦煌遗书目录》（第343页）。

天津图书馆122《金光明最胜王经卷三》。七至八世纪写本。参看天津图书馆历史文献部《天津图书馆藏敦煌遗书目录》（第343页）。

天津图书馆123《妙法莲华经卷七》。七至八世纪写本。参看天津图书馆历史文献部《天津图书馆藏敦煌遗书目录》（第343页）。

天津图书馆127《妙法莲华经卷五》。七至八世纪写本。参看天津图书馆历史文献部《天津图书馆藏敦煌遗书目录》（第344页）。

天津图书馆129《金刚般若波罗蜜经》。七至八世纪写本。参看天津图书馆历史文献部《天津图书馆藏敦煌遗书目录》（第345页）。

天津图书馆131《天地八阳神咒经》。七至八世纪写本。参看天津图书馆历史文献部《天津图书馆藏敦煌遗书目录》（第345页）。

天津图书馆133《妙法莲华经卷七》。七至八世纪写本。参看天津图书馆历史文献部《天津图书馆藏敦煌遗书目录》（第346页）。

天津图书馆134《大般涅槃经卷一九》。七至八世纪写本。参看天津图书馆历史文献部《天津图书馆藏敦煌遗书目录》（第346页）。

天津图书馆135《大般涅槃经卷一九》。七至八世纪写本。参看天津图书馆历史文献部《天津图书馆藏敦煌遗书目录》（第346页）。

天津图书馆143《般若波罗蜜多心经》。七至八世纪写本。参看天津图书馆历史文献部《天津图书馆藏敦煌遗书目录》（第349页）。

天津图书馆145《妙法莲华经卷六》。七至八世纪写本。参看天津图书馆历史文献部《天津图书馆藏敦煌遗书目录》（第349页）。

天津图书馆151《妙法莲华经卷三》。七至八世纪写本。参看天津图书馆历史文献部《天津图书馆藏敦煌遗书目录》（第352页）。

天津图书馆152《妙法莲华经卷七》。七至八世纪写本。参看天津图书馆历史文献部《天津图书馆藏敦煌遗书目录》（第352页）。

天津图书馆153《妙法莲华经卷三》。七至八世纪写本。参看天津图书馆历史文献部《天津图书馆藏敦煌遗书目录》（第352页）。

天津图书馆155《妙法莲华经卷一》。七至八世纪写本。参看天津图书馆历史文献部《天津图书馆藏敦煌遗书目录》（第353页）。

天津图书馆157《妙法莲华经卷一》。七至八世纪写本。参看天津图书馆历史文献部《天津图书馆藏敦煌遗书目录》（第353页）。

天津图书馆158《妙法莲华经卷六》。七至八世纪写本。参看天津图书馆历史文献部《天津图书馆藏敦煌遗书目录》（第353—354页）。

天津图书馆160《摩诃般若波罗蜜经卷一三》。七至八世纪写本。参看天津图书馆历史文献部《天津图书馆藏敦煌遗书目录》（第354页）。

天津图书馆161《摩诃般若波罗蜜经卷一三》。七至八世纪写本。参看天津图书馆历史文献部《天津图书馆藏敦煌遗书目录》（第354页）。

天津图书馆162《佛顶尊胜陀罗尼经》。七至八世纪写本。参看天津图书馆历史文献部《天津图书馆藏敦煌遗书目录》（第354页）。

天津图书馆163《大般涅槃经卷一四》。七至八世纪写本。参看天津图书馆历史文献部《天津图书馆藏敦煌遗书目录》（第355页）。

天津图书馆164《大般涅槃经卷七》。七至八世纪写本。参看天津图书馆历史文献部《天津图书馆藏敦煌遗书目录》（第355页）。

天津图书馆166《维摩诘所说经卷上》。七至八世纪写本。参看天津图书馆历史文献部《天津图书馆藏敦煌遗书目录》（第355页）。

天津图书馆168《妙法莲华经卷一》。七至八世纪写本。参看天津图书馆历史文献部《天津图书馆藏敦煌遗书目录》（第356页）。

天津图书馆169《妙法莲华经卷三》。七至八世纪写本。参看天津图书馆历史文献部《天津图书馆藏敦煌遗书目录》（第356页）。

天津图书馆170《妙法莲华经卷三》。七至八世纪写本。参看天津图书馆历史文献部《天津图书馆藏敦煌遗书目录》（第356页）。

天津图书馆172《药师琉璃光如来本愿功德经》。七至八世纪写本。参看天津图书馆历史文献部《天津图书馆藏敦煌遗书目录》（第357页）。

久视元年（700）

甘博29《大般涅槃经后分卷第卌二》。纪年：久视元年六月三十日。

大足元年（701）

S.87《金刚般若波罗蜜经》。纪年：圣历三年五月廿三日。北图（羽31）《妙法莲华经卷第七》。纪年：大足一年三月十五日。

P.3557V、P.3669《周大足元年沙州敦煌县效谷乡籍》。录文参见池田温著，龚泽铣译《中国古代籍帐研究·录文与插图》（第24—26页）。

大东急纪念文库107-16-1《金刚般若波罗蜜经》。纪年：大足元年十一月十五日。参看施萍婷《日本公私藏敦煌遗书叙录(三)》（第64页）。

长安三年（703）

S.1252《金光明最胜王经卷壹》。纪年：长安三年岁次癸卯十月己未朔四日壬戌。

S.4268《金光明最胜王经卷第一》。纪年：长安三年岁次癸卯十月己未朔四日壬戌。

Дx366《金光明最胜王经卷第一》。纪年：长安三年岁次癸卯十月□□。

散0885、中村不折藏《金光明最胜王经卷第一》。纪年：长安三年岁次癸卯十月己未朔四日壬戌。

北图新1172《金光明最胜王经卷第一》。纪年：长安三年岁次癸卯十月己未朔四日壬戌。

北图（雨39）《金光明最胜王经卷第五》。纪年：大周长安三年岁次癸卯十月己未朔四日壬戌。

北图新0743《金光明最胜王经卷第五》。纪年：大周长安三年岁次癸卯十月己未朔四日壬戌。

龙谷大学图书馆藏《金光明最胜王经卷第五》。纪年：大周长安三年岁次癸卯十月己未朔四日壬戌。

S.3712《金光明最胜王经卷第八》。纪年：大周长安三年岁次癸卯十月己未朔四日壬戌。

S.532《金光明最胜王经卷第八》。纪年：大周长安三年岁次癸卯十月己未朔四日壬戌。

S.3870《金光明最胜王经卷第八》。纪年：大周长安三年岁次癸卯十月己未朔四日壬戌。

S.4989《金光明最胜王经卷第八》。纪年：大周长安三年岁次癸卯十月己未朔四日壬戌。

龙谷大学图书馆藏《金光明经卷十》。纪年：大周长安三年岁次癸卯十月己未朔四日壬戌。

P.2585《金光明最胜王经题记》。纪年：大周长安三年岁次癸卯十月己未朔四日壬戌。

散0698、傅增湘藏《金光明经》。纪年：大周长安三年岁次癸卯十月己未朔四日壬戌。

S.6033《义净译经题记》。纪年：长安三年岁次癸卯十□□□。

长安四年（704）

S.622《劝善经》。纪年：长安四年五月十五日。

神龙元年（705）

S碎032《马死由马子制皮完收当征肉价牒》。卷中纪年：神龙元年三月一日……三月九日。

S碎032《马死命马子理赔牒》。纪年：神龙元年三月二日。

S碎033《复查马死无他故牒》。纪年：神龙元年三月　日。

S碎032《马死请处分牒》。纪年：神龙元年三月　日。

S碎031《贾才敏运马牒》。纪年：神龙元年四月　日。

山东博物馆藏LB.002《大唐中兴三藏圣教序》。参看于芹

《山东博物馆藏敦煌遗书叙录》（第60页）。

北图（柰27）《礼忏文》。纪年：长安五年甲午岁十月廿五日。长安共有四年，卷中长安五年疑为神龙元年。

P.3078、S.4673《唐神龙年代散颁刑部格卷》。唐耕耦、陆宏基编《敦煌社会经济文献真迹释录》第2辑（第563页）云此件书写年代为八世纪中叶。

P.2101《广百论疏卷第一》。纪年：神龙三年三月。

S.5448《敦煌录一本》。卷中纪年：神龙中。

武周时期不明年份

P.3252《故唐律》。仁井田陞、牧野巽认为制作年代在高宗永徽四年至玄宗开元二十五年之间。参看仁井田陞、牧野巽撰，程维荣译《〈故唐律疏议〉制作年代考》（杨一凡、寺田浩明主编《日本学者中国法制史论著选·魏晋隋唐卷》，北京：中华书局，第1-196页）。王重民《敦煌古籍叙录》据卷内有武后新字认为当为武后时写本。

P.3608、P.3252《唐律——职制、户婚、厩库律残卷》。王重民《敦煌古籍叙录》（第142页）认为当为武后时写本。唐耕耦、陆宏基编《敦煌社会经济文献真迹释录》第2辑（第527页）认为书写年代为载初元年至长安末年，底本应为经垂拱改定的永徽律。

P.3900《书仪》。赵和平《敦煌写本书仪研究》（台北：新文丰出版公司，1993年，第161—166页）推测为武则天时期书仪。

敦研340《采莲违王上佛授决号妙华经》。据林聪明《敦煌文书学》（第420页）。

P.2819《东皋子集》。参看伏俊琏《敦煌文学总论》（第26页）。

P.3034《武则天时期残牒案一卷》。参看唐耕耦、陆宏基编《敦煌社会经济文献真迹释录》第4辑（第429页）。

散0850、中村不折藏《残经舍利弗问说经》。《敦煌遗书总目索引》指出“有唐则天武后创办文字，正是武后时书”。

此外，据武周新字判定年代写卷甚多。参见戴仁著，耿升译《敦煌和吐鲁番写本中的武则天时代的新字》（《中国敦煌吐鲁番学会研究通讯》1986年第4期，第25—26页）；王三庆《敦煌写卷中武后新字之调查研究》（《汉学研究》第4卷2期，1986年，第437—464页）。但需要指出的是，敦煌写本中其他时期也有使用武周新字的情况，因此，以武周新字只能判定年代的上限。参看张涌泉《敦煌写本文献学》（第631—632页）。

日本国会图书馆藏WB32（6），604502《大乘显识经卷上》。题记纪年：右大唐永隆元年三藏地婆诃罗于东大原寺译出大周录。当是武则天时期抄录的。参看施萍婷《日本公私藏敦煌遗书叙录（三）》（第53页）。

台北傅斯年图书馆藏09《四分律卷第一》。参看郑阿财《台北中研院傅斯年图书馆藏敦煌卷子题记》（第361—362页）。

景龙元年（707）

散0620、李盛铎旧藏《金刚般若波罗蜜经义疏卷第二》。纪年：中宗孝和皇帝景龙元年夏五月。

北图新0657《新译药琉璃光七佛本愿功德经卷下》。纪年：大唐景龙元年岁次丁未乙申朔六日。

上图26《金刚般若波罗蜜经》。纪年：大唐景龙元年岁次丁未十二月乙酉朔十五日乙卯。

散0664、刘幼云藏《新译药琉璃光七佛本愿功德经卷下》。纪年：景龙元年。

S.1523+上博40《沙州刺史兼豆卢军使李庭光莫高灵岩佛窟碑并序》。马德《三件莫高窟洞窟营造文书述略》（第152—159

页）首次缀合，并认为该碑成书大概在699至741年之间，比较可靠时代应是武周末至开元初（699—715）。戴春阳《沙州刺史李庭光相关问题稽考》（第46—58页）认为该碑当镌于神龙三年之后、开元二十六年之前，进一步推测镌于中宗在位期间（707—710）。荣新江《石碑的力量——从敦煌写本看碑志的抄写与流传》（荣新江主编《唐研究》第23卷，第307—324页）认为抄本当抄自原碑，推测碑立于武周政权结束（705）到景龙元年之间。郑炳林、郑怡楠辑释《敦煌碑铭赞辑释（增订本）》（第38页）认为该碑的撰写不会早于景龙元年。颜廷亮《敦煌文学千年史》（第405页）系于开元三年。

景龙二年（708）

P.2361《本际经疏卷第三》。纪年：景龙二年三月十四日。

北图新1149《大般涅槃经卷第五》。纪年：大唐景龙二年岁次戊申五月壬辰朔廿六日丁巳。

S.2136《大般涅槃经如来性品之七》《大般涅槃经卷第十》。纪年：维大唐景龙二年岁次戊申五月壬辰朔廿六日丁巳。

北三井058（025-14-12）《大般涅槃经卷第七》。纪年：维大唐景龙二年岁次戊申五月壬辰朔廿六日丁巳。参看施萍婷《日本公私藏敦煌遗书叙录（一）——三井文库所藏敦煌遗书》（第82页）。

北图（律2）《金刚般若波罗蜜经》。卷中纪年：景龙二年九月廿日。

景龙三年（709）

甘博17《［十戒经］道士索澄空题记盟文》。纪年：大唐景龙三年岁次己酉正月己未朔四月壬戌。

守屋孝藏藏《妙法莲华经卷第二》。纪年：景龙三年四月一日。

P.2347《老子德经下》《十戒经》。纪年：大唐景龙三年岁次己酉五月丁巳朔十八日甲戌。

S碎016《牒》。纪年：景龙三年九月十五日。

S.2424《佛说阿弥陀经》。纪年：景龙三年十二月十一日。

散0889、中村不折藏《佛经》。纪年：景龙三年。

景龙四年（710）

北图（地24）《金刚般若波罗蜜经》。纪年：景龙四年六月廿日。

P.2625号《敦煌名族志》。池田温《唐朝氏族志の一考察：いわゆる敦煌名族志残卷をめぐって》（《北海道大學文學部紀要》13卷2期，第1—64页，中译本收入刘俊文主编《日本学者研究中国史论著选译》第4卷“六朝隋唐卷”，北京：中华书局，1992年，第680页）将文书编制时间限定在景龙三年十一月廿三日至景龙四年六月廿一日之间。

S.3326《全天星图》。马世长《〈敦煌星图〉的年代》《(1983年全国敦煌学术讨论会文集·（文史遗书编)》上，兰州：甘肃人民出版社，1987年，第367—372页）认为应抄绘于705至710年之间。

景龙年间（707—710）

散0955、三井源右卫门藏《景龙年中写经》。

景云二年（711）

S.2723《赞阿弥陀佛并论上卷》。纪年：景云二年三月十九日。

P.2884《般若波罗蜜多心经》。纪年：景云二年四月八日。

S.11287C《景云二年七月九日赐沙州刺史能昌仁敕》。

日本天理图书馆藏、敦研341《张君义文书》。共有四件。前三件藏日本天理图书馆（大庭脩著，李茹译《敦煌发现的张君义文书研究》，陕西历史博物馆编《陕西历史博物馆论丛》第25辑，西安：三秦出版社，2018年，第334—344页），唐耕耦、陆宏基编《敦煌社会经济文献真迹释录》第4辑（第273—277页）有录文。第四件为抄件，今藏敦煌研究院，编号0341，图版参见《敦煌研究文集·敦煌研究院藏敦煌文献研究篇》（兰州：甘肃民族出版社，2000年，图版10）。文书年代，其中一件明确纪年为唐中宗景龙三年（709）九月。朱雷《跋敦煌所出〈唐景云二年张君义勋告〉——兼论“勋告”制度渊源》（《中国古代史论丛》第3辑，福州：福建人民出版社，1982年，第331—339页；收入氏著《朱雷敦煌吐鲁番文书论丛》，上海：上海古籍出版社，2012年，第247—268页）命名为《唐景云二年张君义勋告》。关于该文书来源，张大千跋文指出是从莫高窟前的沙土中偶然挖到的。荣新江《〈敦煌莫高窟北区石窟〉（第一卷）评介》（《敦煌研究》2000年第4期，第178—180页）则指出，该件文书当出自北区某个洞窟。相关研究还有：中村裕一《唐代官文書研究》（京都：中文出版社，1991年，第443—446页）；内藤みどり《“張君義文書”と唐·突騎施娑葛の関係》（载《小田義久博士還暦紀念東洋史論集》，龍谷大学東洋史学研究会，1995年，第181—209页）；刘安志《敦煌所出张君义文书与唐中宗景龙年间西域政局之变化》（氏著《敦煌吐鲁番文书与唐代西域史研究》，第116—160页）。录文参见唐耕耦、陆宏基编《敦煌社会经济文献真迹释录》第4辑（第273—274、276—277页）。

P.3417《唐景云二年道士王景仙从雍州长安县怀阴乡东明观三洞法师中岳先生张泰受十戒十四持身品牒》。纪年：大唐景云二年太岁辛亥八月。

景云三年（712）

S.2593《沙州图经卷第一》。罗振玉认为此书作于开元、天宝间。王重民《敦煌古籍叙录》（第113—117页）定名为《沙州都督府图经》，断定文书作于武后时，开元二年九月以后的内容当是后人增入，不应据之判定作书年代。文书避玄宗讳，应写于开宝之际。池田温《沙州図経略考》（《榎博士還暦記念東洋史論叢》，第31—101页）认为当作成于上元三年至证圣元年，从武后到开元年代传抄过程中续有增补。郑炳林《敦煌地理文书汇辑校注》（第3页）认为该卷应著于贞观年间。李正宇《古本敦煌乡土志八种笺证》（第4页）认为年代当在咸亨元年到景云元年之间（670—710）。

P.2005《沙州都督府图经》。罗振玉《敦煌石室遗书》名曰“沙州志残卷”，并认为作于开元间。王重民《敦煌古籍叙录》认为作于武后之世。池田温《沙州図経略考》（《榎博士還暦記念東洋史論叢》，第31—101页）考证认为本卷当为永泰二年沙州升都督府后在旧本《沙州图经》基础上增修而成。李正宇《古本敦煌乡土志八种笺证》、刘安志《关于唐代沙州升为都督府的时间问题》（氏著《敦煌吐鲁番文书与唐代西域史研究》，第368页）同其说。周绍良《读〈沙州图经〉卷子》（《敦煌研究》1987年第2期，第27—33页）认为此卷成书于武周时期。王仲荦《敦煌石室地志残卷考释》（上海古籍出版社，1993年，第14页）认为当在开元四年以后。朱悦梅、李并成《〈沙州都督府图经〉纂修年代及其相关问题考》（《敦煌研究》2003年第5期，第61页）认为《沙州都督府图经》自永徽二年以后在《沙州图经》的基础上，历经武周，直至开元初，按照律令始终编修不断。颜廷亮《敦煌文学千年史》（第406页）将该卷与P.2695系于开元十五年。李锦绣《敦煌吐鲁番文书与唐史研究》（第410页）认为当是开元天宝时抄写。

先天元年（712）

P.3031《金刚般若波罗蜜经》。纪年：太极元年三月十五日。

S.2926《佛说校量数珠功德经》《持珠校量功德经一卷》。纪年：延和元年六月廿日，神龙元年正月廿三日宣译，太极元年四月　日进奉。

S.2423《佛说示所犯者瑜伽法镜经一卷》。卷中纪年：延和元年六月廿日，景龙元年岁次景午十二月廿三日译，至景云二年三月十三日奏行，太极元年四月　日进。

S.5257《敦元震宣旨》。纪年：先天元年九月一日。

P.2799《顿悟真宗金刚般若修行达彼岸法门要诀》。纪年：先天元年十一月五日。

先天二年（713）

散0781、中村不折藏《善恶因果经一卷》。纪年：先天二年六月二日。

P.3490V《张大爽述赞》。纪年：先天二年十二月廿五日。

P.2822V《唐先天二年沙州敦煌县平康乡籍》。录文参见池田温著，龚泽铣译《中国古代籍帐研究·录文与插图》（第27—29页）。

散0681、罗振玉藏《敦煌县平康乡田籍》。纪年：先天二年。

S.5257《先天二年九月一日郭元震（振）宣》。名称据《敦煌遗书总目索引新编》。王昊《敦煌小说及其叙事艺术》（合肥：安徽人民出版社，2005年，第65页）指出原卷作先天元年。张弓《敦煌典籍与唐五代历史文化》（451页）指出是唐敕旨的个人或寺观抄件。

S.20《汉书·匡衡传》。张弓《敦煌典籍与唐五代历史文化》（359页）认为当是开元以前所写。

P.3681《书仪》。张弓《敦煌典籍与唐五代历史文化》（719页）判定为年代应在开、天以前。

开元二年（714）

上博3323《金刚般若波罗蜜经》。纪年：开元二年二月二十三日。

天津艺术博物馆藏4538《大般若波罗蜜多经第三百一十一》。纪年：大唐开元二年仲夏。

散0066、台湾图书馆藏4774《太玄真一本际经》。纪年：开元二年十月初五日。

S.2999《太上道本通微妙经卷第十》。纪年：开元二年十一月廿五日。

S.3563《太玄真一本际经卷第二》。纪年：开元二年十一月廿五日。

P.2475《太玄真一本际经卷第二》。纪年：开元二年十一月廿五日。

P.2369《太玄真一本际经卷第四》。纪年：开元二年十一月廿五日。

P.2256《通门论卷下》。纪年：开元二年十一月廿五日。

藤井28-东洋文库28《开元二年三娘状》。参看施萍婷《日本公私藏敦煌遗书叙录（二）》（第95页）。

开元三年（715）

P.3816、S.5739、S.3824V《御注孝经赞并进表》。颜廷亮《敦煌文学千年史》（第405页）系于此年。

开元四年（716）

李盛铎旧藏《文选注卷二》。纪年：开元四年二月。

P.3877《唐开元四年沙州敦煌县慈惠乡籍》。录文参见池田温著，龚泽铣译《中国古代籍帐研究·录文与插图》（第30—35页）。

S.5637《祭牛文》《祭马文》《祭犬文》。颜廷亮《敦煌文学千年史》（第405页）系于此年。

S.4081《亡畜文》。颜廷亮《敦煌文学千年史》（第405页）系于此年。

P.3557V、P3669V《汉书·刑法志》。王重民《敦煌古籍叙录》（第76—79页）认为当写于高宗之世。张弓《敦煌典籍与唐五代历史文化》（第354页）则认为最早抄写于开元四年之后。

首都博物馆藏32.589《妙法莲华经卷二》。纪年：开元四年九月十二日。荣新江等怀疑题记为伪题。参看荣新江、王素、余欣《首都博物馆馆藏敦煌吐鲁番文献经眼录》（第132页）。

开元五年（717）

散0697、傅增湘藏《妙法莲华经》。纪年：开元五年岁次已巳三月十四日。

散0810、中村不折藏《般若波罗蜜经一卷》。纪年：开元五年四月八日。

北大77《佛顶尊胜陀罗尼经》。纪年：开元五年四月八日。

首都博物馆藏32.538《大般涅槃经》。纪年：开元五年四月十一日。参看余欣、王素、荣新江《首都博物馆藏敦煌吐鲁番文献经眼录》（第167页）。

北图新0746《法花经玄赞第二》。纪年：开元五年四月十五日。

上图94《佛顶尊胜陀罗尼经》。纪年：开元五年岁次丁巳十一月六日。

散0653、刘幼云藏《佛说大公经一卷》。纪年：开元五年。

开元六年（718）

P.2861《无上秘要目录》。纪年：开元六年二月八日。

S.80《无上秘要卷第十》。纪年：开元六年二月八日。

P.2602《无上秘要卷第廿九》。纪年：开元六年二月八日。

P.2371《无上秘要卷第卅三》。纪年：开元六年二月八日。

北图（珍20）《无上秘要卷第五十二》。纪年：开元六年二月八日。

P.3141《无上秘要卷第八十四》。纪年：开元六年二月八日。

散1713、龙谷大学图书馆藏《本草集注第一序录》。纪年：开元六年九月十一日辰时。

开元七年（719）

Дх5937《唐开元七年沙州敦煌县龙勒乡户籍》。据唐耕耦、陆宏基编《敦煌社会经济文献真迹释录》第2辑（第491页）。

P.4978V《开元兵部选格》。纪年：开元七年十月廿六日敕。

藤井11－东洋文库11《开元七年四月九日典残状》。参看施萍婷《日本公私藏敦煌遗书叙录（二）》（第92页）。

藤井19－东洋文库19《开元七年三月群头赵元爽状》。参看施萍婷《日本公私藏敦煌遗书叙录（二）》（第94页）。

藤井42－东洋文库42《开元七年三月二十八日酸枣戍状》。参看施萍婷《日本公私藏敦煌遗书叙录（二）》（第97页）。

藤井41－东洋文库41《开元七年八月某押官都督状》。参看施萍婷《日本公私藏敦煌遗书叙录（二）》（第97页）。

开元八年（720）

S.1910《阿弥陀经》。纪年：开元八年四月八日。

藤井20－东洋文库20《判状开元八年三月十九日□西州为西州长行马致死事》。参看施萍婷《日本公私藏敦煌遗书叙录（二）》（第94页）。

藤井26-东洋文库26《开元八年四月二十三日典杨牒状》。参看施萍婷《日本公私藏敦煌遗书叙录（二）》（第95页）。

李盛铎旧藏《大秦景教大圣通真归法赞一卷》。荣新江认为是赝品。参看林悟殊、荣新江《所谓李氏旧藏敦煌景教文献二种辨伪》（《九州学刊》第4卷第4期，1992年，收入荣新江《辨伪与存真：敦煌学论集》，上海：上海古籍出版社，2010年，第28—46页）；荣新江《敦煌景教文献写本的真与伪》（载张小贵编《三夷教研究——林悟殊先生古稀纪念论文集》，兰州：兰州大学出版社，2014年，第268—289页）。

开元九年（721）

P.2684V《神龙元年至开元九年间户籍》。卷中纪年：神龙元年，开元九年……九月九日。

北图（羽33）《妙法莲华经卷第三》。纪年：开元九年二月十三日。

S.3510《妙法莲华经卷第五》。纪年：开元九年五月一日。

中村不折藏《牒》。纪年：开元九年六月　日。

散0683、罗振玉藏《牒》。纪年：开元九年七月三日。

S.5714《唐开元九年十一月参军王某牒并判词》。纪年：开元九年十一月　日。

Дx354e《兵车参军令狐牒》。纪年：开元九年十一月十四日

藤井45-东洋文库45《开元九年长行坊状》。文书中“九”或为“八”。参看施萍婷《日本公私藏敦煌遗书叙录（二）》（第98页）。

罗振玉旧藏《大般涅槃经》。纪年：开元九年腊月十三日。参看池田温《中國古代寫本識語集録》（第292页）。

开元十年（722）

守屋孝藏藏《法华经疏赞卷第一》。纪年：开元十年三月四日。

藤井14－东洋文库14《开元十年三月西州收马所状》。参看施萍婷《日本公私藏敦煌遗书叙录（二）》（第93页）。

藤井22－东洋文库22《开元十年三月二日牒》。参看施萍婷《日本公私藏敦煌遗书叙录（二）》（第94页）。

藤井24－东洋文库24《开元十年三月一日牒》。参看施萍婷《日本公私藏敦煌遗书叙录（二）》（第95页）。

藤井38－东洋文库38《开元十年西州收马所状》。参看施萍婷《日本公私藏敦煌遗书叙录（二）》（第96页）。

散1077、清野兼次藏《大般涅槃经要卷第二》。纪年：开元十年。

P.3898、P.3877《唐开元十年沙州敦煌县悬泉乡籍》。录文参见池田温著，龚泽铣译《中国古代籍帐研究·录文与插图》（第36—43页）。

P.2684《唐开元十年沙州敦煌县莫高乡籍》。录文参见池田温著，龚泽铣译《中国古代籍帐研究·录文与插图》（第44页）。

开元十一年（723）

台北傅斯年图书馆07《大般涅槃经》。纪年：开元十一年四月五日。参看郑阿财《台北“中研院”傅斯年图书馆藏敦煌卷子题记》（第361—362页）。

S.610《启颜录》。纪年：开元十一年捌月五日。

S.610V《立春》。颜廷亮《敦煌文学千年史》（第405页）系于此年。

北图（翔68）《金刚般若波罗蜜经》。纪年：开元十一年十一月十日。

P.3721《瓜沙两郡史事编年并序》。纪年：自前汉高祖以来至开元十一年。

开元十二年（724）

P.2165V《金刚般若波罗蜜经解释》。朱笔纪年：开元十二年二月十日。

P.2500《礼记卷第三》。纪年：开元十二年三月五日。

P.3594《阴阳书》。纪年：从开元十二月甲子。

开元十三年（725）

P.3718《捣练子》词六首。颜廷亮《敦煌文学千年史》（第406页）系于此年。

P.3360《失调名词》。颜廷亮《敦煌文学千年史》（第406页）系于此年。

开元十四年（726）

P.3899V《唐开元十四年（726）沙州敦煌县勾征开元九年悬泉府马社钱案卷》。纪年：开元十四年四月廿三日。

开元十五年（727）

S.11459G“兵曹司开元十五年十二月印历。（典杜言）”王永兴（《王永兴学述》，杭州：浙江人民出版社，1999年，第216—220页）定名为《印历》，孙继民（《敦煌所出瀚海军两组文书试释》，收入氏著《敦煌吐鲁番所出唐代军事文书初探》，北京：中国社会科学出版社，2000年，第214—264页）定名为《唐开元十五年十二月北庭瀚海军兵曹司十二月印历》。刘安志认为S.11453J《阴都护状为东道烽候数事》、S.11453K《阴都护衙状为马踖历状》年代大致相当。参见刘安志《唐代安西、北庭两任都护考补》（《武汉大学学报（人文科学版）》2001年第1期，收入氏著《敦煌吐鲁番文书与唐代西域史研究》，第351页）。

P.3532《慧超往五天竺国传》开元十五年十一月上旬。罗振玉《敦煌石室遗书》认为成书年代“殆在玄宗朝”。高田时雄（《慧超〈往五天竺国传〉之语言与敦煌写本之性质》，参见高田时雄著，钟翀译《敦煌·民族·语言》（北京：中华书局，2005年，第377页）认为慧超于开元十五年抵达安西后，在取道高昌、敦煌到达长安的过程中，曾流寓敦煌，因而使得这一草稿本得以遗存在敦煌。但也有学者持不同观点。如陈士强（《大藏经总目提要·文史藏二》，上海：上海古籍出版社，2008年，第433页）认为此书约撰于开元十六年（728）；朱蕴秋、申美兰（《〈往五天竺国传〉中的印度人形象》，《沈阳大学学报》2005年第3期，第91页）认为此书是慧超在开元十六年回到长安后的五六年时间里整理写成的。

P.3535《释门书仪》。颜廷亮《敦煌文学千年史》（第406页）系于此年。

开元十六年（728）

P.3560《敦煌水渠》《沙州用水细则》。宁欣《唐代敦煌地区农业水利问题初探》（《敦煌吐鲁番文献研究论集》第3辑，北京：北京大学出版社，1986年，第467—541页）认为该卷文书当在永徽六年至开元十六年间制订。那波利貞（《唐代の農田水利に関する規定に就きて》，《史學雜誌》第54编第1—3号，1943年）考证文书时间在永徽五年以降但据永徽五年不久，文书为沙州地方政府保存的原本。

北图（芥40）《阿弥陀经》。纪年：开元十六年正月廿三日。

P.2547+P.4072《敕为大惠禅师建碑于塔所设斋赞愿文》。纪年：大唐开元十六年七月三十日。参见隋丽玫编《巴黎国家图书馆藏敦煌写本题记初录》（第40页）。

天津艺术博物馆藏001（53-5-1）《唐开元十六年董舅生牒》。

P.3535V《敕为大惠禅师建碑于塔所设斋赞愿文》。纪年：大唐开元十六年七月卅日。

散0225、李盛铎旧藏《支应册》。抄本年代：开元十六年。

藤井7-东洋文库7《开元十六年庭州轮台县钱帛计会稿》。参看施萍婷《日本公私藏敦煌遗书叙录（二）》（第92页）。

藤井15-东洋文库15《开元十六年金满县上孔目司牒》。参看施萍婷《日本公私藏敦煌遗书叙录（二）》（第93页）。

藤井23-东洋文库23《开元十六年九月牒》。参看施萍婷《日本公私藏敦煌遗书叙录（二）》（第94页）。

开元十七年（729）

S.2624《诸佛要行舍身功德经》。纪年：开元十七年六月十五日。

开元十八年（730）

P.2551V《开元十八年杂写四行》。纪年：开元十八年十八日。

开元十九年（731）

北图新1203《金刚般若波罗蜜经》。纪年：开元廿年岁次壬申正月乙巳朔廿六日庚午。

Дx9479《唐开元十九年后户籍残片》。纪年：开元拾玖、开元贰拾。据唐耕耦、陆宏基编《敦煌社会经济文献真迹释录》第2辑（第495页）。

开元二十年（732）

天津艺术博物馆藏4505《大般涅槃经后分卷下》。纪年：开元廿年。

开元二十二年（734）

Дx3820+3851《户籍》。纪年：开元廿二年。

S.6094《甲戌年正月已亥月朔廿二日庚申洪润乡百姓高延晟延祭宅神文》。钟书林、张磊《敦煌文研究与校注》（第771页）认为甲戌年为开元二十二年，抄写此年。

开元二十三年（735）

P.3725《老子道德经卷上》。纪年：开元廿三年五月　日。

P.2457《太上正一阅紫录仪》。纪年：开元廿三年太岁乙亥九月丙辰十七日丁巳。

P.2163《诸经要集》。纪年：维开元二十有三年。

P.3680V《孝子传》。纪年：开元廿三。

P.3841V《唐开元廿三年（735）？沙州会计历》。据唐耕耦、陆宏基编《敦煌社会经济文献真迹释录》第1辑（第415—426页）。

Дx3820、Дx3851《唐开元廿三年甘州张掖县某乡户籍》。据唐耕耦、陆宏基编《敦煌社会经济文献真迹释录》第2辑（第493页）。

Дx11068《唐开元廿三年甘州张掖县某乡户籍》。据唐耕耦、陆宏基编《敦煌社会经济文献真迹释录》第2辑（第494页）。

开元二十四年（736）

P.2979《唐开元二十四年九月岐州郿县尉□勋牒判集》。录文参见池田温著，龚泽铣译《中国古代籍帐研究·录文与插图》（第230—232页）。

莫高窟北区第47窟《唐开元二十四年（736）后沙州检勘丁租脚窖钱粮牒》。残存八片。参见陈国灿《莫高窟北区47窟新出唐开元二十四年（736）后丁租牒的复原与研究》（收入氏著《敦煌学史事新证》，第244—264页）。

开元二十五年（737）

上图120《观世音经》。纪年：开元廿五年二月八日。

散0878、中村不折藏《诸杂经论一卷》。纪年：开元廿五年三月一日。

P.3030《因地论》。纪年：开元廿五年五月廿八日。

北图（河17）《唐开元二十五年律疏——名例律疏残卷》。纪年：开元廿五年六月廿七日。据唐耕耦、陆宏基编《敦煌社会经济文献真迹释录》第2辑（第521页）。

P.2507《唐开元二十五年水部式残卷》。唐耕耦、陆宏基编《敦煌社会经济文献真迹释录》第2辑（第585页）认为书写年代在八世纪中期。

李盛铎旧藏《唐开元二十五年律疏——杂律疏残卷》。书写年代，日本山本达郎、池田温等断为八世纪中叶。刘俊文（《敦煌吐鲁番研究论集》，第588—594页）认为不晚于开天之际。参看唐耕耦、陆宏基编《敦煌社会经济文献真迹释录》第2辑（第527页）。

P.3593《唐开元二十五年律疏——名例律疏残卷》。唐耕耦、陆宏基编《敦煌社会经济文献真迹释录》第2辑（第533页）认为书写年代为八世纪中期。

S.6138《唐开元二十五年律疏——贼盗律疏残卷》。日本山本达郎、池田温等认为是八世纪中期写本。刘俊文（《敦煌吐鲁番研究论集》，第586—566页）推测是开天之际官府写本。参看唐耕耦、陆宏基编《敦煌社会经济文献真迹释录》第2辑（第540页）。

P.3690《唐律疏——职制律疏断片》。日本山本达郎、池田温等认为可能是开元二十五年律疏，书写年代为八世纪。刘俊文（《敦煌吐鲁番文献研究论集》，第584—586页）认为是永徽律疏。参看唐耕耦、陆宏基编《敦煌社会经济文献真迹释录》第2辑（第541页）。

开元二十七年(739)

P.2380V+P.4073V《文子下德篇》。纪年：大唐开元廿七年二月一日。

P.4978《王道祭杨筠文》。纪年：维大唐开元二七年岁在□丑二月东朔。

S.5735+P.2617《周易经典释文一卷》。纪年：开元廿七年五月廿五日。

P.2291《千手千眼陀罗尼经》。纪年：开元廿七年。

开元二十九年（741）

P.2547《张怀钦等告身残片》。纪年：开元廿九年正月廿八日。参看唐耕耦、陆宏基编《敦煌社会经济文献真迹释录》第4辑（第285—286页）。

中村不折藏《买牛契》。纪年：开元廿九年六月十日。

北大205V《开元贰拾玖年西州天山县南平乡户籍》。纪年：开元贰拾玖年。

开元年间（713—741）

S.6298《唐（开元年代）沙州敦煌县籍》。录文参见池田温著，龚泽铣译《中国古代籍帐研究·录文与插图》（第45页）。

S.5950《唐（开元年代）沙州敦煌县籍》。录文参见池田温著，龚泽铣译《中国古代籍帐研究·录文与插图》（第46页）。

Дx476《唐（开元年代）沙州敦煌县籍》。录文参见池田温著，龚泽铣译《中国古代籍帐研究·录文与插图》（第47页）。

Дx528《唐开元年间沙州敦煌县神沙乡户籍》。据唐耕耦、陆宏基编《敦煌社会经济文献真迹释录》第2辑（第492页）。

S.6090《唐（开元年代）西州高昌县籍》。录文参见池田温著，龚泽铣译《中国古代籍帐研究·录文与插图》（第110页）。

P.2507《水部式》，仁井田陞认为制作年代为开元十三年以后的开元年间，王永兴《敦煌写本唐开元水部校释》（《敦煌吐鲁番文献研究论集》第3辑，第41—68页）认同其说。郑炳林（《敦煌地理文书汇辑校注》，第106页）认为当在开元天宝年间。

S.1344《唐开元户部格残卷》。唐耕耦、陆宏基编《敦煌社会经济文献真迹释录》第2辑（第570页）认为书写年代为八世纪中期。

S.111446《开元年间沙州敦煌县籍帐》。

S.2679《奏请僧徒及寺舍依定表》。钟书林、张磊《敦煌文研究与校注》（第229页）认为是唐代初期贞观至开元时期抄本。

P.2354《大唐开元立成投龙章醮威仪法则》。

北图14841。纪年：维大唐开元厶年太岁厶子厶月朔厶日。

敦博58号。向达发现《西征小记》《唐代长安与西域文明》（第371页）认为是天宝初年写本。吴震（《敦煌石室所出唐天宝初年“郡县公廨本钱簿”》，《中国文物》1979年第1期，第30页）定名为《郡县公廨本钱簿》，薛英群（《略谈敦煌地志文书的公廨本钱》，《兰州大学学报》1980年第2期，第98—100页；薛英群、徐乐尧《唐写本地志残卷浅考》，《敦煌学辑刊》第2辑，第23—47页）定名为《地志》，书写年代在天宝初期。日本学者布目潮渢《唐開元末府州県図の試み》（布目潮渢编《唐·宋時代の行政·経済地図の作製研究成果報告書》，大阪大学教養部出版，1981年）将其定为《贞元十道录残卷》的祖型，书写于天宝元年到二年间，原本是在开元二十三年到二十五年编纂的。马世长《敦煌县博物馆藏地志残卷》（《敦煌吐鲁番文献研究论集》，第427、271—272页）认为文书抄写于晚唐或五代初期，“所据底本主要是开元和天宝两件不同年代的地志写本”。荣新江（《敦煌本〈天宝十道录〉及其价值》，《九州》第2辑，北京：商务印书馆，1999年，第116—129页）推测其为天宝初编成，定名为《天宝十道录》。

P.3819《唐开元（七一九或七三七年）公式令残卷》。日本山本达郎、池田温等认为书写年代为八世纪中叶。参看唐耕耦、陆宏基编《敦煌社会经济文献真迹释录》第2辑（第556页）。

天宝元年（742）

敦研0096《金刚般若经金刚藏菩萨注》。纪年：大唐天宝元年五月　日。

P.2504《唐天宝年代令式残卷》《天宝元载六月十二日牒》当为三年后的抄件。参看李锦绣《敦煌吐鲁番文书与唐史研究》（第392页）。

北图新1206《妙法莲华经卷第四》。纪年：天宝元年八月。

P.3274《孝经郑注义疏》。纪年：天宝元年十一月八日。

天宝二年（743）

S碎014《泛敏事牒》。纪年：天宝二年二月。

P.2668《阃外春秋卷第一》。写卷所涉纪年：天宝二年六月十三日……八月十一日。

S.316《大乘起信论卷》。纪年：天宝二年八月十三日。

P.5557《古文尚书孔氏传卷三》。纪年：天宝二年八月十七日。

P.4690《驼马账》。纪年：天宝二年。

S.6347《癸未年十二月九日索进晟祭弟十四郎文》。钟书林、张磊《敦煌文研究与校注》（第772页）认为癸未年当为天宝二年。

天宝三载（744）

北图（李71）《妙法莲华经卷第九》。纪年：天宝三载九月十七日。

P.163《唐天宝三载敦煌郡敦煌县神沙乡□（弘）□（远）里籍》。录文参见池田温著，龚泽铣译《中国古代籍帐研究·录文与插图》（第47页）。

P.2719《敦煌县神沙乡天宝三载户籍残节》。

天宝四载（745）

P.3348V《唐天宝四载十一月河西豆卢军和籴会计牒》。录文参见池田温著，龚泽铣译《中国古代籍帐研究·录文与插图》（第319—322页）。

P.3348V《唐天宝四载十二月河西豆卢军和籴会计牒》。录文参见池田温著，龚泽铣译《中国古代籍帐研究·录文与插图》（第319—322页）。

P.3600《维摩诘经》。写卷中纪年：从永徽五年至天宝四载又九十二年。

天宝五载（746）

中村不折藏《租佃契约》。纪年：天宝五载闰十月十五日。

北图（羽47）《妙法莲华经卷第四》。纪年：天宝五载。

天宝六载（747）

中村不折藏《给家人春衣历》。纪年：天宝六载四月十四日。

S.6006《惟性论一卷》。纪年：天宝六三载五月十三。

北图新1279《妙法莲华经卷第二》。纪年：天宝六载六月十五日。

P.3348V《唐天宝六载（747）一一月河西豆卢军军仓收纳籴粟牒》。录文参见池田温著，龚泽铣译《中国古代籍帐研究·录文与插图》（第323—324页）。

P.3348V《唐天宝六载（747）一二月河西豆卢军军仓收纳籴粟

麦牒》。录文参见池田温著，龚泽铣译《中国古代籍帐研究·录文与插图》（第324—328页）。

S.4583《唐天宝六载敦煌郡敦煌县效谷乡□□籍》。

P.2592、P.3354、罗振玉旧藏、S.3907、P.2547V《唐天宝六载敦煌郡敦煌县龙勒乡都乡里籍》。录文参见池田温著，龚泽铣译《中国古代籍帐研究·录文与插图》（第49—71页）。

上博39《大般涅槃经卷第四十》。纪年：大唐天宝六载三月廿二日。

天宝七载（748）

P.2882V《医方书》。纪年：天宝七载正月十三日。

Дx1111+1113《老子道德经五千文》。参看张弓《敦煌典籍与唐五代历史文化》（第296页）。

S.446《唐玄宗加应道尊号大赦文》。张弓《敦煌典籍与唐五代历史文化》（第442页）指出文书乃天宝七载五月敕书的抄件。唐耕耦、陆宏基编《敦煌社会经济文献真迹释录》第4辑（第260页）拟名《唐天宝七载册尊号敕》。

天宝八载（749）

上图019《状》。纪年：天宝八载二月廿七日。

上图19《唐天宝八载西州仓曹检勘诸仓仓粮案卷》。《上海图书馆藏敦煌吐鲁番文献》第1册（上海：上海古籍出版社，1999年，第133页）拟名《天宝八载公文》。此处为荣新江定名。参看荣新江《评〈上海图书馆藏敦煌吐鲁番文献〉》（《历史文献》第7辑，上海：上海古籍出版社，2004年，第322—329页）。

S.2703V《唐天宝八载敦煌郡应遣上使文解玖道事目》。参看唐耕耦、陆宏基编《敦煌社会经济文献真迹释录》第4辑（第475页）。

S.2703V《唐天宝八载司仓使王崇振等牒》。参看唐耕耦、陆宏基编《敦煌社会经济文献真迹释录》第4辑（第476页）。

S.2703V《唐天宝八载敦煌郡公文事目》。参看唐耕耦、陆宏基编《敦煌社会经济文献真迹释录》第4辑（第477页）。

S.2703《史令狐良嗣牒》。纪年：天宝八载三月廿二日。

S.1324《唐天宝八载四月十日史张阿忠牒》。纪年：天宝八载四月十日。

P.3735《尔雅注卷中》。纪年：天宝八载八月廿九日。

散0213，李盛铎旧藏《天宝八载敦煌县龙勒乡户册》。

散0214，李盛铎旧藏《天宝八载仓夫令狐良词牒》。

天宝九载（750）

P.2803V《唐天宝九载（750）八月至九月敦煌郡仓纳谷牒》，存16件。录文参见池田温著，龚泽铣译《中国古代籍帐研究·录文与插图》（第328—333页）。

天宝十载（751）

S.964《唐天宝九载、十载某部军人衣装簿》。参看孙继民《敦煌文书S.964号的定名及所涉兵员身份》（《敦煌研究》1997年第1期，第101—113页）。

S.6453《老子道德经上下卷》。纪年：大唐天宝十载岁次辛卯正月乙酉朔廿六日庚戌。

P.2417+P.2255《老子道德经》。纪年：大唐天宝十载岁次辛卯正月乙酉朔廿六日庚戌。

S.6454《十戒经》。纪年：大唐天宝十载岁次辛卯正月乙酉朔廿六日庚戌。

P.4979《唐天宝十载二月敦煌郡酒行安胡到芬牒》。纪年：天宝十载二月　日。录文参见池田温著，龚泽铣译《中国古代籍帐研究·录文与插图》（第333—334页）。

P.3559、P.2657、P.3018、P.2803V《唐天宝年代（750）敦煌郡敦煌县差科簿》。录文参见池田温著，龚泽铣译《中国古代籍帐研究·录文与插图》（第120—138页）。

P.2803《唐天宝年代（750）敦煌郡敦煌县差科簿》。录文参见池田温著，龚泽铣译《中国古代籍帐研究·录文与插图》（第139—140页）。

P.3768《文子道德第五》。纪年：天宝十载七月十一日。

Ф366《天宝十载前后沙州敦煌县退田簿》。据唐耕耦、陆宏基编《敦煌社会经济文献真迹释录》第2辑（第334页）。

Дx1379、Дx8721、S.8387、S.9487、Дx3160《唐天宝十载前后敦煌县户别受田亩数簿》。据唐耕耦、陆宏基编《敦煌社会经济文献真迹释录》第2辑（第369页）。

天宝十一载（752）

P.2174《御注金刚般若波罗蜜经宣演》。纪年：至天宝十一载。

天宝十二载（753）

S.3686《金刚般若经》。纪年：天宝十二载。

P.2257《太上大道经卷第二》。纪年：天宝十二载五月　日。

天津艺术博物馆藏4601《金刚般若波罗蜜经》。纪年：天宝十二载五月廿三日。

散1059、山本悌二郎藏《太上业报因缘经卷第八》。纪年：天宝十二载六月　日。

Ф253、Дx586《大乘方便经卷上》。纪年：天宝十二载七月九日。

故宫博物院藏《慈善孝子报恩成道经》。纪年：天宝十二载六月。

散0782、中村不折藏《法华经玄赞第七》。纪年：先天十二年七月二十二日。先天仅有两年。《敦煌遗书总目索引》疑为天宝十二载。

P.3664V、P.3559V《乌山四戍会计牒》。卷中纪年：天宝五年至天宝十二载。

天宝十三载（754）

P.3559+P.3664《唐天宝十三载敦煌郡会计牒》。录文参见池田温著，龚泽铣译《中国古代籍帐研究·录文与插图》（第335—337页）。

P.4053V《天宝十三载龙兴观道士杨神岳便麦契》。纪年：天宝十三载六月五日。

龙谷大学图书馆藏《无量寿观经缵述》。纪年：天宝十三载七月十四日。

S.1889《敦煌氾氏家传并序》。颜廷亮《敦煌文学千年史》（第406页）系于此年。钟书林、张磊《敦煌文研究与校注》（第486页）认为是贞观时期抄本。张弓《敦煌典籍与唐五代历史文化》（第431页）认为是归义军时期的抄本。

Дх1360+Дх2974《敦煌马太守后庭歌》。颜廷亮《敦煌文学千年史》（第406页）系于此年。

Дх2974《苜蓿峰寄家人》。颜廷亮《敦煌文学千年史》（第406页）系于此年。

天宝十四载（755）

P.3307V《天宝十四载残牒》。纪年：天宝十四载二月十日。

S.3392《唐天宝十四载骑都尉秦元告身》。卷中纪年：天宝十四载三月十七日；天宝十四载五月九日；天宝十四载五月十一日。参看唐耕耦、陆宏基编《敦煌社会经济文献真迹释录》第4辑（第287—288页）。

S.2500《菩萨戒本缘》。纪年：天宝十四载。

Дх1360《玉门关盖将军歌》。颜廷亮《敦煌文学千年史》（第407页）系于此年。

天宝十五载（756）

S.0717《妙法莲华经卷第六》。纪年：天宝十五载八月廿日。

敦研324《妙法莲华经卷七》。纪年：天宝十五载八月廿日。

其他

P.2862V、P.2626V《唐天宝时代敦煌郡会计帐》。录文参见池田温著，龚泽铣译《中国古代籍帐研究·录文与插图》（第337—340页）。

P.3274V《唐天宝年代豆卢军防人衣服检点历》。参看唐耕耦、陆宏基编《敦煌社会经济文献真迹释录》第4辑（第451页）。

S.2703《唐天宝、乾元年间残牒》《唐天宝年代敦煌郡公文事目》。参看唐耕耦、陆宏基编《敦煌社会经济文献真迹释录》第4辑（第468、472页）。

S.2703《唐天宝时代敦煌县名簿》。录文参见池田温著，龚泽铣译《中国古代籍帐研究·录文与插图》（第341—342页）。

S.2703V《唐年次未详（八世纪中期）敦煌县诸乡徽革鞍历》。录文参见池田温著，龚泽铣译《中国古代籍帐研究·录文与插图》（第342页）。

敦研298、299《唐代奴婢买卖市券副本》。原为一卷，后断裂为二。据施萍婷《从一件奴婢买卖文书看唐代阶级压迫》（载《文物》1972年第12期，后改题为《本所藏敦煌唐代奴婢买卖文书介绍》，载本书编委会主编《敦煌吐鲁番文书与中古史研究：朱雷先生八秩荣诞祝寿集》，上海：上海古籍出版社，2016年，第10页）。池田温著，龚泽铣译《中国古代籍帐研究·录文与插图》（第346页）拟题《唐天宝时代（744—758）敦煌郡行客王修智卖胡奴市券公验》。

北图8418（位79）《姓氏录》。缪荃孙名之为《贞观八年条举氏族事件》，王仲荦《〈唐贞观八年条举氏族事件〉残卷考释》（《文史》第9辑，1980年，第53—73页）同其说。陈垣编《敦煌劫余录》定名为《姓氏录》。向达以为是《贞观氏族志》。牟润孙（台湾大学《文史哲》第三期）认为："残卷固非《显庆姓氏录》，亦决非《贞观氏族志》，而是唐时关东大姓之衰落户为增高卖婚价格所伪托之《氏族志》。"唐耕耦《敦煌唐写本天下姓望氏族谱残卷的若干问题》（《魏晋隋唐史论集》第2辑，1983年，第293—315页）认为："残卷后文矛盾明显而多，系无识者杜撰；残卷决不是敕定的官文书——既非《贞观氏族志》或其郡姓篇名，亦非贞观八年条举氏族事件。"唐氏定名为《天下姓望氏族谱》，并认为其写作年代"应在唐武德五年至武周长安年间"。据卷末题记，抄写年代在836年。毛汉光《敦煌唐代氏族谱残卷之商榷》（《"中央研究院"历史语言研究所集刊》第43本2分册，第259—276页）推测此卷是唐前期作品，当作于天宝元年以后，宝应元年之前。华林甫（《〈姓氏录〉写作年代考》，《敦煌研究》1995年第4期，第99—103页）指出"文书所反映的政区沿革应是天宝元年以后的情况，不可能是唐初贞观年间的"。李锦绣《敦煌吐鲁番文书与唐史研究》（第422页）张弓《敦煌典籍与唐五代历史文化》（第530页）将文书编写年代定于天宝末（十一至十四年之间）。

S.5861《天下郡望氏族谱》。张弓《敦煌典籍与唐五代历史文化》（第535页）将文书编写年代定于天宝十一至十四载之间。

敦博76《天宝年间地志残卷》。据唐耕耦、陆宏基编《敦煌社会经济文献真迹释录》第1辑（第56页）。

S.2052《新集天下姓望氏族谱》。王仲荦《〈新集天下姓望氏族谱〉考释》（《敦煌吐鲁番文献研究论集》第2辑，第71—177页）认为是大历十四年至元和以前的产物。唐耕耦（《敦煌吐鲁番文献研究论集》第2辑，第269页）认为此卷年代在开元中期以后，最下限不能确定。仁井田陞认为是开元前后的文书。华林甫（《〈新集天下姓望氏族谱〉写作年代考》，《敦煌研究》1991年第4期，第70—71页）考证此卷写作年代当在玄宗天宝初年至肃宗至德二年（757）之内。李锦绣据卷中避讳问题，认为文书应作于贞元年间（785—805），很可能是五代写本。（《敦煌吐鲁番文书与唐史研究》，第424页）。张弓《敦煌典籍与唐五代历史文化》（第537页）同。

S.5478《文心雕龙》残卷。抄写时间，林其锬、陈凤金《敦煌遗书〈文心雕龙〉残卷集校》（《中华文史论丛》1988年第1期，第15—130页）认为很可能出自初唐人手。赵万里《唐写本〈文心雕龙〉残卷校记》（《清华学报》第2卷第1号，1926年，第97—116页）认为是中唐士大夫所书。日本鈴木虎雄《燉煌本文心雕龍校勘記》认为缮写时间在唐末。伏俊琏《敦煌文学总论》（第97页）认为当在开元、天宝时期。

P.3590《陈氏别传》吴其昱《敦煌本故陈子昂集残卷研究》（《中国敦煌学百年文库·文献卷（一）》，兰州：甘肃文化出版社，1999年，第497页）认为是盛唐写本。钟书林、张磊《敦煌文研究与校注》（第492页）断定为唐玄宗时期抄本。

S.10591《汉书·王商史丹傅喜传》。张弓《敦煌典籍与唐五代历史文化》（第363页）认为是唐前期写本。

S.5511、S.4398V《降魔变文》。开篇：我大唐汉圣主开元天宝圣文神武应道皇帝陛下。

P.2555《诗文集》。颜廷亮《敦煌文学千年史》（第407页）系于开宝之际。

俄藏《赤须将军歌》。颜廷亮《敦煌文学千年史》（第407页）系于开宝之际。

S.2607《赞普子》。颜廷亮《敦煌文学千年史》（第407页）系于开宝之际。

S.7111《别仙子》。颜廷亮《敦煌文学千年史》（第407页）系于开宝之际。

P.3821《定风波》《谒金门》。颜廷亮《敦煌文学千年史》（第407页）系于开宝之际。

P.3333《谒金门》《菩萨蛮》。颜廷亮《敦煌文学千年史》（第407页）系于开宝之际。

P.2506《失调名词》《献忠心》。姜亮夫《莫高窟年表》系于唐睿宗太极元年。颜廷亮《敦煌文学千年史》系于开宝之际。汤涒《敦煌曲子词地域文化研究》（上海：上海古籍出版社，2004年，第33页）认为抄写于晚唐五代。

P.2547、P.3806《社文》。颜廷亮《敦煌文学千年史》（第407页）系于开宝之际。

北图8454（地十七）《某公才》。颜廷亮《敦煌文学千年史》（第407页）系于开宝之际。

S.5629《敦煌郡等某乙社条壹道》。颜廷亮《敦煌文学千年史》（第407页）系于开宝之际。

参考文献

古籍

[1] [东汉] 班固著，[唐] 颜师古注《汉书》，北京：中华书局，1962年。

[2] [南朝宋] 范晔撰，[唐] 李贤等注《后汉书》，北京：中华书局，1965年。

[3] [南朝梁] 陶弘景编，尚志钧、尚元胜辑校《本草经集注（辑校本）》，北京：人民卫生出版社，1994年。

[4] [北魏] 贾思勰著，石声汉校释《齐民要术今释》，北京：中华书局，2009年。

[5] [北齐] 魏收撰《魏书》，北京：中华书局，1974年。

[6] [唐] 房玄龄等撰《晋书》，北京：中华书局，1974年。

[7] [唐] 令狐德棻等撰《周书》，北京：中华书局，1971年。

[8] [唐] 姚思廉撰《陈书》，北京：中华书局，1972年。

[9] [唐] 李延寿撰《南史》，北京：中华书局，1975年。

[10] [唐] 李延寿撰《北史》，北京：中华书局，1974年。

[11] [唐] 魏徵等撰《百衲本隋书》，上海：商务印书馆，1935年。

[12] [唐] 魏徵等撰《隋书》，北京：中华书局，1973年。

[13] [唐] 长孙无忌撰，刘俊文点校《唐律疏议》，北京：中华书局，

1983年。

［14］［唐］李林甫等撰，陈仲夫点校《唐六典》，北京：中华书局，2014年。

［15］［唐］杜佑撰，王文锦等点校《通典》，北京：中华书局，1988年。

［16］［唐］萧嵩等撰《大唐开元礼》，北京：民族出版社，2000年。

［17］［唐］李吉甫撰，贺次君点校《元和郡县图志》，北京：中华书局，1983年。

［18］［唐］林宝撰，岑仲勉四校记，郁贤皓、陶敏整理，孙望审定《元和姓纂（附四校记）》，北京：中华书局，1994年。

［19］［唐］道宣撰，郭绍林点校《续高僧传》，北京：中华书局，2014年。

［20］［唐］道宣《广弘明集》，《大正藏》，第52册。

［21］［唐］慧立、彦悰著，孙毓棠、谢方点校《大慈恩寺三藏法师传》，北京：中华书局，2000年。

［22］［唐］智昇撰，富世平点校《开元释教录》，北京：中华书局，2018年。

［23］［唐］刘禹锡著，卞孝萱校订《刘禹锡集》，北京：中华书局，1990年。

［24］［后晋］刘昫等撰《旧唐书》，北京：中华书局，1975年。

［25］［宋］欧阳修、宋祁撰《百衲本新唐书》，上海：商务印书馆，1936年。

［26］［宋］欧阳修、宋祁撰《新唐书》，北京：中华书局，1975年。

［27］［宋］王溥撰《唐会要》上海：上海古籍出版社，2006年

［28］［宋］司马光编著，［元］胡三省音注《资治通鉴》，北京：中华书局，1956年。

［29］［宋］李昉等编《太平广记》，北京：中华书局，1961年。

［30］［宋］乐史撰，王文楚点校《太平寰宇记》，北京：中华书局，1986年。

［31］［宋］王应麟撰《玉海》，扬州：广陵书社，2003年。

［32］［宋］志磐撰，释道法校注《佛祖统纪校注》，上海：上海古籍出版社，2012年。

［33］［宋］郑刚中撰，张剑光整理《西征道里记》，朱易安、傅璇琮等主编《全宋笔记》第3编第7册，郑州：大象出版社，2008年。

［34］［清］董诰等编《全唐文》，北京：中华书局，1983年。

［35］［清］顾祖禹撰，贺次君、施和金点校《读史方舆纪要》，北京：中华书局，2005年。

专著

［1］罗振玉《敦煌石室遗书》，上虞罗氏排印本，1909 年。

［2］罗振玉《鸣沙石室佚书》，上虞罗氏衰翰楼印本，1913 年。

［3］向达《唐代长安与西域文明》，北京：生活·读书·新知三联书店，1957 年。

［4］中国科学院历史研究所资料室编《敦煌资料》第 1 辑，北京：中华书局，1961 年。

［5］冯承均《西域南海史地考证论著汇辑》，北京：中华书局，1963 年。

［6］（日）嶋崎昌《隋唐時代の東トゥルキスタン研究》，東京：東京大学出版会，1977 年。

［7］王仲荦《北周地理志》，北京：中华书局，1980 年。

［8］（日）榎一雄主编《講座敦煌 2·敦煌の歷史》，東京：大東出版社，1980 年。

［9］（日）池田温主编《講座敦煌 3·敦煌の社会》，東京：大東出版社，1980 年。

［10］杨震方编著《碑帖叙录》，上海：上海古籍出版社，1982 年。

［11］（日）小田義久编《大谷文書集成》卷 1，京都：法藏館，1984 年。

［12］（日）西嶋定生著，冯佐哲等译《中国经济史研究》，北京：农业出版社，1984 年。

［13］王壮弘、马成名编著《六朝墓志检要》，上海：上海书画出版社，1985 年。

［14］唐耕耦、陆宏基编《敦煌社会经济文献真迹释录》第1辑，北京：书目文献出版社，1986年。

［15］敦煌研究院编《敦煌莫高窟供养人题记》，北京：文物出版社，1986年。

［16］（日）藤堂恭俊、塩入良道《中国佛教史》，台北：华宇出版社，1986年。

［17］国家文物局古文献研究室等编《吐鲁番出土文书》第7册，北京：文物

出版社，1986年。

［18］（日）松田寿男著，陈俊谋译《古代天山历史地理学研究》，北京：中央民族学院出版社，1987年。

［19］黄烈《中国古代民族史研究》，北京：人民出版社，1987年。

［20］陈垣编纂，陈智超、曾庆瑛校补《道家金石略》，北京：文物出版社，1988年。

［21］齐陈骏《河西史研究》，兰州：甘肃教育出版社，1989年。

［22］郑炳林《敦煌地理文书汇辑校注》，兰州：甘肃教育出版社，1989年。

［23］北京图书馆金石组编《北京图书馆藏中国历代石刻拓本汇编》第103册，郑州：中州古籍出版社，1989年。

［24］中国社会科学院历史研究所等编《英藏敦煌文献（汉文佛经以外部份）》第2卷，成都：四川人民出版社，1990年。

［25］中国社会科学院历史研究所等编《英藏敦煌文献（汉文佛经以外部份）》第3卷，成都：四川人民出版社，1990年。

［26］刘叔鹤编著《中国统计史略》，武汉：湖北人民出版社，1990年。

［27］郭沫若编《中国史稿地图集》，北京：中国地图出版社，1990年。

［28］唐耕耦、陆宏基编《敦煌社会经济文献真迹释录》第2—5辑，北京：全国图书馆文献缩微复制中心，1990年。

［29］（日）池田温编《中國古代寫本識語集錄》，東京：東京大学東洋文化研究所，1990年。

［30］国家文物局古文献研究室、新疆维吾尔自治区博物馆、武汉大学历史系编《吐鲁番出土文书》第9册，北京：文物出版社，1990年。

［31］国家文物局古文献研究室、新疆维吾尔自治区博物馆、武汉大学历史系编《吐鲁番出土文书》第10册，北京：文物出版社，1991年。

［32］张宁等主编《隋唐五代墓志汇编·北京卷附辽宁卷》第1册，天津：天津古籍出版社，1991年。

［33］王思礼等主编《隋唐五代墓志汇编·江苏山东卷》，天津：天津古籍出版社，1991年。

[34] 洛阳市文物工作队《洛阳出土历代墓志辑绳》，北京：中国社会科学出版社，1991年。

[35] 姜伯勤《敦煌社会文书导论》，台北：新文丰出版公司，1992年。

[36] 周绍良主编《唐代墓志汇编》，上海：上海古籍出版社，1992年。

[37] 冻国栋《唐代人口问题研究》，武汉：武汉大学出版社，1993年。

[38] 王永兴《陈门问学丛稿》，南昌：江西人民出版社，1993年。

[39] 杜斗城《陇右高僧录》，兰州：兰州大学出版社，1993年。

[40] 薛宗正《历代西陲边塞诗研究》，兰州：敦煌文艺出版社，1993年。

[41] 中国文物研究所、新疆维吾尔自治区博物馆、武汉大学历史系编《吐鲁番出土文书［贰］》，北京：文物出版社，1994年。

[42] 敦煌市志编纂委员会编《敦煌市志》，北京：新华出版社，1994年。

[43] 姜伯勤《敦煌吐鲁番文书与丝绸之路》，北京：文物出版社，1994年。

[44] 张传玺《中国历代契约会编考释》，北京：北京大学出版社，1995年。

[45] 张泽咸《唐代工商业》，北京：中国社会科学出版社，1995年。

[46] 游修龄《中国稻作史》，北京：中国农业出版社，1995年。

[47] 杜斗城《北凉译经论》，兰州：甘肃文化出版社，1995年。

[48] 上海古籍出版社、法国国家图书馆编《法藏敦煌西域文献》第1册，上海：上海古籍出版社，1995年。

[49] 谭其骧主编《中国历史地图集》，北京：中国地图出版社，1996年。

[50] 中国文物研究所、新疆维吾尔自治区博物馆、武汉大学历史系编《吐鲁番出土文书［肆］》，北京：文物出版社，1996年。

[51] 马德《敦煌莫高窟史研究》，兰州：甘肃教育出版社，1996年。

[52] 李正宇《敦煌史地新论》，台北：新文丰出版股份有限公司，1996年。

[53] 中国古代书画鉴定组编《中国绘画全集》第1册，北京：文物出版社，1997年。

[54] 张弓《汉唐佛寺文化史》，北京；中国社会科学出版社，1997年。

[55] 宁可、郝春文《敦煌社邑文书辑校》，南京：江苏古籍出版社，1997年。

[56] 李正宇《敦煌历史地理导论》，台北：新文丰出版股份有限公司，

1997年。

［57］杨际平、郭锋、张和平《五—十世纪敦煌的家庭与家族关系》，长沙：岳麓书社，1997年。

［58］上海古籍出版社、天津艺术博物馆编《天津市艺术博物馆藏敦煌文献》1-7册，上海：上海古籍出版社，1997年。

［59］吴玉贵《突厥汗国与隋唐关系史研究》，北京：中国社会科学出版社，1998年。

［60］上海古籍出版社、法国国家图书馆编《法藏敦煌西域文献》第6册，上海：上海古籍出版社，1998年。

［61］薛宗正《安西与北庭——唐代西陲边政研究》，哈尔滨：黑龙江教育出版社，1998年。

［62］（日）池田温《唐研究论文选集》，北京：中国社会科学出版社，1999年。

［63］巫新华《吐鲁番地区唐代交通路线的考察与研究》，青岛：青岛出版社，1999年。

［64］郭锋《唐代士族个案研究——以吴郡、清河、范阳、敦煌张氏为中心》，厦门：厦门大学出版社，1999年。

［65］吴钢主编《全唐文补遗》第6辑，西安：三秦出版社，1999年。

［66］段文杰主编《甘肃藏敦煌文献》第1卷，兰州：甘肃人民出版社，1999年。

［67］敦煌研究院主编《敦煌石窟全集·民俗画卷》，香港：商务印书馆（香港）有限公司，1999年。

［68］郑学檬主编《中国赋役制度史》，上海：上海人民出版社，2000年。

［69］王素《高昌史稿·交通篇》，北京：文物出版社，2000年。

［70］敦煌研究院编《敦煌研究文集：敦煌石窟考古篇》，兰州：甘肃民族出版社，2000年。

［71］敦煌研究院编，施萍婷主撰稿、邰惠莉助编《敦煌遗书总目索引新编》，北京：中华书局，2000年。

[72] 中国文物研究所、陕西省古籍整理办公室编《新中国出土墓志·陕西[壹]》，北京：文物出版社，2000年。

[73] 上海古籍出版社、法国国家图书馆编《法藏敦煌西域文献》第16—19册，上海：上海古籍出版社，2001年。

[74] 荣新江《敦煌学十八讲》，北京：北京大学出版社，2001年。

[75] 王其英主编《武威金石录》，兰州：兰州大学出版社，2001年。

[76] 陈国灿《敦煌学史事新证》，兰州：甘肃教育出版社，2002年。

[77] 李方《唐西州行政体制考论》，哈尔滨：黑龙江教育出版社，2002年。

[78] 史苇湘《敦煌历史与莫高窟艺术研究》，兰州：甘肃教育出版社，2002年。

[79] 上海古籍出版社、法国国家图书馆编《法藏敦煌西域文献》第22册，上海：上海古籍出版社，2002年。

[80] 张泽咸《汉晋唐时期的农业》，北京：中国社会科学出版社，2003年。

[81] 张沛《唐折冲府汇考》，西安：三秦出版社，2003年。

[82] 王仲荦《隋唐五代史》，上海：上海人民出版社，2003年。

[83] 杨际平《北朝隋唐均田制新探》，长沙：岳麓书社，2003年。

[84] 侯灿、吴美琳《吐鲁番出土砖志集》，成都：巴蜀书社，2003年。

[85] 王卡《敦煌道教文献研究——综述·目录·索引》，北京：中国社会科学出版社，2004年。

[86] 敦煌研究院主编《敦煌石窟全集·服饰画卷》，香港：商务印书馆（香港）有限公司，2005年。

[87] 郑炳林主编、兰州大学敦煌学研究所编《敦煌归义军史专题研究三编》，兰州：甘肃文化出版社，2005年。

[88] 上海古籍出版社、法国国家图书馆编《法藏敦煌西域文献》第31册，上海：上海古籍出版社，2005年。

[89] 上海古籍出版社、法国国家图书馆编《法藏敦煌西域文献》第34册，上海：上海古籍出版社，2005年。

[90] （日）磯部彰编《台東區立書道博物館所藏中村不折舊藏禹域墨書集成(中)》，東京：二玄社，2005年。

［91］林悟殊《中古三夷教辨正》，北京：中华书局，2005年。

［92］李锦绣《敦煌吐鲁番文书与唐史研究》，福州：福建人民出版社，2006年。

［93］甘肃省文物局编《甘肃文物菁华》，北京：文物出版社，2006年。

［94］中国国家图书馆编，任继愈主编《国家图书馆藏敦煌遗书》第16册，北京：北京图书馆出版社，2006年。

［95］郝春文、金滢坤编著《英藏敦煌社会历史文献释录》第4卷，北京：社科文献出版社，2006年。

［96］张弓主编《敦煌典籍与唐五代历史文化》，北京：中国社会科学出版社，2006年。

［97］（日）池田温著，龚泽铣译《中国古代籍帐研究》，北京：中华书局，2007年。

［98］赵君平、赵文成编《河洛墓刻拾零》，北京：国家图书馆出版社，2007年。

［99］李正宇《古本敦煌乡土志八种笺证》，兰州：甘肃人民出版社，2008年。

［100］敦煌市地方志编纂委员会编《敦煌志》，北京：中华书局，2008年。

［101］中国国家图书馆编，任继愈主编《国家图书馆藏敦煌遗书》第76册，北京：北京图书馆出版社，2008年。

［102］严耕望《严耕望史学论文集》，上海：上海古籍出版社，2009年。

［103］雷闻《郊庙之外——隋唐国家祭祀与宗教》，北京：生活·读书·新知三联书店，2009年。

［104］中国国家图书馆编，任继愈主编《国家图书馆藏敦煌遗书》第128册，北京：北京图书馆出版社，2010年。

［105］中国国家图书馆编，任继愈主编《国家图书馆藏敦煌遗书》第129册，北京：北京图书馆出版社，2010年。

［106］中国国家图书馆编，任继愈主编《国家图书馆藏敦煌遗书》第135册，北京：北京图书馆出版社，2010年。

［107］中国国家图书馆编，任继愈主编《国家图书馆藏敦煌遗书》第136册，

北京：北京图书馆出版社，2010年。

［108］刘安志《敦煌吐鲁番文书与唐代西域史研究》，北京：商务印书馆，2011年。

［109］高荣主编《河西通史》，天津：天津古籍出版社，2011年。

［110］方广锠、（英）吴芳思主编《英国国家图书馆藏敦煌遗书》第2册，桂林：广西师范大学出版社，2011年。

［111］唐长孺《魏晋南北朝史论拾遗》，北京：中华书局，2011年。

［112］林悟殊《林悟殊敦煌文书与夷教研究》，上海：上海古籍出版社，2011年。

［113］耿元骊《帝制时代中国土地制度研究》，北京：经济科学出版社，2012年。

［114］陈国灿《陈国灿吐鲁番敦煌出土文献史事论集》，上海：上海古籍出版社，2012年。

［115］陈菊霞《敦煌翟氏研究》，北京：民族出版社，2012年。

［116］郝春文、周尚兵、赵贞、陈于柱编著《英藏敦煌社会历史文献释录》第8卷，北京：社科文献出版社，2012年。

［117］郑炳林、李军《敦煌历史地理》，兰州：甘肃教育出版社，2013年。

［118］郝春文、陈大为《敦煌的佛教与社会》，兰州：甘肃教育出版社，2013年。

［119］张总《中国三阶教史：一个佛教史上湮灭的教派》，北京：社会科学文献出版社，2013年。

［120］（日）小林正美著，王皓月、李之美译《唐代的道教与天师道》，济南：齐鲁书社，2013年。

［121］荣新江《中古中国与外来文明（修订版）》，北京：生活·读书·新知三联书店，2014年。

［122］方广锠、（英）吴芳思主编《英国国家图书馆藏敦煌遗书》第32册，桂林：广西师范大学出版社，2014年。

［123］方广锠、（英）吴芳思主编《英国国家图书馆藏敦煌遗书》第35册，

桂林：广西师范大学出版社，2014年。

[124] 方广锠、（英）吴芳思主编《英国国家图书馆藏敦煌遗书》第36册，桂林：广西师范大学出版社，2014年。

[125] 陈国符《道藏源流考（新修订版）》，北京：中华书局，2014年。

[126] 李宗俊《唐前期西北军事地理问题研究》，北京：中国社会科学出版社，2015年。

[127] 杨宝玉、吴丽娱《归义军政权与中央关系研究——以入奏活动为中心》，北京：中国社会科学出版社，2015年。

[128] 宋昌斌《中国户籍制度史》，西安：三秦出版社，2016年。

[129] 顾淑彦《敦煌十六国至隋石窟艺术》，兰州：甘肃教育出版社，2016年。

[130] 郑学檬《点涛斋史论集·以唐五代经济史为中心》，厦门：厦门大学出版社，2016年。

[131] 杨际平《杨际平中国社会经济史论集·第3卷·出土文书卷》，厦门：厦门大学出版社，2016年。

[132] 罗新、叶炜著《新出魏晋南北朝墓志疏证（修订本）》，北京：中华书局，2016年。

[133] （日）大渊忍尔著，隽雪艳、赵蓉译《敦煌道经·目录篇》，济南：齐鲁书社，2016年。

[134] 施和金《中国行政区划通史·隋代卷》，上海：复旦大学出版社，2017年。

[135] 郭声波《中国行政区划通史·唐代卷》，上海：复旦大学出版社，2017年。

[136] 郝二旭《唐五代敦煌农业专题研究》，兰州：甘肃文化出版社，2017年。

[137] 张景峰《敦煌阴氏与莫高窟》，兰州：甘肃教育出版社，2017年。

[138] 王惠民《敦煌佛教与石窟营建》，兰州：甘肃教育出版社，2017年。

[139] 李明等主编《长安高阳原新出土隋唐墓志》，北京：文物出版社，

2017年。

［140］方广锠、（英）吴芳思主编《英国国家图书馆藏敦煌遗书》第45册，桂林：广西师范大学出版社，2017年。

［141］于淑健、黄征《敦煌本古佚与疑伪经校注》，南京：凤凰出版社，2017年。

［142］杨学勇《三阶教史研究》，兰州：甘肃文化出版社，2017年。

［143］方广锠《疑伪经研究与“文化汇流”》，桂林：广西师范大学出版社，2018年。

［144］郑炳林、郑怡楠《敦煌碑铭赞辑释（增订本）》，上海：上海古籍出版社，2019年。

［145］宿白《中国石窟寺研究》，北京：生活·读书·新知三联书店，2019年。

［146］赵青山《6—10世纪敦煌地区抄经史》，北京：民族出版社，2019年。

［147］王惠民《敦煌历史与佛教文化》，兰州：甘肃文化出版社，2020年。

［148］魏郭辉《敦煌写本佛经题记研究——以唐宋写经为中心》，兰州：甘肃文化出版社，2020年。

［149］严耕望《唐代交通图考》第2卷《河陇碛西区》，北京：北京联合出版公司，2021年。

［150］郁贤皓《唐刺史考全编（增订本）》，南京：凤凰出版社，2022年。

论文

［1］邓广铭《唐代租庸调法研究》，《历史研究》1954年第4期。

［2］乌廷玉《隋唐时期的国际贸易》，《历史教学》1957年第2期。

［3］王永兴《敦煌唐代差科簿考释》，《历史研究》1957年第12期。

［4］田醒农《西安郭家滩隋姬威墓清理简报》，《文物》1959年第8期。

［5］唐长孺《关于武则天统治末年的浮逃户》，《历史研究》1961年第6期。

［6］黄盛璋、方永《吐谷浑故城——伏俟城发现记》，《考古》1962年第8期。

［7］（日）池田温《敦煌氾氏家伝残巻について》，《東方學》第24辑，1962年。

［8］唐耕耦《从敦煌吐鲁番资料看唐代均田令的实施程度》，《山东大学学报

(哲学社会科学版)》1963年第1期。

[9]（日）池田温《八世紀初における敦煌の氏族》，《東洋史研究》第24卷第3号，1965年12月。

[10] 敦煌文物研究所考古组《莫高窟发现的唐代丝织物及其他》，《文物》1972年第12期。

[11] 孙晓林《敦煌遗书所见唐宋间令狐氏在敦煌的分布——令狐氏札记之一》，朱雷《唐代的历史与社会》，武汉：武汉大学出版社，1974。

[12]（日）池田温《沙州図経略考》，《榎博士還暦記念東洋史論叢》，東京：山川出版社，1975年。

[13] 李永宁《敦煌莫高窟碑文录及有关问题（一)》，《敦煌研究》试刊第1期，兰州：甘肃人民出版社，1982年。

[14] 陈国灿《跋〈武周张怀寂墓志〉》，《文物》1981年第1期。

[15] 沙知《唐敦煌县寿昌城主小议——兼说城主》，《中国古代史论丛》编委会编《中国古代史论丛》第2辑，福州：福建人民出版社，1982年。

[16] 史苇湘《世族与石窟》，收入敦煌文物研究所编《敦煌研究文集》，兰州：甘肃人民出版社，1982年。

[17] 马世长《敦煌县博物馆藏地志残卷——敦博第五八号卷子研究之一》，《地志中的“本”和唐代公廨本钱——敦博第五八号卷子研究之二》，北京大学中国中古史研究中心编《敦煌吐鲁番文献研究论集》，北京：中华书局，1982年。

[18] 安家瑶《唐永泰元年（765）—大历元年（766)》河西巡抚使判集》,收入北京大学中国中古史研究中心编《敦煌吐鲁番文献研究论集》，北京：中华书局，1982年。

[19] 朱雷《唐“籍坊”考》，《武汉大学学报（社会科学版)》1983年第5期。

[20] 杨际平《从敦煌户籍看唐代均田制下土地还授的实施问题》，《中国社会经济史研究》1983年第3期。

[21] 杜斗城《释慧远》，《敦煌学辑刊》创刊号，1983年。

[22] 孙修身《敦煌李姓先氏考》，《西北史地》1983年第2期。

[23] 杨际平《唐代户等与田产》，《历史研究》1985年第3期。

[24] 杨际平《隋唐均田、租庸调制下的逃户问题——兼谈宇文融括户》，《中国社会经济史研究》1986年第4期。

[25] 张书城《敦煌莫高窟的李白近宗》，《敦煌学辑刊》1986年第2期。

[26] 王去非《关于大海道》，阎文儒、陈玉龙主编《向达先生纪念论文集》，乌鲁木齐：新疆人民出版社，1986年。

[27] 陈国灿《武周瓜、沙地区的吐谷浑归朝事迹——对吐鲁番墓葬新出敦煌军事文书的探讨》，敦煌文物研究所编《1983年全国敦煌学术讨论会文集（文史·遗书编）》上册，兰州：甘肃人民出版社，1987年。

[28] 杜斗城《敦煌慧远述评》，《法音》1988年第9期。

[29] 程喜霖《从唐代过所文书所见通“西域”的中道》，《敦煌研究》1988年第1期。

[30] 陈国灿《唐五代敦煌县乡里制的演变》，《敦煌研究》1989年第3期。

[31] 王进玉、赵丰《敦煌文物中的纺织技艺》，《敦煌研究》1989年第4期。

[32] 程喜霖《唐〈西州图经〉残卷道路考》，唐长孺主编《敦煌吐鲁番文书初探二编》，武汉：武汉大学出版社，1990年。

[33] 孙修身《伯3718〈李府君邈真赞〉有关问题考》，《敦煌研究》1991年第1期。

[34] 李并成《汉敦煌郡广志县城及其有关问题考》，《敦煌研究》1991年第4期。

[35] 程喜霖《吐鲁番文书所见唐代镇戍守捉与烽堠》，中国敦煌吐鲁番学会编《敦煌吐鲁番学研究论文集》，上海：汉语大词典出版社，1990年。

[36] 宿白《〈李君莫高窟佛龛碑〉合校》，中国敦煌吐鲁番学会编《敦煌吐鲁番学研究论文集》，上海：汉语大词典出版社，1990年。

[37] 邓文宽《归义军张氏家族的封爵与郡望》，中国敦煌吐鲁番学会编《敦煌吐鲁番学研究论文集》，上海：汉语大词典出版社，1990年。

[38] 施光明《西州大姓敦煌宋氏研究》，中国魏晋南北朝史学会编《魏晋南北朝史论文集》，济南：齐鲁书社，1991年。

［39］王永兴《读吐鲁番文书札记二则》，《中国文化》第4期，1991年。

［40］王进玉《敦煌古代的手工业生产技术》，《开发研究》1992年第6期。

［41］尹伟先《从敦煌文书看河西地区的货币流通》，《社科纵横》1992年第6期。

［42］华林甫《唐代水稻生产的地理布局及其变迁初探》，《中国农史》1992年第2期。

［43］马德《敦煌李氏世系订误》，《敦煌研究》1992年第4期。

［44］赵云旗《隋代均田制实施探讨》，《中国社会经济史研究》1993年第1期。

［45］杨际平《唐前期的杂徭与色役》，《历史研究》1994年第3期。

［46］郑炳林、董念清《唐五代敦煌私营酿酒业初探》，《社科纵横》1994年第4期。

［47］张金龙《陇西李氏初论——北朝时期的陇西李氏》，《兰州大学学报(社会科学版)》1994年第4期。

［48］姜伯勤《敦煌邈真赞与敦煌名族》，收入饶宗颐主编《敦煌邈真赞校录并研究》，台北：新文丰出版公司，1994年。

［49］刘惠琴《从敦煌文书中看沙州纺织业》，《敦煌学辑刊》1995年第2期。

［50］郝春文《东晋南北朝时期的佛教结社》，收入首都师范大学历史系编《首都师范大学历史系建系四十周年纪念论文集》，北京：首都师范大学出版社，1995年。

［51］李并成《唐代瓜沙二州间驿站考》，收入段文杰等编《1990年敦煌学国际研讨会论文集：史地语文编》，沈阳：辽宁美术出版社，1995年。

［52］陈国灿《唐五代敦煌四出道路考》，收入段文杰等编《1990年敦煌学国际研讨会论文集：史地语文编》，沈阳：辽宁美术出版社，1995年。

［53］刘雯《陇西李氏家族研究》，《敦煌学辑刊》1996年第2期。

［54］孙晓林《汉—十六国敦煌令狐氏述略》，《北京图书馆馆刊》1996年第4期。

［55］张书城《〈新唐书〉陇西李氏敦煌房辨疑》，《敦煌研究》1997年第1期。

［56］马德《敦煌阴氏与莫高窟阴家窟》，《敦煌学辑刊》1997年第1期。

[57] 杨际平《再论唐代敦煌户籍中的田亩四至“自田”》，《中国社会经济史研究》1998年第3期。

[58] 陈国灿《吐鲁番出土文献所见之唐代军府》，收入武汉大学历史系魏晋南北朝隋唐史研究室编《魏晋南北朝隋唐史资料》，武汉：武汉大学出版社，1998年。

[59] 刘雯《敦煌索氏家族研究》，兰州大学硕士学位论文，1998年。

[60] 沙知《敦煌吐鲁番文献所见唐军府名掇拾》，《敦煌学辑刊》1998年第1期。

[61] 殷光明《试论末法思想与北凉佛教及其影响》，《敦煌研究》1998年第2期。

[62] 姜伯勤《道释相激：道教在敦煌》，陈鼓应主编《道家文化研究》第13辑，北京：生活·读书·新知三联书店，1998年。

[63] 荣新江《北朝隋唐粟特人之迁徙及其聚落·敦煌/沙州》，《国学研究》第6卷，北京：北京大学出版社，1999年。

[64] 苏金花《唐、五代敦煌地区的商品货币形态》，《敦煌研究》1999年第2期。

[65] 周西波《敦煌写卷P.2354与唐代道教投龙活动》，《敦煌学》第22辑，1999年。

[66] 王永兴《敦煌文书与唐史研究》，《文物》2000年第8期。

[67] 谢生保《敦煌李氏三碑研究综述》，《敦煌研究》2000年第2期。

[68] 冯培红《唐五代敦煌的营田与营田使考》，《兰州大学学报（社会科学版）》2001年第4期。

[69] 宋家钰《敦煌文献所见唐代农业生产》，郝春文主编《敦煌文献论集：纪念敦煌藏经洞发现一百周年国际学术研讨会论文集》，沈阳：辽宁人民出版社，2001年。

[70] 杨富学、李永平《甘肃省博物馆藏道教〈十戒经传授盟文〉》，《宗教学研究》2001年第1期。

[71] 冯培红《唐五代敦煌的酒行、酒户和酒司》，《青海社会科学》2001年第3期。

［72］苏金花《唐五代敦煌绿洲农业研究》，中国社会科学院博士学位论文，2002年。

［73］吉成名《均田制述论》，《重庆交通学院学报（社会科学版）》2003年第1期。

［74］陈菊霞《〈大唐伊吾郡司马上柱国浔阳翟府君修功德碑记〉考释》，《敦煌研究》2003年第2期。

［75］郑炳林、徐晓丽《论晚唐五代敦煌贸易市场的国际化程度》，《中国经济史研究》2003年第2期。

［76］林雪玲《敦煌道经研究的回顾与展望》，《敦煌学》第24辑，台北：乐学书局有限公司，2003年。

［77］苏金花《唐五代敦煌寺院土地占有形式》，《中国社会经济史研究》2004年第3期。

［78］苏金花《唐五代敦煌农业劳动力的身份结构探析》，《中国经济史研究》2004年第3期。

［79］陈菊霞《敦煌翟氏郡望和族源新探》，《敦煌研究》2004年第2期。

［80］刘屹《论20世纪的敦煌道教文献研究》，季羡林、饶宗颐主编《敦煌吐鲁番研究》第7卷，北京：中华书局，2004年。

［81］杨学勇《敦煌阴氏族源与郡望》，《寻根》2004年第4期。

［82］艾冲《唐代河西地区都督府建制的兴废》，《敦煌研究》2003年第3期。

［83］赵红、高启安《张孝嵩斩龙传说探微》，《西北师范大学报（社会科学版）》2004年第1期。

［84］赵红、高启安《张孝嵩斩龙传说历史背景研究》，《敦煌研究》2004年第2期。

［85］刘安志《关于唐代沙州升为都督府的时间问题》，《敦煌学辑刊》2004年第2期。

［86］王团战《大周沙州刺史李无亏墓及征集到的三方唐代墓志》，《考古与文物》2004年第1期。

［87］王惠民《〈沙州刺史李无亏墓志〉跋》，《敦煌研究》2004年第5期。

[88] 卫斯《我国汉唐时期西域栽培水稻疏议》，《农业考古》2005年第1期。

[89] 吴丽娱、杨宝玉《P.3730V张氏归义军时期书状考释》，《出土文献研究》第7辑，2005年。

[90] 杨自辉、王继和、纪永福、刘虎俊、贺访印《河西走廊盐碱地治理模式研究》，《土壤通报》2005年第4期。

[91] 杨学勇《敦煌阴氏与佛教的关系及相关问题》，《敦煌学辑刊》2006年第3期。

[92] 冯培红《归义军镇制考》，季羡林、饶宗颐主编《敦煌吐鲁番研究》第9卷，北京：中华书局，2006年。

[93] 张清涛《武则天时期的敦煌阴氏与莫高窟家窟浅议》，收入敦煌研究院编《2004年石窟研究国际学术会议论文集》，上海：上海古籍出版社，2006年。

[94] 李正宇《玄奘瓜州、伊吾经行考》，《敦煌研究》2006年第6期。

[95] 李宗俊《读〈李无亏墓志铭〉》，《西域研究》2006年第2期。

[96] 赵和平《武则天为已逝父母写经发愿文及相关敦煌写卷综合研究》，《敦煌学辑刊》2006年第3期。

[97] 张重艳《唐代豆卢军、伊吾军若干问题探研——以敦煌吐鲁番出土文书为中心》，河北师范大学硕士学位论文，2007年。

[98] 于建光、闫婷婷《敦煌、吐鲁番文书所见唐代河西镇、守捉、戍、烽拾遗》，《社科纵横》2007年第1期。

[99] 于建光、闫婷婷《唐代河西边防组织补证》，《伊犁师范学院学报（社会科学版）》2007年第2期。

[100] 张永安《敦煌阴氏地位研究》，《敦煌研究》2007年第2期。

[101] 文欣《唐代差科簿制作过程——从阿斯塔那61号墓所出役制文书谈起》，《历史研究》2007年第2期。

[102] 郑炳林、安毅《敦煌写本P.2625〈敦煌名族志〉残卷撰写时间和张氏族源考释》，《敦煌学辑刊》2007年第1期。

[103] 冯培红《汉宋间敦煌家族史研究回顾与述评（上）》，《敦煌学辑刊》2008年第3期。

［104］冯培红、孔令梅《汉宋间敦煌家族史研究回顾与述评（中）》，《敦煌学辑刊》2008年第4期。

［105］李宗俊《敦煌寿昌县的废置与唐前期对西域石城、播仙二镇地区的经营》，《中国边疆史地研究》2008年第2期。

［106］闫廷亮《汉唐时期河西盐业初探》，《社会科学战线》2008年第5期。

［107］李可维《陇西李氏敦煌房考辨》，《敦煌研究》2008年第4期。

［108］张重艳《唐代豆卢军杂识——以敦煌吐鲁番出土文书为中心》，《河北青年管理干部学院学报》2009年第6期。

［109］饶道庆、阮成城《杜宝〈大业杂记〉佚文辑补》，《古籍整理研究学刊》2010年第6期。

［110］赵振华、徐有钦《隋左武卫将军周法尚墓志研究》，杜文玉主编《唐史论丛》，西安：三秦出版社，2011年。

［111］（日）西本照真著，刘宏梅译《三阶教写本研究的现状与展望》，《敦煌学辑刊》2011年第4期。

［112］苏金花《唐五代敦煌的粮食作物结构及其变化》，《中国经济史研究》2012年第2期。

［113］马强、潘玉渠《隋唐时期敦煌令狐家族谱系考略》，《敦煌研究》2013年第6期。

［114］吴景山、张洪《〈大唐都督杨公纪德颂〉碑校读》，《西域研究》2013年第1期。

［115］潘玉渠《隋唐时期敦煌令狐氏家族述论——以令狐熙家族为中心》，西南大学硕士学位论文，2013年。

［116］杨际平《论唐代手实、户籍、计帐三者的关系》，《中国经济史研究》2014年第3期。

［117］（日）関尾史郎：《本貫の記憶と記録——敦煌張氏の場合》，氏编《環東アジア地域の歴史と「情報」》，東京：知泉書館，2014年。

［118］戴春阳《沙州刺史李庭光相关问题稽考》，《敦煌研究》2014年第5期。

［119］李文才《唐代河西节度使所辖军镇考论》，杜文玉主编《唐史论丛》第

18辑，西安：陕西师范大学出版总社有限公司，2014年。

［120］董卫《唐代许世绪、许洛仁家族考述》，杜文玉主编《唐史论丛》第18辑，西安：陕西师范大学出版总社有限公司，2014年。

［121］王秀波《唐后期五代宋初敦煌三界寺研究》，上海师范大学硕士学位论文，2014年。

［122］李并成《玉门关历史变迁考》，《石河子大学学报（哲学社会科学版）》2015年第3期。

［123］仇鹿鸣《制作郡望：中古南阳张氏的形成》，《历史研究》2016年第3期。

［124］赵森《唐前期河西城镇分布体系研究》，西北民族大学硕士学位论文，2016年。

［125］刘安志《唐代沙州升为都督府时间考定——以〈唐会要〉版本考察为中心》，《史学集刊》2017年第4期。

［126］荣新江《石碑的力量——从敦煌写本看碑志的抄写与流传》，氏主编《唐研究》第23卷，北京：北京大学出版社，2017年。

［127］王庆卫《新出唐代张淮澄墓志所见归义军史事考》，《敦煌学辑刊》2017年第1期。

［128］郑怡楠《新出〈唐敦煌张淮澄墓志铭并序〉考释》，《敦煌学辑刊》2017年第1期。

［129］聂顺新《唐代佛教官寺特殊功能研究》，《世界宗教研究》2018年第5期。

［130］王庆昱、杨富学《新见唐瓜州刺史魏远望墓志考屑》，《敦煌研究》2018年第5期。

［131］陕西省考古研究院、华阴市文物旅游局《陕西华阴市唐宋素墓发掘简报》，《考古与文物》2018年第3期。

［132］赵占锐《读唐沙州敦煌县令宋素墓志》，《考古与文物》2019年第4期。

［133］刘永明《略论敦煌区域道教研究的意义》，《世界宗教文化》2019年第1期。

［134］龙成松《新出墓志与唐代沙州刺史汤允献疑》，《西北民族大学学报（哲学社会科学版）》2019年第3期。

［135］黄瑞娜、马振颖《唐敦煌县令宋素墓志再考——敦煌相关金石整理研究之二》，《敦煌学辑刊》2020年第2期。

［136］魏迎春、郑炳林《唐河西节度使西迁和吐蕃对敦煌西域的占领》，《敦煌学辑刊》2020年第1期。

［137］段锐超《隋〈独孤罗墓志〉考释及相关史志歧异问题辨正》，《陕西理工大学学报（社会科学版）》2021年第1期。

［138］张亦鸣《唐宋时期敦煌乾元寺研究》，上海师范大学硕士学位论文，2021年。